교육철학 및 교육사

오천균 · 이병헌 · 이강일

태영출판사

머 리 말

인간은 교육을 통하여 비로소 인간다워질 수 있다. 사회 문화의 향상과 국가의 발전도 교육을 통하여 가능한 것이다. 교육이란 삶의 내용을 가르치고 올바른 인생관을 지니도록 하는 인간형성의 과정이다. 삶의 내용인 언어, 풍습, 생활기술 등의 습득은 인간의 생존과 관련되기 때문이다. 교육은 인류사와 더불어 존재하였으며 시대의 기대와 요청에 따라 변화 · 발전되었다. 역사 속에서의 교육은 한편으로는 본질적 탐구를 통한 교육이론과 다른 한편으로는 제도의 정비 등 교육활동이 전개됨으로써 이론과 실제가 함께 발달하였다. 교육현상이 교육에 대한 일반적 진리에 의해서 인도되었던 것처럼, 교육이념 또한 역사 속에서 실현되고 사회 전통과 규범을 통하여 현실화되었다. 우리의 교육현실도 이러한 역사의 맥락 속에서 이해되고 해석되어야 한다. 따라서 이와 같은 교육사관에 입각하여 인간형성의 미래상을 생각해야 하는 것이 교육사연구의 중요한 과제다.

교육철학은 교육의 본질에 관한 학문이다. 교육현상을 이해하려면 교육에 대한 분석적이고 종합적인 고찰에 의해서 가능한 것이다. 교육의 현상을 어느 특정한 입장으로만 보게 되면 총체성을 잃게 되고 결국은 교육의 본질을 총괄할 수 없는 과오를 범하게 된다. 오늘날의 교육학은 여러 관련학과들과 밀접한 관계를 맺으면서 점점 세분화되어 가고 있는 실정이다. 교육사상도 다양화의 경향으로 나타나게 되어 가치관의 혼란이 가중되고 있다. 교육학은 이에 대한 본질구명과 교육에 대한 전체적 파악이 절실히 요청되고 있다. 따라서 교육의 본질구명과 전체적 파악을 할 수 있게 하는 것이 곧 철학적 태도라고 할 수 있다. 우리는 교육사실에 대한 역사적 발달과 인류문화의 기록을 통하여 우리의 교육현실에 대한 분석과 해명을 추구하고, 교육철학적 태도에 의하여 교육활동에 대한 철학적 기반의 형성을 모색해야 할 것이다.

이 책은 한국교육사, 서양교육사, 교육철학의 총 3부로 구성되어 있다. 먼저 한국교육사와 서양교육사 부분에서는 역사의 발전적 시대구분에 따라 통사적으로 기술하면서 당시 교육의 시대적 배경, 교육현상 그리고 대표적 교육사상가 순으로 정리하였다. 제1부 한국교육사 부분에서는 고조선 및 삼국시대, 고려시대, 조선시대, 조선말기, 일제시대, 해방 후의 교육으로 나누어 기술하였고, 제2부 서양교육사는 그리스, 로마, 중세, 문예부흥, 종교개혁, 실학주의, 계몽사상, 근대사회, 현대사회로 구분하여 기술하였다, 다음으로 교육철학은 교육의 철학적 연구와 철학의 성과를 교육에 응용하려는 것으로서, 이러한 여러 관점과 이론을 소개하여 교육현상에 대한 올바른 이해를 돕고자 하였다.

이 책은 대학의 교직과정에 맞추어 한국교육사, 서양교육사 그리고 교육철학이라고 하는 방대한 학문영역을 한 권의 책으로 묶었기 때문에 때로는 핵심적인 내용만 정리되는 경우도 있었다. 그러나 필자의 대학에서 오랫동안 교직과목을 강의해 오던 내용을 중심으로 하여 이해의 폭을 넓히면서 되도록 많은 자료들을 빠짐없이 수록하기 위하여 노력하였다. 또한 요즈음 한글세대들이 한자에 익숙하지 않은 점을 고려하여 한글로 집필하였고, 꼭 필요한 경우에는 괄호 속에 한자 또는 원어를 삽입하여 독자의 편의를 도모하였다. 그리고 각종 국가시험, 순위고사, 그리고 앞으로 있을 교원 임용고시 등에 대비하는 데에도 도움이 되도록 하였다. 그러나 집필을 끝내고 나니 많은 부분이 미흡하고 보완되어야 할 것으로 여겨진다. 앞으로 더욱 수정 · 보완되어 좋은 교재가 될 수 있도록 독자 여러분의 아낌없는 지도와 편달을 바란다.

끝으로 여러 어려운 여건 속에서도 이 책을 출판하여 주신 태영출판사 김현태 사장님께 감사의 말씀을 드린다.

2010년 1월

저자

차 례

한국교육사

제 1 부

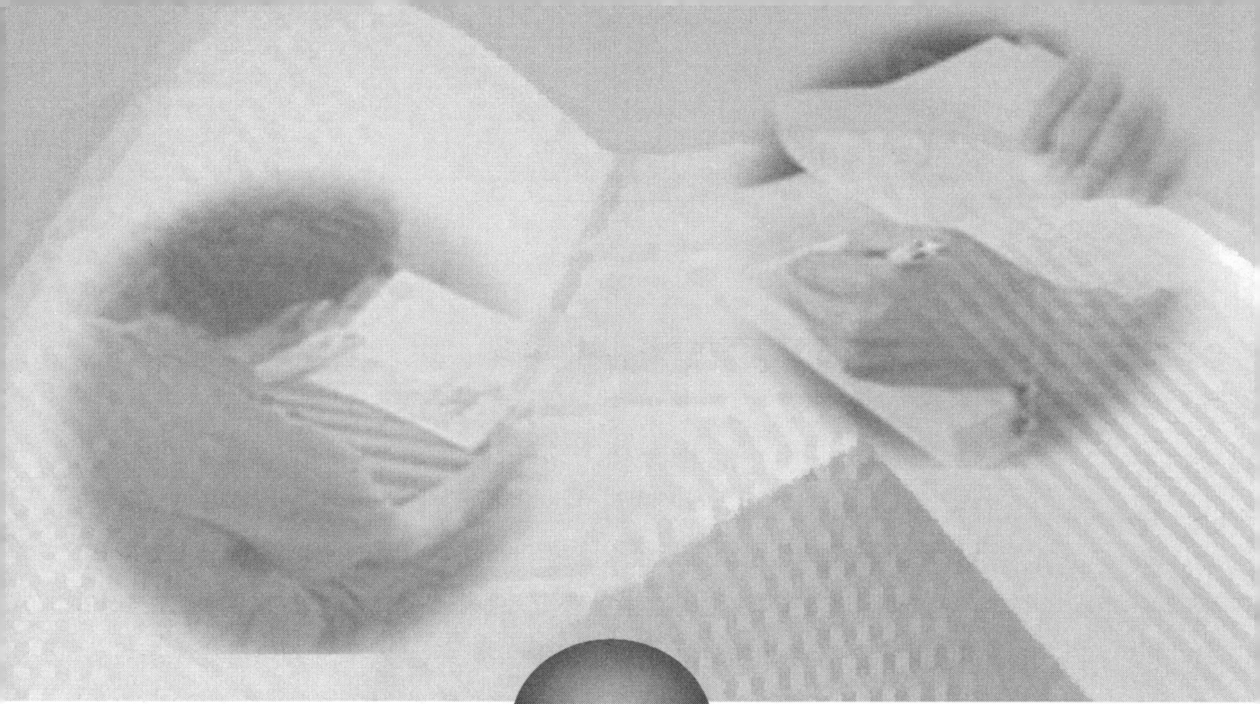

제 1 장

고조선 및 삼국시대의 교육

제1절 고조선시대의 교육

고조선의 건국과 성립에 대하여서는 학자들간에 여러 이론이 제기되고 있지만 일반적으로 고조선은 크게 단군조선, 기자조선, 위만조선으로 구분되는 고대사회를 뜻한다. 고대사회는 아직까지 형식적 교육이 성립되지 않았기 때문에 고조선의 교육상황은 물론 고대인의 생활내용을 밝혀 주는 기록을 찾아내기 힘들다.

고대인들의 생활은 자연의 영향을 많이 받았기 때문에 그에 대한 신앙이 두드러지게 되었다. 우선 이들은 산이나 물과 같은 모든 자연물이나 천둥 번개 같은 자연현상에 영혼이 머물러 있다고 하는 애니미즘(Animism)의 신앙을 가지고 있었다. 이 애니미즘은 여러 자연물을 숭배하는 신앙형태로 표현되었으며, 그 가운데에서도 특히 인간 생활에 절대적인 영향을 미치는 태양에 대한 숭배가 으뜸이 되었다. 한국 고대사에 나타나는 일신(日神)에 대한 제사나 천제자(天帝子)의 설화는 태양 또는 그 존재 처인 하늘을 숭배하는 사상이 나타나 있는 것이다.[1)]

또한 신석기시대에는 사람이 죽어도 그 영혼은 없어지지 않는다는 영혼불멸의 사상이 있었으며, 인간과 영혼 사이를 연결시켜 주는 주술사(呪術師)로서의 무당의 존재를 인정하는 샤머니즘(Shamanism)이 널리 유행하였다. 특히 이 샤머니즘은 주술적인 방법으로 악귀(惡鬼)를 물리쳐 씨족들을 환난으로부터 구제한다는 의미를 가진 것으로, 한국에서 단군이나 삼한의 천군, 신라의 차차웅 등에서 주술사의 모습이 발견된다.[2)] 한편 이 시기에는 자기 씨족의 기원을 특정의 동식물과 연결시켜 이를 숭배하는 토테미즘(Totemism)이 존재하였다. 단군신화에 보이는 곰 토템이

---

1) 황용훈, 예술과 신앙(신석기 시대), 한국사론 12, 국사편찬위원회, 1983, 황용훈은 한국의 석기문화에 애니미즘이나 태양숭배 사상이 존재하였음을 밝힐 수 있는 어떠한 고고학적 자료 내지는 문헌사학적, 민속학적 자료도 발견되지 않았음을 들어 한국의 애니미즘, 태양숭배 사상의 존재설이 일반적인 가능성을 하나의 사실로 정립해 놓은 것에 불과하다고 하였다(변태섭, 한국사통론, 서울, 박영사, p. 38).
2) 김열규, 단군신화와 무속연구, 서울, 일조각, 1977.

가장 대표적인 예이다.[3] 이러한 신앙은 일상생활에 혼입되어 생활신앙으로 발전했고 여기에 종교적인 의식이 결부된 생활교육이 대두하여 고대사회 교육의 주종을 이룬 것으로 믿어진다.

이 밖에 우리나라 고대사회의 교육상황을 엿볼 수 있는 몇 가지 기록을 보면 다음과 같다.

첫째는 단군신화에 나타난 홍익인간[4]의 이상이다.

고조선의 건국이념인 홍익인간(弘益人間)은 널리 인간을 이롭게 한다는 뜻으로 인간의 행복을 위하여 인간생활을 유익하게 한다는 인류사의 숭고한 이상이기도 한 것이다. 이는 이기인(利己人)이 아닌 자신을 희생하고 봉사할 줄 아는 이타인(利他人)을 말하는 것이기도 하다. 이러한 건국이념인 홍익인간은 현재 우리나라 교육기본법 제2조에 "교육은 홍익인간의 이념 아래 모든 국민으로 하여금 인격을 도야하고 자주적 생활능력과 민주시민으로서 필요한 자질을 갖추게 하여 인간다운 삶을 영위하게 하고 민주국가의 발전과 인류공영의 이상을 실현하는데 이바지하게 함을 목적으로 한다"고 하여 현대교육 이념인 홍익인간의 기원을 형성하고 있으니 그 의의는 높이 평가되어야 할 것이다.

둘째는 8조 금법사상이다.

한서 지리지에 나타난 것처럼 인민순화의 방법으로서 예의를 중히 여겼으며 농경에 의존한 사회경제적 구조를 엿볼 수 있다. 특히 예의를 실천하기 위한 규범으로서 주목할 만한 8조 금법이 있었는데 불행히도 그 내용이 다 전해지지 못하고 3개조항만 다음과 같이 한서 지리지에 기재되어 있다.

(1) [相殺 以當相殺] : 사람을 죽인 자는 반드시 죽인다.

(2) [相傷 以穀償] : 상해를 가한 자는 곡물로서 갚는다.

(3) [相盜 男沒入爲其家奴 女子爲婢 欲自贖者人五十萬] : 도둑질한 자는 남자인 경우 그 주인의 노예로 하고 여자는 종으로 한다. 속죄하고자 하는 자는 돈 50만을 갚아야 한다.[5]

---

3) 이만열, 한국고대에 있어서의 토테미즘적 요소에 대하여, 이해남 박사 화갑기념 사학논총, 1970.

4) 삼국유사, 권1, 고조선조.

5) 한서, 권28, 지리지, 연조.

무릇 법령이란 그 전제조건으로서 각개인의 선악에 대한 가치판단이 수반되는 것이며 가치판단은 그에 대한 일반적인 교육적 기초가 마련돼 있어야 하는 것은 너무나 당연한 것이다. 따라서 조금법 제1조에 나타난 〔사람을 죽인 자는 반드시 죽인다〕고 한 것은 그 선행조건으로서 사람을 죽이면 나쁘다는 가치판단이 설정돼야 하며 이와 같은 가치판단은 사람을 죽이지 말라는 기초적 교육이 이루어져야 하는 것이다. 따라서 우리는 당시의 교육실천 면에서 〔사람을 죽이지 말며, 도둑질하지 말고, 남을 해하지 말라〕는 단편적인 교육사상을 이해할 수 있다.

또 3조에서 비록 돈을 내어 노비는 면할 수 있었지만 풍속에 이를 부끄러워하여 이들과는 혼인하지 않았다[6]는 기록으로 보면 고조선인들은 예의에 어긋난 행동에 대하여 부끄러워할 줄 아는 교육적 덕성을 갖추고 있었던 것을 찾아볼 수 있다. 따라서 백성들은 마침내 도둑질을 하지 않아 대문을 닫지 않으며 부인은 정숙하고 음란하지 않았다.[7]고 하였으니 당시의 교육적 효과가 크게 선양되고 있음을 알 수 있는 것이다.

셋째는 성년식의 교육적 의의이다.

고대사회에 있어서는 어느 부족을 막론하고 공통적인 행사로서 성년식을 베풀었다. 우리민족의 원시사회에 있어서도 성년식은 있었다. 후한서 동이전에 보면 사람됨됨이 장용(壯勇)하여 소년이 집을 짓고 힘을 쓰는 자는 밧줄로 등의 가죽을 뚫어 여기에 대목(大木)을 매어 능히 견디면 사람들은 건(健)하다고 환호하였다[8]는 기록이 있다.

성년식은 성인사회로 들어가기 위한 신체적 훈련과 고난을 겪는 일종의 고행식이라고 할 수 있다. 그러므로 성년식의 교육적 의의는 도덕적 가치를 지닌다는 점에 있다. 고조선에 있어서 성년식은 이러한 도덕적 가치가 발견되는 것이다. 그것은 젊은이들이 이러한 고행과 고통을 참고 견디면서 또 윗사람들에게 복종하고 존경하며 봉사할 줄 아는 습관과 태도를 배웠던 것이다.

---

6) 한서, 상게서.
7) 한서, 상게서.
8) 후한서, 권115, 열전75, 동이전.

제 2 절 삼국시대의 교육

삼국시대라 함은 기원 1세기부터 고구려, 백제, 신라의 세 나라가 정립하는 7세기 중엽까지를 말한다. 따라서 신라가 삼국을 통일(676년)하는 통일신라시대의 교육은 다음 절에서 다루었다.

삼국시대 초기에도 고조선시대와 같이 형식적 교육인 학교교육이 성립되었다는 기록이 없다. 다만 학교교육과 직접·간접으로 깊이 관련을 맺고 있는 문자사용에 대한 기록은 볼 수 있는 데 고구려에서 초기에 비로소 문자를 사용하였다(國初始用文字)[9]는 기록이 그것이다.

이러한 삼국의 교육을 살펴보면 다음과 같다.

1. 고구려의 교육

고구려는 삼국 중 가장 중국과 인접하고 있는 지리, 역사적 배경에 의하여 일찍부터 중국의 영향을 받은 학교교육이 나타났다. 더욱이 국초부터 사용하기 시작한 문자는 학교교육의 성립을 더욱 촉진하였을 것으로 믿어지지만 기록에 나타나는 학교교육의 시작은 국초부터가 아니고 제17대 소수림왕 2년(372)에 나타난 태학(太學)에서부터 비롯된다.

삼국사기에 의하면 〔소수림왕 2년 여름 6월에 진나라 왕 부견이 중 순도를 보내어 불교 경문을 전하니 왕은 사신을 보내어 방물을 바쳐 사례하고 태학을 세워 자제를 교육했다〕[10]고 기록되어 있다. 이것은 우리나라 학교교육에 관한 기록 중에서 가장 오래된 것이다. 따라서 태학은 우리나라 학교교육의 시초이고 또 한국유학의 기원[11]으로서 교육사적 의의를 지닌다.

---

9) 삼국사기, 권20, 고구려본기8, 영양왕 11년조.

10) 삼국사기 권18, 고구려본기6, 소수림왕 2년 하 6월조.

「秦王符堅遣使及 浮屠順道 送佛像經文 王遣使廻謝 以貢方物 立太學 教育子弟」

11) 현상윤, 조선유학사, 서울, 민중서관, 1949, p. 13.

태학이 설립된 소수림왕 2년(372)은 전진에서 불교가 들어온 해이며 그 다음 해는 율령을 공포한 해였다. 이것으로 보아 태학의 설립과 교육은 불교의 전래와 관계가 있는 것으로 볼 수 있지만 구체적인 내용은 알 수가 없다.

태학의 입학대상은 단지 교육자제라고만 되어 있어 애매하지만 다음에 말할 경당이 서민자제라는 단서가 붙어있는 것으로 보아 특권층계급의 자제들을 교육했을 것으로 보여진다. 태학의 교육내용은 5경(시경, 서경, 역경, 예기, 춘추), 3사(사기, 한서, 후한서)와 삼국지, 진춘추, 옥편, 자통, 자림, 문선[12]등이 주류를 이룬 교과목이었다.

다음에 고구려 교육기관으로 주목할 만한 것은 일종의 사립학교인 경당(扃堂)이다.

태학이 오늘날의 대학 정도의 관학인데 비하여 경당은 초등에서 대학 정도의 교육까지를 겸한 사학교육기관이었다 경당은 외딴집이나 어려운 동네에 이르기까지 큰 집을 지어 교육하던 일종의 사숙(私塾)이었다. 당서 고구려조에 보면 고구려 사람들은 풍속에 서적을 사랑하여 고기를 파는 백정이나 마구간에서 말먹이를 하는 등의 천한 일을 하는 집에 이르기까지 큰 집을 짓고 이름하여 경당이라 하였다. 자제들은 미혼 전에 주야로 이곳에서 독서하고 활쏘기를 익혔다. 그 읽는 책에 오경, 사기, 한서, 후한서, 삼국지, 진춘추, 옥편, 자림이 있으며 또한 문선이 있었다는 기록이 있다. 이처럼 고구려는 동네에 큰 집을 지어 경당이라고 하여 이곳에서 일반평민의 미혼자제들을 교육한 것으로 나타나 있다. 한 가지 주목할 만한 것은 그 교육과정이 독서와 습사(활쏘기)이었는데 여기에서 고구려 교육의 특성인 문무일치의 교육적 성격을 알 수 있다. 이처럼 고구려는 국초부터 그 역사지리적 배경으로 무사교육을 실시하여 왔기 때문에 중국 사람들은 고구려 사람들을 용감하고 씩씩한 민족으로 인식하고 있었다.

2. 백제의 교육

백제는 660년 나라가 멸망할 때까지 학교를 세웠다는 기록을 찾아볼 수 없다.

---

12) 당서, 고구려전.

그러나 여러 가지 사료로 미루어 보아 오히려 고구려보다 앞서 학교가 설립되었을 것으로 보여진다.

첫째로 여기저기에 나타나는 박사(博士)의 명칭이다.

박사란 중국의 오경박사나 고구려의 태학박사처럼 교육을 책임 맡은 관직의 이름이다. 백제의 박사기록은 삼국사기 근초고왕기에 박사 고흥의 기록이 나오는 것이 처음이지만 일본에 천자문과 논어를 전한 박사 왕인의 기록이 일본 사료[13]에 나타나는 것은 주목할 만한 일이다. 즉 이 때는 서기 285년으로 고구려 태학 설립보다 87년 전의 일이다. 이 기록으로 보면 백제는 오히려 고구려 보다 먼저 박사의 직제가 확립되어 있었을 뿐만 아니라 박사의 명칭도 학교교육의 직제와 관련이 깊은 것으로 생각한다면 백제의 학교교육에 대한 역사는 오히려 고구려보다 더 오랜 역사적 전통을 갖고 있었다고 보아야 할 것이다.

둘째로 백제의 학교교육에 대한 가능성은 중앙관제에서도 찾아볼 수 있다.

즉 백제는 중앙관제의 6좌평[14]중 내법좌평은 예의를 관장하는 예식장관이었는데 이것이 바로 중국의 직제나 조선조의 관직에서는 예조에 해당한다. 예의는 그 전제 조건으로 교육이 수반되는 것이다. 따라서 백제에 교육을 장악하는 관직은 나타나면서 교육담당기관인 학교가 없었다는 것은 논리적 모순이다. 따라서 백제는 6좌평의 지휘를 받는 학교가 분명히 존재하였을 것으로 믿어진다.

3. 신라의 교육

신라는 대륙문화에 대한 감화가 그 역사 지리적 배경에 의하여 고구려 백제보다 뒤떨어지고 있다. 교육에 있어서도 학교를 세워 교육했다는 기록이 없다. 다만 27대 선덕여왕 9년(640)에 그들의 자녀를 당나라에 보내어 당의 국학에 입학시켰다.[15]는 기록이 있을 뿐이다. 따라서 신라의 학교교육은 삼국통일 후 31대 신문왕

13) 일본서기, 권9와 및 고사기.

14) 좌평은 백제의 관위 16등급 중 1위이다. 6좌평은 다음과 같다.

내신좌평(왕명의 출납을 관장함, 수상격) 술사좌평(숙위병을 관장함)
내두좌평(창고를 관장함) 조정좌평(형옥을 관장함)
내법좌평(예의를 관장함) 병관좌평(외방 병마사를 관장함)

15) 삼국사기, 권9, 신라본기5, 선덕여왕조.

2년(682)에 서야 국학의 성립을 보게 된다.

통일전의 신라에 있어서는 비록 형식적 교육인 학교교육은 없었지만 신라 고유의 교육적 전통을 수립한 화랑도교육이 있었다. 화랑이란 본래 신라에 국한되지 않고 그 기원을 상고시대에서 찾기도 한다. 예들 들면 화랑은 본래 상고시대부터 원화, 국선, 선랑, 화주, 풍월도, 풍류도라고 하였고, 고구려에서도 이와 비슷한 흡의선인(皀衣仙人)이라고 하는 것이 있었다. 화랑도가 하나의 제도로 조직화되고 체계화된 것은 신라 제24대 진흥왕 37년(576)[16]에 비로소 원화를 봉하였다는 사실에서 찾고 있다. 그러나 진흥왕 27년(562)에 전쟁터에서 용맹을 날린 사다함(斯多含)전의 기록으로 보아 진흥왕 37년의 것을 종래에 있던 청소년 조직을 개편한 것이라고 볼 수 있다.

화랑도의 기본사상에는 우리고유의 풍류도와 유 · 불 · 선의 사상이 포함되어 있다. 즉 우리의 풍류정신과 공자의 충효사상, 노자의 묵언실천사상, 석가의 자비사상이 잘 융합된 것이다. 화랑도의 조직체제는 최고 책임자를 국선(國仙)이라 하고 그 밑에 화랑(花郎), 화랑 밑에 문호(門戶), 문호 밑에 낭도(郎徒)를 두었다. 낭도 수는 수백 수천이 되었다.

화랑도 교육의 목적은 도덕적 품성과 미적 정조와 신체적 단련을 함양함으로써 사물에 대한 판단력을 길러 선악에 대한 가치판단을 가질 수 있는 인간의 양성에 있었다.

화랑도의 교육 내용과 방법에 있어서는 대 자연을 교육의 도장으로 하여 도의를 연마(相磨以道義)하고, 시와 노래를 즐기며(歌樂相悅), 자연의 산수를 다니면서 즐기는(山水娛遊) 것이었다.[17]

첫째는 도덕적 품성을 도야하기 위한 도의 연마이다. 이와 같은 목적을 달성할 수 있는 그들의 구체적인 생활규범은 이른바 원광법사의 세속오계였다. 즉 화랑은 사군이충(事君以忠)으로 충을, 사친이효(事親以孝)로 효를, 교우이신(交友以信)으로 신을, 임전무퇴(臨戰無退)로 용을, 살생유택(殺生有擇)으로 인을 몸소 연마한 것이다. 따라서 충, 효, 신, 용, 인이야말로 화랑의 지도이념이기도 한 것이다.

16) 삼국사기, 권4, 신라본기4, 진흥왕 37년조.
17) 상게서.

둘째는 정서 도야의 방법으로서 시와 노래를 즐기는 것이다. 화랑은 노래와 풍류를 즐기므로 서 감정을 순화하고 세속적인 물욕과 사리사욕을 초월하는 인간 도야에 힘썼던 것이다.

셋째는 심신단련의 방법으로서 산수오유이다. 화랑들은 명산과 대천을 찾아 풍류를 즐기면서 스스로의 심신을 단련하고 직관을 도야하였다. 화랑은 산수오유 학습방법을 통하여 스스로의 심신도야는 물론 견문을 넓히고 국토에 대한 애착심을 기르며 자연예찬과 자연의 신비성을 깨닫게 하는 좋은 교육방법이라고 볼 수 있다.

이와 같은 화랑의 교육은 신라사회를 이끌어갈 훌륭한 인재양성에 지대한 공헌을 했으며 특히 신라의 삼국통일기에 있어서 중요한 역할을 했던 김유신, 죽지, 사다함, 관창 등이 모두 화랑출신이었다는 것은 결코 우연한 일이 아니다.

제 3 절 통일신라시대의 교육

1. 국학의 성립과 교육내용

1) 국학의 성립

신라는 제30대 문무왕 16년(676)에 삼국통일의 대업을 이룩한 이후 중국(당)과의 교류가 더욱 활발하여지자 학교교육에 눈을 돌리게 되었다. 당의 국자감제도를 모방한 것이 국학의 성립이다. 통일신라의 학교교육은 31대 신문왕 2년(682) 6월에 국학을 세워 예부(禮部)에 속하게 한데서 비롯되었고[18] 학교재정은 녹읍(祿邑)으로 충당하였다. 그러나 국학의 성립시기는 많은 논란이 제기되고 있다. 즉 국학의 직제인 대사(大舍)란 직은 이미 신문왕의 국학창립 이전인 진덕여왕 5년(652)부터

18) 삼국사기, 권8, 신라본기8, 신문왕 2년조.

나타나 있고[19] 더욱 주목할 만한 것은 그 해 김춘추가 당에서 국학을 참관하고 돌아온 4년 후의 일이니 이로 보면 국학의 시초는 진덕여왕 5년부터 마련되어 있었음을 알 수 있다.

그러나 제도가 완비되고 학교교육이 국학이란 명칭으로 재정비된 것은 신문왕 2년부터라고 할 수 있다.

국학은 삼국을 통일한 신라가 통일정치를 정비하는 과정에서 당의 국자감제도를 모방하여 국가의 인재양성과 관리양성을 목적으로 설치한 교육기구이다. 이후부터 시설은 완비되어 성덕왕 16년(717)에는 당으로부터 공자 10철(哲) 72제자의 화상을 수입하여 국학에 안치하고 석전(釋奠)의 예(禮)를 행하였다.[20]

2) 직제(職制)

신문왕 때의 국학은 35대 경덕왕 때 대학감으로 그 명칭을 변경하였다가 36대 혜공왕 때 다시 국학으로 환원하여 이후 고정된다.

국학의 직제는 그 장에 경 1인을 두고 그 아래 박사와 조교 약간 명, 대사 2인, 사 4인을 두었다. 경덕왕 때 경은 사복(司僕)으로 대사를 주부(主簿)로 그 명칭이 변경되었으나 혜공왕 때 경 대사로 환원되고 사 2인을 추가하였다.

3) 입학자격과 수학연한

국학에 입학 할 수 있는 자격은 관계가 12관등으로부터 무위자(無位者)에 한했고 연령은 15세에서 30세까지를 원칙으로 하였다.[21] 국학을 졸업하면 대나마(大奈麻) 또는 나마의 관위(官位)를 얻게 된다. 참고로 신라의 관직은 모두 17등급으로 구성되어 있었다. 대나마는 10등급, 나마는 11등급, 대사는 12등급으로서 17등급인 관위가 가장 낮다. 따라서 12등급 이상의 관위는 국학을 나와야 비로소 오르게 되어 있었다.

국학의 수업연한은 9년을 원칙으로 하였지만 저능하여 가망이 없는 자는 퇴학

19) 삼국사기, 권5, 신라본기5, 진덕여왕 5년조.
20) 삼국사기, 권5, 신라본기5, 성덕왕 16년조.
21) 증보문헌비고, 권267, 학교고.

시키고 가망은 있으나 미숙한 자는 9년을 넘어도 재학할 수 있게 하였다.[22)]

4) 교육과정

국학의 교육내용은 주역, 모시, 춘추, 문선을 주요과목으로 하며 거기에다 논어 효경을 필수과목으로 하여 각각 박사와 조교 1인씩을 두었다. 교육방법은 당나라 국자감의 3분과를 모방하여 과목을 아래와 같이 3개의 군으로 묶어 나누어 실시하였다.

(1) 논어 · 효경 · 예기 · 주역

(2) 논어 · 효경 · 좌전 · 모시 · 춘추

(3) 논어 · 효경 · 상서 · 문선 · 산학

즉 논어 · 효경은 공통 필수과목으로 하고 (1) 예기 주역, (2) 혹은 좌전 모시, (3) 혹은 상서 문선 등을 선택 전공하게 하는 3분과를 설치하고 각과마다 박사와 조교로서 분담교수하게 하였다.

5) 잡학교육

국학은 유교의 경전이 주가 되는 유학과 이외에 잡학교육으로서 기술교육인 의학 · 율학 · 천문학 · 산학 등이 있었다. 그것은 경덕왕 6년(747)에 국학에 제업박사와 조교를 두었다[23)]는 기록이 있는데 이 제업박사란 천문박사, 누각박사, 의학박사, 율령박사 등을 말하는 것이다. 산학은 산술박사의 명칭이 삼국사기 국학조에 나와 있는데 이것으로 미루어 보아 국학의 한 분과로 교육되었음을 알 수 있다.

2. 독서삼품과의 출현

국가의 인재양성과 관리양성기관으로 성립된 국학은 그 교육적 기능에 있어서 통일초기에는 어느 정도 충분하였지만 통일신라 중엽에 접어들면서부터는 국학

---

22) 상게서.

23) 삼국사기, 권9, 신라본기9, 경덕왕 6년조.

의 새로운 모습으로 변질되지 않을 수 없었다. 그것이 38대 원성왕 4년(788)에 나타난 독서삼품과의 출현이다. 독서삼품과는 일종의 과거제도이다. 국학에서 수학한 학생들의 성적을 상·중·하의 3등급과 특등의 4급으로 나누어 관리 등용 서열한 것을 말한다.

독서삼품과의 시험과목과 그 등급을 보면 다음과 같다.

특품 : 5경 3사 및 제자백가[24]에 겸하여 능통한 자

상품 : 춘추좌씨전·예기·문선을 읽고 그 뜻에 능통하고 논어·효경에 밝은 자

중품 : 곡예·논어·효경을 읽은 자

하품 : 곡예·효경을 읽은 자

위의 등급과 시험과목에서 알 수 있는 것처럼 상·중·하 모두가 효경·예기·곡예가 공통필수로 돼 있는데 여기에서 곡예는 예기의 일부분으로서 효경과 예기가 주 시험과목임을 알 수 있다.

독서삼품과 제도는 이제까지 신라의 인물 등용방법이 문벌본위에서 인물본위로, 즉 실력이나 시험제도로 전환되었음을 뜻하는 것으로 볼 수 있다.

3. 신라의 교육사상가

삼국통일 이후 신라시대에는 유교교육의 발전과 불교의 융성이 많은 유학자와 고승들로 하여금 교육사업에 종사하게 하였다. 이리하여 그들은 일정한 교육학적 견해를 가지게 되었다. 교육사상가는 강수, 원효, 설총, 최치원을 들 수 있다.

1) 강수(强首, ?~692)

강수는 충주사람으로 어려서부터 총명하여 스승에게 효경, 곡예, 이아, 문선을 읽었는데 설령 설명이 부족하여도 터득하는 바가 고원하여 일시에 뛰어난 사람이 되었고 드디어 벼슬을 하여 점점 관위가 올라 그 이름이 널리 알려지게 되었다. 강수는 문장이 뛰어나고 외교문서에 능하여 왕의 뜻을 잘 나타내는 서한을 작성하

24) 제자백가란 한서 예문지에서 말한 189명의 이름난 학자를 지칭하는 것임.

여 중국과 고구려, 백제와 국교를 수립하는 큰 공을 세웠다. 특히 당의 군사를 청하여 삼국을 통일한 것도 비록 무공도 있었지만 강수의 외교문장의 공로가 지대하였다.

강수는 신문왕 때(692) 죽으므로 왕이 벼슬에 따라 장례 지내고 부의(賻儀)로 많은 물품을 하사하였지만 그의 부인은 모두 명복을 비는 불사에 써 버리고 가난한 생활을 계속하였다.

2) 원효(元曉, 617~686)

원효의 성은 설(薛)이고 아명은 서당(誓幢)이다. 그는 분황사에서 살았으며 의상대사와 당나라로 불법을 연구하러가다 도중에 [마음이 생기면 여러 가지 법도 생기고, 마음이 없으면 해골바가지도 둘이 아니다]라는 뜻을 깨닫고 돌아와 만법(萬法)을 보는 바에 따라 하나도 되고 둘도 되지만 그러나 결국은 하나로 섭(攝)한다는 일심화쟁사상(一心和諍思想)을 제시하여 서로 모순 대립되는 것처럼 보이는 각 경전의 불교사상을 하나의 원리로 회통(會通)시키려고 하였다. 원효의 화쟁사상은 불교의 종합화를 추구하였을 뿐 아니라 불교의 민중화를 주장하였다. 원효는 인간은 모두 평등하다는 기본원칙 위에서 화쟁을 주장하였으므로 민중을 중심으로 한 사상이었다. 원효당시의 불교는 중과유식(衆寡有識)의 잘못된 이해로 유무론에 떨어져 편취(騙取)하고 대립하였다. 원효의 화쟁은 여러 갈래의 서로 다른 쟁론을 화회(和會)하고 이문(二門)을 묘합하여 하나로 귀일시키는 일이었다.

원래 불교의 가르침은 불타의 깨달음을 원천으로 한다. 일심의 진리를 각기 다른 시간과 공간, 듣는 이의 능력에 맞게 설하다 보니 다양한 경론과 이론이 생기게 되었다. 여러 갈래의 종파 또한 하나의 마음의 펼침에서 나타난 현상이며 요약하여 돌이키면 역시 하나의 마음에 귀섭(歸攝)된다. 원효의 화쟁은 모든 이론과 종파의 특수성과 상대적 가치를 충분히 인정하면서도 전체로서의 조화를 살리는 원융한 것이다.

따라서 원효는 민중불교라고 할 수 있는 정토신앙(淨土信仰)을 널리 전도하였다. 정토신앙이란 어려운 불교경전을 이해하지 못하여도 염불만으로 왕생할 수 있다는 단순한 신앙이고 또한 현세의 고해에서 벗어나 내세에 극락왕생하기를 비는 내세신앙이었기 때문에 무지하고 가난한 민중들에게서 크게 환영을 받았다.

3) 설총(薛聰, 655~?)

설총은 아버지는 원효대사이고 어머니는 요석궁(搖石宮)의 과공주(寡公主)이다. 설총은 신라 10현 중의 한 사람이고 신문왕 때 이름난 유학자이며 대석학이다. 또한 강수, 최치원과 더불어 신라 3문장 중 한 사람이다. 원효와 설총 두 부자(父子)는 불·유 양면을 대표하는 고승이요 석학이 되었다.

설총은 경사(經史)에 널리 통하고 문장에 능하였다. 특히 설총은 한자의 뜻과 음을 따서 우리말을 표현하는 이두(吏讀)를 정리하였고 그가 신문왕에게 말한 화왕계(花王戒)는 도덕정치를 요구하는 유교사상이 나타나 있다.

설총은 해동경학에 기여한 공으로 고려 현종 13년(1022)에 홍유후(弘儒候)에 추봉되고 문묘에 배향(配享)되었다. 또 경주에 있는 서악서원(西岳書院)에 제향(祭享)되었다.

설총의 교육사상을 엿볼 수 있는 많은 저술이 있을 것 같지만 불행하게도 지금까지 전해져 내려오는 것이 전혀 없다. 다만 삼국사기 설총 조에 설총의 유일한 저서로 믿어지는「화왕계(花王戒)」1편이 있을 뿐이다.「화왕계」는 비유와 풍자로서 신문왕을 훈계하는 우화적인 왕자지계(王者之戒)로서 설총의 군왕교육사상이 담겨있다. 그것은 신문왕이 설총의 이야기를 다 듣고 난 다음 그대의 우언(寓言)에는 참으로 깊은 뜻이 있으니 청컨대 이를 써 두어 왕된 자의 경계하는 말로 하라고 한데서도 더욱 밝혀진다. 비유와 풍자로서 신문왕을 훈계하는「화왕계」야말로 교육자로서의 설총의 면모를 여실히 보여주는 귀중한 자료로서 교육사적 의의를 지닌다.

4) 최치원(崔致遠, 857~?)

최치원은 신라 경주에서 태어나 12세때 당에 유학하여 17세 때인 서기 874년(경문왕 14년)에 당의 빈공과(賓貢科)에 합격하여 그 곳에서 여러 관직을 역임한 후 귀국(885)하여 진성여왕(887~897)에게 시무책(時務策) 10여조를 올려 정치의 혼란을 시정하려 하였으나 뜻대로 되지 않자 894년 아찬(阿湌) 벼슬을 버리고 해인사에 들어가서 많은 저술을 남기었다. 그의 저술로는 「중산복기집(中山覆簣集)」 5권, 「계원필경(桂苑筆耕)」 12권, 「제왕연대력(帝王年代曆)」 1권, 문집(文集) 30권 등이 있으나 지금은 계원필경과 낭혜화상비(朗慧和尚碑) 등 비문(碑文)만 남아 있다.

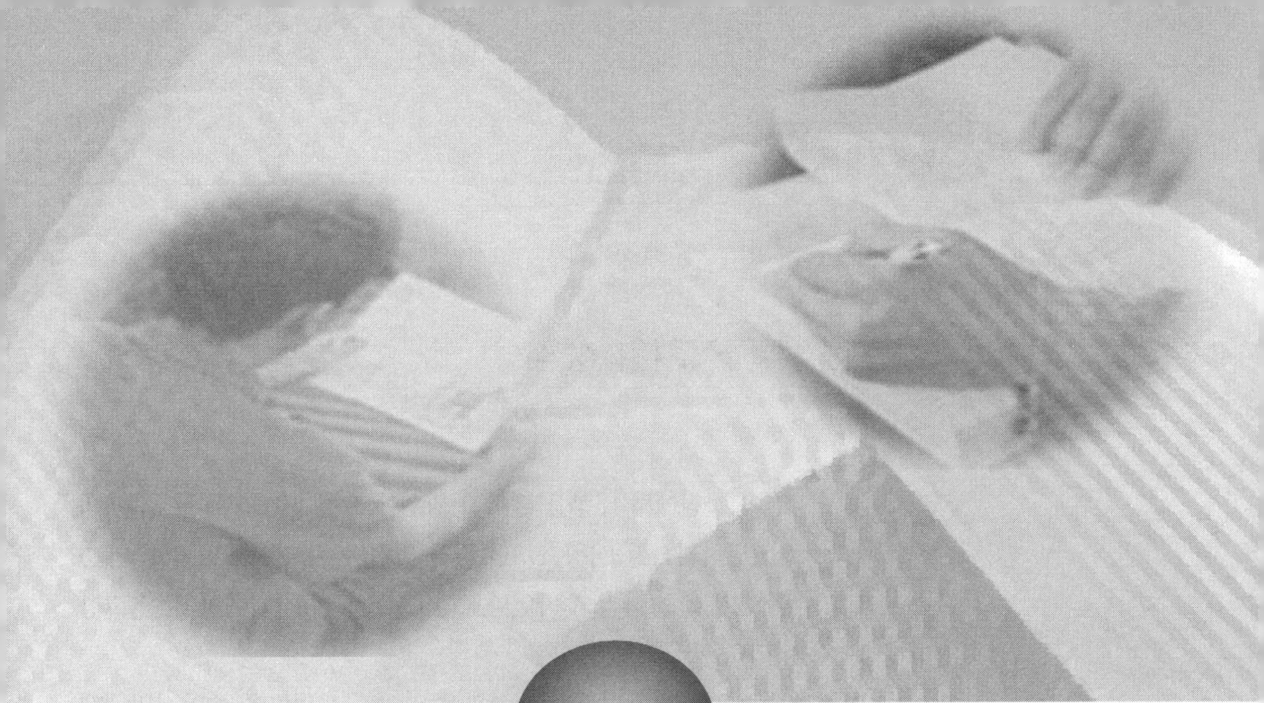

제 2 장

고려시대의 교육

제1절 고려사회의 성격

고려라 함은 왕건이 철원에서 태봉을 멸하고 왕위에 오른 때(918)부터 조선조의 개창(開倉, 1392)으로 멸망하기까지 34왕 475년 간을 말한다. 왕건은 고구려를 계승한다는 뜻으로 나라 이름을 고려라고 하였다. 그리고 수도를 철원에서 자기 고향인 송악으로 옮겨 개경이라고 불렀다.

태조 왕건은 대내적으로 지방의 호족세력과 중앙의 공신세력을 중앙집권체제 안에 편제하여 왕권을 강화하였고 대외적으로는 주체성이 강한 정책을 표방하였다. 우선 태조는 중국에 대한 주체성의 표현으로 연호를 천수라고 하고 북진정책을 썼다. 이러한 주체의식이 안으로는 강한 민족의식을 불어넣을 수 있었다. 태조는 동족의식을 가지고 신라와 후백제의 구세력을 포섭 회유하였으며 더 나아가 발해 유민들을 포섭하는 등 민족융화정책을 취하였던 것이다. 고려가 끈질기게 쳐들어오는 글안족의 침입을 물리치고 또 제국을 건설하여 동서대륙을 휩쓸던 몽고족과 오랜 기간 대항하여 싸운 것도 모두 고려가 지니는 강력한 주체성과 민족의식 때문이었다.

고려사회는 내부적으로 부단한 투쟁의 과정이었다. 밖으로는 잦은 외적의 침입을 받았고 안으로는 이자겸의 난(인종4년, 1126), 묘청의 난(인종13년, 1135)에 이어 문관우대 무관경시 사조에 반기를 든 정중부의 난(1170)에서 시작된 무인집권은 마침내 최충헌의 집권으로 이어져 무인집권시대를 맞이하게 되었다.

고려사회의 문화 정신적 기반은 불교와 유교였다. 불교는 수신의 도로서, 유교는 치국의 도로서 숭상되었다. 그 중에서도 불교는 상류계급의 신앙이 되었다. 묘청의 난[1] 이후에도 불교는 민간신앙으로서 그 지배적 세력을 유지할 수 있었다. 그것은 불교가 국가를 돕고 부족함을 채워 준다는 비보(裨補) 사상과 국운을 번영하게 하여 나라를 수호한다는 생각에서 민간신앙으로 자리를 잡게 된 것이다. 고려

---

1) 묘청의 난은 불가사상을 대표한 묘청과 유가사상을 대표한 김부식의 전쟁으로 볼 수 있다.

사회의 성격을 말하는 특징의 하나로 고려사회는 불교사회라고 말할 수 있는 것도 바로 여기에 있는 것이다.

유교는 고려조의 통치기구가 유교를 바탕으로 하여 짜여지면서 치국의 도로서 장려되었다. 따라서 수신(修身)의 도로서 불교와 치국(治國)의 학인 유교는 한동안 서로 상극됨이 없이 병행하여 발달하였고 이것이 드디어 고려의 문화와 정신세계에 있어서 양대 지주가 되었다. 적어도 고려사회의 중반기까지는 유 · 불이 서로 상극됨이 없이 동반 발전하게 되어 유자이면서 불교에 겸통하는 가 하면 불자이면서도 유학에 겸통하는 자가 많았다. 예를 들면, 목은 이색의 불의 견심(見心)과 유의 양성(養性)은 같은 뜻을 지닌다는 불심유성동일관(佛心儒性同一觀)[2]이라든지, 정몽주가 릉엄경(楞嚴經)을 읽었다고 해서 정도전으로부터 상달가서(上達可書)[3]를 받은 것도 그 예들 중 하나이다.

그러나 고려말기에 이르러 불교의 타락상이 일어나면서 유자의 배불운동이 심화되면서부터 유 · 불의 갈등과 반목이 격화되었다. 이러한 고려 후반기의 억불숭유(抑佛崇儒) 기풍은 드디어 조선조의 개창과 함께 숭유배불(崇儒排佛)정책으로 제도화되었다. 그러나 고려사회 전반을 지배한 정신적 사상계는 역시 불교가 민간사상을 지배하고 있었고 유교는 교육사상의 핵심으로 나타나 있었다.

제 2 절 고려사회의 학교제도

고려의 학교제도는 관학으로서 중앙에 국자감과 동서학당, 5부학당이 있었으며, 지방에는 향교가 있었다. 그리고 사학교육기관으로 12도와 서당이 있었는데 그 제도와 기능을 알아보자.

---

2) 목은 이색이 문묘배향설(文廟配享說)이 있었지만 끝내 실현되지 못한 것도 여기에 있었다.
3) 달가(達可)는 정몽주의 호이다. 위 달가서는 정몽주의 학우인 정도전이 정몽주에게 보내는 척불의 글인데 993자의 문장으로 되어 있다.

1. 고려 초기의 학교제도

학교의 설립은 어느 시대나 어떤 국가를 막론하고 그 시대의 사회성, 역사성에 의한 요구가 전제로 되는 것이다. 고려사회에 있어서도 학교설립의 필요성에 의하여 조정의 관심을 불러일으키고 있었다.

고려 초기에 있어서 이와 같은 관심은 나타나고 있었는데 태조는 즉위 13년(930)에 서경에 행차하여 학교를 설치하고 수재(秀才)[4]정악(廷鶚)을 명하여 서학박사로 하여 교육을 담당하게 하였으며 또 별도로 학원을 창하여 6부의 생도를 모아 교수하였다. 그 후 태조는 학교가 날로 발전하고 있다는 소식을 듣고 비단을 하사하여 더욱 장려하고 겸하여 의(醫), 복(卜), 이업(二業)을 두고 또 창곡(倉穀) 백석을 사하여 학보(學寶)로 하게 하였다.[5] 여기서 우리는 이미 국초에 서경에 학교를 설치한 사실을 알 수 있지만, 한 가지 주목해야 할 사실은 위 인용문에서 "별도로 학원을 창하여 6부의 생도를 모아 교수하였다"고 돼 있는데 이것을 잘못 해석하면 서경에 따로 학원을 창하여 6부의 생도를 모아 교육한 것으로 오해 해석할 수 있다. 그러나 당시 이미 서경에는 수재 정악으로 하여금 학교를 창하게 하였으니 여기에다 다시 학교를 창설했다는 것은 당시 서경의 사회정황으로 보아 도저히 불가능하였다. 뿐만 아니라 당시 서경은 6부의 제가 설정되어 있지도 않았다. 그러므로 별창학원(別創學院) 6부생도(六部生徒)란 것은 서경의 일이 아니라 개경에서의 일로 보아야 할 것이다. 즉 태조는 당시 서울이던 개경에 학교를 설립하여 행정필수요원인 6부의 관리로 충당할 수 있는 인재를 양성하였던 것으로 볼 수 있다.[6]

고려 초기에 교육기구가 설치되어 국가의 계획에 따라 교육을 장려했다는 것은 고려 4대 광종 때 나타난 과거제도에서도 잘 설명해 주고 있다. 즉 이 시기에 과거에 응할 수 있는 유학적 교양을 갖춘 인재를 선발할 수 있을 만큼 사회적 제반 요건이 성숙되어 있다고 보아야 할 것이다. 따라서 사회적 요건이란 학교교

---

4) 여기에서 수재라 함은 아직 과거에 합격하지 못한 사람을 말하는 것임.
5) 고려사, 권74, 선거2, 학교.
6) 한기언, 한국교육사, 서울, 박영사, p. 55. 이만규, 조선교육사, p. 95.

육이 이미 성숙돼 있었다는 의미가 내포되어 있다.

2. 유경습업(留京習業)과 권학관(勸學官)제도

고려가 본격적으로 학교교육을 국가의 기구로 확립하여 정비한 것은 6대 성종 때부터이다. 성종은 학문에 관심이 높은 왕으로서 정치이념을 유교주의에 두고 당의 제도를 참작하여 통치기구를 비롯한 문물제도의 대개혁을 단행하였다. 성종은 최승로의 상소 시무28조를 받아들여 국자감과 각 지방에 교육기구를 설치하고 지방자제들을 유경습업하게 하여 유교적 교양을 닦도록 하였다. 성종 5년(988)에는 유경습업생들 중 고향을 생각하는 사람이 증가함에 따라 귀향을 원하는 습업생에게는 베(布), 쌀 등을 주어 귀향하도록 하였으며 계속해서 향학열을 촉구하기도 하였다.[7] 또 성종 6년(989)에는 전년에 귀향한 학생들이 스승을 얻지 못하여 수업을 중단하는 것을 우려한 나머지 그들 중 학문이 우수하고 사표로서 재질이 있는 자를 뽑아 경학박사, 의학박사로 하여 전국 12목에 각 1명씩 파견하여 이들의 교육을 담당하도록 하였다.[8] 이것이 지방교육을 위한 권학관제도의 시초로서 크게 주목할 만하다.

3. 국자감(國子監)

고려조에 있어서 문물의 제도가 정비되고 국가적 기반이 이룩되기 시작한 것은 6대 성종(981~997) 때부터이다.

성종은 정치적 이념을 유교주의에 두고 유교적 교양에 투철한 인재를 양성하기 위하여 국가적 교육기구를 정비하였는데 그것이 국자감의 창건이다. 성종 11년(992) 왕은 학교를 세우라는 교를 내리고 유사에 명하여 승지(勝地)를 보게 하며 서재 학사를 만들고 전장을 급여하고 국자감을 창립했다.[9] 는 기록이 바로 그것

7) 고려사, 전게서.
8) 상게서.
9) 상게서.

이다.

국자감은 고려 최고학부로서 인재를 양성하고 관리등용에 대비하는 교육기구이며, 당의 제도를 참작하여 만든 종합대학이다.

국자감의 조직, 입학자격, 학생정원 등에 대하여서는 17대 인종(1123~1146) 때 식목도감이 상정한 학식(일종의 교육법)에서 상세히 밝혀 주고 있다.

1) 국자감의 조직 및 입학자격

고려 최고의 학부인 국자감은 일종의 종합대학이다. 종합대학으로서의 국자감은 6학으로 조직 편성되어 있었다. 즉 단과대학격인 국자학(國子學), 태학(太學), 사문학(四門學), 율학(律學), 서학(書學), 산학(算學)으로 조직되었다. 여기에서 국자학, 태학, 사문학의 3학은 유학(과)으로서 모두 경학을 전공하고, 율학, 서학, 산학은 잡학(과)으로서 모두 해당 기술학을 익혔다.

국자감은 내부구조로서 문선왕묘(文宣王廟, 文廟)[10]와 강학하는 돈화당, 그리고 유생들이 기숙하는 재(齋)로 조직되어 있다. 고려사에 의하면 국초부터 문선왕묘를 국자감에 조립하였다[11]는 기록이 있다. 이것으로 보면 국자감은 학생을 강학(교육)하는 학교기능 뿐만 아니라, 공자를 비롯한 선현을 제사하는 문묘, 즉 종사기능까지 겸하고 있었다.

국자감의 입학자격은 각 학에 따라 규정하고 있는 데, 그 내용을 보면 다음과 같다.[12]

(1) 국자학

① 문무관 3품 이상의 자손
② 훈관 2품 대현공 이상의 자손
③ 경관 4품 대3품 이상의 훈봉자(勳封者)의 자손

---

10) 문선왕 묘, 문묘란 공자의 묘를 말한다.
11) 고려사, 권74, 선거2, 학교.
12) 상게서.

(2) 태학

① 문무관 5품 이상의 자손
② 정 종 3품의 증손
③ 훈관 3품 이상의 유봉자(有封者)의 자손

(3) 사문학

① 훈관 3품 이상 및 무봉 4품 이상의 자
② 유봉 및 문무관 7품 이상의 자

(4) 율학, 서학, 산학

① 문무관 8품 이상의 자
② 서인
③ 문무관 7품 이상의 자로서 청원하는 자

그러나 다음과 같은 사람은 입학이 허가되지 않았다.
① 잡로(雜路) 및 공 · 상 · 악 · 명에 종사하는 자
② 대소공친(大小功親)의 죄를 범한 자
③ 가도가 부정한 자
④ 반역을 범한 자
⑤ 천향 부곡인(賤鄕部曲人) 등의 자손

그리고 천향 부곡인들은 국가교육기구에 입학은 물론 국가관리의 등용로인 과거에서도 원칙적으로 배제되었다.[13]

2) 국자감의 직제, 정원, 교과과정 및 수학연한

국자감의 직제는 관리직으로서 판사(예종 때 대사성으로 개칭), 제주, 사업 등을 두고

13) 고려사, 권73, 선거, 과목1.

교수(관)직으로서 국자학, 태학, 사문학에 각각 박사와 조교를 그리고 율, 서, 산학에는 각각 박사만 두었다. 그러나 인원수에 대해서는 분명치 않다.

국자감의 학생정원은 시대에 따라 차이가 있는 것으로 나타나 있다. 즉 인종 때 제정된 학식에는 국자학, 태학, 사문학의 학생정원이 각 300명으로 되어 있다. 그러나 인종 8년(1130)의 기록을 보면 어사대에서 재정적 이유로 정원을 대폭 줄이려는 계획에 대한 국자감 학생들의 반대상소에서 현재 국자감 학생이 불과 200명인데 유사가 재정을 핑계로 줄이려고 하니 어찌 숭도 숭유의 뜻이겠는가라는 글이 보인다. 이 글로 미루어 보면 국자감 학생의 정원이 200명으로 줄어든 것을 알 수 있다. 따라서 국자감 학생정원은 300명이었지만 때로는 증감이 있었을 것으로 사료된다. 참고로 9대 덕종(1032~1034) 대에는 660명까지 되었다.

국자감의 교육과정은 유학과의 3학은 효경, 논어, 주역, 상서, 주례, 예기, 모시, 공양전, 곡양전, 의례, 좌전 등이다

이 중 효경과 논어는 필수공통과목이다. 잡학과인 율학은 율령, 서학은 8서, 산학은 산수를 각각 학습하였다. 이 외에도 국자감 학생들은 시무책(時務策)과 습자, 그리고 국어, 설문(說文), 자림(字林), 삼창(三倉), 이아(爾雅) 등의 과목을 공부하였다.

국자감의 수업연한은 유학과인 국자학, 태학, 사문학은 9년이고 잡학과인 율, 서, 산학은 6년을 원칙으로 한 듯하다.

참고로 교과목 및 수학연한을 도식화하면 다음과 같다.

<table>
<tr><th>6학</th><th colspan="2">교 과 목</th><th colspan="2">수 학 연 한</th></tr>
<tr><td rowspan="3">국자학
태 학
사문학</td><td>필수</td><td>효경 논어</td><td>합 1년</td><td rowspan="3">합 9년</td></tr>
<tr><td>선택</td><td>상서 · 공양전 · 곡량전
주역 · 모시 · 주례 · 의례
예기 · 좌전</td><td>각 2.5년
각 2년
각 3년</td></tr>
<tr><td>공통</td><td>산술, 시무책, 글씨, 설문,
자림, 삼창, 이아</td><td>선택과 병행</td></tr>
<tr><td>율학</td><td colspan="2">율령</td><td colspan="2">6년</td></tr>
<tr><td>서학</td><td colspan="2">팔서</td><td colspan="2">6년</td></tr>
<tr><td>산학</td><td colspan="2">산술</td><td colspan="2">6년</td></tr>
</table>

3) 국자감 명칭의 변화 및 재정

성종 11년(992)에 창건된 국자감은 그 명칭에 있어서도 많은 변화가 있었다. 즉 제23대 충렬왕 때는 국학, 성균감, 성균관으로, 제31대 공민왕 때에는 국자감으로 환원되었다가 또다시 성균관으로 바뀌어 조선조에 계승되었다.

국자감은 16대 예종(1106~1122)대에 이르러 교육내용의 분과별 학습으로 인하여 7재로 발전하였다. 즉 예종은 유학진흥을 위하여 같은 왕 4년(1109)에 국자감에 7재를 두고 문무학생 78명(유학생 70명, 무학생 8명)을 시험을 보아 입학시키고 같은 왕 9년(1114)에는 왕이 친히 국자감에 나가 문묘에 석전(釋奠)의 예를 행하였다. 또 같은 왕 14년에는 유학생 60명과 무학생 17명을 교육시켰다.

7재는 유학재의 6재와 무학재의 1재를 합한 것으로서 각 재에 따라 강의과목이 달랐다. 따라서 7재란 일종의 전문강좌를 말하는 것이다. 예컨대 주역을 전문으로 가르치는 곳을 여택재라고 하는 것이 그것이다. 7재의 명칭과 각 재의 전공과목은 아래와 같다.

<table>
<tr><th></th><th>재명</th><th>강의분야</th><th>인원</th><th>계</th></tr>
<tr><td rowspan="6">유 학</td><td>여택재</td><td>주역</td><td rowspan="6">70명</td><td rowspan="7">78명</td></tr>
<tr><td>시빙재</td><td>상서</td></tr>
<tr><td>경덕재</td><td>모시</td></tr>
<tr><td>구인재</td><td>주례</td></tr>
<tr><td>복응재</td><td>대례</td></tr>
<tr><td>양정재</td><td>춘추</td></tr>
<tr><td>무 학</td><td>강예재</td><td>무학</td><td>8명</td></tr>
</table>

국자감의 재정은 성종 11년 설립과 동시에 논밭을 지급하여 충당하였고, 예종 9년(1114)에는 양현고(養賢庫)를 두어 7재의 유학생들에 대한 학비를 충당하였다. 또한 충렬왕 30년(1304)에는 안향은 국학의 쇠퇴를 막고 양현고의 재정확보를 위하여 문무백관들에게 섬학전(贍學錢)을 거두기로 건의하여 양현고에 예속시켰다.

4. 향교

향교는 지방에 설립된 관학교육기관이다. 고려시대 향교의 설립연대를 말하는 기록이 없다. 다만 성종 5년(986)에 유경습업하던 학생들 중 귀향한 학생들을 교육하기 위하여 다음 해에 경학박사와 의학박사 1인씩을 권학관으로 하여 12목에 파견했다는 기록이 있을 뿐이다. 이것이 고려시대 지방교육을 보급시킨 최초의 일이며 혹자는 이 기록으로 향교의 시원으로 보는 경향이 있다.

그러나 17대 인종 5년(1127) 3월에 왕은 각 주들은 학교를 세워 널리 교도하라[14]는 조서를 내려 지방에 학교설립을 명령한 기록이 있다. 이 기록으로 고려향교의 시원(始原)으로 보는 것이 타당하겠다. 따라서 고려시대의 향교는 성종대를 거쳐 인종대에 와서야 문묘의 제를 갖춘 향교가 지방의 군, 현에 하나씩 설치된 것으로 볼 수 있다.

고려의 향교가 그 시작이 어떻든 간에 문묘의 재를 두고 있는 것이 특색이다. 이와 같은 점에서 문묘재를 둔 국자감과 그 성격을 같이 한다. 그러나 교육수준은 중앙에 있는 동서학당과 같이 중등정도이다. 향교에서 성적이 우수한 자는 국자감에서 공부할 수 있었기 때문이다. 이것은 공민왕 4년 이색(1328~1396)이 향교와 학당의 학생들에게 고사를 실시하여 우수한 자는 12도에 승진시킬 것[15]을 상소한 데서 밝혀진다.

고려의 향교는 문묘 이외에 명륜당이 있다. 명륜당은 학생들에게 교육하는 곳이다. 따라서 공자 등 성현을 모시는 제사기능으로서의 문묘와 학생을 강학하는 교육기능으로서의 명륜당을 같이 갖고 있다는 점에서 교육기관인 동시에 제사기관이다. 이 두 기능은 조선조의 향교에서도 그대로 계승되었다. 이런 점에서 고려의 향교와 조선조의 향교는 별로 다를 바가 없었다.

5. 동서학당과 5부학당

동서학당과 5부학당은 고려 후기의 학교로서 국자감 향교와 더불어 관학교육기

14) 고려사, 권74, 선거2, 학교조.
15) 고려사절요, 권26, 공민왕 4년조.

관이다. 향교가 지방에 설치된 학교인데 비하여 5부학당은 중앙에 둔 학교이다. 교육수준도 향교와 같은 중등정도인 학교로 보고 있다. 다만 학당이 향교와 다른 점은 문묘의 제가 없이 학생을 강학하는 교육기능만 있었다는 것이다. 조선조에서 4학에 문묘를 두지 않은 것도 고려의 제도를 따른 것이라고 볼 수 있다.

동서학당의 성립은 제24대 원종 2년(1261) 2월 강도(江都 : 강화도)에서이다. 즉 원종 2년 3월에 동서학당을 설립하여 별감을 두어 교학 교도하였다[16]는 기록에서 알 수 있다. 그런데 이 때는 고려가 강도에서 개경으로 환도(1270)하기 10년 전의 일이다. 따라서 동서학당이 처음부터 개경에서 시작되었다는 것은 잘못이다. 개경에서 동서학당은 그로부터 10년이 지난, 즉 고려가 개경으로 환도한 직후인 원종 13년(1272)에 다시 동서학당을 두어 김궤와 문열을 별감으로 삼아 교육한 데서 비롯된다.[17]

동서학당은 그 후 5부학당으로 확장되었다. 고려말 공양왕 3년에 이르러 정몽주가 성균관 대사성으로 있을 때 기존의 동서학당 외에 3부학당을 더 설치해서 5부학당으로 확충한 것이다. 정몽주에 의하면 안으로 5부학당을 세우고 밖으로는 향교를 세워 유술(儒術)을 크게 일으켰다[18]고 하였다. 여기에서 5부학당이란 동·서·중·남·북부의 학당을 말한다. 이 5부학당은 그대로 조선조로 계승되었다.

6. 12도와 서당

12도란 고려시대 사학교육기관이다. 12공도라고 부르기도 한다. 이때 도(徒)라는 말은 배움을 따르는 무리라는 뜻이다. 12도는 고려의 관학인 국자감이 부진하자 문화시중(수상격)을 지낸 최충(崔沖)이 학교를 열어 학생들을 교육한데서 비롯된다. 해동공자로 불리는 최충은 사설 고등교육기관으로 9재학당을 열었다.

9재학당이란 최충이 학습반을 9재로 나누어 교육한데서 나온 말이다. 9재의

16) 고려사절요, 권18, 원성왕 2년 3월조.
17) 고려사절요, 권18, 원종 13년 3월조.
문헌비고, 권202, 학교고11에서는 원종 12년으로 기록되어 있음.
18) 고려사, 권107, 정몽주 전.

이름은 악성(樂聖), 대중(大中), 성명(誠明), 경업(敬業), 조도(造道), 솔성(率性), 진덕(進德), 대화(大和), 대빙(待聘)의 아홉이다. 9재학당은 최충이 죽은 후 그의 아호를 따서 문헌공도(文憲公徒) 또는 최공도라고 불렀다. 최충의 9재학당은 날로 흥하여 크게 발전하였다. 그리고 많은 학생들이 이 문헌공도에 몰려들었다. 관학인 국자감이 부진한 때라 과거에 응시하려는 자는 으레히 이 최공도에서 공부를 하였던 것이다. 그리하여 최공도의 뒤를 이어 관직을 떠나는 유신들은 앞을 다투어 문도(文徒)를 만들었는데 처음에 만든 최공도를 합하여 12개의 도를 일컬어 12공도라고 한 것인데 그 이름은 다음과 같다.

학교명	설립자
문헌공도(최공도)	시중 최충
홍문공도(웅천도)	시중 정배걸
광헌공도	참정 노단
남산도	제주 김상빈
서원도	복사 김무체
문충공도	시중 은정
양신공도	평장 김의진
정경공도	평장 황영
충평공도	유감
정헌공도	시중 문정
서시랑도	시랑 서석
구산도	미상

12공도의 교육수준은 국자감의 유학교육과 내용이 같았다. 즉, 9경 3사를 주요 교과내용으로 하고 시부(詩賦)와 사장(詞章)의 학을 더하였다. 12도를 사설교육기관으로 보는 것도 이러한 높은 교육수준에서 연유한 것이다. 또 흔하게 7관 12도라는 말도 국자감과 12도의 교육수준이 같다는 뜻으로 보여진다. 7관 12도란 예종 때의 국자감 7재와 12도를 총칭한 말이다. 31대 공민왕 4년(1354) 이색(1328~1396)이 향교

와 학당에서 학생들의 학문을 고사해서 우수한 자는 12도에 올릴 것[19]을 주장한 데서도 12도는 향교와 학당보다 교육수준이 높다는 것을 알 수 있다.

12도 중에서도 문헌공도 학생들의 교육방법의 하나로 각촉부시(刻燭賦詩)라는 제도가 있었다. 이것은 일종의 시를 짓는 시험방법이다. 즉, 최공도를 거쳐간 선배로서 9재에 들르는 자가 있으면 초에 금을 그어 놓고 초를 타게 한 다음 생도들로 하여금 시간을 다투어 시를 짓게 하는 방법이다. 그 결과 성적의 순차에 따라 간소한 연회(小酌)를 베풀어 표창하기도 하였다. 또 최공도는 매년 여름이면 여름강습회(夏課)도 열었는데 보통 사찰(僧房, 歸法寺)이 그 장소가 되었다. 이때 강사는 과거합격자로 학문은 깊으나 아직 임관되지 아니한 자로 하였다.

12도의 교육은 국가가 감독하였다. 그것은 인종 11년에 도의 학생들이 자의로 도를 옮기는 자는 동당감시에 응시할 자격을 없애고 무단히 다른 도로 전학하는 것을 금 한데서[20]알 수 있다. 이것은 나라가 12도의 교육을 그만큼 중히 여긴 증거로 볼 수 있다.

12도는 하나의 학풍과 학벌을 형성하면서도 관학인 국자감이 부진하고 향교와 학당이 수립되기 전, 고려의 교육과 유학교육에 지대한 공을 남겼다. 그러나 고려가 강도에서 개경으로 환도한 후 국학부흥에 힘쓰자 도는 점점 국학에 흡수되어 활발하지 못하였다. 그리하여 12도는 고려의 마지막 왕 공민왕 3년(1391)에 폐지되고 말았다.[21]

고려시대 서당에 대해서는 자세한 기록이 없어 교육상황을 이해하는 데 어려움이 있다. 그러나 송나라 사람 서긍(徐兢)[22]이 저술한 「고려도경」을 통하여 대략 이해 할 수 있다. 고려도경은 고려 17대 인종(1122~1146) 때의 학풍에 대하여 "마을의 거리에는 경관(經館)과 서사(書社)가 두, 셋이 서로 바라보이며 민간의 미혼 자제가 무리로 모여 스승에게 경을 배우고, 좀 성장하면 끼리끼리 벗을 택하여 절(寺)이나 도교 건물(觀)로 가서 공부하고 아래로는 더 나이 어린 아동(卒伍 童

19) 고려사절요, 권26, 공민왕 4년조.
20) 한국교육사연구회편, 한국교육사, 서울, 교육출판사, 1972, p. 74.
21) 12도는 약 340년 간 계속된 셈이다. 최충이 11대 문종 7년(1052)에 72세의 고령으로 관직을 떠나 9재학당을 열었다고 본다면 그 때부터 계산하여 339년이 되기 때문이다.
22) 서긍은 고려 인종 2년(1123) 송나라 사신의 수행자(書狀官)임.

稚)들도 역시 향(鄕) 선생에게 배운다"[23]고 하였다. 정몽주도 성균관 대사성으로 있을 때 "력(歷)내에는 5부학당을 건립하고 외(外)에는 향교를 설치하여 이로서 유학을 일으켰다"[24]는 기록이 보이나 향교의 설치는 정몽주에 의해서 처음 나타난 것은 아니며 단지 교회(敎誨)가 있었을 뿐이다.

이 기록들로 보면 그 당시에 이미 많은 서당들이 설립되어 지방 자제교육을 담당하고 있었음을 알 수 있다.

그러나 고려서당은 그 수준이 초등교육기관 정도의 구실을 하였을 것으로 짐작할 뿐, 구체 내용이 발견되지 않는 것은 매우 유감스러운 일이다.

제 3 절 과거제도와 교육

1. 과거제도의 성립과 내용

과거제도란 관리등용을 위한 시험제도를 말한다. 과거제도는 원래 중국 한나라에서 시작되었지만 우리나라에서도 신라 원성왕 4년(788)의 독서삼품과제도가 있었다.

우리나라에서 과거제도가 본격화된 것은 고려시대부터이다. 고려사회는 건국초 국가기반을 확립하기 위한 태조의 노력에도 불구하고 아직도 왕권은 독자적 세력을 가진 호족들의 존재로 말미암아 불안정하였다. 따라서 역대 왕들은 호족세력의 억압과 왕권강화를 위하여 노력했는데 획기적인 공적을 세운 것은 광종(949~975)이였다. 광종은 즉위 7년(956) 노비안검법(奴婢按檢法)을 실시하여 호족들이 차지하였던 노비를 해방시켰고, 광종 9년(958)에는 후주에서 귀화한 쌍기(雙冀)의 건의에 따라 과거제도를 실시하여 신진관리를 채용하였으니, 새 관료를 밑받침으로 한 왕권의 강화를 보게 된 것이다.

---

23) 고려도경(高麗圖經) 권40, 유학조.
24) 차석기, 신천식, 한국교육사연구, 서울, 재동문화사, 1968, p. 13.

고려시대 과거의 종류는 제술업(製述業), 명경업(明經業) 그리고 잡업(雜業)이 있었다. 제술업과 명경업은 문관시험이고 잡업은 기술관 시험이다.

문관시험인 제술업과 명경업이 과거의 중심이었다. 시험과목은 제술업은 주로 시(詩), 부(賦), 논(論), 책(策), 송(頌)과 같은 문예를, 명경업은 주로 서(書), 역(易), 시(詩), 춘추(春秋), 예기(禮記)와 같은 경전을 시험하였다. 그런데 이 양대업 중에서 제일 인기가 있는 것은 제술업이었고 명경업은 그다지 인기가 높지 못하였다. 제술업의 시험을 동당감시(東堂監試)라고도 하였다.

기술관 시험인 잡업은 명법업(明法業), 명산업(明算業), 명서업(明書業)이 있다. 시험과목은 명법업은 주로 율령(律令) 등이고, 명산업은 산술, 철술(綴術), 3문(三聞), 사가(謝家) 등이고, 명서업은 설문, 오경자양(五經字樣), 진서, 행서, 인문(印文) 등이다.

과거시험 절차는 중앙과 지방에서 실시하는 1차 시험에 합격한 자가 국자감에서 실시하는 국자감시에 응시하고, 국자감시에 합격한 자가 본시험인 동당감시에 응할 수 있는 특전이 있었다.

동당감시의 합격자는 그 성적에 따라 제술과는 갑 · 을의 2과로, 명경업은 갑 · 을 · 병 · 정의 4과로 나누어졌다. 합격자 수는 따로 정하지 않았지만 고려 중엽 이후 대체로 33명으로 제도화되었다. 제술과에 있어서 갑과 합격자의 경우 1등을 장원(壯元), 2등을 아원(亞元) 또는 방안(傍眼), 3등을 탐화(探花)라고 불렀다. 과거의 회수는 고려초기에는 매년실시 했지만 성종 때부터는 3년에 한번씩 실시하는 식년시(式年試)로 바뀌었다.

고려시대에 있어서 과거응시 자격을 제한했다는 기록은 없다. 그러나 5역, 5천, 5적, 불충, 불효, 향, 부곡, 악공잡류의 자손은 응시자격이 없었다. 그것은 천민층이 교육기구에 입학할 수 없는 것과 같다.

관리로 등용되는 정상적인 길은 과거합격자이다. 그러나 다른 방법도 있었다. 그것은 조상의 공으로 그 자손이 관리가 되는 음사(蔭仕) 또는 음직(蔭職), 지방관리의 추천을 받아 왕이 등용하는 유일(遺逸)이 있었다. 그러나 과거에 합격하는 것만이 가장 영예로운 것으로 인식하고 있었다.

또 다른 과거의 종류로 무과와 승과가 있었다. 무과는 공양왕 2년(1390)에 이색의 건의에 의하여 과거과목이 되었지만 고려의 멸망으로 소멸되었다. 승과는 중에게 법계를 주기 위한 시험으로 교종을 선발하는 교종선(敎宗選)과 선종을 선발하는 선종선(禪宗選)이 있다. 승과는 이미 광종 때 과거제도와 더불어 법계를 마련하고 왕사, 국사의 제도를 두었다. 왕사(王師)보다 국사(國師)의 위(位)가 높다.

2. 과거와 학교교육

고려의 학교교육의 목적은 과거급제이다. 따라서 교육방법은 과거합격을 위한 수단이다. 그것은 고려가 관리등용 방법이 과거제도에 있었기 때문에 개인은 과거합격을 교육목표로 삼을 수밖에 없었다. 따라서 학교교육도 과거시험 준비에 치중하였다. 그 결과 과거과목이 바로 학교교육의 과목이고 학교교육의 과목은 과거과목이 되기도 하였다.

과거과목과 학교교육이 일치한다는 것은 바로 과거제도와 국가교육 목표가 일치함을 뜻하는 것이다. 참고로 과거종별에 따른 학교교육과의 관계를 보면 다음과 같다.

1) 제술업(진사업), 명경업—국자학, 사문학, 태학, 향학
2) 명법업—율학
3) 명산업—산학
4) 명서업—서학
5) 의업—의학
6) 지리업—복학

제 4 절 교육사상가

고려사회를 통해서 이름난 교육사상가로는 최충, 안향, 이색, 정몽주를 손꼽을 수 있다. 이들은 모두 유교를 인간교화의 근원으로 생각하여 혹은 관학을 혹은 사학진흥을 위하여 힘쓴 사람들이다.

1. 최충(崔沖 : 984~1068)

그는 해주에서 나서 고려 현종이래 문종에 이르는 5대에 걸쳐 국사에 크게 이바지하고 72세에 은퇴하여 사재를 들여 9재를 지었고 제자들을 모아 가르치는 데 생애를 다 하였다. 이것이 고려사회의 유력한 사학성립을 의미했으며 문헌공도 또는 최공도라고 불렀다. 최공도는 모두 과거에 응시하여 가장 우수한 성적을 거두었다. 매년 여름이 되면 귀법사(歸法寺)의 승방을 빌려서 여름공부를 하였는데 최공도 가운데서 과거에 급제하고 아직 임관되지 않은 자가 와서 가르쳤다. 9경 3사를 배우게 하였는데 간혹 최공도 출신의 선배가 찾아왔을 때 짧은 시간 내에 시를 짓게 하기 위한 게임으로 각촉부시(刻燭賦詩)를 하였다. 즉 촛불에 금을 그어 놓고 짧은 시간 내에 시를 짓는 경쟁이다. 이리하여 우수한 작품을 낸 순서에 따라 방을 부치고 이름을 불러 소 주연을 마련하였다.

최공도의 특별한 교육방법을 보는 사람들은 모두 칭찬하였다. 그리고 과거에 응시하여 모두 합격하였다. 9재에 적을 둔 사람을 문헌공도라고 불렀다. 그러므로 그 후에 생긴 11도(徒)를 포함해서 12도 중에는 과거에 합격률이 좋은 도와 그렇지 못한 도가 있어서 학생들이 자주 적을 바꾸는 일이 생겨 이것을 금하게 된 일이 있다. 그런데 최공도의 평판이 가장 좋았다. 1383년에 12도의 사학이 폐지되었다.[25)]

2. 이색(李穡 : 1328~1396)

호를 목은(牧隱)이라고 하였고 고려 말 3은 중 한 사람이다. 찬성 이곡의 아들이다. 목은은 고려 말에 뛰어난 유학자이며 문장가로서 문집 55권을 내었다. 그의 학문은 꾸민 문장(詞華)에 그쳤다[26)]고 말하지만 그의 주장과 태도는 공맹사상을

25) 증보문헌비고, 권202, 학교고1.
26) 현상윤, 한국유학사, p. 12.

정치나 교화에 실현시키려한 것이 분명하다.

목은의 교육사상의 철학적 기초는 그의 이성론(理性論), 호연론(浩然論), 불심유성동일관(佛心儒性同一觀))에서 찾아볼 수 있다.

첫째로 우주의 법칙은 이(理)요 만상의 분화는 성(性)이라고 보는 이성론이다. 도의 대원이 천에서 생기는 것이니 모든 근원은 천에 있고 천이 곧 이가 되며 모든 것이 천으로부터 나온 것이다. 사람과 물건이라는 것도 자취뿐이다. 그렇게 된 것은 사람에 있는 것도 성이고 물건에 있는 것도 성이다. 이것은 동일한 성이요 동일한 천에서 나온 것이다. 즉 도의 근원인 천(天=理)으로부터 나온 만상의 분화가 성(性)이다. 이것이 그의 이성론이다.

둘째로 호연지기(浩然之氣)가 물심양면의 근원이라고 말하였다. 즉 물(物)에 있어서의 힘(energy)과 심(心)에 있어서의 영감(inspiration)을 인식하였다. 이것을 호연이라는 형용사로 표현하였다. 호연지기는 천지의 출발점이다. 천지가 이것으로써 자리잡고 만물의 근원이다. 만물이 이것에 의해서 성육(成育)하였다. 덕도 이것 때문에 높고 공도 이것 때문에 나타나는 것이다.

셋째로 불심유성동일관인데, 그는 불의 견심(見心)과 유의 양성(養性)은 같은 뜻을 가지고 있다고 하였다. 그는 주자의 이성설이 본래 불교사상에서 배태된 것이라고 보았다. 주자는 본래 불문(佛門)에 있었다가 유문(儒門)으로 전향한 까닭에 불의 심오한 명심견성(明心見性)을 동경하게 되자 자기나라 문화를 애중하는 자존심을 가지고 유교에도 불교에 못지않은 진리가 있다는 것을 내세워 불교에 대항하기 위해서 명심견성과 비슷한 성리설을 주장한 것이다.

그는 교육목적을 ① 사장(詞章)을 외우며, ② 심신성명(心身性命)을 연구하고, ③ 공리(功利)를 꾀하지 않으며, ④ 이론에 마음이 엇갈리지 않도록 하는데 두었다.[27] 이것은 말할 것도 없이 그는 오직 주자의 성리학을 흥하게 하는 데 두었다. 그가 채택한 교육방법은 ① 본문을 강의하고, ② 의의(疑義)를 논란(論難)하고, ③ 이동(異同)을 변석(辨析) 절충하고, ④ 주지(主旨)에 합하도록 힘썼다.[28] 목은은 국방력 강화

27) 정도전, 포은봉사고서.
28) 권근, 이목은 행장. 정도전, 삼봉집, 권4 및 이목은, 송자 헌시서.

라는 것을 뼈저리게 느꼈으므로 과거제에 무과를 둘 것을 주장하였다.[29]

3. 정몽주(鄭夢周 : 1337~1392)

정몽주의 호는 포은(圃隱)이고 경주사람이다. 공민왕 9년에 과거에 응시하여 수석으로 뽑혔다. 성균관 대사성에 오르는 등 관직을 두루 섭렵하였다. 이성계의 역성혁명에 동조하지 않자 방원이 보낸 문객 조영규에게 선죽교에서 나이 56세에 피살되었다.

포은은 그의 교육사상의 철학적 기초를 주자학에 두었다. 이 점에서 회헌(晦軒) 안향이나 목은(牧隱) 이색과 교육사상이 같았다. 포은의 교육목적은 유자의 도는 모두 일용평상(日用平常)의 일에 진리가 있는 것이며 궁리(窮理)하여 치지(致知)하며 반궁(反躬)하여 실천하는 데[30] 있었다. 그는 교과목으로 중용과 대학을 심신의 학문이라고 하여 중요시하였다. 그는 경서의 요점을 들어 ① 대학, 중용에서 명도전도의 뜻(旨)을 얻게 되며, ② 논어, 맹자에서 조존(操存), 함양(涵養)의 필요와 체험을 충실 확대시키는 방법을 배우게 되며, ③ 주역에서 선천. 후천이 서로 작용됨을 알고, ④ 서전에서 정일(精一), 집중(執中)이 제왕전수(帝王傳授)의 심법임을 알고, ⑤ 시전에서 민이(民彛), 물명(物名)의 훈을 알고, ⑥ 춘추에서 도휘(道諱), 공리의 분을 아는데 있다[31]고 하였다. 또 포은의 교육방법은 해박한 지식을 바탕으로 하여 분석적이며 이로정연(理路整然)하게 교수하는 것이다. 즉 포은이 학식과 이론이 넓고 밝았던 것은 목은이 횡설견설(橫說堅說)이 이치에 닿지 않는 것이 없었다[32]고 크게 감탄하였다. 포은은 학생들의 질문에 대해서 모든 것에 명석한 해명을 했고 조금도 틀리는 바가 없었다.

---

29) 고려사, 권105, 열전 제28, 이색조.
30) 정몽주, 포은집(하), p. 15.
31) 정도전, 포은봉사고서.
32) 고려사, 권117, 열전 제30, 정몽주.

4. 안향(安珦 : 1243~1306)

안향의 이름은 유(裕)고 호는 회헌(晦軒)으로 여주 사람이다. 문종 때 과거에 합격하여 여러 관직을 지냈다. 그는 관직에 있을 때나 떠났어도 항상 유학교육에 관심을 가졌다. 그는 몽고족의 침입으로 초토화된 교육상황을 보고 크게 개탄하여 유학부흥을 위한 교육사업을 필생의 과업으로 삼았다. 그는 충렬왕 11년(1285)에 왕을 따라 원나라에 들어가 주자전서를 손수 베끼고 공자 · 주자상을 그려 가지고 돌아오니 이에 처음으로 우리나라에 주자학이 전하여졌다.[33)]

안향의 교육사상은 주자학에 기초를 두고 국자감 생도들에게 공자의 도를 배우려면 먼저 주자를 배워야 한다. 여러 학생들은 면학하여 그를 소흘히 하지 말라고 하였으며 주자(晦庵)상을 걸어 놓고 자신의 호를 회헌(晦軒)이라 하였다. 그의 교육목적은 인재양성에 있었다. 그러나 당시 국가의 교육금고인 양현고(養賢庫)는 바닥나고 국자감을 원활하게 운영할 만한 재정적 능력이 부족하였다. 이런 상태에서 국학을 부흥시키기 위하여 충렬왕 30년(1304)에 섬학전(贍學錢)을 설치하였다. 섬학전은 관리들이 출연한 일종의 장학기금이었다. 이 기금은 고갈된 양현고에 귀속시켜 그 이식으로 학교를 운영하도록 하였다.

안향은 충렬왕 32년(1306)에 64세의 나이로 졸하였다. 그러나 27대 충숙왕(1318)은 원의 화가에게 명하여 안향의 초상을 그리게 하였다. 이 초상화는 지금 소수서원에 모셔 있고 국보(111호)로 지정되었다. 이 영정은 안향의 유일한 화상이다. 조선 중종 때(1542) 풍기군수 주세붕이 안향을 제사 지내기 위하여 백운동서원을 건립하였다. 이것이 우리나라 최초의 서원이 되었다. 후에 명종 5년(1550) 이황이 군수로 부임하여 서원의 운영을 청원하니 명종은 소수서원(紹修書院)이라 사액(賜額)하고 4서 5경 등을 하사하였다. 이것이 사액서원의 시초가 되었다.

33) 최헌선생 연보.

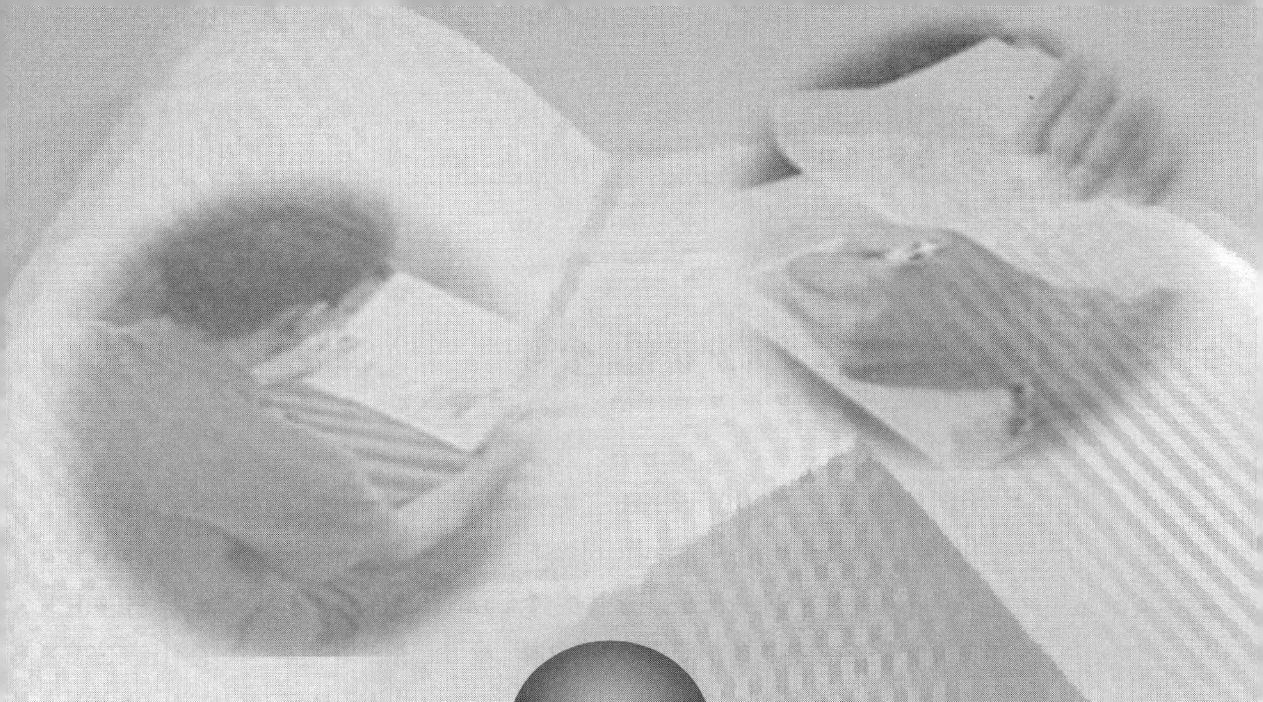

제 3 장

조선시대의 교육

제1절 조선사회의 성격

위화도회군과 사전개혁(私田改革)을 통하여 정치 경제적 실권을 장악한 이성계는 정몽주 등 반대세력을 제거하고 마침내 공민왕에게서 선양(禪讓)을 받아 왕위에 오르니(1392) 이가 곧 조선의 태조이다. 이에 475년의 왕업을 지녀온 고려는 멸망하고 새로이 조선왕조가 건국되었다. 고려에서 조선으로의 전환은 단순한 왕조의 교체에 그친 것이 아니었다. 정치, 경제, 사회, 사상 등 모든 면에 걸쳐 커다란 변화를 초래하였다.

조선의 성립은 정치사회의 일대 변화를 가져와 고려의 귀족사회는 조선의 양반 관료사회로 발전하였다. 고려의 귀족사회는 무신란(武臣亂)에 의하여 붕괴되고 고려 후기에는 권문세족이 지배층으로 되었는데, 새로이 신흥사대부가 나타나 조선 건국에 성공하고 이들이 조선양반사회의 토대가 되었다.

경제면에 있어서도 커다란 변화가 일어났다. 고려의 전시과(田柴科)체제에서 새로이 과전법(科田法)체제로 발전하였다. 그뿐 아니라 토지에 대한 사적 소유가 보다 진전되었고, 양인자작농이 많아져 농민의 지위가 전체적으로 상승되었다.

조선시대의 신분사회도 고려에 비하여 발전하였다. 즉 고려의 귀족이 양반으로 변신했고 농민의 지위가 상승하였을 뿐만 아니라 천민들이 양인화(良人化)하였는데, 그 단적인 표현이 부곡(部曲)의 소멸이었다. 따라서 삼국시대부터 고려시대에 이르기까지 광범하게 존재하였던 향, 부곡, 소는 없어지고 말았는데, 이는 천민집단의 특수행정구역이 일반군현으로 전환하였음을 말하는 것이다. 이러한 조선시대의 양인층의 확대는 사회신분면에도 발전이 있었음을 나타내는 것이다. 이와 같은 사회구조는 결과적으로 조선시대의 사회적 지배윤리로서 학교교육에 지대한 영향을 미치고 있음을 지나쳐 볼 수 없다. 조선조의 사회계급은 양반, 중인, 상인, 천인으로 구분되어 있었다.

양반(兩班)은 위로 왕과 종실을 받들고 왕정을 도와서 치자적(治者的) 지위를 점유하는 사대부를 통칭하는 것이다. 이들은 과거를 통하여 관리로 입신출세할 수 있는 계층이다. 이들은 농, 공, 상, 기술 등 실업에 종사하지 않고 오로지 학교교육에서 학풍을 닦아 지배자로서의 교양을 갖추는 것을 목적으로 하였다.

중인(中人)은 의, 역, 율, 산, 화 등의 특수기술직에 종사하는 사람들로서 양반 다음의 계층을 이루며 그 직업은 자손에게 전승되고 정치적 진출은 일정한 한계가 마련되어 고급관리로 지출할 수 없었다.

상인(常人)은 국민의 대다수를 차지하여 직접 생산에 종사하고 있는 농, 공, 어, 상인들을 말한다. 이들은 피치자의 입장에서 국가에 세금과 부역 등의 의무를 수행하지만 학문에 종사할 수 있는 기회가 주어지지 않았다.

천인(賤人)은 노역에 종사하는 최하층의 계급으로서 인권이 보장되지 않고 오로지 노동력을 제공하는 생산도구와 같았다.

조선의 성립은 사상면에서도 커다란 변화를 가져왔다. 고려 후기에 우리나라에 들어온 주자학은 조선에 들어와 정치이념으로 채용되었을 뿐 아니라 학문적 · 사상적으로 지배적 위치를 차지하고 일반국민의 일상생활의 규범이 되었다. 이것은 고려시대 훈고학적인 유교와 불교신앙이 병립해 있던 것과는 전혀 다른 현상으로, 사상계에 큰 변동이 일어난 것을 나타내는 것이다. 조선조가 숭유억불의 정책화를 가져온 것은 지금까지의 불교중심의 문화가 유교중심의 문화로 전환되는 것을 의미한다. 조선의 유교중심문화는 조선조의 성격을 가장 두드러지게 특징지우는 대표적인 것이였다. 유교중심사회는 많은 장단점을 가지고 있다. 문무의 차별, 적서의 차별, 삼가 금지, 상공천시, 예술경시 등은 조선사회의 단점으로 지적될 수 있다.

제 2 절 학교교육의 내용

조선의 학교교육은 주로 양반 자제를 대상으로 하였으며, 관리의 양성을 목적으로 하는 과거시험의 준비과정에 불과하였다. 따라서 교육의 특색은 성리학을 중심으로 하는 윤리철학과 과거 시험과목인 4서 5경과 소학 등 경전중심의 유학에 치중하였고 성현(聖賢)의 행실을 모방하려는데 있었다.

학교교육제도는 단순하였다. 그것은 고려조의 교육체제를 그대로 계승하였기 때문이다. 조선조의 교육제도에 있어서 주축을 이루는 것은 관학으로서 중앙에는 성균관, 4학, 종학이 설치되어 있었고, 지방에는 향교가 설치되어 있었다. 그리고 사학 교육기관으로 서원과 서당이 설치되어 있었다. 여기에 잡학교육이 추가됨은 물론이다. 이 학교체제는 부분적인 개혁은 있었지만 그 골격이 그대로 이어져 고종 23년(1886) 신교육기관으로서 육영공원이 설립되고 과거제도가 폐지되는 갑오경장(1894) 때까지 계속되었다.

참고로 조선시대라 함은 역성혁명에 의하여 이성계가 왕위에 오른 1392년부터 일제의 강압으로 주권을 상실한 1910년까지를 말한다. 그러나 교육제도 변천의 특성상 시대적 구분을 개항(1876)이전과 개항으로부터 한일합병(1910)까지로 나누어 기술하고자 한다.

1. 관학교육(官學敎育)

1) 성균관(成均館)

(1) 설립과 구조

조선조의 최고 교육기관인 성균관은 고려의 제도를 그대로 이어받아 오다가 태조 7년(1398)에 숭교방(崇敎坊, 명륜동)에 건립되었지만 왕자의 난 등과 같은 정변으로 다시 개경으로 환도함에 따라 한양의 성균관은 교육적 역할을 충분히 맡지 못하다가 정종 2년(1399)에 불에 타 버리게 되니 다시 유명무실하게 되었다.

한양으로 재 천도한 태종은 즉위 6년(1406)에 그 자리에 다시 성균관을 세웠다.[1) 그러나 이후 성균관은 185년간 교육을 수행하여 오다가 선조 25년(1592) 임진왜란으로 불타 버리자 선조 34년(1601)에 대성전을, 선조 39년(1606)에 명륜당을 재건하여 오늘에 이른 것이다.

---

1) 태종실록, 권11, 6년 병술조.

성균관의 구조는 첫째, 문묘와 명륜당은 성균관의 주 건물인 문묘는 대성전과 동 · 서 양무로 성립되는데, 대성전에는 공자를 향사(享祀)하고, 동 · 서무(廡)에는 공자의 제자와 역대 대유자(大儒者)를 모시고 있다. 명륜당은 유생을 교육하고 학문을 강학(講學)하는 곳이다. 명륜당의 좌우에는 동 · 서 양재(齋)가 있다. 이곳은 유생들이 기숙하는 장소이다. 기타 부속건물로서 성균관을 관리하는 향관청, 도서관인 존경각, 향사를 관장하는 계성청, 과거장인 비천당, 그리고 육일각, 양현고 등이 있었다.

(2) 성균관의 직제

성균관의 직제는 태조 원년(1392)에 제정된 후 태조 7년에 개정되고 또 세종, 세조, 성종 때도 개정되었다. 태조 원년과 태조 7년의 직제를 보면 다음과 같다

[표 1] 성균관 직제표(태조 원년, 1392)[2]

직명	대사성	제주	악정	직강	전부	박사	순유박사	진덕박사	학정	학록	직학	학론	서리
품계	정3품	종3품	정4품	정5품	정5품	정7품	종7품	정8품	정9품	정9품	종9품	종9품	
인원	1	1	2	1	1	2	2	2	2	2	2	4	2

[표 2] 성균관 직제표(태조 7년, 1398)[3]

직명	지관사	동지사	대사성	제주	사예	직강	전적	박사	학정	학록	학론
품계	정2품	종2품	정3품	종3품	정4품	종5품	정6품	정7품	정8품	정9품	종9품
인원	1	2	1	2	3	4	13	3	3	3	3

(3) 입학자격과 정원

성균관은 조선 최고의 교육기구로써 입학자격은 일정한 요건을 갖출 것을 전제 조건으로 하고 있지만 경우에 따라서는 융통성이 있었다. 성균관 입학자격에 대하

2) 태조실록, 권1, 원년 임신 7월조.
3) 태조실록, 권14, 7년 무인조. 이긍익, 연려실기술 별집, 권7, 관직전고.

여 경국대전을 중심으로 하여 살펴보면 다음과 같다.

① 생원, 진사를 원칙으로 한다.

② 생원, 진사가 부족할 경우에는

㉮ 나이 15세 이상의 4부학당 학생으로서 소학과 4서 1경에 통하는 자

㉯ 문과 생원, 진사의 향시 혹은 한성시에 합격한 자

㉰ 조사(관리)로서 입학을 지원하는 자

㉱ 유음(현관, 음관)의 적자로서 소학에 통하는 자

㉲ 경향 유학[4] 우수자

그러나 설령 이들이 성균관에 입학하였다고 하더라도 이들 학생들은 국가로부터 똑같은 대우를 받는 것은 아니었다. 즉 일단 성균관에서 공부하는 학생들은 모두 재에 기숙하는 것이 원칙이지만 이때 생원, 진사로서의 학생, 즉 정규과정학생들은 상재에 기숙했지만 4학에서 올라온 학생들은 승학(升學)이라 하여 하재에 기숙[5]하도록 하는 등 구별이 엄격하였다.

성균관의 학생정원은 조선 초기 100명이었지만, 한양 천도 후 150명으로 증원되었다.[6] 그러나 세종 11년에는 유음(有陰) 자제들의 수용문제로 50명을 증원하여 200명으로[7]하였지만, 재정적 이유로 100명까지 감원되기도 하였다. 그러나 세조 5년에 다시 200명으로 환원되어 이후 경국대전에 고정되었다.[8]

(4) 교육과정과 자치활동

성균관의 교육과정은 대체로 강독(講讀), 제술(製述), 서법(書法)으로 나누어진다.

첫째로 강독은 4서(대학, 논어, 맹자, 중용), 5경(시경, 서경, 역경, 예기, 춘추)과 제사(諸史) 등을 읽되, 노, 자, 불경, 잡류는 읽지 못하게 하였다. 학습기간은 대학(1개월), 중용(2개월), 논어, 맹자(각 4개월), 시전, 서전, 춘추(각 6개월), 역경, 예기(각 7개월)이었다. 강독평가는 연고(年考), 월고, 순고, 일고 등의 성적고사로 하였고, 성적은 4단

---

4) 유학이란 유생으로서 생원, 진사의 자격을 얻지 못한 자, 즉 벼슬하지 아니한 유생을 말한다.
5) 속대전, 권3, 예전.
6) 태종실록, 권20, 10년경인, 10월조.
7) 세종실록, 권45, 11년 기유 7월조.
8) 경국대전, 권3, 예전.

계로 평가하였는데 대통(大通), 통(通), 약통(略通), 조통(粗通)으로 하였다. 그리고 조통 이하는 벌하였다.

둘째로 제술(製述)이다. 제술은 매월하도록 되어 있었다. 제술 과제로 초순에는 의(疑), 의(義), 논(論)을, 중순에는 부(賦), 송(頌), 명(銘), 잠(箴)을, 종순에는 대책, 기(記)를 제시하였다.

셋째로 서법인데, 반드시 해서로 하였다. 해서(楷書)로 하지 않는 자는 벌하도록 규정하였다.

성균관 학생들의 또 다른 교육과정은 학문연구는 물론이고, 선행을 중시하였는데 일상생활을 통하여 습관이 형성되도록 철저한 교육을 하였다. 즉 학생들은 반드시 재에 기숙하여 매일 조석에는 중복(中服)을 갖추고 식당에서 열좌회식(列坐會食)하며, 또 여기서 출석부인 도기(到記)에 원점(圓點)을 부하여 300일 이상을 거관(居館)해야만 과거에 응시하게 하는 등의 규정도 있었다.[9] 식당을 학생들의 일상생활의 규범으로 하여 몹시 중요시하였다.

성균관 교육의 특징 중 또 다른 하나는 학생들의 자치활동이다. 즉 재생 중에서 장의(掌議 : 학생대표)를 뽑아 장의 주재 하에 재회(齋會 : 학생총회)를 열어 자치적으로 의사 결정을 한다. 때로는 동료 유생들을 책하여 출재(黜齋 : 퇴교)시키기도 한다. 또 국가정책에 있어 실정이 있고 명륜풍교(明倫風敎)에 해가 될 만한 일이 인정되면 학생들이 상소하여 탄핵하는 일도 있었는데 이것을 유소(儒疏)라고 하였다. 만약 이들 유소에 대한 국가정책이 보복적일 때에는 권당(捲堂), 공재(空齋), 공관(空館)으로 이에 대항하였다. 참고로 권당은 식당에 들어가지 않고 단식하는 것, 공재는 기숙사에서 나가는 것, 공관은 대성전에 4번 절하고 퇴거하는 것으로 동맹휴학을 의미한다, 만약에 유생들의 공관이 단행되면 시정은 각 점포가 문을 닫고 이에 호응 동정을 표시하였다. 특별한 예는 있으나 유소는 관대하게 받아져 국가정책으로 반영되었다.

(5) 성균관의 재원

학교운영을 위한 재원 확보는 교육의 흥패와 관계되는 것으로 태조 때부터 양현

---

9) 동국문헌비고, 학교고, 잡식당.

고를 두어서 학교 재원에 관심을 기울이었다. 성균관은 그 기능에 따라 문묘비(文廟費 : 제사비용)와 양현비(養賢費 : 교육비)를 필요로 하였는데 그 수입 재원은 대략 다음과 같이 구성되었다.

첫째, 학전(學田)에 의한 도조의 방법이다. 세종실록에 보면 양현고에 섬학전(贍學田)으로 밭 1,035결이 주어진 사실이 있고, 세종 12년에는 학생정원의 증가에 의한 재정의 수요증가로 채전 5결에다 다시 1결을 더하여 지급했고,[10] 또 세종 13년에는 여기에 965결을 더 지급하였다.[11]는 기록이 있다. 이처럼 학전을 주종으로 하는 토지와 어장 등으로부터 얻은 세금 수입에 의한 재원을 확보하였다.

둘째, 사예(賜豫)에 의한 공물의 이전취득이다. 사예는 교부금 또는 보조금과 같은 이전수입과 임시 영달금이다.

셋째, 노비신역(奴婢身役)에 의한 방법이다. 노비신역은 이른바 장획(藏獲)이라는 것으로 성균관에 속한 노비들이 뼈골로 바치는 몸값이다. 세종 원년에는 성균관에 노비 일백구(一百口)를 주어 성균관 노역을 담당하게 했다.[12]는 기록이 보인다.

(6) 학칙, 행학(幸學)

성균관의 학칙은 학령을 비롯하여 권학사목, 9재학규, 진학절목, 경외학교절목, 학교사목, 학교모범, 제강절목, 원점절목, 경국대전 등에 규정되어 있다. 그 중에서도 학령(學令)은 국초에 제정된 것으로서 성균관의 자세한 규칙을 정하고 있다. 예컨대 아침절차, 매일행사, 매월행사 뿐만 아니라 독서, 제술, 성적, 학칙 등이 그것이다.

행학이란 군왕이 친히 성균관에 나가는 것을 말한다. 군왕은 성균관 유생들의 흥학을 위하여 때로는 교를 내리고 또 친히 문묘에 알성(謁聖 : 참배)하고 명륜당에 나아가 직접 친문(親問)하기도 하였다. 친문이란 군왕이 명륜당에 직접 나아가서 유생들과 친히 경의문답(經義問答)하는 것을 말한다. 이때 왕이 횡경문난(橫經問難)[13]

---

10) 세종실록, 권17, 20년 경진 3월조.

11) 세종실록, 지리지 권148, 경도 한성부.

12) 세종실록, 권5, 5년 기해 8월조.

13) 횡경은 경서를 펴 든다는 뜻이다. 횡경문난은 경서를 옆에 끼고 다니면서 난해한 것을 문의하는 것임.

하기도 하였다. 군왕 중 중종이 친문과 횡경문난에 가장열성을 보이고 있었다. 참고로 조선조의 역대군왕 중에서 행학한 횟수가 많은 군왕은 영조(21대, 1724~1776)가 19회, 중종(11대, 1506~1544) 17회, 성종(9대, 1469~1494)과 숙종(19대, 1674~1720)은 공히 12회, 세종(4대, 1418~1450), 명종(13대, 1545~1567), 선조(14대, 1567~1608)가 공히 11회이었다.

2) 4부학당(4部學堂)

(1) 설립

고려조의 5부학당이 조선조에 그대로 계승되었지만 북학이 폐교되어 4부학당 또는 4학이라고 불렀다.

본래 5부학당은 서울의 구역을 동, 서, 중, 남, 북의 5부로 나누어 각부에 학교를 세워 5부 학당이라고 한 것에서 비롯된다. 5부학당은 처음에 태종 11년(1411) 남부 학당의 건립을 계기로 시작되었고 그 후 나머지 학당도 학사를 갖게 됨으로 성립하였다. 그러나 북부학당만은 끝내 설치되지 못한 채 세종 27~28년경(1445~1446)[14]에 폐지되고 4부학당만 존속하게 되었다. 이것을 보통 4학이라고 한다.

4학이 설치된 위치로 동학은 동부 팽선방(동대문 근처), 서학은 서부 여경방(태평로 1가), 중학은 남부 관광방(중학동), 남학은 남부 성명방(필동)이다.

(2) 교육활동

4학은 관학으로서 성균관의 하위교육기관(부속학교)이며 향교와 더불어 중등정도의 교육기관이었다. 그 구조는 성균관과 같이 명륜당과 재(동·서재)를 가지며 성균관과 학제나 교육방침이 비슷하였다. 그러나 4학은 문묘를 갖지 않았다. 이것이 성균관과 다른 점이다.

교수조직은 종 6품의 교수 2명과 정 9품의 훈도 2명으로 정원을 삼았다. 그러나

---

14) 이홍직 편, 국사대사전, 권4, 서울, 백만사, 1973, p. 1638.

대개는 성균관에서 겸직하는 경우가 많았다. 그래서 성종 8년(1477)에는 관학의 겸직에서 오는 교육의 저하를 막기 위하여 겸임제를 폐지하고 근속법을 제정하여 관학의 30개월 근속제를 시행한 일도 있었다.[15] 그러나 별다른 실효성을 거두지는 못하였다.

학생정원은 각 100명이며, 입학자격은 양반과 서민의 자제로 10세 이상을 원칙으로 하고 15세가 되어 학문이 우수하면 성균관에 승학(升學)으로 입학할 수 있었다.[16]

교육내용은 주로 경술(經述)과 문예였다. 교육방법은 성적 불량자에 대한 교관의 책임지도[17]와 성종대의 분번야독(分番夜讀)[18]이 있었다. 고사방법으로 예조가 매월 학생들이 읽는 것을 고강(考講)하며 또 4학유생 각 20명씩 뽑아 매 6월마다 남학에 모이게 해서 3품 이하의 문신 3인이 혹은 강론으로 혹은 제술로서 시험하여 우등자 10명을 뽑아 생원이나 진사의 복시에 응할 자격을 주었다.

4학의 운영을 위한 경제적 재원은 성균관과 같이 토지와 노비를 지급받았으며 학생 개인에게는 쌀을 지급[19]하기도 하였다.

3) 향교

향교는 고려 때의 지방에 세워졌던 것이 그대로 조선조에 계승된 지방학교이다. 고려시대에 비하면 조선조의 향교는 매우 발달하였다. 즉 태조는 즉위(1392) 초부터 각 도의 관찰사에게 명하여 향교의 흥패를 수령의 고과로 삼을 만큼 교학의 쇄신을 꾀하였기 때문이다.

향교는 성균관과 같이 문묘기능과 교육기능을 갖고 있었으며, 아울러 사회교화 향풍순화 등 사회교육적인 기능도 동시에 갖고 있었다. 향교의 구조는 성균관과 같았다. 대성전과 동・서무의 문묘, 그리고 명륜당과 동・서 양재의 제도를 갖추고 있었다. 다만 향교에 향사(享祀)하는 성현은 공자를 제외하고는 주, 부, 군,

15) 세종실록, 권25, 6년 갑진 8월조.
16) 태종실록, 권22, 11년 신묘 11월조.
17) 세종실록, 권18, 4년임인 11월조.
18) 성종실록, 권8, 원년 병인 11월조.
19) 문종실록, 권8, 원년 신미 7월조.

현의 문묘에 따라 차이가 있는 것이 성균관과 달랐다.

향교의 교육내용은 소학, 4서, 5경이 주였고 그밖에 근사록, 제사 등이 추가되었고, 교육정도는 4학과 같이 중등정도의 수준이었다. 교육활동은 성균관과 같았다. 다만 수업평가는 고강(考講) 또는 제술(製述)방법으로 수령과 관찰사를 통하여 평가되었는데, 성적 우수자는 생원, 진사과의 복시에 응시할 자격을 주었다. 입학자격은 양반자제나 향리로서 16세 이상이 원칙이었고. 정원은 향교의 크기에 따라 90인에서 30인 정도이었다. 학관은 교수(종 6품)와 훈도(종 9품)를 두되 작은 군에서는 훈도(訓導)만 두기도 하였다. 학교 설립은 호구 500을 기준으로 하였지만[20] 예외도 있었다. 향교의 재원은 왕이 하사한 학전(學田)과 노비 외에, 지방 유림의 기부금으로 매입한 토지, 어장, 산림 등에서 얻은 세금으로도 충당되었다.[21]

향교는 성현을 향사하고 유생을 교육하는 이외에 예양(禮讓)을 존중하는 풍교(風敎)와 향풍(鄕風)을 수립시키는 이른바 향풍순화(鄕風醇化)에도 힘을 기울였다. 그것이 향교에서 실시한 양노연(養老宴), 향음례(鄕音禮), 향사례(鄕射禮) 등이었다.

향교는 중앙정부의 특별한 관심과 감독으로 학생들을 교육하고 교도하는 등 지방교육의 발전을 가져왔지만 조선 중기 이후 서원의 발흥으로 향교는 점점 쇠퇴하여졌다. 따라서 이후의 향교는 학생들을 교육하는 교육기능은 잃고 다만 선현을 모시는 문묘 제향(祭享)의 기능만 지니면서 갑오개혁 후까지 유지하였다. 특히 갑오개혁(1894) 이후 과거제도가 폐지되자 향교는 더욱 그 존재 의의를 잃고 이름만 남아 문묘 향사만 할 뿐이다. 참고로 1918년 조사에 의한 향교의 총수는 335교, 소관토지는 48만 평으로 나타나 있다.[22]

4) 종학(宗學)

종학은 종친자제들의 교육을 목적으로 설립된 것으로 다른 유학교육과는 달리 종부시(宗簿寺)의 감독을 받는다. 세종 10년(1428)에 처음으로 세웠고[23] 다음 해 10월에 경복궁 건춘문 밖에 종학건물을 새로 짓고 12년 3월에 종학 학식을 세워

20) 세종실록, 권2, 원년 무술 12월조.
21) 차석기, 신천식, 전게서, p. 182.
22) 이홍직 편, 전게서, p. 1704.
23) 세종실록, 권46, 10년 무술 7월조.

비로소 명실상부한 종친들의 교육기관으로서 종학의 체제가 확립된 것이다.[24)]

종학의 직제는 처음에 종학박사 4인을 두었지만 세종 15년에는 입학생 수의 증가로 2명을 증원, 동서반 3품 이하 6품 이상으로 겸하게 하였다. 그 후 종학에 둔 학관은 성균관의 사성(司成) 이하 전적(典籍) 이상의 관원이 겸직했다. 관원은 도선(導善 : 정 4품), 전훈(典訓 : 정 5품) 각 1인, 사회(司誨 : 정 6품) 2인이다.[25)]

종학의 입학자격은 15세 이상의 종친자제로 한정했으며, 입학정원은 설립 당시 세종 10년 40명이었지만 15년에 50명으로 증원되었고[26)] 성종 9년에는 150명이었다.[27)] 교육과정은 성균관과 같이 경술과 문예를 주로 하였으며, 소학도 중요한 과목이었다.

참고로 종학의 학교생활과 교육활동을 살펴보면 다음과 같다.[28)]

① 종친은 매일 일출에 모여 신시에 학을 파(罷)한다. 출석여부를 살펴 10일에 1차 계문한다.

② 강을 울리는 북소리가 들리면 일제히 글을 읽는데 차례로 돌아가면서 강을 듣는다.

③ 각재(齋) 종친은 행례를 제하고 문의(問疑)를 청강하며 각기 본 재에 단좌하여 공부를 하는데 함부로 출입해서는 안 된다.

④ 매일 강을 받을 때에는 먼저 배운 것을 다시 복습하고 새로운 것을 익히며 부록을 두어 매일 읽은 성적을 기록하여 10일에 일자 계문한다.

⑤ 종친 중 인망이 있는 자를 유사로 뽑아 학생들의 행동을 규찰하며, 규칙에 지나치게 어긋나면 종부시에 알린다.

⑥ 학관의 승낙 없이는 출재할 수 없다.

종학은 세종 10년에 설치된 후 연산조 때 일단 폐지되었고, 중종 때 복구되었으나 그 후 다시 없어졌지만, 광무 3년(1899)에 설치되어 가르치던 종인학교(宗人學校)는 어느 의미에서는 종학의 계승으로 볼 수 있다. 그러나 이 종인 학교도 융희

---

24) 상게서, 권47, 11년 을유 10월조.
25) 세조실록, 권38, 3년, 병술 정월조.
26) 세종실록, 권61, 15년 계축 7월조.
27) 성종실록, 권9, 무술 2월조.
28) 경국대전, 권3, 예전.

1년(1907)에 폐지되었다.

넓은 의미의 종학교육기구로서는 경연(經筵)과 세자시강원(世子侍講院), 세손강서원(世孫講書院)이 있다. 경연은 국왕에게 학문과 치국(治國)의 도(道)를 강론하고 때로는 국가의 정책을 논의하기도 했다. 따라서 경연의 관원은 정책결정에 많은 영향을 주기도 했다. 세자시강원은 왕세자에게 겨서와 사적을 강의하여 도의를 가르치던 세자를 강학하는 곳으로 볼 수 있는데, 태조 초에 설치되었던 세자관속을 개칭한 것이다. 관원은 사(師, 정 1품), 전(傳, 정 1품), 이사(貳師, 종 1품) 등으로 품계가 모두 높다. 고종 31년(1894) 갑오개혁 때 폐지되었다. 세손강서원은 일명 강서원이라고도 하였는데 왕세손을 강학하는 곳이다. 세종 30년(1448)에 설치되어 오랫동안 계속되었지만 고종 31년 갑오개혁 때 폐지되었다.

2. 사학교육(私學敎育)

일반적으로 사학교육이라 함은 관학교육기관에 입학하지 못한 자제들의 교육을 위하여 사사로이 설치한 민간학교에서의 교육을 말한다. 물론 조선 중기 이후부터는 서당교육이 보편화하여 관학교육기관인 학당이나 향교에 입학할 준비교육으로서 성황을 이루게 되었지만, 조선 초기까지만 해도 서당이란 명칭이 그리 보편화되지 못하고 서재, 서원 등의 명칭으로 사학교육이 우리 자제들에 대한 교육의 일익을 담당해 내려왔다.

1) 서원(書院)

서원은 고려시대 이래 사학인 서재에 선현을 봉사하는 사묘(祠廟)를 겸한 것으로서 주로 명유, 선배의 연고지에 세워져 그 지방의 양반자제들을 교육하였다. 서원의 설치목적은 선현의 봉사(奉祀) 자제교육에 있었지만 현실적 목적은 과거준비에 있었기 때문에 교육내용에 있어서도 경학(經學)과 사장(詞章)을 중심으로 하는 소학, 4서5경, 심경, 근사록 등 성리학 위주의 교과목으로 구성되어 있었다.

우리나라 최초의 서원은 소수서원이다. 소수서원은 중종 38년(1543) 풍기 군수

주세붕이 송의 주자가 세운 백록동서원의 고사규례에 따라 고려의 명유 안향(安珦)을 추모하고 봉사(奉祀)하는 사택(祠宅)을 순흥(경북 영주군)에 짓고 그 옆에 서원을 세워 이름하여 백운동서원(白雲洞書院)이라고 한데서 시작되었다. 백운동서원은 그 후 명종 5년(1550)에 후임 군수 이황이 감사(심통원)에게 송의 백록동서원의 고사를 본 따서 액을 사하고 서적, 전토 및 노비를 주어 학자로 하여금 장수(藏修)케 해 달라는 장계를 올리자, 다시 감사의 계에 의하여 왕은 소수서원(紹修書院)이라는 편액(扁額)을 사하고 4서5경, 성리대전 등의 서적과 노비 전토 등을 주어 장려했다. 이것이 서원에 액을 사하는 사액서원의 효시가 되었다. 이 때부터 선조대 까지 사액서원만 해도 전국에 100개가 넘을 정도였다. 이들 사액서원은 국가로부터 서적 토지 및 노비를 지급받았을 뿐만 아니라 면세 면역의 특권까지 누렸으므로 관학인 향교를 학문에서뿐만 아니라 세력과 권위 면에서도 능가하였다. 또 서원은 지방에서 중소지주층의 지식인화를 촉진시키고 사림의 확대 재생산을 가능케 함으로써 이들이 정치여론집단을 형성하고 훗날 붕당정치의 저변으로 기능 할 수 있도록 하는 데 기여하였다.[29] 따라서 대원군은 서원훼철령(毁撤令)을 내려(1864) 지방양반들의 세력기반이 되었던 서원을 대폭 정리하고 전국에 47개소의 서원만 남기고 나머지는 모두 철폐하였는데, 이 때 철폐된 서원은 600여 개나 되었다. 원래 서원은 선현의 봉사와 자제교육의 뜻으로 설립된 것이지만 토지와 노비를 소유하고 면세 · 면역의 특권을 가지고 있어 피역자들이 모여들었으며 지방 농민을 괴롭히고 지방행정에 압력을 가하기까지 하는 등 그 피해가 막심하였는데, 대원군의 과감한 철폐로 그 폐단이 없어지게 되었다. 참고로 그 중 유명한 서원은 도산서원, 송악서원, 화양동서원, 만동묘 등이다.[30]

2) 서당(書堂)

서당은 고려시대부터 설립되어 조선조에 계승된 사립초등교육기관이다. 흔히 글방이라고 부른다. 아직 관학초등교육기관이 설립되지 않았던 당시, 비록 서민자제가 대상이었지만 대중교육의 기회를 넓혔다는 점에서 서당의 교육적 의의가

29) 최완기, 조선서원, 역사교육18, 1975.
30) 이홍직 편, 전게서, p. 716

있다.

서당은 사설이었다. 그리고 서당의 설립과 폐지에 대한 국가의 규제가 없었다. 때문에 뜻이 있는 많은 사람들이 설립한 서당의 수는 전국에 헤아릴 수 없을 만큼 많았다. 서당교육의 목적은 4학이나 향교에 입학할 준비교육에 있었지만, 때로는 가례를 익혀 조상을 봉사하고 일상생활에 눈을 뜨게 하려는 데 있었다. 서당에서 직접 생진과 초시에 응하는 수도 있었다. 이 점에서 서당은 초등교육과 중등교육을 겸하였던 것으로 볼 수 있다.

서당의 교육내용은 강독, 제술, 습자이다. 첫째로 강독은 천자문으로 시작하여 동몽선습, 명심보감, 통감, 소학, 4서3경, 사기, 당송문, 당률로 차차 정도를 높인다. 그러나 서당에 따라서는 3, 4권 정도에서 끝나는 경우도 있고, 또 더 나아가서 춘추, 예기, 근사록 등을 추가하여 읽히기도 하였다. 둘째로 제술은 5언 절구, 7언 절구, 4율과 고풍의 18구 시, 작문 등이 보통이고. 서당에 따라서는 그 밖의 각종 문체를 연습하기도 하였다. 그러나 규모가 작은 벽촌서당은 전혀 제술을 과하지 않는 곳도 있었다. 셋째로 습자는 해서를 중점적으로 연습시켰지만, 익숙해지면 행서, 초서로 옮겨 익히게 했다.

서당의 교육방법은 암송위주의 주입식 방법이었다. 처음에는 천자문으로 한 자 한 자 글자를 가르치고, 다음에 동몽선습으로 단어를 붙여 음독하는 법을 가르치며, 그 다음에는 구독(句讀)의 문리를, 또 그 다음에는 한 문장의 대의를, 마지막으로는 교사 없이 학생 스스로가 풀이하면서 읽을 수 있도록 가르쳤다. 강독에 있어서 오늘 읽은 것은 다음 날 모두 통한 뒤에야 다음 것을 배웠다. 학도들은 벽을 바라보고 앉아 눈을 감고 몸을 좌우나 앞뒤로 흔들면서 소리를 내어 외워 읊었는데 만약에 틀리거나 문장이 막히면 훈장이 매를 들고 앉아 있다가 체벌을 가하면 깜짝 놀라기도 하였고, 통하지 못하면 회초리로 호되게 종아리를 맞는 것은 예사로운 일이였다.

서당의 조직은 훈장, 접장, 학도로 구성되었다. 훈장은 학도를 가르치는 교사이다. 그러나 훈장의 학식은 표준이 일정하지 않았다. 강독의 경우 경서를 자유롭게 풀이하는 훈장은 드물었고 주해서를 참고로 하여 겨우 글의 뜻 정도를 해석하였다. 제술의 경우는 4율이나 18구 시를 읊는 것이 보통이었고 벽촌의 훈장은 제술을 모르는 사람도 많았다. 접장은 오늘날 일종의 조교제도와 같다. 훈장 혼자서 많은 학도를 가르칠 수 없었기 때문에 학도 중에서 나이나 학력이 우수한 자를 골라 훈장을 대신하여 학도를 가르치게 하는 사람을 지칭한다. 접장은 훈장에게 배우면서 학생들을 가르치는 것인데, 이 제도는 서양의 산업혁명시 영국의 조교제도(monitorial system)와 비슷하다.

학도는 학생을 말한다. 당시 학도는 나이 7, 8세로부터 15, 16세의 아동들이 중심이 되었으며 20세 내외 또는 25세 이상도 있는 경우가 많았다. 따라서 학도들의 실력의 경우 심한 격차를 보이기도 하였다.

서당의 종류는 크게 넷으로 분류할 수 있다.[31)]

첫째, 훈장 자영서당 : 훈장 자신이 자신의 생계나 교육취미를 살리기 위하여 스스로 세운 서당이다.

둘째, 유지 자영서당 : 동네에서 살림이 넉넉한 유지가 자기 자식이나 친척의 자제를 교육시키며 훈장의 급료도 혼자서 부담하고 때로는 이웃집 자제들에게도 무료로 공부하게 하는 이른바 "동냥공부"를 하게 하는 서당이다.

셋째, 유지 조합서당 : 동네 유지 몇 사람이 조합하여 훈장을 초빙하고 조합원의 자제들만 교육시키는 서당이다.

넷째, 촌 조합서당 : 동네 전체가 조합하여 훈장을 모시고 동네 아이들을 가르치는 서당이다. 촌 조합서당을 설치하는 곳에서는 훈장의 식량미 정도는 지급할 수 있는 기본 재산이 있는 곳도 있었지만 그렇지 못한 곳도 있었다.

학당의 경비는 전액 서당 설립자의 부담이다. 대체로 훈장과 그 가족의 생활비는 학도의 부형들이 분담하였는데 현금이 아니고 대략 땔나무, 곡식을 비롯하여 김장 등 물자를 추렴하였고, 만약 훈장이 객지인 경우에는 의복, 세탁, 식사까지 부형들이 주선하는 것이 관례로 되어 있었다.

서당이 비록 초등정도의 사립교육기관이었지만 백성들의 대중교육과 문자교육은 물론 예양적 향풍을 수립하고 도덕을 순화하는데 끼치는 영향을 고려하여 조정에서는 효종 10년(1659)에 제주 송준길에게 명하여 서당학규를 제정하도록 하였는

31) 한기언, 한국교육사, 서울, 박영사, 1983, pp. 146-147.

데 그것이 향학절규이다.[32]

서당교육과 관련되는 아동교육을 시사해 주는 내용으로 이덕무의 사소절(士小節)에 실린 아규(兒規)가 있다. 이것은 서당교육을 포함해서 아동교육 일반에 대하여 매우 상세하게 또 구체적으로 서술한 글이다. 여기에는 동지(動止), 교습, 경장(敬長), 사물의 넷으로 구분되어 있는데 그 중에서 교수법, 훈육법, 교훈, 성행에 관한 사항 하나하나는 아동교육 일반에 대하여 우리에게 교육적인 시사를 많이 던져 주고 있다.

여성을 위한 교육은 구한말 근대여성학교의 설립 이전까지는 가정을 중심으로 한 비형식적인 교육에서만 찾아볼 수 있다. 교재로서는 소학언해(小學諺解)와 소혜왕후(9대 성종의 모)의 내훈(內訓)이 있는데 주로 여성의 행실을 기록하고 있다.

3. 기술교육(技術敎育)

기술교육기관은 유학 이외의 생활에 필요한 실용적인 생산기술과 기예(技藝)를 가르치는 곳으로 잡학교육과 공장교육으로 나눌 수 있다. 양반중심의 조선사회에서 기술직은 천시되던 직종이라서 중인 이하의 신분이 주로 담당하였지만, 실생활에서의 중요성을 인식하여 관학에서 담당하였다.

1) 잡학(雜學) 교육기관

조선시대 잡학은 고려의 국학에 두었던 3학(율, 서, 산)을 이어받아 태조 즉위 원년(1392) 7월 성균관 직제를 개정할 때 벌써 율학박사와 산학박사를 두었고[33] 동 2년 11월에는 병학(兵學), 율학, 자학(字學), 역학(譯學), 의학, 산학 등 6학을 설치하였으며,[34] 태종 6년에는 다시 유학(儒學), 이학(吏學), 음양풍수학(陰陽風水學), 악학(樂學) 등 넷의 기술학을 더하여 10학(十學)으로 잡학교육의 체제를 완성하였다.[35] 이것이 조선시대 잡학인 10학이다.

---

32) 정재철, 손인수, 교육사, 서울, 교육출판사, 1975, p. 43.
33) 태조실록, 권1, 원년 임신 7월조.
34) 태종실록, 권4, 2년 계유 11월조.
35) 태종실록, 권12, 6년 병술 11월조.

이후 세조 13년(1467)에 음양풍수학이 분과되어 음양학이 명과학(命課學)으로 풍수학이 지리학(地理學)으로 바뀌고 또 천문학이 새로 나타났다.[36] 그밖에 화학(畵學)과 도유(道流)[37]가 추가되기도 하였지만 대체로 잡학교육은 세종 12년에 확립된 10학 교육과정의 규범에 따라 이루어졌다. 참고로 세종대의 10학을 중심으로 한 잡학교육의 종목과 내용을 살펴보면 다음과 같다.

① **유학** : 예조에서 담당하며, 일반 하급관리 양성을 목적으로 실무에 필요한 유학적 교양을 닦는다.

② **자학** : 교서관(校書館)에서 담당하며, 문서정리 교정 등을 맡아볼 하급관리 양성을 목적으로 한다.

③ **무학** : 병조에서 담당하며, 무인관료의 양성을 목적으로 한다.

④ **이학** : 승문원(承文院)에서 담당하며, 관리선발 담당자의 양성을 목적으로 한다.

⑤ **역학** : 통역관 양성을 위하여 중앙은 사역원(司譯院)에서, 지방은 지리적으로 외국과 인접한 몇몇 지역의 해당 관아에서 담당했다. 해당 언어영역으로는 중국어, 몽골어, 여진어, 일본어 등이 있다.

⑥ **음양풍수학** : 관상감(觀象監)에서 담당하며, 태종 2년 서운관(書雲觀)에서 태일습(太一習), 산생도(筭生徒)를 교육했다.[38] 세조 13년에 명과학, 지리학, 천문학으로 개편됐다.

㉮ 명과학-음양학이 개편된 것으로서 교육은 관상감이 담당했다.

㉯ 지리학-풍수학이 개편된 것으로서 교육은 관상감이 담당했다.

㉰ 천문학-중앙의 관상감에서 교육을 담당했다.

⑦ **산학** : 호조(戶曹)에서 담당하며, 전곡(錢穀)의 회계 담당자 양성을 목적으로 한다.

⑧ **율학** : 형조(刑曹)에서 담당하며, 국가행정을 위한 법률집행과 일반 행정소송을 담당할 관리양성에 목적이 있었다.

---

36) 세조실록, 권38, 13년 병술 정월조.
37) 도교의 경전인 도경, 즉 도학을 말하는 것임.
38) 태종실록, 권3, 2년 임오 2월조.

⑨ **의학** : 전의감(典醫監)과 혜민서(惠民署)에서 담당하며, 국민 보건을 담당할 의료봉사자를 양성한다.

⑩ **악학** : 장악원(掌樂院)에서 담당하며, 궁중의식에 필요한 악공의 양성을 목적으로 한다.

㉮ 화학–궁중에서 필요한 화공의 양성을 목적으로 도화서(圖畫署)에서 교육을 담당했다.

㉯ 도학–노장(老莊)의 학문으로 소격서(昭格署)에서 교육을 담당했으나 얼마 가지 않아서 폐지됐다.

2) 공장교육(工匠敎育)

공장이란 제조업에 종사하는 자로서 경공장(京工匠 : 서울거주자)과 외공장(外工匠 : 지방거주자)으로 구분한다. 경공장은 공조 및 봉상시(奉常寺), 내의원(內醫院 : 궁중 의료원), 상의원(尙依院 : 궁중의복 만드는 곳), 군기시(軍器寺 : 군기를 만드는 곳) 등에 소속되고, 외공장은 지방관청에 소속된다. 중앙과 지방의 공장은 명부가 소속기관에 있어서 60세가 되어야 그 역을 면한다. 공장들의 기능별 직종은 98종이나 될 정도로 세분화되어 있고 대부분 세습적이며 사회적 신분은 천인 출신에서 점차 양인으로 교체되어 지위가 다소 향상되었다. 공장교육은 해당 부서에서 도제(徒弟)식으로 이루어졌다.[39)]

제 3 절 교육법규

조선시대 교육에 대한 법규는 조선 최대의 법전인 경국대전 중의 교육관련 규정을 비롯하여 여러 종류의 법규가 있어서, 매우 구체적이고 합리적으로 교원의 직제(職制)를 비롯하여 교육과정, 학생생활 및 평가 등을 폭넓게 규정하고 있는데

39) 한국교육사연구회 편, 한국교육사, 서울, 교육출판사, 1972, p. 141.

그 내용을 요약하면 다음과 같다.

1. 경국대전(經國大典)

경국대전은 조선조 통치의 기본법전이다. 태조 때 시작하여 제8대 예종 원년(1469)에 완성되었지만 그 뒤 4차례의 개정과 증보가 있었다. 예조에서는 예악, 제사, 학교, 과거 등의 업무를 관장하도록 규정하고 있다. 성균관의 직제, 입학자격, 정원, 평가제도 및 4학의 설치와 직제, 그리고 학생 정원 등을 규정하고 있다.

2. 학령(學令)

학령은 조선 초기에 제정한 성균관에 관한 규정이다. 성균관 유생들의 생활과 평가에 관한 것이 상세하게 기록되어 있다.

3. 권학사목(勸學事目)

권근(權近 : 1352~1409)이 지어 태종에게 올린 것으로 소학이 인륜에 꼭 필요한 책이니 모든 학생들에게 이 책을 먼저 읽힌 다음에 다른 책을 읽히며, 생원시(生員試)와 성균관 입학에 소학을 시험 보이자는 요지로 소학의 중요성과 교육적 의의를 밝힌 것이다.

4. 향학사목(鄕學事目)

고려시대 사학의 교육적성과를 바탕으로 사학교원을 관학의 교원으로 전출시키거나 사학의 학생을 강제로 향교에 옮기는 일이 없도록 감사(監司)와 수령(守令)이 유념하여 힘써야 하겠다는 내용이다.

5. 9재학규(九齋學規)

성균관 교육을 교과목에 따라 9재로 편성하고 그 세목을 명시하였다. 세조 4년(1458)에 성균관과 9재가 설치되고 동 9년(1463)에 예조에서 9재 학규를 제정하였다. 아홉의 재로 편성된 학과는 대학, 논어, 중용, 시, 서, 맹자, 춘추, 예기, 주역이다. 유생들은 매년 춘추 2회의 고강(考講)으로 승재(陞齋)하게 된다. 그러나 여러 학과를 한꺼번에 통하면 월재(越齋)할 수도 있다.

6. 진학절목(進學節目)

성종 원년(1470)에 예조가 제정 반포한, 즉 교수의 임용과 전출, 유생의 면학과 출석을 규제한 것으로 성균관과 사학의 교수는 학식과 덕행이 가히 사표가 될 만한 자를 골라 예조에서 임용하되 교수에만 전념하도록 하고, 외읍(外邑)교수가 되어 오랫동안 한곳에서만 근속한 자는 옮겨 주고, 사학 유생에게는 당번을 짜서 야간독서(分番夜讀)하게 하고 부모의 병을 핑계로 장기 결석하는 자는 관시(館試)에 응시자격을 주지 않는다.

7. 경외학교절목(京外學校節目)

제13대 명종 원년(1546)에 예조가 제정하여 반포한 것으로서 성균관에서부터 동몽교육(童蒙敎育)에 이르기까지 경외(京外) 각 학교에 적용시킨 것으로서, 그 내용은 각 학교의 교원임용을 비롯해서 교과목과 그에 따른 독서일수, 성적평가, 상벌, 동몽교육 등을 규정하고 있다. 이 중에서 관심을 끄는 것은 성적평가 방법과 교과목에 따른 독서일 수를 규정한 것이다. 성적평가 방법은 [통(通), 약(略), 조(粗), 불(不)]의 4단계로 평가하였으며, 교과목의 독서일 수는 대학이 1삭(朔 : 한 달), 중용은 2삭, 논 · 맹이 각 4삭, 시 · 서 · 춘추가 각 6삭, 주역 · 예기가 각 7삭으로 한정되어 있다.

8. 학교사목(學校事目)

선조 15년(1582)에 왕명에 의하여 이율곡이 제정한 것으로 모두 10개항으로 되어 있다. 앞의 5항은 교원의 선택, 임용, 승진, 대우에 관한 사항이고, 뒤의 5항은 학생관계 사항, 즉 학생의 입학, 정원, 선발, 거재(居齋), 대우, 장학, 자격에 관한 규정이다.

9. 학교모범(學教模範)

학교사목과 아울러 이율곡이 1582년에 지은 학생훈육과 학생수양에 관한 세칙으로, 모두 16개 조항으로 되어 있다. 그 내용은 입지(立志), 검신(檢身), 독서, 신언(愼言), 존심(存心), 사친(事親), 사사(事師), 택우(擇友), 거가(居 家), 접인(接人), 응거(應擧), 수의(守義), 상충(尙忠), 독경(篤慶), 거학(居學), 독법(讀法) 등이다.

10. 학제조건(學制條件)

선조 17년(1584)에 김우두(金宇頭 : 1540~1603)가 지은 것으로 교원과 학생에 관한 인사문제를 다루고 있다. 내용은 학교사목과 유사하며 모두 7개항으로 되어 있다.

11. 학교절목(學教節目)

인조 7년(1629) 조익(趙翼 : 1579~1655)이 지은 것으로 그 내용은 신입생, 결석생, 장학성적, 서류, 학과, 자격 등에 관하여 보충한 것이다. 성균관, 4학, 향교의 모든 유생들에게 적용되었다.

12. 제강절목(制講節目)

영조 18년(1742)에 제정한 유생들의 정원수에 관한 규정이다. 그 내용은 거재 유생의 정원은 100인으로 하고 한 사람도 초과하지 못하게 하였다. 혹 결원이 생겨 보충할 때에도 제한을 두었고, 희망자가 많을 때는 방(榜 : 과거 연도)으로 차례를 정하고 순서가 같으면 나이순으로 한다. 또 원점 점수가 50점이 되기 전에는 개체(改遞)를 허락하지 않았다.

13. 원점절목(圓點節目)

세조 5년(1460)에 처음 제정되었지만 몇 차례 개정되어 정조 때 완비된 것으로, 재에 거주하는 유생들의 출석성적 평가에 관한 규정이다. 원래 원점이라는 말은 성균관이나 4학 등 유생들의 출결을 알기 위하여 식당에 들어갈 때 도기(到記 : 출석부)에 점을 찍게 하는 제도이다. 아침 저녁으로 도착하는 식당에 양시(兩時)를 1점으로 계산한다. 이 원점 50점에 도달하면 반제(泮製 : 과시의 일종), 300점에 도달하면 관시(館試)에 응할 수 있었다. 이 원점제도는 세조 5년에 원점 70점 이상 자에게 초시에 응할 수 있게 하여 제정된 이래 몇 차례 개정되어 정조 초에 완비되었다. 따라서 원점절목에 의하면 조석으로 식당에 들어가면 1점, 조석 중 한 끼라도 빠지면 평점(平點)으로 하여 통계하지 않게 하였다. 원점은 30점을 준하고 매년 300점을 원칙으로 하고 300점이 차면 다시 계산하지 않게 하였다.

제 4 절 과거제도와 교육

조선조의 과거제도는 고려시대의 제도를 이어받은 것으로 시험의 종류와 시행방법 등에 다소 변화와 발전이 있었다. 조선시대에는 과거가 관료로 진출하는 가장 보편적이고 정상적인 길로 인정되었다. 그러나 관료진출의 길은 과거 뿐만이 아니고 고려시대와 마찬가지로 유공자의 자손이나 왕실의 친척을 대상으로 하는 특별채용제도와 학행과 덕만이 뛰어나 중앙의 고관이나 지방관의 천거에 의하여 관직이 주어지는 경우도 있었다. 전자를 문음(門蔭)이라 하고, 후자를 천거(薦擧)라

하며 이를 합하여 음직(蔭職)이라 한다. 실제로 음직을 통하여 벼슬하는 자가 과거의 문과를 통하여 관료로 진출하는 것보다 그 수가 많았고, 중기 이후 과거가 공정성을 잃게 된 뒤에는 음관 중에서 더 많은 인재가 나오기도 하였다.[40]

1. 과거의 종류

조선시대 과거의 종류는 먼저 전공영역에 따라 문과(文科)와 무과(武科), 그리고 잡과(雜科)가 있다.

문과는 다시 소과(小科)와 대과(大科)로 나눈다. 소과는 문과 예비시험의 성격을 띠고 있으며, 이를 다시 유학의 경서를 시험 보는 생원과(명경과)와 문예를 시험 보는 진사과(제술과)로 나누고 이를 합하여 생진과 혹은 사마시(司馬試)라고 한다. 대과는 고급관리를 선발하는 제도로서 생원과 진사 또는 이미 하급관리가 되었던 자가 응시할 수 있다. 동당시(東堂試)라고도 한다.

무과는 무관을 선발하는 제도로서 단일과(單一科)로 세분되지 않는다.

잡과는 역과, 의과, 음양과, 율과로 구분되다. 이 중 역과는 한학, 몽학, 왜학, 여진학으로, 음양과는 천문학, 지리학, 명과학으로 구분된다.

시행방법에 따라 초시(初試 : 1차시험), 복시(覆試 : 2차시험), 전시(殿試 : 3차시험)로 나누며, 시행시기와 형식에 따라 식년시(式年試)와 특별시(特別試)로 나눈다. 식년시는 3년마다 한 번씩 보는 정기시험으로 자(子), 오(午), 묘(卯), 유(酉)년의 봄에 보았다. 또 특별시에는 국가의 경사가 있을 때 보는 증광시(增廣試 : 7과 모두)와 별시(別試 : 문무양과만), 임시로 문무의 응시자를 궁전의 뜰에 모아서 보이는 정시(庭試 : 당일 발표), 성균관 문묘제 때 왕이 친히 참석하여 시행하는 알성시(謁聖試), 왕이 창덕궁 내의 춘당대에 친히 참석하여 시행하는 춘당대시(春塘臺試), 10년마다 병년(丙年)에 문무과에 급제한 자와 현직에 있는 자에 대한 승진시험인 중시(重試), 정월 7일, 3월 3일, 7월 7일, 9월 9일에 성균관 유생에게 제술을 시험 보여 우등자를 급제시키는 절일시(節日試)가 있다.

40) 민병하, 한국사대계, 서울, 삼진사, 1974, pp. 64-65.

2. 과거의 시행방법

소과(小科)인 생진과(生進科)의 초시는 한성(서울)과 각 도별로 행하며, 복시는 초시 합격자에 한하여 예조의 주관으로 서울에서 시행한다. 이들 합격자에게는 합격증서인 백패(白牌)를 주며, 각기 생원, 진사의 칭호가 주어진다. 이로써 생원, 진사는 사회적 지위를 공인받고 하급관리에 임명될 자격이 부여되었다. 동시에 대과에 응시할 수 있는 자격과 아울러 성균관에 입학할 수 있는 자격이 주어졌다.

대과(大科)는 초시, 복시, 전시의 세 차례의 시험이 있다. 초시(初試)는 한성과 8도 관찰사의 주재 하에 시행하며, 또는 성균관 대사성(大司成)이 시행하는 통독(通讀)이 있다. 복시(覆試)는 1차 시험과 통독합격자 중에서 예조가 주관하여 33명을 뽑는다. 여기에서 대과의 초시, 복시에는 삼장제(三場制)를 갖는다. 초장(初場), 중장(中場), 종장(終場)이 그것이다. 문과 초시의 초장에는 5경4서의 의(疑), 의(義), 논(論) 중에서 2편을, 중장에서는 부(賦), 송(頌), 명(銘), 잠(箴), 기(記) 중에서 1편을, 또 표(表), 전(箋) 중에서 1편을 택하고, 종장에서는 대책(對策) 1편만 택하도록 하였다.

다음으로 문과 복시의 초장에서는 4서3경의 구독(句讀), 훈석(訓釋), 강론(講論)으로 하고, 중장과 종장은 문과 초시의 중장, 종장의 과목과 같았다. 전시(殿試)는 궁궐 안의 전정(殿庭)에서 왕이 친히 참석한 자리에서 실시하는 과거의 최종시험이다. 복시에 합격한 33인이 응시한다. 전시는 불합격이 없고 서열을 결정하는 순위시험이다. 이 때 갑과(甲科) 3명, 을과(乙科) 7명, 병과(丙科) 23명의 등급을 결정하여 이들 모두에게 홍패(紅牌)를 하사하였다. 갑과의 1위 합격자를 장원(壯元), 2위를 방안(榜眼), 3위를 탐화(探花)라고 하여 장원은 종 6품, 2, 3위는 정 7품, 을과는 정 8품, 병과는 정 9품의 관리에 임용하였다. 기성관료 중에서 장원을 하면 4등급 승진, 방안과 탐화는 3등급, 을과 합격자는 2등급, 병과 합격자는 1등급을 승진시킨다. 전시의 시험과목은 대책(對策), 표(表), 전(箋), 잠(箴), 송(頌), 제(制), 조(詔), 론(論), 부(賦), 명(銘)중 1편을 제술한다.

무과(武科)는 무관을 선발하는 시험인데 대과와 소과의 구별은 없고, 초시, 복시, 전시의 3단계시험만 있었다. 초시는 지방은 각도의 병마절도사(兵使)에서 중앙은 훈련원의 주재로 전국에서 실시하고, 복시는 초시합격자를 대상으로 서울의 병조와 훈련원의 주재로 28명을 선발한다. 전시는 불합격은 없고 다만 등위가 결정될 뿐이다. 즉, 갑과 3인, 을과 5인, 병과 20인의 등차가 결정된다. 합격자의 품계는 문과와 같으며 홍패가 수여된다.

잡과(雜科)는 기술직의 관리등용 자격시험으로써 중앙이나 지방의 해당 관아에서 양성되는 잡학교육 이수자를 대상으로 시행하며 초시와 복시 두 차례의 시험만 실시하였다. 초시는 서울에서 관계 각 사(各司)의 주재로 시행되며, 복시는 각 사와 예조가 합동으로 담당하되 과목은 초시와 같이 각 학의 기술과목으로 하였다. 잡과에 합격된 자는 종 7품 내지 종 9품의 품계를 주어 관리로 임명하였다.

3. 선발인원

과별 선발인원은 약간의 변화를 보이지만 정기 시험인 식년시의 정원은 다음과 같다.

과 명		초 시	복 시	전 시	비 고
소과	생원과	700(한성 200, 향 500)	100	-	
	진사과	700(한성 200, 향 500)	100	-	
대과(문과)		240 ~ 340	33	33(갑3, 을7, 병23)	
무 과		230	28	28(갑3, 을5, 병20)	
역 과		34	19		
의 과		18	9		
음양과		18	9		
율 과		18	9		

4. 과거와 교육

고려사회에서 지적된 바와 같이 조선시대에도 관리등용 시험인 과거는 학교교육과 밀접한 관계가 형성되어 있기 때문에 교육과정이 과거시험 과목과 거의 일치하고 있었다. 따라서 과거는 학교교육을 촉진시키는 역할을 했으며 아울러 실력위주의 인재등용이라는 성적위주에 입각한 관료체제를 확립하는데 기여했다. 그러나 한편으로 역기능도 적지 않았는데 과거제도가 교육에 미친 영향을 요약하면 첫째, 치열한 경쟁으로 부정부패의 타락상이 노정됐고, 둘째, 학문범위의 제약으로 광범위한 문화개발에 지장을 초래했으며, 셋째, 문관위주의 과거제도로 말미암아 자연과학의 발달을 저해한 면이 지적될 수 있다.

제 5 절 교육사상가

조선시대 유학사상에 기초를 둔 교육사상가의 수는 많다. 예컨대, 서경덕(花潭 : 1489~1546), 길재(冶隱 : 1353~1419), 조광조(靜庵 : 1482~1519), 조식(南溟 : 1501~1573), 김종직(佔畢齋 : 1431~1492), 김굉필(蓑翁 : 1454~1504) 등이다. 그러나 여기에서는 권근, 이황, 이이의 교육사상만 살피기로 한다.

1. 권근(權近 : 1352~1409)

고려 공민왕 1년에 안동에서 태어났으며, 자를 가원(可遠), 호를 양촌(陽村)이라고 했다. 양촌은 공민왕 때 18세의 나이로 병과에 합격했지만 주로 조선시대 활약했다. 태조 때 정도전이 기초하여 명태조에게 보낸 글이 명황제의 비위를 거슬려 문책하려 하자 정도전을 대신하여 가기를 자청하여 명나라 황제를 설득하고 돌아왔다. 그 후 태종대에 이르기까지 의정부찬성사, 대제학 등의 요직을 두루 거쳤다.

그는 성리학자이면서도 문학을 존중하여 시부사장(詩賦詞章)의 학을 실용면에서 중시하고 이를 장려, 경학(經學)과 문학의 양면을 조화시킨 뛰어난 학자이다.

양촌의 교육사상은 그의 아들에게 준 공, 근, 관, 신의 수양덕목에서 이해할 수 있다.

① **공**(公)–정직, 언제나 사가없고 마음이 맑아 욕심이 없는 것을 말한다.

② **근**(勤)–충실, 게으르지 않고 허물이 없고 언제나 부지런한 것을 말한다.

③ **관**(寬)–인후, 까다롭지 않고 너그러운 것인데, 이것이 군자의 덕이요 선비의 덕이다.

④ **신**(信)– 믿음, 망령되지 않고 성의로서 뜻을 지켜 스스로 변경하지 않는다.

양촌의 교육목적은 인재양성에 두고, 교육방법으로 근소(近小)를 먼저하고 원대(遠大)를 나중에 하며, 학문을 하려는 자는 먼저 소학을 읽어 인륜을 익혀야 한다고 했다. 양촌은 저술활동에도 힘써 4서5경의 구결과 「오경천견록(五經淺見錄)」, 「입학도설(入學圖說)」 등의 저서를 남겼다. 특히 입학도설은 대학과 중용을 쉽게 이해할 수 있도록 40여 종의 도표를 넣어 설명한 책으로 서양의 코메니우스가 쓴 세계도회에 비교된다.

2. 이황(李滉 : 1501~1570)

연산군 7년 경북 예안(禮安)에서 태어났고, 자는 경호(景浩), 호는 퇴계(退溪)이다. 출생 후 7개월만에 부친이 별세했고, 6세 때 이웃 노인에게 천자문을 배웠고, 12세 때 숙부에게 논어를 공부했다. 1528년에 진사에 합격하고, 1533년에 성균관에 들어가 이듬해에 문과에 급제하고 박사 · 전적 · 호조좌랑을 거쳐 1539년 홍문관 수찬이 되었다. 명종 초에 단양군수와 풍기군수를 역임하고, 1552년 홍문관 교리 · 대사성 · 부제학 · 공조참판 등에 임명되었으나 모두 사양하고 1555년 고향으로 돌아가 도산서당을 지어 학문과 사색에 몰두하였다. 명종 말에 다시 예조판서가 되고, 선조 1년(1568)에 대제학, 판중추겸지경연(判中樞兼知經筵) 등의 요직을 두루 거쳤으나 자리에 연연하지 않고, 기회 있을 때 마다 물러나 학문과 후학지도에 힘썼다.

퇴계의 사상은 주자학의 이기이원론(理氣二元論)을 바탕으로 한 이기호발설(理氣互發說)이다. 우주의 본질을 이(理)와 기(氣)로 보고 있으나 [이]를 귀한 것 [기]를 천한 것, 또 [이]를 착한 것 [기]를 악한 것으로 보았다. 따라서 4단(仁義禮智)을 [이]가 발한 것, 7정(喜怒哀樂愛惡慾)은 [기]가 발한 것이라고 보았다. 선한 감정은 이가 발현되는 것이고, 악한 감정은 기가 발현되는 것이다. 그는 인간은 누구나 보편적 본성을 지녔지만 음양의 정기를 받는 과정에서 그 기질의 차이가 생기며, 능력면에서도 상지(上智), 중인(中人), 하우(下愚)의 구별이 생긴다고 하였다.[41] 이처럼 이황(李滉)은 주리적(主理的)인 입장이었다. 이에 비하여 이이(李珥)는 주기설(主氣說)을 확립하였다. 이 주리파와 주기파의 학문적 대립은 이기론(理氣論)과 4단7정론, 예론(禮論)에서 두드러지게 나타났다. 그 중에서도 유명한 학문적 싸움은 4단7정에 관한 논쟁에 있었는데, 이 논쟁은 이황과 기대승(奇大升) 간의 8년에 걸친 논쟁에 뒤이어 성혼(成渾)과 이이(李珥)의 6년 논쟁이 있었다. 이후로도 양파간의 논쟁은 그치지 않았다.

퇴계의 교육목적은 윤리적인 면을 중요시하여 인(仁)을 체득한 사람, 즉 성현(聖賢)에 있었고, 현실적으로 경(敬)에 두고 있었다. 퇴계에 의하면 [경]이란 지적인 행위와 실천적 행위를 보다 넓고 깊게 철저화한 개념으로서 일신(一身)의 주재 인심(心)을 다시 주재하는 것이다. 정신집중 통일의 상태라고 보았다. 이 때 지적인 행위는 궁리(窮理)이고 실천적 행위는 거경(居敬)으로 볼 수 있다. 궁리를 실천적 이론이라면, 거경은 행동적(의지적) 이론이다. 이것이 퇴계학의 골격이다. 퇴계는 이론철학으로서의 실천의 이론(知)과 실천철학으로서의 행동적 실천(行)을 구별하는 동시에 이 양자를 통일하는 원리를 [경]으로 파악하고 있다. 그러니까 전자는 어디까지나 지(知)요, 후자는 끝내 행(行)인 것이다.

교육방법으로 입지(立志), 거경, 궁리, 숙독(熟讀), 심득(心得), 궁행(窮行), 광문견(廣聞見), 잠심자득(潛心自得)을 강조하였다. 그 중에서도 [입지]를 매우 중시하였다. 입지는 한 개인의 자각적 태도로서 이 자각을 통해서만, 즉 입지가 먼저 이루어진 후에야 비로소 교육이 가능하다고 보았기 때문이다. 입지의 성립을 위해서는 많이 알고(박문 : 博問), 깊이 생각하고(심사 : 深思), 차근차근 신중히 생각하고(신사 : 愼思),

41) 박의수 외, 교육의 역사와 철학, 서울, 동문사, 1999. p. 109.

바로 판단(명변 : 明辯)하는 것을 지적하였는데 이 중에서도 그는 신사를 가장 중요한 것으로 보았다.

교육과정으로는 주자대전(朱子大全), 태극도설, 효경, 심경, 소학을 중요시하고, 다음에 근사록, 4서, 계몽, 사명 등을 중요시하였다. 특히 퇴계는 주자에 심취하여 주자대전을 잘 익히면, 4서의 이해가 더욱 쉬워진다고 하였고, 그 자신 평생을 주자대전의 연구에 바쳤다고 해도 지나친 말은 아니다. 퇴계의 학문과 사상은 일본 유학계에까지 결정적인 영향을 주어 일본에서의 퇴계학파를 성립시켰고, 또 명치유신(明治維新)의 사상적 기틀을 제공하였다. 특히 퇴계학파의 한 사람인 모도다(元田東野)는 일본 교육칙어(日本敎育勅語) 초안자로서 칙어안에 퇴계사상을 담아 일본교육에 영향을 주었다. 또 퇴계는 명종 10년(1555)에 여씨향약(呂氏鄕約)을 기초로 향리교화와 협동정신을 북돋기 위하여 예안향약(禮安鄕約)을 만들었다. 여기에서 우리는 그의 사회교화를 위한 노력의 일단을 볼 수 있다.

퇴계는 많은 저술을 남기고 있지만 그의 교육사상을 엿보는데 가장 중요한 책은 「성학십도(聖學十圖)」와 「퇴계집(退溪集 : 68권)」이다. 그 외에 「자성록(自省錄)」, 「주자서절요(朱子書節要 : 20권 10책)」, 「계몽전의(啓蒙傳疑)」, 「도산십이곡(陶山十二曲)」, 「주자서절요기의(朱子書節要記疑 : 15권 2책)」, 「심경석의(心經釋疑 : 4권 1책)」, 「삼경사서석의(三經四書釋疑 : 8권 2책)」 등이 있다. 그 중 「성학십도」는 선조 1년(1568) 그가 관중추부사(종 1품)로 있을 때(68세) 왕에게 성군(聖君)의 길을 밝히기 위하여 지어 바친 것이다.

3. 이이(李珥 : 1536~1584)

중종 31년에 강릉에서 태어났으며, 본관은 덕수(德水)이고, 경기도 파주가 선대의 고향이다. 자를 숙헌(叔獻)이라고 하고, 호를 율곡(栗谷)이라고 하였다.

율곡은 13세 때 진사시에 합격하고, 16세에 어머니 사임당이 세상을 떠나자 3년 상을 마치고 금강산에 들어가 일시 불교에 심취하기도 했지만, 다시 유학에 정진하면서 23세에 문과에 장원급제하였다. 그 해 율곡은 퇴계를 찾아 시 한 수를 바쳐 구교(求敎)의 뜻을 표명하기도 하였다.

율곡은 29세에 호조좌랑을 초임으로 하여 대사간, 대사헌, 대제학, 호조판서,

그리고 이조판서를 끝으로 41세 때 관직에서 물러나 해주 석담(石潭)에서 서당을 세워 후진교육에 전력을 기우리다가 49세의 요수(夭壽)로 천명을 다하였다. 이 석담의 서당은 퇴계의 도산서당과 함께 유명한 율곡의 은병정사(隱屛精舍)이다.

율곡의 사상은 퇴계의 [이기이원론]에 대하여 이기일원론적 이원론(理氣一元論的二元論)이다. 율곡은 주자와 퇴계의 이기호발설(理氣互發說)을 반대하고, 기발이승설(氣發理乘說)을 주장하여 "선한 감정이든 악한 감정이든 인간의 모든 정신심리작용은 기(氣)가 발현되는 것이고 이(理)가 그 주위에서 주도하는 것"이라는 견해를 밝혔다.

율곡의 교육목적은 사람다운 사람, 즉 성인의 길에 두었다. 이것은 교육의 이상과 현실을 조화시키는 가운데서 교육의 목적을 찾는 좋은 예이다. 학문의 길을 현실로서의 학문과 이상으로서의 학문을 조화시키려고 하는 율곡의 사상은 그로 하여금 퇴계의 길과 율곡의 길로 나누게 하였고, 또 경세사상가로서의 율곡을 낳게 하였음은 물론 후일 실학사상을 율곡사상에서 찾게 되는 것도 이 때문이 아닌가 여겨진다.

교육과정은 소학을 먼저 읽어 근본을 익히고, 다음에 대학과 근사록으로 그 규모를 정하고, 그 다음에 논어, 맹자, 중용 등 5경을 읽고, 사기와 선현의 성리학을 간단히 읽어 의취(意趣)를 넓히고 식견을 정밀하게 한다. 다만 성인들의 저서만 읽어야 하며, 무익한 글은 읽지 말아야 한다. 교육방법으로는 입지와 거경을 바탕으로 지행합일, 내면적 동기, 반복학습을 통한 점진적 발전, 개인차를 고려한 적절한 방법의 선택을 강조하였다.

율곡은 아래로는 아동교육과 사회교화에 힘썼고, 위로는 제왕학(帝王學)을 장려하였다. 율곡의 아동교육은 소학학규인 소아수지(小兒須知)에 잘 나타나 있다. 소아수지 17조는 모두 금하는 조항인데, 그 내용은 "3번 주의를 했는데도 지키지 않으면 벌하고, 1번 어겼더라도 중하면 벌한다."고 기록되어 있다. 소아수지는 어른을 위한 규범인 학교모범과 대응되는 규범이다. 사회교화에 대한 율곡의 사상은 유명한 향약(鄕約)에서 잘 반영된다. 향약은 상호부조와 권선징악을 그 정신으로 하는 향촌규약이다. 향약은 협동정신과 향리를 교화시키려는 민중교화운동의 일환이다. 율곡의 향약사상은 그가 만든 서원향약(西原鄕約)과 해주향약(海州鄕約)

에서 잘 나타나고 있다. 서원향약은 그가 36세 때인 선조 4년(1571)에 청주목사로 부임하여 만든 것이고, 해주향약은 그가 선조 10년(1577)에 벼슬에서 물러나 해주 석담에 머무를 때 순수한 민간자립기관으로 만든 것이다. 특히 해주향약은 지금까지의 여러 향약을 참고로 하여 지방의 실정에 맞도록 가감하였다는 점에서 인정을 받고 있다.

참고로 우리나라의 향약에 모체를 이룬 것은 송대(宋代)의 주자향약(朱子鄕約)과 여씨향약(呂氏鄕約)이다. 여기에 의하면 향약의 4대강목을 내세우고 있는 바, 향약의 근본정신을 이해하는데 도움이 된다.

(1) 덕업을 서로 권하는 것(德業相勸)

(2) 과실을 서로 규제하는 것(過失相規)

(3) 예속을 서로 사귀는 것(禮俗相交)

(4) 환난을 서로 구휼하는 것(患難相恤)

율곡의 서원향약이나 해주향약도 모두 이 4대 강목에 터전을 잡고 있음은 말할 것도 없고, 율곡보다 앞서 만든 퇴계의 예안향약(禮安鄕約 : 명종 10년, 1555)도 근본정신에 있어서는 동일하였다.

다음은 율곡의 군왕교육사상(君王敎育思想)이다. 율곡의 군왕학(君王學)은 그의 「성학집요(聖學輯要)」에 반영되어 있다. 이 책은 제왕의 왕도학(王道學)을 전도하기 위하여 그가 선조 8년(1575) 홍문관 부제학으로 있을 때 제왕의 수양과 정사에 필요한 사항을 여러 경전에서 가려 뽑아 편술한 책이다. 모두 5편으로 구성되며, 1편 통설(統說), 2편 수기(修己), 3편 정가(正家), 4편 위정(爲政), 5편 성현도통(聖賢道統)이 그것이다. 따라서 성학집요는 그 내용에서 알 수 있듯이 제왕학을 이루는 본(本), 말(末), 종(終), 시(始)가 담겨져 있다. 이러한 점에서 율곡의 [성학집요]는 설총의 [화왕계], 퇴계의 [성학십도]와 그 사상적 지주를 같이 하고 있다.

끝으로 율곡의 저술은 「동호문답(東湖問答)」, 「향약」, 「학교모범」, 「성학집요」, 「격몽요결(擊蒙要訣)」, 「학규(學規)」, 「경연일기(經筵日記)」, 「시무육조소(時務六條疏)」, 「인심도심설(人心道心說)」 등으로 대부분 율곡전집에 수록되어 있다. 이 중 「학교모범」, 「성학집요」, 「격몽요결」 등은 그의 교육사상이 담긴 저술이다.

제 6 절 실학사상과 교육

1. 실학의 개념

실학을 실질적인 학문으로 본다면, 그런 의미에서 실학이란 명칭을 사용한 것은 과거에도 많이 있었다. 즉, 고려말 신흥 유학자들이 타락한 불교를 배격하고 인륜 규범에 관한 실천적 예학(禮學)을 내세워 그것을 실학이라고 불렀으며, 조선 초기에는 정통 유학자들이 비실용적인 사장학(詞章學)에 대비하여 자신들의 철학인 도학(道學), 즉 성리학을 실학이라고 강조하기도 하였다.[42]

그러나 여기에서 실학이라고 함은 조선 후기 영 · 정조시대 이후에 사회 경제적 변동에 따른 갖가지 사회모순에 직면하여 그 해결책을 구상하는 과정에서 나타난 사회개혁사상을 말한다. 실학의 중심과제는 조선 후기의 제반 사회문제를 어떠한 방향에서 해결하느냐에 집중되었고, 그것은 우선 농촌경제, 농업경영에 초점이 두어졌다. 그들의 정신은 실용과 실증에 입각하고 있었다.

이와 같은 실학운동의 성격을 흔히 경세치용(經世致用), 이용후생(利用厚生), 실사구시(實事求是) 등으로 표현한다. 그러나 엄밀히 따지면 이는 실학의 한 유파에 대한 명칭이기도 하다. 실학운동의 제1기(18세기 전반)를 대표하는 경세치용학파에서는 유형원, 이익, 정약용, 서유구가 중심으로 하여 중농주의 입장에서 토지제도의 개편을 주장하였다. 특히 정약용과 서유구의 농업개혁론은 기존의 지주전호제(地主佃戶制) 자체를 극복하고 새로운 토지소유와 농업경영을 제기한 탁월한 개혁안이었다. 제2기(18세기 후반)를 대표하는 이용후생학파는 상공업의 진흥과 함께 경영부농의 역할을 주장하기도 하였다. 특히 상업진흥을 강조한 유수원, 홍대용, 박지원, 박제가, 이덕무 등은 중상론과 함께 청의 발달한 문물을 받아들일 것을 주장하였으므로 북학파라고도 한다. 농업과 상공업을 중심으로 경제문제의 개혁방안을 마련

---

42) 박의수 외 상게서, p. 96.

한 실학자들은 이 위에서 신분제의 모순과 수취제도의 문란을 지적하고 이어서 정치, 사회, 군사, 교육 등 여러 부분에 걸친 제도의 개편을 주장하였다.[43] 제3기(19세기 전반)는 김정희를 중심으로 하는 실사구시학파로 이전 단계의 현실적인 개혁보다는 이론적으로 뒷받침하기 위한 학문적 연구에 치중하는 경향을 보였다. 이들은 주로 이전시대의 문화 전통을 비판적 안목에서 정리하고 현실의 여러 부면에 걸쳐 진지한 탐구를 하여 역사학과 언어, 지리 지지(地誌), 금석학, 그리고 농, 의, 천문, 동식물 등 각 분야의 학문이 발흥하였다. 또한 선행 실학자들의 실증적 연구방법을 계승하는 한편 청의 고증학을 받아들여 객관적인 학문 연구의 태도를 정립하였다. 이 밖에도 실학자들은 서구의 과학기술을 도입하였고 당시 전래된 천주교를 종교로서가 아니라 서학으로 인식하여 학문적으로 연구하기도 하였다.

2. 실학발생의 시대적 배경

15, 6세기에 나타난 서양의 활발한 상업활동은 동양에 대한 관심을 높이는 계기가 되었고, 이들로 하여금 지리상의 탐험과 함께 동양제국에의 진출이 더욱 빈번하게 되었던 것이다.

특히 16세기 초 서양의 종교개혁 이후 가톨릭 세력을 만회하기 위해 로욜라(Ignatius Royola)에 의하여 설립된 예수교 교단(Jesuit Order)이 최선봉에서 적극적으로 동양포교의 길을 개척하였던 것이다. 이들 선교사 중 마테오 리치(Matteo Ricci)는 중국에 사비에르(Fransisco Xavier)는 일본에 처음으로 가톨릭과 아울러 서구문물을 전하게 되었다. 이 무렵 조선에는 인조 6년(1627)에 네덜란드인 벨테브레(Weltevree : 박연)가 그리고 효종 4년(1653)에는 하멜(Hamel)이 제주도에 표류하여 화포의 제조기술과 역법(曆法)을 전하였다. 그 중 하멜은 표류기를 써서 서양에 처음으로 우리나라를 소개하였던 것이다.

그러나 조선사회에 직접적인 영향은 중국을 왕래하는 사신들에 있었다. 이들은

43) 이성무, 이덕무의 실학사상, 서울시사편찬위원회, 1970.

연경을 중심으로 포교된 가톨릭과 서구문물을 접할 기회가 많았기 때문에 직·간접적으로 조선에 유입되는 경향이 있었다. 일찍이 명나라에 사신으로 갔던 이수광(1614)과 정두원(1631)이 [천주실의] [교우론]과 화포, 천리경, 자명종, 만국지도, 천문서, 서양풍속기 등을 가져 왔으며, 병자호란 때 볼모로 잡혀갔던 소현세자는 청나라에서 아담 샬(Adam Schall)과 친하여 과학서적과 천주교서(天主敎書)를 얻어 가지고 왔다(1645). 그 후 김육(金堉)도 청으로부터 새로운 역법을 배워서 시헌력(時憲曆)을 사용하기도 하였다. 이리하여 서양문물이 전해지기 시작했으며, 지금까지 유교적 학문의 경향에 실증을 느끼던 일부학자들의 관심을 불러일으켰으며 특히 실각된 남인 학자들에 의하여 처음 서학으로 소개되었던 가톨릭은 점차 신앙으로 그 성격이 변하게 되었다.

다음은 고증학(考證學)의 영향을 들 수 있다. 청나라에서는 명 말의 양명학에서 탈피하여 실증적으로 유학의 참 뜻을 찾으려는 고증학적 방법과 실사구시의 학문적 태도가 일어났는데 이것을 고증학이라고 한다. 조선은 병자호란 이후 사대사상이 명으로부터 청으로 바뀌게 되자 자연히 청과의 접촉이 잦아져서 이러한 학문하는 태도를 받아들이자는 움직임이 일어났다. 이와 같은 외부로부터의 영향과 더불어 조선 후기에 오면서 정치 사회적 변화가 또한 중요한 요인으로 작용했음을 간과할 수 없다. 조선시대 엄격한 사회질서는 시대가 내려오면서 양반수의 증가와 한정된 관직의 수는 사대부계층의 치열한 자리다툼으로 분열이 일어나고 패자는 영구 몰락 계층으로 분화되었다. 지방의 선비들은 조상으로부터 물려받은 농토를 유지하면서 안정된 삶을 누릴 수 있었지만 서울지방의 선비들은 비록 신분은 양반이지만 농, 공, 상에 종사하는 평민들보다 경제적 생활은 비참하였다. 따라서 이들은 자연스럽게 정치 사회적 개혁과 농, 공, 상에 관한 문제에 대하여 관심을 갖게 되었고, 실증적 정신을 바탕으로 사물에 대한 객관적 고찰이 가능했던 것이다.

3. 실학의 발전과 새 기운

실학자들은 자신이 살고 있는 조선 후기의 사회를 단순한 그 시대의 현실로 이해한 것이 아니라 과거에 접속되고 미래로 연결되는 역사적 현실로서 인식하였다. 따라서 실학은 이수광, 한백겸, 김육 등을 선구자로 하여 유형원에 이르러 학문적 체계가 확립되고, 숙종 때 이익에 의하여 실학파의 성립을 보았으며, 영조 · 정조대에 그 극성기에 달했다. 영 · 정조는 탕평책을 써서 널리 인재를 등용하였으므로, 남인이라도 점차 관계에 진출하였고, 정조가 설치한 규장각에는 많은 실학자들이 등용되고, 서얼(庶孼) 출신의 학자도 채용되었다. 그리하여 학문에 있어서 장족의 발전을 가져왔는데 그 내용을 요약하면 다음과 같다.

1) 국학의 융성

먼저 우리의 역사와 전통에 대한 관심을 나타내기 시작하였는데 그것은 이수광의 「지봉유설(芝峰類說)」에서 비롯되어, 이익의 「성호사설(星湖僿說)」에서 실증적 비판적인 역사 서술을 제시하고 우리 역사를 체계화할 것을 주장하였다. 이익의 사론은 그의 제자인 안정복에 의하여 계승되었다. 안정복은 「동사강목(東史綱目)」과 「열조통기(列朝統紀)」를 지어 단군조선으로부터 고려시대까지, 그리고 조선시대의 역사를 서술하였는데, 여기서 그는 종래의 중국중심적인 역사관을 탈피하고 한국사의 독자적 정통론을 세워 체계화하였다. 이 밖에도 이긍익은 야사를 정리하여 「연려실기술(燃藜室記述)」을 지었다.

조선 후기의 문학적 특징은 한글로 쓰여진 작품이 많이 등장하였고, 그 형식도 소설이나 사설시조로 바뀐 점이다.

한글소설은 허균의 「홍길동전」이 최초의 것으로 알려졌는데 내용도 「장화홍련전」, 「창선감의록」, 「심청전」, 「흥부전」 등 민간생활의 희비를 그린 작품과 「옥루몽」, 「숙향전」, 「춘향전」 등 남녀간의 애정을 그린 작품, 그리고 「임진록」, 「임경업전」과 같은 군담소설 등이 있다. 사설시조의 작자는 대부분 몰락 양반이나 기생들이었다. 특히 서리 출신의 김천택, 김수장이 각각 편집한 「청구영언」과 「해동가요」는 당시 서민들 사이에서 유행하던 작자 미상의 시조를 편집한 것으로서 오늘날까지 전해 주고 있다.

회화부문에 있어서도 종래 중국의 화첩을 묘사하던 화풍에서 벗어나 우리의 자연을 직접 보고 그리는 진경산수화가 나타났다. 정철은 그 개척자로서 인왕산도, 금강산도 등의 걸작을 남겼다. 김홍도 역시 이 계통의 산수화를 그렸는데 총석정도는 그의 대표작이었다. 회화의 또 하나의 두드러진 특징은 풍속화의 유행이었다. 이는 주로 농촌과 시정의 일상적인 모습을 그대로 묘사한 것인데, 김홍도와 김득신은 밭갈이, 대장간, 씨름 등 농촌 시민들의 일상생활을 많이 그렸고, 신윤복은 주로 도회지 양반의 풍류와 부녀자들의 풍습을 풍자적인 필치로 표현하였다.

한편 서도에서도 주구의 서법모방을 벗어나 독자적인 기풍이 나타났는데, 김정희의 추사체, 한위와 조장진 등도 서예에서 당대의 대가로 이름을 날렸다. 또한 자기는 새로이 청화백자가 발달하였다. 흰 바탕에 푸른 색깔로 산수, 화조, 초목 등을 그려 시감(詩感)을 잘 표현했다. 이와 같이 조선 후기의 문화계에는 민중을 주제로 하는 새로운 영역이 개척되었고 지배층의 문화는 서서히 퇴조하고 있었다. 이것은 확실히 문화의 새로운 경향이었는데, 종래의 양반문화가 세속화되고 서민문화에 침식되어 가는 과정이었던 것이다.

2) 과학기술의 발전

자연과학에서도 비약적인 발전이 있었다. 이는 조선 전기의 과학적 성과를 토대로 하여 새로이 서양의 과학 기술을 수용하였기 때문이었다. 이 때의 자연과학은 종래의 중인층 주도에서 벗어나 실학자들에 의해서 새로운 경지가 열려 천문학, 지리학, 수학의 눈부신 발달을 이룩하였다.

천문학에서 김석문(金錫文)은 역학도해를 통해서 동양 최초로 지구회전설을 정립하였으며, 그의 이론은 홍대용, 박지원 등 실학자들의 천문관에 직접 영향을 주었다.[44] 또한 중국을 통하여 천리경 등 천문 관측기구들이 전래되었고, 남병길은 역(曆)에 대한 모든 지식을 정리하여 「시헌기요(時憲紀要)」를 저술하였다.

지리학 부문에 있어서도 이익은 지곡의 변동과 호수의 출입 등에 대하여 과학적인 견해를 제시하여 이규경 등 실학자에 의해서 계승, 발전되었다. 지도제작에 있어서 축척도법과 방안도법이 사용되었으며, 실제 답사를 통해서 정확성을 기하

44) 전상운, 홍대용의 과학사상, 전남대출판부, 1975.

고자 하였다. 정상기의 동국지도는 백리척을 사용한 실측지도였고, 김정호의 청구도와 대동여지도는 방안도법에 의한 것이었는데, 모두가 근대적인 지도에 접근한 것들이었다.

수학에 있어서도 최석정과 황윤석은 전통수학을 집대성하였으며, 중국에서 서광계와 마테오 리치가 유클리드 기하학을 설명한 기하원본이 도입되기도 하였다.

의학에서는 종래 한의학(漢醫學)의 관념적인 단점을 극복하고 실증적 태도에서 의학이론과 임상의 일치에 주력하였다. 이런 의미에서 허준의 동의보감은 우리의 전통의학을 정립한 것으로 의료지식의 민간 보급에 공헌하였다. 같은 시기에 허임은 침구경험방을 지어 침구술을 집대성하였고 이재마는 체질의학의 이론으로서 독특한 사상의학을 확립하였다. 한편 서양 의학지식도 도입되어 이익과 이규경은 아담 샬(Adam Schall)의 주제군징(主制群徵)을 통해서 인체의 해부학적 구조와 인체의 생리적 기능에 대한 지식을 얻었고, 정약용은 마과회통에서 영국인 제너(Jenner)가 발명한 종두법을 처음으로 소개하였다.[45]

농업, 어업, 무기, 건축 등 여러 부문에서도 발전을 보였다. 농업경영에도 변화가 일어나고 이러한 변동을 뒷받침하는 농서도 출간되었는데, 신속의 농가집성을 비롯하여 홍만선의 산림경제, 서유걸의 임원경제지는 대표적인 것들이었다.[46] 어업에 있어서는 어살을 설치하는 어법이 실시되고 김양식법이 개발되었다. 서명용의 고사시서에는 당시 개량된 어법에 대한 기록이 있으며, 정약전의 자산어보는 흑산도 근해의 수산생물들을 채집하여 정리한 것이다.

한편 인쇄술도 크게 발달하였으니, 특히 영 · 정조시대에는 편찬사업이 활기를 띠면서 한구자, 생생자, 정리자 등이 주조되어 활자가 개량되었다. 한편으로 인쇄업 자체가 민간에서도 운영되어 활판. 목판인쇄가 더욱 보급되었는데, 당시 문학작품이나 족보 등이 많이 간행된 것도 여기서 말미암은 것이었다. 건축술에 있어서는 정약용이 서양의 기술을 받아들여 거중기를 만들고 이것을 한강 단교(丹橋)의 설치와 수원 성곽 축조에 실제로 사용하였다.[47]

45) 김두종, 한국의학사, 서울, 탐구당, 1966.
46) 김용섭, 조선 후기 농업사연구, 서울, 일조각, 1988.
47) 전구헌, 수원성곽건축술에 관한 연구, 사학지11, 단국대, 1977.

4. 교육사상가

실학주의 학자들이 내세운 실증적이고 실사구시적인 학풍과 그 사상은 근대 지향적인 역사 의지로 승화되어 오늘날 우리들의 사고에 작용하고 있다. 다음에 유형원, 이익, 박지원, 정약용 등 대표적 실학자를 중심으로 실학자들의 교육사상을 살펴보기로 한다.

1) 유형원(柳馨遠; 1622~1673)

광해군 14년 서울에서 태어났고, 자를 덕부(德夫), 호를 반계(磻溪)라고 했다. 효종 5년(1654)에 진사시에 합격했으나 벼슬에는 뜻이 없었다. 32세에 선대의 고향인 전라도 부안에 거처를 정하고 학문에만 몰두하여 「반계수록」 26권과 「이기총론」, 「동사강목조례」 10여 권과 「반계집」 6권을 남겼다. 특히 「반계수록」은 전제(田制), 교선지제(敎選之制), 직관지제(職官之制), 임관지제(任官之制), 록제(祿制), 병제(兵制) 등 광범위한 내용을 담고 있는데, 그 중에서 교선지제에 나타난 교육사상을 보면 다음과 같다.

첫째, 종래의 과거제도 대신 학교교육을 통하여 능력 있는 인물을 관리로 등용하는 공거제(貢擧制)를 주장하였다.

둘째, 근대적 학제안을 내놓았다. 국학교육기관을 서울과 지방으로 편성하되, 서울에는 태학 · 중학 · 사학을 설치하고, 각 도의 감영에는 영학(營學)을, 군 · 현에는 읍학(邑學)을, 서울의 각 방(坊 : 洞)에는 방상(坊庠)을, 주 · 현의 향(鄕)에는 향상(鄕庠)을 설치할 것을 주장했다. 이 학제안은 태학-영학, 중학-읍학, 4학-방상, 향상의 4단계 발달단계에 의한 체계화된 근대적 학제안으로 볼 수 있다. 또 태학을 마친 자는 1년 간 진사원에서 견습한 후에 차등을 정하여 관직에 등용해야 한다고 했다.

셋째, 학교에 입학할 수 있는 자격을 사대부에만 국한하지 말고, 신분에 관계없이 개인의 능력에 따라 서민과 서얼의 자제에게도 부여하여야 한다고 하였다. 또한 학교교육에서도 문벌보다는 나이와 능력에 따라 차례를 정해야 한다고 했다.

참고로 「반계수록」에 보면,[48] 다음과 같이 서술하고 있다.

> 사대부의 자제로 학문에 뜻을 둔 자 및 일반 백성의 뛰어난 자로 나이가 15세 이상이 된 자에게는 모두 입학의 자격을 주되, 서울은 4학의 교관이, 지방은 수령과 교관이 그 학문의 뜻을 살핀 후에 입학시켜 가르친다. 우리나라는 한갓 문벌만 숭상하여 습속이 구차스러워져서 오직 선대가 빛나는가 초라한가 만을 논할 뿐, 행실을 닦았는지의 여부는 고려대상에 두지 않으므로, 대대의 벌족 자손은 비록 용렬하고 비루한 자라도 경상(卿相)에 이르고, 가계가 한미(寒微)하면 비록 덕이 있고 학식이 풍부하더라도 사류(士類)의 측에 들지 못한다. 세도의 바르지 못함과 인재의 일어나지 못함, 정형(政刑)의 문란이 모두 이 때문이다. 라고 말하고 있다.

넷째, 신분을 초월한 교육의 기회균등을 주장했다.

2) 이익(李瀷 : 1981~1763)

숙종 7년에 평안남도 운산에서 태어났고, 자는 자신(子新), 호는 성호(星湖)라고 하였다. 성호는 본래 여주 사람으로 광주 첨성에 살았지만, 운산은 숙종 6년에 일어난 경신대출척(庚申大黜陟)시 부친(대사헌 : 李夏鎭)의 귀양지이다. 이익은 숙종 31년(1705)에 증광시에 응시했으나 낙방하고 그의 종중형(從仲兄)이자 스승인 이잠(李潛)이 노론(老論)의 배척을 받아 목숨을 잃자 벼슬을 단념하고 평생을 광주 첨성리에서 학문에만 전념하였다.

그의 대표적 저술은 「성호사설(星湖僿說)」인데, 일종의 백과전서식 저서로 그 내용은 천지문, 만물문, 인사문, 경사문, 시문문 등 5개 문으로 나누어 3천 57개항을 수록하였으며, 천문, 지리, 역사, 관제, 군사, 경제, 풍속, 문학, 종교 등 각 분야에 관하여 언급하고 있다. 그밖에 「곽우록(藿優錄)」을 비롯하여 많은 저술을 남겨 실학자들에게 많은 영향을 주었다. 그의 교육사상은 주로 「곽우록」에 수록되어 있는 데, 경연, 6재, 학교, 숭례, 입사, 공거사의(貢擧事議), 선거사의(選擧事議), 과거지폐(科擧之廢) 등에 논의하고 있다. 「곽우록」을 중심으로 살펴본 성호의 교육사상은 다음과 같다.[49]

---

48) 역사학회, 실학연구입문, 서울, 일조각, 1980, pp. 44-45.
49) 한우근, 성호 이익연구, 사회과학1, 한국사회과학연구회, 1957.

첫째, 민본사상에 따른 양천합일(良賤合一)의 생활관이다. 성호는 "백성이 있은 다음에 군왕이 있고, 백성을 얻음으로써 군왕이 되는 것이다[有夫民然後有君, 得民然後君]"라고 하여 민주적 인간관에 따른 철두철미한 민본사상을 낳게 하였다. 이와 같은 성호의 민본사상은 과거제도의 폐지와 귀천을 아우르는 양천합일의 사상을 낳게 하고, 그 결과 노비제도의 폐지를 주장하게 되는 것이다. 또 당쟁의 폐해를 막기 위해서는 예비관료의 양산을 막아야 하며 선비들도 직업[農耕從事]을 가져야 한다고 하였다.

둘째, 주체성 있는 역사 의식을 가져야 한다는 것이다. 그는 중국중심의 세계관을 탈피하고 객관적 역사서술의 태도로 조선의 현실을 직시하라고 촉구하였다. 성호는 자기 역사는 소홀히 하면서도 중국사만 과시한다는 것은 주체성을 잃는 것이니, 앞으로는 학교의 교과목으로 한국사를 부과해야 한다고 하였다.

셋째, 교육방법으로, 일신전공(日新全功)이라고 해서 탐구심의 계발이 자기계발의 요소이며, 자기를 수양하는 방법으로 언제나 일신(日新 : 매일 새롭게), 득사(得師 : 스승을 구하고), 호문(好問 : 질문을 즐겨하는 탐구심)이 살아있는 참다운 교육이라고 하였다. 이와 같이 성호는 강의식 교수법이나 암기식 교육방법보다는 질의 응답을 통한 문답식 교육방법을 장려하고 있었다.

3) 박지원(朴趾源 : 1737~1805)

영조 13년 서울에서 태어났으며, 자는 중미(中美), 호는 연암(燕岩)이다. 16세에 결혼하고 홍문관 교리였던 처삼촌 이양천(李亮天)으로부터 글공부를 시작, 경전과 제자백가에 이르기까지 광범위하게 공부를 했다. 그리하여 20대에 탁월한 문인으로서 진보적 사상가의 모습을 보이기 시작하여 「양반전」, 「허생전」 등 9편의 소설을 써서 사회의 불합리성을 날카롭게 비판하였다.

1780년에는 중국에 가서 청나라의 문물을 관찰하고 돌아와 「열하일기」를 쓰고 이용후생에 도움이 되는 청의 문물을 배워야 한다고 주장했다. 1786년 50세에 처음 벼슬길에 올라 정조의 총애를 받으며 한성부판관, 양양부사 등을 역임하였으나 정조가 승하하자 은퇴하여 문필생활을 하다가 69세에 별세하였다.

연암은 조선을 구하려면 마땅히 경제로부터 시작해야 한다고 했다. 그런데 경제를 이끌어야 할 지도층인 사대부들이 시장 가는 것조차 꺼려하고 있으니 어찌 산업이 흥할 수 있겠느냐고 한탄했다. "이용이 있으면 다음에 후생이 있고, 경제생활이 풍부해진 후에 도덕을 바로 잡을 수 있다고 했다. 또 참으로 백성에게 이롭고 나라에 도움이 되는 것이라면, 비록 그 법이 이적한테서 나온 것이라도 진실로 취하여 본받아야 한다"고 했다.[50] 연암은 교육사상에도 많은 영향을 남겼는데 이를 요약하면 다음과 같다.[51]

첫째, 문학작품을 통하여 신랄한 사회 비판과 함께 민중의 각성을 꾀했다. 그는 「허생전」에서 경제사상을 고취하는 한편, 「양반전」, 「호즐」 등에서 양반사회의 허식과 모순을 풍자했다.

둘째, 도덕성을 지닌 경제인으로서 선비를 교육적 인간상으로 보고, 허생전에서 선비는 결코 능력이 없어서 돈을 벌지 못하는 것이 아니라 다만 돈을 탐하지 않을 뿐이라는 것을 보여 주었다.

셋째, 교육내용에 있어서의 민족주체성을 강조했다. 예를 들어 기존의 천자문의 배열이 어린이의 일상생활의 용어보다 시의 운에 따라 배열되었으므로 비실용적이라고 비판했다. 이것은 후에 다산에게 영향을 주어 아학편 2천자문으로 열매를 맺게 되었다.

4) 정약용(鄭若鏞 : 1762~1836)

영조 38년 서울 근교 마현(馬峴 : 양주군 와부면 능내리)에서 태어났다. 자는 미용(美鏞)이고 호는 다산(茶山)이다. 다산은 정조 13년(1789)에 식년 문과에 갑과로 급제하여 벼슬길에 올라 한때는 암행어사와 병조, 형조참의까지 지냈지만 천주교 박해를 위한 신유사옥(辛酉邪獄 : 1801)으로 전라도 강진에 유배되어 1818년 풀려날 때까지 오직 독서와 집필에 몰두하여 이른바 다산학의 학문적 체계를 완성시켰다. 이것이 500여 권에 달하는 방대한 「여유당전서(與猶堂全書)」이다. 이 전서야 말로 다산의

50) 역사학회 편, 전게서, p. 179.
51) 박의수 외, 전게서, p. 104.

철학, 정치, 경제, 군사, 법률, 문학, 역학, 생리학, 의학, 천문, 지리, 역사 등 광범한 분야에 걸친 실학적 업적인 것이다. 이 중 다산의 사상을 열어 보는데 불가결한 저술은 목민심서, 경세유표, 흠흠신서이다.

다산의 교육사상을 요약하면 다음과 같다.

첫째, 그의 교육이념의 핵심은 실학정신에 있다. 적폐를 공리공담의 이기설(理氣說)을 비롯하여, 경전의 자의(字義)나 음훈(音訓)에 빠져 버린 훈고학, 미사여구의 문자적 유희인 문사(文辭), 과거제도 및 우민을 현혹시키는 도선비결(道詵秘訣) 혹은 정감록 등 다섯 가지라고 지적하고, 이것들을 바로 잡으려면 실사구시(實事求是)에 의해서만 가능하다고 보았다.

둘째, 교육적 인간상으로 수기위천하인(修己爲天下人)을 생각했다. 자기수양에 의하여 능력을 닦고, 이것을 천하와 국가를 위하여 실천궁행하는 사람을 뜻한다. 이는 현대적 의미에서 보면 사회적 자아실현이라고 볼 수 있다.

셋째, 그의 교육방법은 실천성을 강조했고, 아학편은 그의 교육이론이 교과서의 형태로 편찬된 하나의 결정체라고 할 수 있다. 연암의 천자문 비판에 대한 구체적 해결 방안으로 그는 어린이를 위한 입문서로 아악편을 저술한 것이다. 아악편 2천자문은 기존의 문자교육서인 천자문을 비판하고, 아동이 감각기관으로 경험할 수 있는 글자와 개념을 먼저 학습하게 하고, 다음으로 추상적이고 무형의 개념을 표현하는 글자를 익히도록 하였다. 사물의 성격을 범주화하여 유별 분류체계에 따라 문자를 배열하였다. 사물을 음양 대치적으로 제시하고 있다.

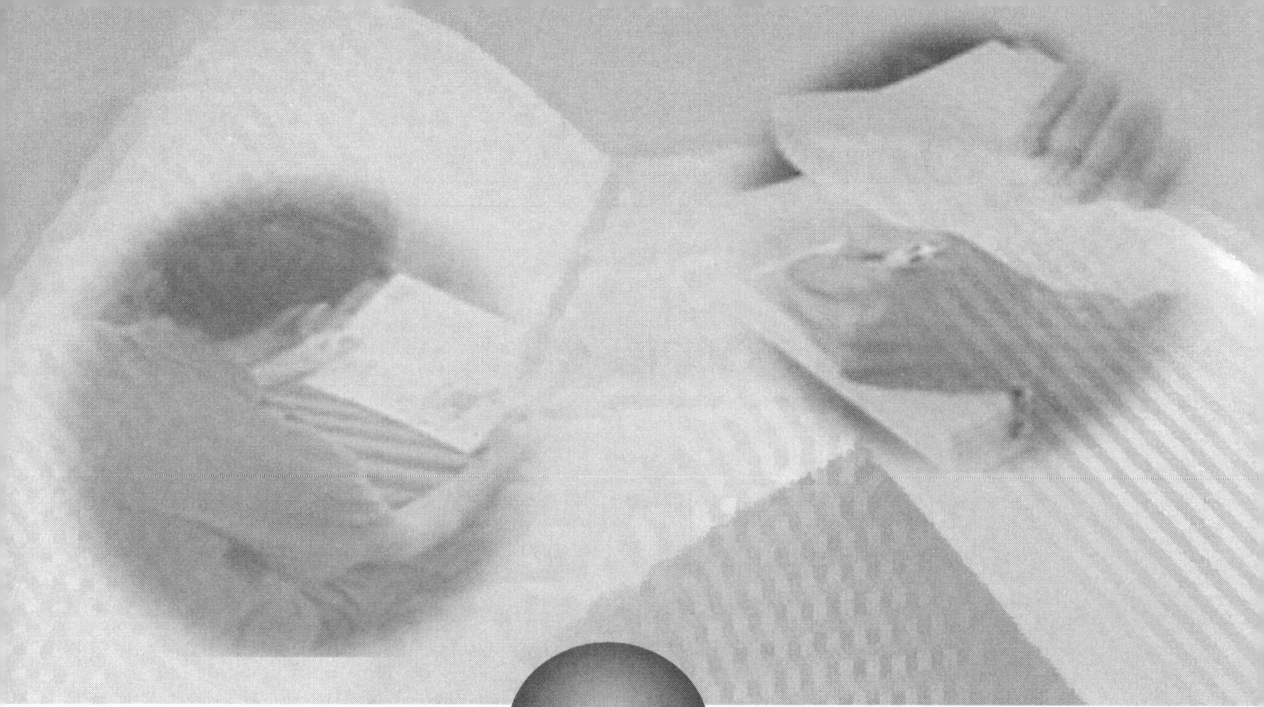

제 4 장

조선말기의 교육

제1절 조선말기의 성격

조선은 오랫동안 성리학을 정치적 지도이념으로 하고 중국대륙과의 사대적 외교를 통하여 체제를 유지해 왔으나, 말기 이르러 사회, 문화의 모든 부문에 걸쳐 커다란 변동이 일어나고 있었다.

우선 사회적인 면에서는 부의 축척에 따른 신분의 상승이 일반화되어 양반사회의 신분구조가 붕괴되는 가운데 천민. 노비의 해방이 진전되어 갔고, 유교적 양반관료사회의 모순을 해결하기 위한 새로운 사상체계로서의 실학이 발생하여 사회개혁과 근대화의 방향을 제시하였고, 새로이 천주교가 전래되어 전통사회의 질서와 가치규범에 도전하였다. 한편 정치적으로는 이러한 각 방면의 새로운 변화를 수용하지 못하고 붕당정치로 인한 삼정의 문란 등으로 국민생활을 도탄에 빠뜨리는 결과가 초래되어, 농민들의 불만이 민란의 형태로 폭발함으로써 조선의 양반관료체제는 더 이상의 존속이 어렵게 되었다.

이러한 조선 후기의 변화는 근대화를 지향하고 있었다. 그러나 문제는 조선 후기의 근대화가 내재적이며 자율적인 힘으로만 이루어지지 않았다는데 있었다. 일본에 의하여 강요된 강화도조약(1876)을 시작으로 미국, 영국, 이탈리아, 러시아, 프랑스, 오스트리아 등과 통상수호조약을 체결함으로써 우리나라는 문호를 개방하게 되어 열강들의 각축장이 되었다. 우리나라가 내재적이며 자율적인 힘으로 개항 · 개화를 추진하지 못한 것은 그 후의 역사에 커다란 영향을 끼치지 않을 수 없게 되었다.

문호개방을 반대하는 위정척사(衛正斥邪) 운동과 임오군란, 갑신정변, 동학혁명, 을미사변, 각지에서의 의병운동, 대한제국의 성립과 멸망 등 국민들의 근대적 자각운동과 결부되어 열강의 침략에 대한 민족의 항쟁사로 일관되었지만 1910년 일제의 무력 앞에 주권을 빼앗기고 식민지로 전락하게 되었다.

이러한 시련과 격동 속에서도 우리민족은 교육입국의 의지를 가지고 각계 각층에서 교육 근대화를 위한 노력을 경주했다. 이 시기의 교육 근대화운동을 정부의 교육개혁, 민간인에 의한 사학교육기관, 선교사에 의한 종교계 학교로 구분하여 고찰해 보고자 한다.

제 2 절 정부의 교육개혁

1. 신문화의 수용

일본에 의하여 강요된 강화도조약(1876)을 계기로 미국(1882) 등 세계 여러 나라와의 통상조약이 체결됨으로써 조선사회는 움직이는 새로운 근대사회로의 전환이 이루어지게 되었다.

신문화의 수용은 먼저 사절단과 유학생을 파견하여 선진문물을 수용하는 것으로부터 시작되었다.

1876년 김기수(金綺秀)[1]를 중심으로 한 사절단 75명이 수신사(修信使)의 자격으로 일본을 시찰하였고, 1880년에는 김홍집(金弘集)을 중심으로 한 58명이 또한 수신사 자격으로 일본에 건너가 군사, 교육, 산업 등의 문물을 시찰하였다. 일본을 시찰하고 돌아온 김홍집은 청나라 황준헌이 지은 「조선책략(朝鮮策略)」[2]을 왕에게 올리고 선진국의 문물제도를 받아들일 것을 역설했다. 그 결과 다음 해(1881)에 박정양, 어윤신, 홍영식 등 10여 명으로 구성된 신사유람단(紳士遊覽團)을 일본에 파견하여 일본의 신문물제도를 시찰케 했다. 1882년에는 또다시 박영효를 수신사로 하여 김옥균, 서광범 등과 더불어 일본을 시찰하고, 다음 해(1883) 김옥균이 포경사(捕鯨使)로 임명됨을 계기로 61명의 학생들에게 일본유학을 주선하였다. 서재필도 그 유학생의 한 사람으로 일본 육군소년학교에 입학하였다. 참고로 1881년 신사유람단의 일원으로 일본에 파견했던 유길준은 계속 일본에 머물러 경응의숙에 입학(26세) 하였다. 이로써 한국인으로서는 최초의 유학생이 되었다. 그는 「서유견문(西遊

---

1) 그는 일동기유(日東己遊), 수신사일기(修身使日記)를 써서 일본문화 수입을 역설했다.
2) 이것은 방아책(防俄策)으로서 친중(親中), 결일(結日), 연미(聯美)를 주장하고 있다.

見聞)」을 썼다. 이 「서유견문」은 우리나라 최초의 국한자체(國漢字體) 단행본이라는 데 의의가 있을 뿐만 아니라 유길준은 이 책을 통하여 서구문물의 수입으로 국가 근대화를 기할 것을 주장하고 있다.

한편 중국에도 1881년 이홍장의 권고로 김윤식을 영선사(領選使)가 되어 유학생을 인솔하고 중국 천진에 가서 신식 무기의 제조법과 조련법을 배우게 하였다.

또한 미국은 1883년에 한미수호사절로 전권대사 민영익을 보빙대사(報聘大使)로 삼아 미국에 파견하여 미국의 문물을 살피도록 하였다. 이와 같이 1880년대는 개화시대라고 할 만큼 새로운 선진 문화를 수용하는 움직임이 조야에서 술렁이고 있었다. 이것은 당 시대에 있어서 사회적 요청인 개화열에 편승된 것이다.

2. 근대학교의 성립

1) 정부의 교육개혁

서양의 발달된 기술문명을 접한 개화사상가들은 개화의 선결요건은 서구의 발달된 학문을 도입하는데 있다고 주장하였으며, 조선 정부도 이에 대한 적극적인 관심을 가지고 노력하게 되었다. 문호개방에 따른 빈번한 외국과의 교류로 인한 외국어 교육의 필요성은 당면한 과제이었다. 정부의 외교고문으로 있던 독일인 묄렌도르프(P. G. von Möllendorff)가 세운 통변학교(通辯學校)와 정부가 세운 육영공원(育英公院)은 현실적 필요에 의한 것이다.

1883년에 설립된 통변학교는 영국인 할리팍스(T. E, Halifax)를 주무 교사로 하여 주로 영어를 가르쳤으나 오래 지속되지는 못하였다. 1886년에 설립된 육영공원은 정부가 외국어를 해득할 수 있는 관리를 양성하기 위하여 미국인 길모어(G. W. Gilmore), 벙커(D. A. Bunker), 헐버트(H. B. Hulbert) 등과 중국인 당소의(唐紹儀)를 교사로 초빙하여 세운 최초의 근대식학교라고 할 수 있다. 학급은 좌우 양원으로 편성하였는데 좌원에는 나이 어린 정부 관리를, 우원에는 양반 계층의 자제들을 수용했다.

한편 갑신정변 때 부상을 당한 민영익을 치료하여 정부로부터 신임을 얻은 미국인 선교사이며 의사인 알렌(H. N. Allen)은 1885년 국립병원인 광혜원(廣惠院)을 열고,

이듬해 4월에 조수 양성을 목적으로 의학교육을 실시했다.

그러나 우리나라가 제도상으로 근대학교의 학제를 갖게 된 것은 갑오개혁(1894) 때부터이다. 1894년 6월에 설치된 군국기무처를 중심으로 이루어진 갑오개혁은 중앙관제를 2부 8아문으로 개편함으로써 정부는 근대학교로 전환할 수 있는 제도상의 정비를 단행하였다. 즉, 지금까지 학사를 맡았던 예조(禮曹)가 폐지되고 학정의 총괄 부서인 학무아문(學務衙門)을 두고 과거제도를 폐지하였다.

이로서 정부는 학무아문고시(告示)를 발표(1894. 7)하여 소학교와 사범학교를 설치하고, 반상(班常)의 구별 없는 교육을 실시하겠다는 이른바 교육기회균등 원칙을 밝혔고, 1894년 12월에 발표된 홍범14조에서는 우수한 자제를 널리 파견하여 외국의 학술과 기예(技藝)를 배워 오게 할 것과 문벌을 타파하고 인재를 등용할 것을 규정하였다. 이것은 정부가 근대교육의 수용을 뜻하는 의사표시로서, 학무아문고시가 대내적인 선포라면, 이 홍범은 대외적인 선포로 볼 수 있다.

이어서 1895년 2월에는 고종의 교육 의지가 담긴 이른바 교육입국조서(敎育立國詔書)를 발표하여 종래의 유교의 경서중심 교육을 지양하고, 지, 덕, 체의 삼양(三養)을 힘쓰고, 허명(虛名)과 실용(實用)을 분별하여 교육에 힘쓸 것을 강조하였다.

그리하여 학무아문을 중심으로 한 정부는 학교 설립에 대한 법령을 제정하는 한편, 그 법령에 따른 학교를 설립하고 교과서를 편찬하여 근대교육의 장을 열었는데, 이 무렵에 제정·공포된 각종 학교의 관제 및 규칙을 보면 다음과 같다.

<대한제국의 학교관제 및 규칙>

학교관제 및 규칙	연 월 일	학교관제 및 규칙	연 월 일
한성사범학교 관제	1895. 4. 16	보조공립소학교 규칙	1896. 2. 20
외국어학교 관제	1895. 5. 10	의학교 관제	1899. 3. 24
성균관 관제	1895. 7. 2	중학교 관제	1899. 4. 4
소학교령	1895. 7. 19	상공학교 관제	1899. 6. 24
한성사범학교 규칙	1895. 7. 23	외국어학교 관제	1900. 6. 27
성균관경학과 규칙	1895. 8. 9	농공상학교 관제	1904. 6. 8

이상과 같은 관제와 규칙에 따라 근대화된 학제를 갖춘 교육기관이 설립되었는데 그 내용은 다음과 같다.

2) 근대학교의 성립

(1) 소학교

1895년에 제정된 소학교령에 의하면, 소학교를 관립 · 공립 · 사립의 3종으로 구분하고, 그 편제는 심상과(3년)와 고등과(2~3년)로 하였다. 그리고 학령은 만 8세부터 15세까지의 8년간으로 하고, 각 부(府)와 군(郡)에 그 지역 아동들을 취학시킬 수 있는 공립학교를 세워야 한다고 규정하고 있어서 의무교육의 정신을 나타내고 있었다. 교과목은 심상과는 수신, 독서, 작문, 습자, 산술, 체조 등이고, 고등과는 수신, 독서, 작문, 습자, 산술, 한국지리, 역사, 미술, 체조로 하되 한국지리와 한국역사는 필수과목으로 규정하였다.

교원은 면허증을 소지해야 하며 면허증은 검정에 합격해야 한다고 규정하였다. 이와 같은 소학교령에 의하여 학교설립수가 전국적인 규모로 확대되어 갔으며 을사조약이 체결될 때(1905)까지 서울에 10개교와 지방에 50개교가 설립되었다.[3)]

(2) 중학교

1899년에 제정된 중학교 관제에 의하면, 중학교는 실업에 나가려는 사람에게 정덕(正德) 이용(利用) 및 후생(厚生)의 도(道)를 가르치고 중등교육의 보급을 도모할 것을 목적으로 하며, 수업 연한은 7년으로 하되 심상과와 고등과로 나누며 심상과는 4년, 고등과는 3년으로 규정하고 있었다.

이 학령에 의하여 설치된 최초의 학교가 한성중학교(현, 경기고교)이다. 이 학교가 중학교학령이 발표되던 1899년에 정부가 설립한 유일의 학교로서 보통교육을 목적으로 했을 뿐, 고등과는 끝끝내 실시되지 못하고 심상과만 두는데 그치고

---

3) 차석기 외, 전게서, p. 322.

말았다.

(3) 사범학교

1895년 사범학교 관제가 제일 먼저 발표된 것을 보면 정부의 교사양성에 대한 시급성을 인식할 수 있다. 한성사범학교는 우리나라 최초의 교사양성기구로서 편제는 본과와 속성과로 구분되며, 본과 2년(1899년 4년으로 개정), 속성과 6개월로 규정하였다. 학과목으로 본과는 수신, 교육, 국문, 한문, 역사, 지리, 수학, 물리, 화하, 박물, 습자, 체조로 하였고, 속성과는 수신, 교육, 국문, 한문, 역사, 지리, 수학, 습자, 작문, 체조로 하였다.

교육요지는 정신단련과 덕조(德操)의 연마, 애국사상을 기초로 하여 교육자의 자질을 기를 것을 강조하고 있었다. 본과에 입학할 수 있는 사람은 나이 20세 이상 25세로 하고, 속성과는 22세 이상 35세까지로 하며, 정원은 본과 100명, 속성과 60명이었다.

(4) 외국어학교

1895년 이미 일어학교, 영어학교, 불어학교 등이 있었으며 , 1896년에 러시아어학교, 1900년에 한어학교, 독어학교 등이 추가로 설립되었다. 입학 연령은 16~25세이었지만, 1900년의 외국어학교 규칙에서는 15~20세로 개정하였다. 수업연한은 일어학교와 한어학교는 3년이며, 그 밖의 학교는 5년이었다.

(5) 경성의학교

1899년 2월에 각종 의술의 교수를 목적으로 설립되었고 수업연한은 3년이었다. 국비로 식비, 옷, 교과서가 지급되었다.

(6) 상공학교

1899년 본과와 예과의 편제를 가지고 설립되어, 194년에는 농상공학교로 교명을 개정하여, 농과, 공과, 상과를 설치 · 운영하였다. 수업연한은 예과는 1년, 본과는 3년으로 하였다.

(7) 그 밖의 학교들

1895년에 법관양성소, 1897년에 우편(郵便)학당과 전무(電務)학당, 1900년 8월에 광무(鑛務)학교가 설립되었다. 다른 교육기관이 부진한 반면 법관양성소는 관직과 직결되어 비교적 지원자가 많았다. 따라서 학업기간이 처음 단기과정에서 1903년에는 1년 6개월에서 1905년에는 3년으로 연장되었다.

제 3 절 사학교육기관

1. 설립 배경

개화와 더불어 열강의 침략 야욕은 노골화되고 러일전쟁에서 승리한 일본은 한국에서 독점적 위치를 확고히 하기 위한 을사조약을 강제로 서둘러 체결했다(1905. 11). 을사조약의 핵심적 내용은 일본이 한국의 외교권을 완전히 박탈하는 동시에 한국의 외교를 관장하기 위해서 황제 아래 일본인 통감을 둔다는 것이었다. 을사조약의 체결에 대하여 우리국민은 열렬한 반대를 하였고, 선각자들은 국민계몽을 통한 국권회복을 위하여 다각적인 노력을 전개하였다.

서울상인들은 경제자립운동의 일환으로 한성상업회의소를 조직했고, 일제의 금융 독점에 대항하기 위하여 조선은행, 대한천일은행, 한성은행, 한일은행을 설립했으며[4] 또한 각종 모금운동으로 일본에 대항했고. 어떤이는 독립협회(1896), 보안회(1904), 헌정연구회(1905), 대한자강회(1906), 대한협회(1907), 신민회(1907) 등의 정치사회단체를 결성하여 대항하였으며, 또 어떤 사람은 독립신문, 매일신문,

4) 조기준, 한말 민족상인단체의 성격고, 학술논문집13, 1974.

황성신문, 제국신문, 대한매일신보, 만세보, 대한민보, 경향신문 등의 언론기관을 설립하여 국민계몽에 앞장섰고, 어떤 이는 서북학회, 호남학회, 호서학회, 관동학회, 대동학회 등의 교육 문화단체를 조직하였다. 이들 단체는 학보를 발간하여 문화개발에 힘쓰는 한편 직접 교육기관을 설립하여 육영사업에 공헌하기도 하였다.

더구나 일본의 침략에 대한 한민족의 저항은 침략의 단계에 따라 형태를 달리하면서 줄기차게 전개되었는데 국권상실에 직면하여 나라의 힘을 키우고자 하는 노력은 자연스럽게 교육에 대한 관심으로 나타나게 되었다. 더욱이 1905년 이후의 교육운동은 민족운동의 일환으로 활발히 전개되었다. 19세기 말 개화운동과 더불어 일어난 근대교육은 물밀 듯이 들어오는 신문화를 수용하고 외세의 침략에 대하여 나라를 지키려는 국민의 자주의식과 애국심을 고취시키는 역할을 담당하였는데 특히 이러한 교육운동은 정부에서보다는 일반 민간인에 의하여 더욱 활기차게 이루어졌다. 사립학교는 민족주의에 입각한 근대교육이 민족운동의 기반이며 동시에 그 본질이라고 하는 인식에서 설립된 것이다. 사립학교의 설립은 거의 매일같이 나타나 1908년 전국적인 학교 수는 서울의 약 100교를 위시해서 전국총수 5,000교에 달했으며 학생수도 20만 명에 이르렀던 것이다.[5] 특히 이와 같은 학교운동은 서북지방에 더욱 적극적으로 나타나서 평안남북도만 하더라도 약 2,000의 사설학교가 설립되었으며 선천군 만도 100여 개나 세워졌다.[6]

이와 같은 교육운동에 대하여 일제는 사립학교령을 제정하여(1908) 사립학교의 설립과 운영을 통제하는 한편, 교과용도서 검인규정을 공포하여 애국적인 내용이 있는 교과서를 허가하지 않는 등 여러 가지 억압을 가하였다.

2. 사학교육기관

한국의 근대교육은 1880년대부터 시작되었다. 최초의 근대적인 사립학교는 1883년에 세워진 원산학사(元山學舍)이다. 원산학사는 개항장으로서 일찍이 일본

5) 조선총독부, 조선의 보호와 합병, p. 378.
6) 대한매일신보, 1906년 3월 18일자.

상인들의 침투를 경험한 원산의 상인들과 덕원부(德源府)의 주민들이 개화파 관료였던 덕원부사 정현석(鄭顯奭)과 협력하여 민족적 권익을 수호해야 한다는 자각에서 스스로 기금을 모아 설립한 학교로 각종 신지식과 외국어를 교습하였다.[7] 그 후 1895년에 특명 전권대사로 서구 여러 나라를 순방하고 돌아온 민영환(閔泳煥)은 흥화학교를 세워 영어와 일어 외에 측량술을 주로 가르쳤고, 학생수가 130명에 달했다. 민영기는 중교의숙을 세웠으며(1896), 안창호가 1899년 강서에 세운 점진학교는 남녀공학으로 실시한 최초의 사립초등학교이다. 그러나 초기의 사립학교는 경제적인 뒷받침이 약하여 오래 유지되지 못하였다.[8]

1905년 을사조약이 체결되고 일제의 침략이 보다 급격해지면서 교육운동은 민족운동의 일환으로 확대 발전하였다. 따라서 이 시기에는 민간인에 의한 사립학교의 건립이 매우 활발하였는데, 1905년에 세워진 보성학교(이용익), 양정의숙(엄귀비), 휘문의숙(민영휘)과 1906년에 세워진 진명 · 숙명여학교(엄귀비), 중동학교(신규식) 그리고 1907년에 세운 평양 대성학교(안창호), 정주 오산학교(이승훈) 등은 대표적인 것들이었다.[9] 또한 1906년 이상설이 간도에 세운 서전서숙(瑞甸書塾)의 예에서 보듯이 국내뿐 아니라 해외에서도 사립학교가 세워지고 있었다.[10] 이러한 사립학교는 민족주의에 입각한 근대교육이 민족운동의 기반이며 동시에 그 본질이라고 하는 인식에서 설립된 것이다. 참고로 이 시기에 민족주의자들에 의해서 설립되고 민족교육사에 크게 공헌한 대표적인 학교를 보면 다음과 같다.

<개화기의 민족사학>

교명	연대	설립자	장소	교명	연대	설립자	장소
원산학사	1883	정현석	원산	신학원	1907	여자교육회	서울
흥화학교	1895	민영환	서울	서우사범학교	1907	서우학회	서울
낙영의숙	1895	사회유지	서울	동인학교	1907	대한동인회	서울
중교의숙	1896	민영기	서울	강명의숙	1907	이승훈	정주
점진학교	1899	안창호	강서	오산학교	1907	이승훈	정주

7) 신용하, 우리나라 최초의 근대학교 설립에 대하여, 한국사연구10, 1974.
8) 김흥수, 한국근대의 사립학교에 관한 연구, 논문집28, 춘천교대, 1988.
9) 김정해, 1985-1910 사립학교의 설립과 운영, 역사교육논집11, 경북대, 1987.
10) 오천균, 재노령한국인의 민족교육운동, 논문집1, 상지대, 1980.

낙연의숙	1901	서광세	서울	봉명학교	1907	이봉래	서울
우산학교	1902	양재새	서울	오성학교	1907	서북학회	서울
청년학교	1904	김덕기	서울	정리사	1907	유일선	서울
양정의숙	1905	엄주익	서울	경성중학교	1907	이종호	鏡城
보성전문학교	1905	이용익	서울	양실학원	1907		의주
광성실업학교	1905		서울	양산소학교	1907	김구	안악
한성법학교	1905		서울	장훈학교	1907		서울
휘문의숙	1906	민영휘	서울	대성학교	1908	안창호	평양
진명여학교	1906	엄귀비	서울	기호학교	1908	기호흥학회	서울
숙명여학교	1906	엄귀비	서울	(중앙학교)			
보성중학교	1906	이용익	서울	동덕여자의숙	1908	이재극	서울
중동중학교	1906	신규식	서울	대동전수학교	1908	대동학회	서울
현산학교	1906	남궁억	양양	보인학교	1908	보인학회	서울
양규의숙	1906	여자교육회	서울	소의학교	1908	장지영	서울
화야의숙	1906	이철용	포천	융희학교	1909	유길준	서울
정화의숙	1906		개성	양산중학교	1909	김홍량	안악

제 4 절 종교계 교육기관

1. 설립 배경

이 시기의 종교계 교육기관은 기독교계 학교와 불교계 학교로 나누어 생각해 볼 수 있다.

기독교계 학교는 1876년 개항과 더불어 입국한 미국의 선교사들에 의하여 시작되었다. 이들은 교리의 전파와 교세의 확장이 주된 목적이었지만, 기독교의 평등사상과 인도주의 정신에 의한 조선사회의 소외계층을 대상으로 하는 교육과 더불어 기독교 문화를 전파하려는데 목적이 있었다. 우리나라에 미국인 선교사들이 입국한 것은 한미조약이 체결된 이듬해인 1883년 여름에 보빙대사로 미국을 방문한 민영익 일행으로부터 조선의 사정을 청취한 뉴욕의 감리회 선교 본부가 일본에 있던 선교사 맥클레이(Robert S. Macley)를 파견하여 고종을 알현하고 교육과 의료사업의 허락을 받고 부터이다.[11] 그리하여 1884년 9월에 알렌(H. N. Allen) 부부가 입국하고, 이어서 1885년에는 언더우드(H. G. Underwood), 아펜젤라(H. G. Appenzeller), 스크랜튼(Mrs. M. F. Scranton) 등의 선교사들이 입국하여 교육사업을 전개하였다.

불교계 학교는 개화와 더불어 외국의 승려들이 내한하여 활발한 포교활동을 하는데 자극되어 정부는 조선조 500년간의 억불정책을 철회하게 되었고, 불교계에서도 교계의 통일을 꾀하고자 하였다. 그리하여 1902년 36개조로 된 대한사찰령이 제정되고, 이에 따라 서울의 원흥사(元興寺)를 수사찰(首寺刹)로 하고, 16개 지방 수사찰을 정하여 불교행정을 정리하였다. 아울러 대한사찰령 제29조에 의거하여 불교계 학교를 설립하게 되었다.[12]

2. 종교계 교육기관

1) 기독교계 사립학교

우리나라에서 외국인들이 세운 학교는 1883년 조선정부의 외교고문으로 있던 묄렌도르프(P. G. von Möllendorff)에 의하여 설립된 통변학교가 우리나라에서 최초의 외국어 전문학교이다. 그 후 1885년 미국인 선교사 알렌(Horace. N. Allen)이 광혜원(House of civilized virtue)을 설립하여 국립병원의 역할을 담당하였고, 1886년 4월부터는 학생과 연구생을 받아 서양의학을 가르치게 됨으로써 우리나라 최초 의학전문학교의 성격을 갖게 되었다. 그러나 일반교육을 목적으로 하는 학교는 선교사들에 의하여 설립된 기독교계 사립학교들이다.

(1) 배재학당(培材學堂)

아펜젤라는 1885년 7월에 서울에 들어와서 1개월 먼저 서울에 들어온 의사

11) 박의수 외, 전게서, p. 124.
12) 한명희, 박선영, 교육사신론, 서울, 명지사, 1981, pp. 82-84.

스크랜튼의 집에 방 두 칸의 벽을 헐어서 교실을 만들고 1885년 8월에 2명의 학생으로 수업을 시작하니, 고종이 배제학당이라는 교명과 액(額)을 내렸다. 이 학교의 설립정신은 교훈 "욕위대자 당위인역 (欲爲大者 當爲人役)"에서 나타나는 것처럼 봉사정신에 의한 인재를 양성하고자 하는데 목적이 있었다. 교과목으로는 한문, 영어, 천문, 지리, 생리, 수학, 수공, 성경 등이었고, 연설회, 토론회와 같은 사상발표 훈련과 야구, 축구, 정구 등의 스포츠 연습도 과하였다.

이 학교는 새로운 학교운영을 실시함으로써 한국교육사에 신기원이 되었다. 즉, 학년을 2학기로 나누어 운영했고, 1일 교과활동은 시간을 정하여 진행했고, 수업료는 종래의 물품 대신 돈으로 받았고, 입 · 퇴학의 절차는 엄격하며 근로를 장려하였다.

(2) 이화학당(梨花學堂)

1885년 6월에 입국한 감리교 선교사 스크랜튼 부인은 선교사업으로 한국여성을 위한 교육사업을 결심하고, 1886년 5월에 1명의 여학생으로 수업을 시작하였는데, 이것은 아직까지 여성교육을 기피하였던 조선사회의 관념에 비추어 볼 때 일대 혁신적인 사실이다. 이화학당이라는 교명은 1887년 학생이 7명으로 불이 났을 때 명성황후는 이를 가상히 여겨 "이화학당"이라는 이름을 지어 편액을 보낸데 연유한다. 이화(梨花)는 이왕가(李王家) 황실(皇室)을 상징하는 꽃으로 영국 랜카스타가의 홍장미, 프랑스 백합화와 같은 고귀한 꽃이었다.

교과과정은 설립당시에는 주기도문과 예수 사랑하심의 찬송가를 영어로 배우고 예배보는 것이 주였지만, 이후부터는 영어, 산술, 언문, 창가, 역사, 영어, 문법, 글씨 쓰기 등이었으며, 천자문 · 동몽선습과 같은 한문도 가르쳤는데 성경이 가장 중요한 교과목이었다. 이화학당이야말로 우리나라 여성교육기관의 효시가 되었다.

(3) 경신학교(儆新學校)

1885년 4월에 장로교 선교사로 입국한 언더우드는 알렌이 개원한 광혜원에서

화학과 물리를 가르치다가, 1886년에 고아원 겸 고아학교를 설립하였는데 일종의 기숙제 학교이다. 이 고아학교(언더우드학당)는 1902년 교명을 예수교중학교로 했다가 1905년에는 경신학교로 개칭하였다. 그 후 이 경신학교에 대학부를 설치하니 이것이 경신학교 대학부이며 이 대학부가 연희전문학교의 시작이다.[13)]

(4) 정신여학교(貞信女學校)

광혜원 간호사로 온 엘러스(Miss Anni J. Ellers)는 1887년 고아원(언더우드 학당)의 부대사업으로 여자교육에 착수하였다. 그러나 엘러스는 병으로 이 일을 계속하지 못하고 헤이든(Miss E. Hayden)을 거쳐 1890년에 비로소 도티(Miss S. A. Doty)의 관리 밑에서 미미하나마 학교의 모습을 갖게 되었다.[14)] 이 학교가 정신여학교의 전신이다. 도티의 지도 밑에 있는 학생 수는 여자 9명이었다.

이처럼 한국에 온 선교사들은 의료를 통해서 신체적 건강을 증진시키고 교육을 통해서는 정신적 계몽은 물론 앞선 서양의 문물을 소개하여 그들의 근대화를 이 땅에 심으려고 노력하였다. 참고로 1920년 2월까지 설립된 기독교계 학교의 교파의 집계를 보면, 장로교 501, 감리교 158, 성공회 4, 안식교 2, 종파미상 84, 각 교파합동 1, 천주교 46개교로서 신 · 구교파를 합치면 모두 794개교[15)]이었다. 이 중 신교 교파만 666개교이었다. 이들 중 대표적인 학교를 설립 연대별로 살펴보면 다음과 같다.

<개화기 기독교계의 사립학교>

교명	연대	교파	세운곳	교명	연대	교파	세운곳
광혜원	1885	장로회	서울	정명여학교	1903	장로회	목포
배재학당	1885	감리회	서울	덕명학교	1904	감리회	원산
이화학당	1886	감리회	서울	호수돈여학교	1904	감리회	개성
경신학교	1886	장로회	서울	진성여학교	1904	장로회	원산

13) 손인수, 한국근대교육사, 서울, 연세대출판부, 1971, p. 22.
14) 오천석, 한국신교육사, 서울, 현대교육총서출판부, 1964, p. 61.
15) 이만규, 조선교육사(하),서울, 을유문화사, 1949, pp. 159-160.

정신여학교	1887	장로회	서울	의창학교	1904	감리회	해주
광성학교	1894	감리회	평양	영명학교	1905	감리회	공주
숭덕학교	1894	감리회	평양	계성학교	1906	장로회	대구
정의여학교	1894	감리회	평양	신성학교	1906	장로회	선천
일신여학교	1895	감리회	동래	보성학교	1906	장로회	선천
정진학교	1896	감리회	평양	의명학교	1906	안식교	수안
공옥학교	1896	감리회	서울	한영서원	1906	감리회	개성
숭실학교	1897	감리회	평양	미리흠학교	1906	감리회	개성
신군학교	1897	감리회	서울	낙현학교	1907	천주교	서울
영화여학교	1897	감리회	인천	수피아여학교	1907	장로회	광주
배화여학교	1898	감리회	서울	신명여학교	1907	장로회	대구
맹아학교	1898	감리회	평양	기전여학교	1907	장로회	전주
명신학교	1898	장로회	재령	신흥학교	1908	장로회	전주
평양신학교	1900	장로회	평양	창신학교	1908	장로회	마산
숭의여학교	1903	장로회	평양	의정학교	1909	감리회	해주
근씨여학교	1903	감리회	원산				

2) 불교계 사립학교

외국 선교사들의 포교활동에 자극받아 1902년 36개조로 된 대한사찰령을 제정하고, 이에 따라 서울 원흥사를 수사찰(首寺刹)로 하고, 16개의 지방 수사찰을 정하여 불교행정을 정비하고, 아울러 대한사찰령 제29조에 의거하여 불교계 최초의 근대식학교인 명진학교(明進學校)가 원흥사에서 개교했다는 것은 전술한 바 있다.

이 명진학교는 불교사범학교, 불교고등강숙, 중앙학림, 불교전수학교, 중앙불교전문학교, 혜화전문학교를 거쳐 오늘 날의 동국대학교로 발전했다. 이 명진학교의 설립은 불교계에 큰 자극을 주어 지방 각 사찰에서 자체적으로 학교를 세우게 되었다. 1910년까지 지방의 사찰이 세운 근대식학교 가운데 중요한 것을 살펴보면 다음과 같다.[16)]

16) 한명희, 박선영, 전게서, pp. 82-84.

<개화기 불교계의 근대식학교>

교 명	설립연도	설립 · 경영자
명립학교	1906	해인사(합천)
명화학교	1906	용주사(수원)
봉명학교	1906	건봉사(고성)
명정학교	1906	범어사(동래)
석왕사보통학교	1906	석왕사(안변)
대흥보통학교	1906	대흥사(해남)
경흥학교	1907	대승사 금용사 남장사 용문사 명봉사 광흥사
봉익학교	1907	위봉사(전주)
신명학교	1909	화엄사 천은사 태안사 관음사
보명학교	1909	송광사(승주)
화산강숙	1910	화장사(장단)
보명학교	1910	쌍계사(하동)

제 5 절 교육사상가

조선 말기는 우리사회의 모든 분야에 있어서 커다란 변동이 일어나고 있었으니, 그것은 근대사회를 지향하는 힘찬 움직임이었다. 우리는 일본의 무력 앞에 주권을 빼앗기는 비운을 겪게 되면서 민족의 항쟁은 계속되었다. 그 중에서 국권회복을 위한 인재양성의 필요성을 인식하고 학교를 세워 교육활동에 전념한 인물들이 헤아릴 수 없이 많다. 그 중 대표적인 인물을 들면 민영환, 손병희, 한용운, 이상재, 이용익, 남궁억, 안창호, 이승훈 등을 들 수 있는데, 여기에서는 남궁억, 안창호, 이승훈의 생애와 사상을 살펴보기로 한다.

1. 남궁억(南宮檍 : 1863~1939)

철종 14년 서울 정동에서 태어났다. 자는 치만(致萬), 호는 한서(翰西)이다. 그는

11세에 서당에서 한문을 배우다가, 21세에 통변학교(관립영어학교)에 입학하여 이듬해에 최우등으로 졸업하였다. 22세에 고종의 통역관으로 관직에 처음 발탁되었고. 33세에 토목국장, 지금의 탑골공원 팔각정이 이 때 세운 것이다. 34세에 독립협회에 가입 독립신문 영문판 편집, 36세(1898)에 황성신문 창간 사장 겸 주필, 43세에 성주목사, 44세에 양양군수, 현산학교 설립, 45세(1907)에 대한협회 회장. 47세에 관동학회 창립 회장, 48세(1910)부터 8년간 배화여학교 교사, 56세에 홍천 모곡리에 모곡학교를 설립하여 교육활동을 하며 무궁화 보급운동을 통한 애국운동을 하였다. 1931년 "무궁화 동산"이란 노래를 지어 보급하다가 일경에 체포되어 옥고를 치르고 석방되었으나 1939년 77세에 생애를 마쳤다.17)

한서의 교육사상은 자신의 긍지, 개인실력, 건설정신, 자립봉사정신으로 요약할 수 있다. 우리민족이 일제로부터 상실된 국권을 회복하기 위해서는 무엇보다도 국민 자신의 긍지와 개인의 실력을 길러야 한다고 하였다. 그는 우리민족이 국권상실로 인하여 생겨난 위축정신과 실의감으로는 일제와 싸워서 독립을 쟁취할 수 없기 때문에 당당한 국민의 자긍심을 높여야 한다는 것이다. 그리고 낙후된 국토를 건설하고 남에 의지하지 않고 나라를 사랑하며 협동하면서 남을 돌보는 자립정신을 기르도록 하였다. 또한 그는 몸소 실천을 강조하였다. 그는 손수 우물물 길러 찬물로 세수하고, 겨울에 목도리와 장갑을 착용하지 않으며, 길거리에 쓸모 없는 돌은 꼭 치우고, 학생들과 작업을 할 때도 몸소 지게를 지며 돌을 나르고, 10전 짜리 밀짚모자를 10년 이상 쓰고 다니며, 국사강습을 통하여 민족의식을 고취시키는 것이었다.18)

한서는 교육과정으로 조선어, 영어, 산술, 역사, 지리, 창가, 체조, 작업, 이과, 조선어보충, 한글습자였다. 조선어는 한글과 한문의 절충식 교제를 사용했는데, 이 교제가 당시로서는 매우 진보된 교제였다. 영어는 지망자에 한하여 가르쳤다. 역사는 특히 조선사에 중점을 두어 전체 교수 시간수의 최다수를 사용하였다. 지리는 조선지리와 세계지리였다. 창가는 한서 자신이 능하였기 때문에 많은 애국가와 일본 사람들이 금하는 가곡을 항상 부를 수 있도록 지도하였다. 체조는 특히

17) 박의수 외, 전게서, p. 130.
18) 이만규, 전게서, pp. 420-422.

단체훈련에 힘쓰고 형식적 면에서 체위향상을 도모하여 수영과 등산을 장려하였다. 작업은 근로교육을 특별히 강조하여 식목, 교량공사, 묘포작업, 새끼와 짚신, 농구제작 등을 연중 계속하였다. 조선사 보충은 일제가 조선사교육을 불허하게 되어 조선사 보충교재를 만들어 조선어 시간에 조선사를 가르치도록 하였다. 한글 습자는 한글 서법을 과목으로 넣어 지도하였다.

이 밖에 독서회를 조직하여 당시에 간행된 도서를 모아다가 읽게 하였고, 변론술을 가르치기 위하여 웅변회·토론회를 정기적으로 개최하였다. 또한 정서교육을 위한 음악, 연극, 시가 등의 집회를 자주 열었다.[19] 한서는 다양한 교육활동을 통하여 실천궁행의 교육자상을 몸소 보여준 참으로 드문 교육자였다.

2. 안창호(安昌浩 : 1878~1938)

고종 15년 평안남도 강서 출신으로 대동강 하류 도룡섬에서 태어났고, 호는 도산(島山)이다. 어린 시절 가정과 서당에서 한문과 유학을 공부했고, 1895년 상경하여 예수교 장로회 선교사가 설립한 구세학당에서 수학하면서 기독교에 입교 독립협회에 가입하였다. 1989년에는 이상재, 윤치호, 이승만 등과 함께 만민공동회를 개최하는 등 독립협회운동을 계속했다. 1899년에는 향리 강서에 민족교육을 위한 점진학교를 설립하였다, 그 후 1902년에 도미하여 공립협회를 창립하고 재미 동포들에게 계몽지도를 하기도 하였다.

일제의 을사조약 체결로 국권상실의 절박한 상황에 처하자, 도산은 1906년에 귀국하여 이갑, 신채호, 양기탁 등과 함께 비밀결사조약인 신민회를 조직하여 민족운동을 전개하였고, 그 일환으로 평양에 대성학교를 세우고 대한매일신문을 기관지로 사용하였다. 1909년에는 최남선, 김좌진, 이동령 등과 청년학우회를 결성 무실력행주의(務實力行主義)로 민족계몽을 추진하였다. 1910년 사이또(寺內正毅) 총독 암살음모사건(105인 사건)에 연루되어 북경을 거쳐 미국으로 다시 망명하였다. 미국에 건너간 도산은 1911년 해외동포를 망라한 대한인국민총회를 조직, 총회장

19) 상게서, pp. 417-418.

에 선임되었고. 1913년에는 민족의 독립과 부흥을 위한 청년엘리트 단체인 흥사단(興士團)을 8도 대표를 발기인으로 하여 조직하였다.

1919년 3. 1운동 이후에는 상해로 망명, 상해임시정부의 내무총장 겸 국무총리 서리로 취임하여 임시정부 활동에 참여하고, 1920년에는 흥사단 원동본부를 조직하고, 1922년 흥사단 운동의 국내 확산을 위하여 수양동맹회(후에 동우회)의 조직을 지시하였다. 1923년에는 대한독립당을 결성하였고, 1928년에는 한국독립당을 창당하여 대공주의(大公主義)를 선언하기도 하였다. 한편으로는 향리인 도룡섬에 이상적 지역 공동체이며 해외동포들의 생활 근거지이고 민족독립운동가를 양성할 목적의 기기가 될 이상촌(理想村) 건립을 구상하기도 하였다. 도산은 정부요직을 사퇴한 후에도 중국 남경에서 동명학원을 설립하여 교육에 종사하였지만, 1932년 윤봉길 의사의 거사로 일본 경찰에 체포되어 징역 4년을 선고받고 복역 중 가출옥되었다. 그러나 1937년 동우회 사건으로 흥사단 동지들과 다시 체포되었으나, 병보석으로 서울대 병원에서 치료 중 1938년 3월 10일 60세로 일생을 마쳤다.

도산의 교육사상은 인격혁명에 있었다. 인격혁명을 통하여 나라 사랑하는 힘이 나오기 때문이다. 인격혁명을 통하여 민족혁신과 민족개조가 이루어지는 것이다. 그런데 여기에서 민족혁신과 민족개조는 자아혁신과 자아개조에 의하여 가능한 것이다. 즉, 자아혁신이 민족혁신이요, 자기개조가 민족개조로 귀결되기 때문이다. 도산에 의하면 자아혁신은 인격혁명이었다. “그대는 나라를 사랑하는가, 그러면 그대가 건전한 인격인이 되라”며 인격혁명을 외치고 있다. 그는 기회 있을 때마다 자주독립을 쟁취하기 위해서는 “힘을 기르소서”라고 하였는데, 이 때의 힘이란 “인격의 힘”을 말하는 것이었다. 도산의 2대 강령인 건전한 인격(健全人格)과 신성단결(神聖團結)에서도 “하나의 건전한 인격을 만드는 것이 우리 민족을 건전케 하는 유일한 길”이라고 말할 만큼 인격의 힘을 믿고 인격혁명을 주장했던 것이다. 인격혁명은 곧 자기개조에 연결된다. 자기개조는 도산의 4대 정신인 무실(務實), 역행(力行), 충의(忠義), 용감(勇敢)에서 가능하고 이루어진다. 무실역행이란 참되고 실속 있게 실행하는, 즉 공리 공론을 하지 말고 성실하고 실속 있게 실행하자는 것이다. 여기에서 무실은 개조의 내용이요 역행은 그것의 행동을 말하는 것인데, 개개인의 인격혁명으로서의 자아혁신은 민족개조이고 민족개조는 인간개조로 연결되는 도산 사상의 일관성을 엿볼 수 있다.

도산 사상의 또 하나는 주인정신(主人精神)이다. 주인정신은 주체정신을 말한다. 주체정신은 독립정신이요, 책임정신이다. "독립정신은 노예정신과 정반대되는 개념이다. 내 힘으로 내가 서겠다는 정신이 독립정신인 것이다. 그러므로 독립할 실력을 기르는 것이 주체정신의 첫째이다. 주체정신의 둘째는 책임정신이다."[20] 도산이 "당신은 주인입니까"라고 하였는데, 이것이 바로 우리 민족 한 사람 한 사람에게 주인정신을 불러일으킨 것이고, 또 그가 세운 대성학교 교훈을 주인정신으로 설정한 것도 여기에 있을 것으로 보여진다.

도산 사상을 이해하는 또 다른 몇 개의 개념들로서 2대 강령, 3대 자본, 3육, 3대 수련, 4대 정신, 5대 공약, 6대 사업[21]을 들 수 있는 데 그 내용을 요약하면 다음과 같다.

2대 강령 : 건전한 인격, 신성 단결

3대 자본 : 지식(정신적 자본), 신용(도덕적 자본), 금전(경제적 자본)

3육 : 덕육, 체육, 지육

3대 수련 : 건전한 인격훈련, 공고한 단결 훈련, 민주적 공민훈련

4대 정신 : 무실(務實), 역행(力行), 충의(忠義), 용감(勇敢)

5대 공약 : ① 무실, 역행, 충의, 용감의 정신으로 부단히 자아를 혁신하자. (自我革新)

② 동지를 사랑하며 신의를 확수(確守)하여 환난상구(患難相救)하자. (同志)

③ 단(團)을 통하여 일심하며 복종하며 희생하자. (團)

④ 범사에 청백하며 맡은 책임을 완수하자. (職業)

⑤ 대공복무(大公服務)의 정신으로 국가 민족을 위하여 헌신하자. (民族)

6대 사업 : 군사, 외교, 교육, 사법, 재정, 통일이었다.

다음으로 도산의 다양한 교육실천을 들 수 있지만 대표적으로 학교건설, 흥사단

20) 유형진, 교육과 주체성, 서울, 교학사, 1968, p. 142.
21) 한기언 외, 한국의 교사상, 서울, 한국교육연구회, 1974, p. 154.

운동, 이상촌 계획, 미소 운동을 들 수 있다.

첫째, 학교건설이다. 도산은 국권회복을 위한 인재양성을 목적으로 교육기관을 설립했는데, 그것이 점진학교, 대성학교, 동명학원이다. 그 중 대성학교의 건학정신은 "건전한 인격을 가진 애국심 있는 국민의 양성"이었다. 이것은 설립자 도산의 이념이기도 하였다.

둘째, 흥사단 운동이다. 도산의 교육사상은 흥사단 운동으로 실천 · 전개되었는데, 흥사단의 목적을 "무실 역행으로 생명을 삼는 충의 남녀를 단합하여 정의(情誼)를 돈수(敦修)하고 덕, 체, 지 3육을 동맹 수련하여 건전한 인격을 육성하고 신성한 단결을 조성하여 우리민족 전도 대업의 기초를 준비함에 있다"고 하여 정의돈수로 동맹 수련하는 방법상의 특색을 강조하였다.

셋째, 이상촌 계획이다. 이상적 지역의 공동체며 해외동포들의 생활 근거지가 되고 독립운동가를 양성하는 기지가 될 이상촌을 구상하고, 그 실현을 위하여 기회 있을 때마다 적당한 장소를 물색하고 토지를 매입하기도 하였다.

넷째, 미소운동(微笑運動)이다. 도산은 "화기 있고 온기 있는 민족"을 그리워하였다. "왜 우리사회는 이렇게 차오, 훈훈한 기운이 없소, 서로 사랑하는 마음으로 빙그레 웃는 세상을 만들어야 하겠소"라고 하여 우리민족 상호간에 질시 · 증오가 많고 서로 사랑하고 공경하는 화기가 부족함을 한탄하면서 전국에 미소운동을 전개하기를 요망하였다.

도산의 교육방법은 성실성과 점진성이다. 첫째, 성실성인데 도산은 "성실이란 곧 참이다. 거짓이 없는 것이다. 맑고 깨끗한 마음이요, 순수 무난한 정신이다. 언제 어디서 무슨 일을 하거나 어떤 사람을 대하거나 나의 정성을 다하고 나의 양심껏 나의 능력껏 나의 책임껏 하는 것이 곧 성실이다. 성실이란 정성되고 진실한 것이다."[22] 이렇게 본다면 그가 생각한 인간상은 무실 역행하는 성실인 이라고 규정지을 수 있으며, 자신이 몸소 이것을 실천했던 것이다.

다음은 점진성이다. 공부하는 정신과 태도로서 도산은 점진주의를 취했다. 점진공부는 도산의 수학 태도요, 학문하는 자세였고, 또 그의 생활 신념이기도 했다. 그것은 그가 일찍 향리에서 세운 학교명을 점진학교라고 한데서 알 수 있다. 자기

22) 상게서, p. 160.

생활을 남에게 의존하지 않고 스스로 개척하여 점진적인 생활의 향상을 기하자는 의미인 점진주의 정신은 그가 직접 지은 점진학교 교가 속에서 잘 나타나 있다.

점진 점진 점진 기쁜 마음과
점진 점진 점진 기쁜 노래로
학과를 전무하되 낙심 말고
하겠다 하세 우리 직무를 다.

도산의 이러한 점진주의 사상은 그의 학교 설립 순서에서도 잘 나타나고 있다. 그는 초등교육기관이었던 점진학교를 먼저 설립하고, 곧 이어 대성학교를 설립(1907)했는데, 점진에서 대성인 이른바 점진적으로 대성하는 인물을 양성하자는 것이다. 투철한 민족주의자로서의 도산, 독립운동가로서의 도산, 인간개조의 교육자로서의 도산, 힘의 철학을 주장한 도산 민족과 조국을 위하여 생애를 바쳤으나 끝내 광복을 보지 못하고 타계하였다.

3. 이승훈(李昇薰 : 1864~1930)

1864년 평안북도 정주에서 태어났으며, 본명은 인환(寅煥), 자는 승훈(昇薰)이고 호는 남강(南岡)이다. 그는 유기상 상점에서 점원으로 일하면서 틈틈이 소학, 맹자 등을 공부했다. 평소 신용으로 선천 부호 오희선의 후원으로 무역상을 경영하여 큰돈을 벌었다. 그러면서 국제정세에 눈을 뜨고 국가운명을 걱정하게 되었다. 그는 1899년에 교육에 뜻을 두고 용동에 승천재(陞薦齋)를 차렸다. 1907년 평양에서 안창호의 강연을 듣고 크게 감화받아 승천재를 개축하여 소학교인 강명의숙(講明義塾)을 세웠다. 그러나 강명의숙으로는 민족교육의 부족함을 인식하고 오산학교를 설립하여 민족교육에 몰두하는 한편, 독립운동 단체인 신민회에 가입했다.

1911년 신민회 사건으로 제주도에 유배, 이해 9월 105인 사건에 관련 체포되어 10년형을 받고 4년 2개월의 옥고 끝에 풀려 나왔다. 이후 신학을 공부, 목사가 되고, 1919(55세) 3. 1운동 때는 민족대표 33인의 한 사람으로 3년형을 선고받았다.

1922년 가출옥한 후 그는 자면회(自勉會)를 창립하기도 하였다. 1923년에는 조선교육협회의 임원이 되고, 민립대학 기성회를 추진했다. 1925년에는 잠시 동아일보 사장에 취임하여 민족의식과 독립의식을 고취시켰다. 1927년에는 안재홍, 이상재, 한용운 등과 더불어 신간회를 발기, 결성하여 일제에 대항하고 민족투쟁을 전개하기도 하였다.

남강의 교육사상은 그의 교육이념인 정성(誠), 사랑(愛), 공경(敬)으로 집약할 수 있다. 후일 남강은 이 세 가지를 목적으로 삼아 스승을 공경(敬)하며, 민족을 사랑하고 국가를 사랑하며(愛), 진실하고 성실하게 거짓없이 사는 삶, 또 이를 따르는 학생들을 기르는 것(誠)을 목적으로 하고 있다. 이 목적은 오산학교의 교훈인 '사랑 · 정성 · 존경'으로 이어져 오고 있다.

또한 남강의 교육내용은 신교육의 실시, 산업교육, 민족교육과 종교교육으로 구분할 수 있다. 첫째, 오산학교를 설립하여 구교육을 탈피하고 신교육을 실시했으며, 둘째, 오산학교는 신천농민학교와 자매결연으로 재단이 경영하는 직조공장과 제사공장을 오산에 두는 거대한 교육도시를 꿈꾸고 있었다. 셋째, 국권회복을 위한 민족교육운동과 종교교육을 전개하였다.

남강은 1930년 5월 67세를 일기로 세상을 떠났다. 그가 죽을 때 "유해는 땅에 묻지 말고 학생들이 만질 수 있는 생물학 표본을 만들어 학교에 두도록 하라" 유언하였으나 일제의 방해로 이뤄지지 못하고 사회장으로 오산에 안장되었다.

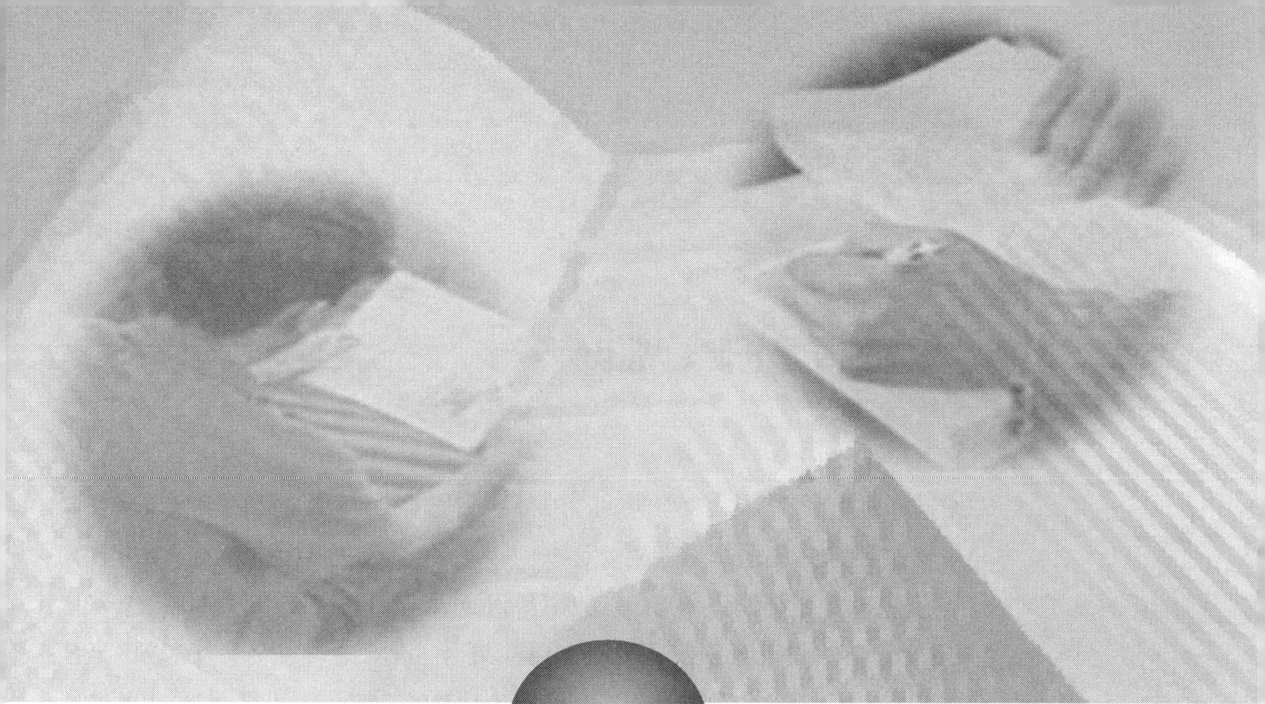

제 5 장

일제시대의 교육

제1절 시대적 배경
제2절 일제시대의 교육
제3절 국권회복을 위한 민족교육운동

제1절 시대적 배경

이토(伊藤博文)가 안중근(安重根) 의사에게 사살된(1909. 10) 후 데라우찌(寺內正毅)가 3대 통감겸 초대 총독으로 부임하였다(1910. 5). 데라우찌는 일본 헌병을 증원하여 헌병경찰제를 실시하고 황성신문, 대한매일신보 등 민족지를 폐간시켜 한국의 주권을 탈취할 준비를 진행시켰다. 그리고 매국내각의 총리 이완용과 함께 소위 합병안을 만들어 일본 헌병의 경계망 속에서 내각의 의결을 거치게 하고 이완용과 데라우찌가 이를 조인하여 1910년 8월 29일에 발표하였다.

이로써 대한제국은 멸망하고 한민족은 일제의 가혹한 식민지 지배 하에 놓이게 되었다. 이에 대한제국은 일제에 의하여 조선으로 불리었는데, 조선은 일본의 한 지방을 의미하는 것이었다. 일제는 1905년에 설치했던 통감부를 총독부로 바꾸고 조선총독이 한국을 지배했다. 조선총독은 일본 천황에 직속되어 일본내각의 지시를 받지 않았으며, 한국에서의 행정권, 입법권, 사법권, 군대통수권을 모두 행사하는 식민지 지배의 절대권자였다.

총독부의 한국 지배 방식은 무단정치로서 매우 강압적인 것이었다. 소위 헌병경찰제도로서 초대 총독에 임명된 데라우찌는 통치 방침으로 질서의 유지를 내세우고 이러한 경찰업무를 헌병이 맡도록 하였던 것이다. 이들의 임무는 질서 유지가 본령이었지만 결국은 한민족의 독립운동을 탄압하는 것이었으니, 각지에서 전개되고 있던 의병운동을 진압하고 많은 민족지도자를 색출 검거하였다. 또한 한국인을 위압하기 위하여 일반관리는 물론 교원까지도 제복을 입히고 칼을 차게 하여 공포분위기를 조성하였다.

일제의 식민지 교육정책에 있어서도 그 기본은 한국인에 대한 우민화교육(愚民化敎育)이었다. 그것은 문맹정책과 일어강화를 목적으로 우리의 말과 글을 빼앗고, 역사 말살과 왜곡을 위한 1차 사업으로 한국사에 대한 기록 몰수 소각정책을 펼쳤으며, 민족의 얼을 실종시키기 위한 책동으로 천황숭배, 신사참배 등을 강요하였고, 경제적 수탈행위로 국토는 자국의 부강을 위한 이용지로 변모되었을 뿐만 아니라 교육제도의 차별화와 교육행정의 엄격한 중앙집권적 제도에 따라 한국인에게 교육의 기회를 근본적으로 주지 않으려는 방침을 취하여, 한국인의 사상적 발전이나 기술습득의 기회를 봉쇄하고 민족의식의 성장과 민족운동의 전개를 막으려 하였던 것이다.

이와 같은 탄압 때문에 많은 민족지도자들은 해외로 망명하여 새로운 독립운동의 방법을 모색하게 되었고, 의병운동도 곳곳에서 산발적으로 전개되다가 만주 연해주 등지로 활동 무대를 옮겨가게 되었다.

제 2 절 일제시대의 교육

일본은 조선을 강제로 합병하고 우리의 민족정신을 제거하여 일제에 충복할 수 있는 충량한 식민으로 재편성하려는 신민화정책을 단행하였다. 이와 같은 정책은 일제의 경찰과 헌병에 의한 무력적 탄압정치로 나타났는데, 한국인에게는 공포정치로 반영되었다. 또한 일제는 우리국민의 민족사상을 철저히 배제하고 일제의 정신에 의한 새로운 식민지교육을 위한 교육제도 전반에 걸쳐 철저한 개혁을 단행하게 되었다.

1. 제1차 식민지 교육정책(1910~1919)

일제는 1911년 8월, 칙령 제229호로 제1차 조선교육령을 발표하여 "시세와 민도에 맞는 교육(제3조)"을 실시함으로써 이른바 "충량한 국민을 육성(제2조)"하기 위한 작업의 일환으로 이른바 무단정책기의 일보를 내디뎠다.

조선교육령에 의하면, 당시의 교육을 보통교육, 실업교육, 전문교육으로 하였고(제4조), 그 교육정책 중에서 중요한 것은 일본어의 강조, 사학에 대한 통제, 저급근로자 양성을 위한 실업교육의 강조, 그리고 고등교육의 억제 등을 지적할 수 있다.

일제는 종래의 학제를 개정하여 초등교육기관인 보통학교 4년(제9조), 중등교육기관인 고등보통학교 4년(제12조), 여자고등보통학교 3년(16조) 및 실업학교 2~3년(212조), 그리고 전문학교 3~4년(26조)으로 학제를 만들었다.

그러나 교육령은 어디까지나 교육의 목적을 국민된 성격을 함양하고 국어의 보급에 두었으니(제5조), 여기에서 국민된 성격이란 일본제국 신민으로서의 자질과 품성을 말하는 것이고, 국어란 일본어를 말하는 것으로 조선인을 일본 신민으로 재편하려고 시도한 일본국가 정책의 한 방편에 불과했던 것이다.

그러나 이 교육령에 의해 실제로 나타난 학교교육의 실제는, 우리나라 최초의 근대적 고등교육기관인 전문학교를 설치하도록 되어 있었는데도 1916년에 이르러서야 기존학교를 승격시키는 정도로 몇 개의 전문학교만 설립되었다. 중등학교인 고등보통학교도 1912년 2개교에서 1919년에는 5개교로 불과 3개교만 증설됐을 뿐이며, 학생 수도 565명에서 1,705명의 증가에 그쳤을 뿐이었다. 이것은 같은 시기에 보통학교 수가 관 · 공립의 경우 330개교에서 484개교로, 남학생 수가 39,106명에서 74,028명으로 증가된 면을 볼 때, 중등교육과의 정책적 차이점을 발견할 수 있으며, 우리국민의 중등교육에 진학하고자 하는 향학열을 단절시키는 요인이 되기도 하였다. 여자고등보통학교의 경우에 있어서도 이 기간에 1개교만 증설되었을 뿐, 학생 수도 151명에서 378명으로 증가하였을 뿐이었다.

교육과정으로 보통학교는 일본어를 국어라고 하여 주당 10시간, 조선어 및 한문 6시간, 산술 6시간, 수신 1시간, 창가 및 체조 3시간으로 되어 있고, 고등보통학교는 4년간 수신 4, 국어 30, 조선어 및 한문 14, 역사 4, 지리 4, 수학 16, 이과 13, 실업 12, 습자 3, 도화 8, 창가 및 체조 12 단위로 이수하도록 하고 선택과목으로 영어(2)를 더 할 수 있게 되어 있다. 여기에서 주목할 것은 일본어를 강화하고 수신교과를 중시했으며, 박물 · 물리 · 화학을 이과로 통합하고, 실업과 법제와 경제를 실업으로 통합하였고 영어를 선택으로 하여 상급학교에의 진학을 장려하지 않았다. 교과서는 국정교과서로 총독부가 편찬하거나 혹은 검정을 거친 것이라야 한다. 한국인 저작의 각 학교용 교과서는 몰수했다.

사립학교는 규칙을 통하여 학교의 설립과 폐지는 물론 학교장과 교원의 채용에 이르기까지 총독부의 인가를 받아야 하고, 각급 학교의 수업연한, 교과목, 주당 수업시간 수, 학생정원 등은 총독의 인가를 받아야 하며, 이를 어겼을 경우에 학교의 폐쇄 혹은 교장이나 교원의 해임을 명할 수 있게 하였다.

2. 제2차 식민지 교육정책 (1919~1938)

1919년 3월 1일 거족적 독립선언과 만세운동은 일본인의 가슴을 써늘하게 하였고, 대외적으로도 일본의 선전과는 다르게 조선을 통치할 능력을 상실했음을 보여주는 증거가 되었다. 따라서 일제는 지금까지 무력일변도의 조선식민지 정책의 방향을 수정할 필요성을 인식하게 되었다. 일제의 강제합병으로 민족정신을 말살하려는 일제에 대항하여 자주독립의 쟁취를 위해 일어선 우리민족의 단합된 민심을 수습하고 한편으로 국제사회에서의 여론을 무마하기 위하여 무단정책에서 유화정책으로의 전환이 불가피하게 되었다.

그리하여 1919년 8월 3대 총독으로 임명된 사이또(齋藤實)는 9월 3일 다음과 같은 요지의 훈시를 발표하였다.[1)]

헌병경찰제 대신에 보통경관에 의한 경찰제도로서 하며, 복제를 개정하여 일반관리, 교원 등의 제복대검(制服帶劍)을 폐지하고 조선인의 임용 대우 등을 고려하려고 하는 것이다. 요컨대 문화적 제도의 혁신으로 유도제시(誘導提撕)하고서 그의 행복과 이익증진을 도모하여 장래 문화 발달과 민력 충실에 응하여 정치상, 사회상에 대우에 있어서도 일본인과 같은 취급을 할 궁극 목적을 달성하도록 하겠다. 언론, 집회, 출판 등에 대해서도 질서와 공안 유지에 방해가 되지 않는 한 상당한 고려를 가하여 민의의 창달을 기하려고 한다.

이상에서 보는 바와 같이 사이또 총독의 새로운 식민지 정책은 헌병경찰제를 폐지하고, 조선인 관리에 대한 차별을 철폐하고, 관습을 존중하며, 언론 집회 출판의 자유를 가능한 범위에서 인정하겠다는 것이었다. 그러나 이는 사실상 문화정책이라는 미명하에 은폐된 유화정책에 불과하며 사실상 속임수에 지나지 않았다. 이러한 식민지정책의 변화는 그대로 반영되어 1922년 2월 제2차 조선교육령으로 나타났다.

---

1) 손인수, 한국교육사(2), 서울, 문음사, 1987, p. 633, 재인용.

일시동인(一視同人), 내선일체(內鮮一體), 내선공학(內鮮共學), 일선융화(日鮮融化)라는 명목으로 자행된 제2차 조선교육령은 한국 내 일본인을 위한 교육제도와 한국인만을 위한 교육제도를 별도로 설치 운영하였다. 당시 학교제도로는 보통교육으로 보통학교, 고등보통학교, 여자고등보통학교가 있었으며, 각종 실업학교가 있었다. 그리고 전문교육과 대학교육을 위하여 전문학교와 대학이 있었고 교원양성을 위한 사범학교가 있었다. 이 기간 동안 보통교육 확충계획에 의하여 보통학교 교육기회는 확대되었으나 계속된 사학 억제정책으로 인하여 미션계 학교를 포함한 사립학교 수는 감소하였다.

개정된 교육령에 의한 학제는 보통학교 6년, 고등보통학교 5년, 그리고 대학을 두어 고등교육의 문호가 형식적으로 개방되었다는 점이 특징이다. 이것은 외형상 학제를 일본과 같이 하여 한국인에게도 상급학교 진학의 길을 열어 주었다(제5, 7, 9조). 또한 한국인과 일본인의 공학을 원칙으로 하였으며, 대학교육 및 그 예비교육에 대한 신설(제12조)되어 수업연한은 예과 2년, 본과 3~4년으로 하고 한국인과 일본인이 공학하도록 하였다. 이처럼 표면상 한국인에 대한 제약을 철회하고 동등한 교육기회를 부여하는 것 같았지만, 사실상 일본어를 강화하고 다양한 방법으로 민족차별을 강행하였으며, 특히 고등교육에 대한 기회를 철저히 봉쇄하였다. 그 예로 조선 민립대학 설립운동을 봉쇄하였고, 그 자구책으로 1925년 5월에 경성제국대학을 설립하였다.

참고로 1921~1930 사이에 학교 수의 변동을 보면, 보통학교의 경우 1921년에 794교였지만 1930년에는 1750교로 증가했고, 남자고등보통학교는 17교에서 24교로, 여자고등보통학교는 7교에서 16교로 증가했다. 1920년대 학교 수에 있어서 가장 큰 변동을 보여주는 요인은 사립학교와 서당에 있다. 사립종합학교의 경우 1921년 270교에서 1930년 211교로 감소했고, 일반사립학교의 경우 355교에서 278교로 감소하였다. 따라서 사립학교는 136교나 폐지되었다. 한편 서당의 경우 1921년 24,193개소에서 1930년에는 10,036개소만 남아 무려 14,157개소만 남게 되었다.[2)]

---

2) 조선총독부통계연보(1921-1930) 참조.

3. 제3차 식민지 교육정책(1938~1945)

1931년 만주침략에 이어 1937년 중국대륙에 대한 전면적 침략을 감행하고 1941년에는 이른바 태평양전쟁을 일으켜 일제는 힘에 겨운 전쟁을 수행하기 위해 발악하는 전시동원정책기이다. 일제는 한반도를 전쟁 수행에 필요한 인력과 물자 조달을 위한 수단으로 생각하고 온갖 탄압과 수탈을 자행하였다. 전시 동원체제에 맞추어 1936년 8월에 7대 총독으로 부임한 미나미(南次郎)는 그가 부임하기 전 일본에서 발표한 성명서에서, 진정한 내선융화(內鮮融和)의 실(實)을 거두어 일시동인의 성지를 받들겠다고 하였으며, 1937년 도지사 회의에서는 국체명징(國體明徵), 선만일여(鮮滿一如), 교학진작(敎學振作), 농공병진(農工倂進), 서정쇄신(庶政刷新) 등의 5가지 강령을 발표했다.

이어서 1938년 3월에는 국체명징(國體明徵), 내선일체(內鮮一體), 인고단련(忍苦鍛鍊)의 3대 강령을 바탕으로 하는 제3차 조선교육령이 발표되었다. 여기에서 국체명징이란 일본 천황의 정통성에 확고한 믿음을 바탕으로 천황제에 대한 충성을 강요하는 내용이고, 내선일체란 일본과 조선은 같은 조상의 후예이므로 서로 협력해야 한다는 것으로 결국 황국신민화를 말하는 것이고, 인고단련이란 어떠한 어려움도 이겨내야 한다는 뜻으로 철저하게 일제의 도구화를 위한 것이었다. 제3차 조선교육령은 한국인을 내선일체라는 형식적인 틀 속에 넣어 철저하게 황국신민화 교육을 시키려는 위장된 내용으로서 그 기본 방향은 다음과 같다.

첫째, 보통학교는 소학교로, 고등보통학교는 중학교로, 여자고등보통학교는 고등여학교로 개칭하여 일본인 학교와 같이 했다.

둘째, 일본어, 일본역사, 수신, 체육 등 교과가 강화되었다.

셋째, 한국인과 일본인의 공학을 원칙으로 하였다.

넷째, 사립중학교 신설을 불허하였다.

다섯째, 교과과정에서 조선어를 제외시켰다.

한편 1941년 3월 31일에는 "국민학교령"을 발표하여 "심상소학교"를 "국민학교"로 개칭하였으며 그 목적을 "황국의 도에 따라 초등 보통교육을 실시하여 국민의

기초적 연성(鍊成)을 이루는 데 있다."고 하였다.[3]

이어서 전쟁의 막바지에 달한 1943년 3월에는 제4차 조선교육령을 발표하고, 10월에 다시 "교육에 대한 전시 비상조치령"을 발표함으로써 교육은 본래의 기능보다 전쟁수행을 위한 수단으로 전락하기에 이르렀다. 그리하여 지원병제도를 설치하여 강제징집을 하였고, 노무자를 강제 징용하여 물자생산에 동원하였고, 근로동원이란 명목으로 학생들의 노동력을 착취했다. 금품과 미곡을 강제 징발하고, 창씨개명의 강요, 애국채권의 강매, 여자정신대 동원, 신사참배 등 이른바 국민정신 총동원 운동을 전개하면서, 매스컴을 총동원하고, 한국인 저명인사들을 공갈과 협박 또는 회유의 방법으로 친일 사상을 고취하고, 전쟁에 협력하고, 학도병에 지원하도록 설득하고 격려하는 연설과 글을 쓰도록 강요하였다. 그리하여 많은 명사들이 이에 굴복하여 친일 혹은 매국노의 낙인이 찍히게 된 것은 당사자의 치욕 뿐만 아니라 민족사의 비극이라 하겠다.

제 3 절 국권회복을 위한 민족교육운동

국권이 상실되고 일제에 의한 억압과 강력한 식민지 정책 하에서도 우리민족은 이에 굴하지 않고 일제에 정면으로 도전하는 적극적 저항운동으로, 혹은 식민지통치 테두리 속에서 소극적인 언론, 출판, 교육활동 등을 통하여 국권회복 운동을 전개하였다.

1. 3 · 1 독립운동

1910년 이후 국권상실이라는 공동의 운명에 직면하여 독립을 달성해야 한다는

3) 1980년대부터 일제의 관제를 청산하는 의미에서 "국민학교"라는 교명을 다른 것으로 바꾸어야 한다는 주장이 꾸준히 제기된 것도 이 때문이며, 급기야 해방 50주년을 맞는 1995년에 관제법령을 개정하여, 1996년 3월 1일부터 교명을 "초등학교"로 바꾸게 되었다.

하나의 목표가 성립되면서 점차 이해를 초월한 전국적인 운동으로 발전해 나아갔다. 1918년 말부터 이미 학생 및 종교단체를 중심으로 대대적인 독립운동이 계획되고 있었다. 먼저 민족운동의 대중화, 일원화, 비폭력 등 3대 원칙을 세우고 천도교, 불교, 기독교 및 학생들의 합의가 이루어지게 되었다. 이러한 가운데 고종이 사망하자 국민들은 크게 슬퍼했고, 일본으로부터 2 · 8독립선언의 소식이 전해지자 독립운동의 기운은 더욱 무르익어 갔다. 고종의 인산 일이 3월 3일로 정해지자 사람들이 가장 만이 모이게 될 3월 1일을 거사 일로 정하는 한편, 독립선언서 유인물을 전국에 배포하는 등 치밀한 계획을 수립하였다. 1919년 3월 1일 민족대표 33인은 태화관에 모여 독립선언서를 낭독하였고, 같은 시간 탑골공원에서는 학생과 시민들이 모여 독립선언서를 낭독한 후 대한독립만세를 외치며 가두시위에 들어갔다. 이 운동은 순식간에 전국적으로 확산되어 전국방방곡곡에서 일어났다. 만세운동은 지방에 따라서는 4월 말까지 계속됐는데, 여기에 참가한 인원은 200만이 넘었고 운동횟수는 1,500여 회에 달하였으며 전국 218개 군 가운데 211개 군에서 시위가 일어났다.[4)]

이 독립선언서에는 민족자존의 정권(正權)과 인류평등의 대의를 천명하였으며, 자주정신을 발휘하되 배타적 감정에 흐르지 말 것과 질서를 존중하여 공명정대하게 평화적인 운동을 벌일 것을 천명하고 있었다.[5)] 그러나 평화스러운 방법으로 독립만세를 부르는 민중에게 일제는 헌병경찰뿐 아니라 군대까지 동원하여 잔인한 탄압을 가했다.

일제의 비인도적인 진압에 의하여 3. 1운동은 성공하지 못하고 말았다. 이것은 세계대전에서 승전국인 일본의 국제적 위치가 공고하였고, 또 당시 민족자결주의 자체도 패전국에게만 적용되었으므로 3. 1운동 당시의 주변정세가 우리에게 불리했기 때문이었다.

그러나 3 · 1운동의 의의는 결코 작은 것이 아니었다. 우선 3 · 1운동은 모든 계층이 총망라되고 또 직업의 귀천에 관계없이 모든 국민이 참여하였으며, 전통사회의 신분적 제약이나 계층 간의 이해를 초월하여 동일한 목표로 민족운동에 참가

---

4) 이현희, 3 · 1운동에 관한 연구, 논문집12, 서울, 성신여대, 1979.
5) 천관우, 민중운동으로 본 3 · 1운동, 3 · 1운동 50주년기념 논문집, 동아일보사, 1969.

한 것은 그 동안에 잔재해 온 전통사회의 전근대적 성격을 일소시키는 중요한 계기가 되었다.[6)]

이에 따라 3·1운동을 계승하면서 보다 조직적인 운동을 전개하기 위하여 3·1운동 직후에 상하이에서 대한민국임시정부가 수립되어 이후 국내외 독립운동의 중추기구로 활약하였다.

한편 국제적으로도 한민족의 독립요구가 알려지게 되고 일제의 비인도적인 탄압정책이 소개되면서 동정과 함께 일제를 비난하는 국제여론이 일어났다.[7)] 그리고 국내에서는 일제로 하여금 무단정치에 의해서도 한민족을 쉽게 굴복시킬 수 없다는 인식을 갖게 하여 식민통치의 방법을 전화하도록 하는 계기가 되었다. 따라서 3·1운동은 비록 실패했으나, 그것은 각 방면에 걸쳐 한국교육사의 전개에 커다란 방향 전환을 이루는 계기가 되었다.

2. 조선민립대학 설립운동

3·1운동은 그 목적한 바의 민족독립을 달성하는 데는 실패했지만 우리민족에게 독립의 자신감과 함께 독립운동의 새로운 방향을 모색하도록 하는 중요한 계기가 되었다. 이 때 새로이 나타난 민족운동의 방향이 곧 실력양성 운동이었다. 1920년대에 들어와 일제의 식민지 통치가 소위 문화정치라는 이름 아래 유화국면으로 접어드는 틈을 이용하여 민족의 힘을 양성하기 위한 움직임이 사회·문화·경제의 각 분야에서 활발하게 전개되었는데 그 가운데에서도 가장 핵심을 이룬 것은 민족교육 운동이었다. 교육을 통하여 민중을 계몽하고 민족정신을 배양하고자 교육운동이 일어났는데, 그것은 우선 일제의 차별교육에 맞서 한국에도 고등교육기관을 세우려는 움직임이 민립대학 설립 운동으로 나타났다. 일제의 문화정치의 일환으로 1922년에 개정 조선교육령이 공포되고 이에 따라 한국에서의 대학설립이 가능해지자 이미 1920년 한규설, 이상재 등이 조직한 조선교육회를 중심으로 1923년 민립대학설립기성회가 결성되었고, 대학설립을 위한 모금운동이 전국

6) 김진봉, 3·1운동과 민중, 3·1운동 50주년기념 논문집, 동아일보사, 1969.
7) 손보기, 3·1운동에 대한 미국의 반향, 3·1운동 50주년기념 논문집, 동아일보사, 1969.

적으로 일어났다. 그러나 이 모금운동은 일제의 방해로 실패하였고, 이후에도 오산학교, 연희전문학교, 보성전문학교 등을 대학으로 승격시키려는 노력이 계속 되었지만 모두 일제의 방해로 실현되지 못하였다.[8] 한편 한국인의 민립대학 설립 운동에 당황한 일제는 1925년 관립대학인 경성제국대학을 설립하였는데, 이것은 한국인을 위한 대학이 아니었기 때문에 우리민족의 불만은 여전하였다.

3. 브나로드운동과 문맹퇴치운동

1926년부터 조선일보사에서 주관한 문맹퇴치운동과, 1931년 동아일보사의 브나로드운동은 문맹퇴치와 농촌계몽에서 큰 성과를 거두었다.[9] 본래 브나로드(vnarod)란 러시아어로 민중 속으로라는 의미인데, 러시아 지식계급이 노동자 농민 속으로 뛰어들어 민중들과 같이 생활하며, 민중을 지도하던 민중운동이다. 브나로드운동이란 동아일보사가 이 말을 따다가 사용한 문맹퇴치와 농촌계몽 운동이다.

동아일보사는 1931년부터 브나로드란 이름으로 여름방학에 귀향하는 고등보통학교 4, 5학년과 전문학교 학생들을 학생계몽대, 학생강연대, 학생기자대 등 세 분야로 조직하여, 계몽대는 주로 한글과 산술을 가르치고, 강연대는 학술강연, 시국강연, 위생강연 등을 실시하며, 기자대는 이들 활동을 취재하여 고향통신, 생활수기 등을 신문에 투고하였다. 이 운동은 1935년 일제의 중지 명령으로 중단되고 말았지만, 조선일보사와 동아일보사에서 실시한 것을 모두 합하면 전국에 걸쳐 남녀 학생 약 5,700여 명이 참가했고, 약 10만 명이 수강했으며, 배부된 교재의 수는 약 210만부에 이른다. 이 운동은 비록 짧은 기간이었지만, 언론기관과 학생들이 협력하여 문맹퇴치와 민중계몽에 앞장서서 민족의식을 고취했다는 점에서 그 역사적 의의가 크다고 보겠다.

4. 학생운동

일제 식민지 하에서 학생들은 민족주의 교육을 통하여 국가와 민족이 당면한

8) 김호일, 일제하 민립대학 설립 운동에 대한 연구, 중앙사론1, 중앙대, 1972.
9) 정효섭, 일제치하의 브나로드운동에 관한 연구, 논문집14, 숙명여대, 1974.

비운을 인식하고 민족운동의 중추적 역할을 자부하면서 항일 민족운동의 선봉에 섰다. 이미 동경에서 2 · 8독립선언과 국내의 3 · 1운동을 주도하였던 학생들은 계속해서 동맹휴학 등의 방법으로 일제의 식민지교육에 반대하였고, 이 밖에도 계몽운동, 비밀결사, 가두시위 등을 통해서 활발한 민족운동울 전개하였다. 이러한 학생들의 움직임이 계획적 · 조직적으로 폭발한 대표적인 것이 6 · 10만세운동과 광주학생운동이다.

1926년 대한제국의 마지막 황제인 순종이 사망하자 그 인산일인 6월 10일을 기해서 사회주의자들과 학생들을 중심으로 만세운동을 계획하였지만, 일경에 발각되어 사회주의자들의 계획은 좌절되었고 학생들의 거사만 실행되었을 뿐이었지만, 당시 민족운동에 새로운 탄력을 불어넣어 주었다는 점에서 커다란 의미를 갖는 것이었다.[10)] 6 · 10만세운동이 실패한 뒤에도 학생들은 동맹휴학을 일으키는 등 항일운동을 계속하였는데, 그것이 확대되어 1929년 광주학생운동으로 나타났다.

광주에서 한국인 학생들이 일본인 학생들과 잦은 충돌을 벌이고 있었는데 그때마다 경찰이나 학교당국은 일본인 학생들만 두둔함으로써 평소에 쌓였던 반일감정이 폭발하여 마침내 1929년 11월 3일 대규모의 시위가 전개되었던 것이다. 이것은 곧 전국적으로 확산되어 1930년까지 전국에서 194개 학교, 54,000명의 학생들이 3 · 1운동 이후 최대의 민족운동으로 발전하였다. 그러나 이러한 항일운동은 학생들의 희생이 뒤따르게 되어 피검자가 1,462명, 퇴학 582명, 무기정학이 2,330명에 이르렀다.[11)]

10) 김세현, 6 · 10운동론, 논문집7, 숙명여대, 1968.
11) 김세현, 광주학생민족운동의 전국적 확대에 대하여, 논문집13, 숙명여대, 1973.

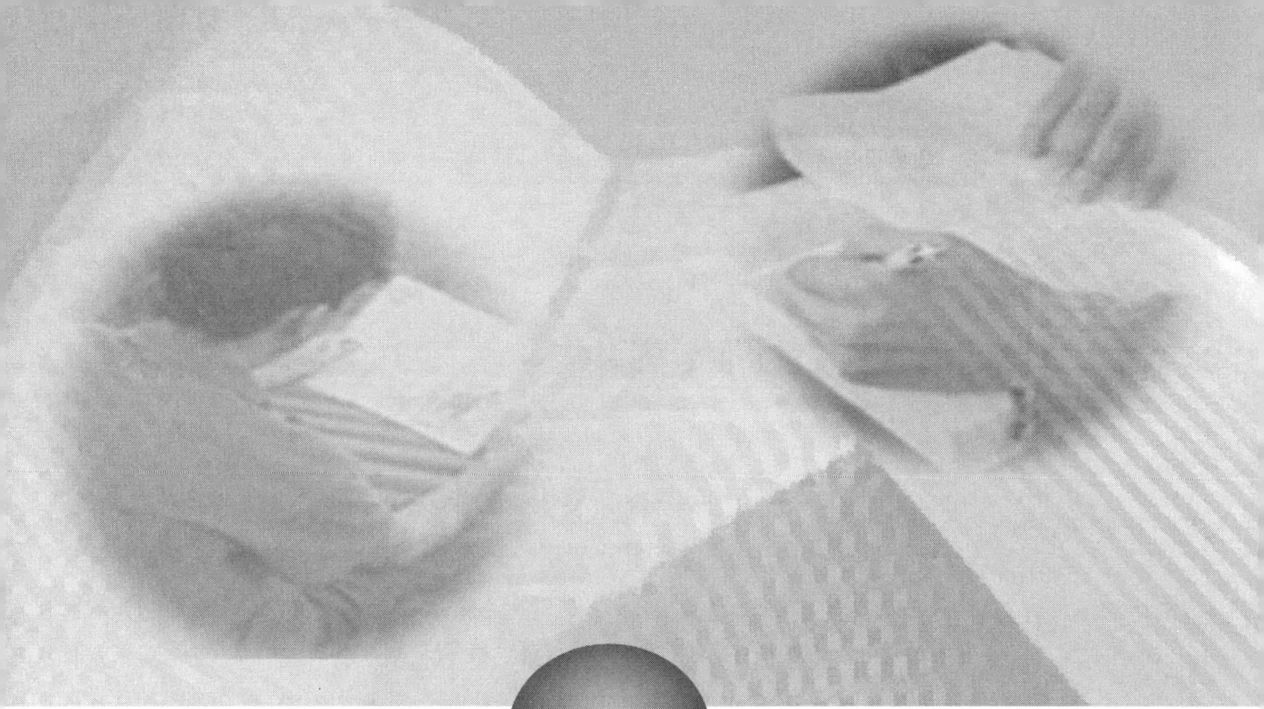

제 6 장

해방 후의 교육

제1절 시대적 배경
제2절 미군정기의 교육
제3절 대한민국의 교육
제4절 북한의 교육

제1절 시대적 배경

1945년 8월 15일, 일제의 식민지통치에서 해방됨으로써 조국의 광복으로 우리는 국권을 되찾고 민주주의를 향한 발걸음을 시작하였다. 우리의 광복은 한민족의 줄기찬 항쟁으로 얻어진 결과였다. 일제식민지통치 하에서 온 민족은 항일운동을 계속하였고, 해외에서는 대한민국임시정부가 국권회복을 위한 독립운동을 전개하였다. 이러한 민족의 항쟁은 우리에게 해방과 독립을 가져다 준 원동력이 되었던 것이다.

그러나 우리의 해방이 우리의 자력으로만 얻어진 것만은 아니었다. 여기에는 일제에 대한 연합군의 승리라는 타력이 개재되어 있었다. 한국 해방의 이러한 성격이 해방 직후 미 · 소 양군의 분할 점령과 군정이라는 경험을 맛보게 되었고, 남북한에 두 개의 단독정부가 수립되어 국토와 민족이 양분되고 마침내는 동족상잔의 한국전쟁을 맞이하게 이르렀던 것이다. 한반도에서의 남북한의 대립은 한국전쟁의 참변을 야기시켰을 뿐만 아니라 오늘날까지도 대치의 역사를 계속하게 하고 있다. 갈등과 대립은 남북한 사이에서 뿐만 아니라 한국사회 내부에서도 계속되었다.

특히 교육문제에 있어서는 남북한의 체제를 유지하고 옹호하는 데 집중되지 않을 수 없었다. 남한은 교육의 이념을 민주주의로 채택하였지만 내용은 철저한 반공 이데올로기를 주입시키는데 주력하였고, 북은 사회주의 이데올로기에 의한 공산주의적 인간을 길러 내는데 주력하였다. 남한은 비교적 개방적이었지만, 몇 차례의 비민주적 절차에 의한 정권을 유지 혹은 탈취함으로써 오히려 한반도의 분단상황을 정권유지의 수단으로 이용해 왔다. 북한은 해방 후 오늘날까지 독재체제의 유지를 위한 이른바 주체사상을 교조적으로 주입시키고 철저한 통제와 선전을 통하여 적대감을 증폭시켜 왔다. 여기에서 미군정기의 교육과 정부수립 후의 교육에 대하여 검토하기로 한다.

제 2 절 미군정기의 교육

1. 교육정책

여기에서 미군정기란 1945년 9월 7일 하지(J. R. Hodge) 중장의 지휘 하에 이루어진 미군의 인천상륙 작전으로부터 1948년 8월 15일 대한민국 정부가 수립될 때까지를 말하는 것이다. 미군이 진주함에 따라 한미양국의 관계는 한말의 수교국에서 이제는 점령국이 되어 우리나라의 모든 국정을 통치하게 됨으로써 우리는 미군정기를 맞게 되었다. 하지 중장은 조선총독부를 접수하여 미군정청을 설치하고, 미육군 소장 아놀드(A. L. Arnold)를 초대 군정청장관으로 임명하였다.

미군정은 109명의 미군장교를 각 부서의 책임자로 임명하여 군정을 시행하였는데, 한국교육의 책임을 맡은 사람은 육군대위 락카드(E. N. Lockard)였다. 이들은 대부분 한국의 실정에 무지할 뿐만 아니라 전시에 급조된 장교나 직업군인들로 한 나라의 교육행정을 지도할 만한 지식과 경험도 갖지 못했다.[1] 학무국장에 임명된 락카드는 최초로 한국인 협조자인 오천석(吳天錫)을 발굴하였다.[2] 우선 미군정은 조선총독부 학무국을 접수하여 문교부로 개편하는 한편 오천석의 추천에 의하여 1945년 9월 16일 7명(후에 10명)으로 구성된 한국교육위원회[3]를 조직하고, 당시 가장 시급한 문제였던 초등학교와 중등학교 등 각급학교의 개학을 추진하여 중단되었던 교육을 재개하였다. 1945년 11월 23일에는 군정청 학무국 산하에 교

1) 오천석, 한국신교육사(하), 서울, 광명출판사, 1975, p. 7.
2) 오천석은 일찍이 미국에 유학하여 1921년부터 1925년까지 코넬대학을 졸업하고, 1929년 노스웨스턴대학의 대학원에서 석사학위를 받고, 이어서 1931년 콜럼비아대학교 사범대학에서 교육학 박사학위를 받은 선각자였다. 오천석은 미군정기의 문교차장과 문교부장을 역임했고, 후에 제2공화국 때 문교부장관을 역임하기도 하면서 한국교육의 정초를 다지는데 많은 역할을 담당하였다.
3) 최초의 교육위원은 유억겸, 김성수, 백낙준, 김활란, 김성달, 현상윤, 최규동 등 7명이었으며, 후에 윤일선, 조백현, 정인보, 백남훈 등 4명이 추가되었다.

육계와 학계의 권위자 100명으로 조선교육심의회를 구성하고 10개의 분과위원회[4])로 나누어서 1946년 3월 7일까지 분과회의 105회, 전체회의 20회를 거듭하여 해방 후 한국교육의 정초를 다지는 작업을 하였다.

그 결과 교육이념을 홍익인간(弘益人間)으로 채택하고, 학제를 6-3-3-4제의 단선형으로 하였으며, 종래의 3학기제를 폐지하고 1년을 2학기로 정하고, 1946년 9월부터 의무교육을 실시하기로 하였다. 또한 교수용어로 한국어를 사용하도록 하였으며, 국민교육의 기초가 되는 초등학교 교과서 편찬사업 및 보급에 힘썼다. 1945년 11월 학무국에서 제일 먼저 발간한 교과서인 '한글첫걸음'이 출판되고, 이어서 국어독본 · 공민 · 음악 · 습자 · 지리 · 국사 · 교사용 국어독본 등이 인쇄 배포되었다.

학무국은 절대 부족인 교사 양성을 위하여 각 사범학교에 강습과 혹은 임시 초등교사 양성과를 부설하는 한편 새로운 교육이념과 교수법을 전달하기 위한 교사 재교육을 위하여 각종 강습회도 적극 추진하였다. 또한 당면과제의 하나는 당시 12세 이상 총인구의 78%에 달하는 문맹자를 해소하는 문제이었다. 이를 위하여 학무국에 성인교육과를 설치하여 전국적으로 국문강습회 운동을 벌이는 한편 공민학교를 설치하여 학령을 초과한 아동들을 수용하여 기초교육을 실시하도록 하였다.

2. 새 교육운동

미군정기에 있어서 교육정책과 더불어 교육과정의 민주화정책 등은 특기할 만하다. 즉, 일제의 잔재인 군국주의적 교육방법을 일소하고 새로운 민주주의 체제에 의한 교육방법으로 전환하는 것이 가장 중요한 과제이었다. 따라서 미군정의 문교부는 교수용어는 한국어를 사용케 할 것, 교사중심의 학습지도에서 아동중심의 학습지도로, 주입식 암기중심의 학습지도에서 아동의 개성 존중과 경험을 토대로 한 상호협의를 통한 분담수업의 새로운 학습지도법을 소개하였고, 때 마침 새로

---

4) 분과위원회는 이념, 제도, 행정, 초등교육, 중등교육, 직업교육, 사범교육, 고등교육, 교과서, 의학교육 등 10개 분과위원회로 구성됨.

생긴 사회생활과에서 이러한 방법을 활발히 전개함으로써 교육방법에 변혁을 가져오게 되었다. 그러나 민주적인 교육방법에 경험이 부족했던 우리 교육자들은 전국 각지에서 교육방법의 혁신을 위한 연구회 또는 강습회를 개최하였고, 특히 미국교육자들을 초청하여 그들의 경험이 전수됨으로써 학습지도 방법을 전환시키는 계기가 되었다.

이러한 움직임을 '새 교육운동' 이라는 이름으로 오천석을 중심으로 하여 전개되었다. 새 교육이란 민주주의 교육이념과 미국식 진보주의 교육을 의미하는 것으로 자주독립사상, 개성존중, 사회성의 강조 등으로 요약될 수 있다. 새 교육이 지향하는 바를 그의 제창자인 오천석의 설명을 요약하면 다음과 같다.[5)]

첫째, 전통적 교육의 계급주의 · 차별주의를 배격한다.

둘째, 인간을 도구화하는 교육을 배격하고, 사람 자체를 목적으로 하는 교육이다.

셋째, 억압과 복종의 교육이 아니라 자유인의 교육이다.

넷째, 획일주의 교육을 거부하고, 개인차를 인정하고 개성을 존중하는 교육이다.

다섯째, 과거의 문화유산을 전달하는 지식중심 · 서적중심의 교육을 배격하고, 생활중심의 교육, 즉 삶을 풍요롭게 하는 교육이어야 한다고 하였다.

이를 위한 교육과정으로는 아동중심 교육과정, 생활중심의 교육과정이어야 하고, 미국의 진보주의 교육자들이 실험한 달톤플랜(Dalton Plan), 프로잭트메소드(Project Method) 등과 같은 학습방법을 소개하기도 하였다. 문교부는 종래에 공민, 역사, 지리로 나누어져 있던 교과를 사회생활로 통합하고, 단원중심, 활동중심의 교수법을 보급하려고 노력하였다.

3. 교육기관의 확대와 국대안 파동

위에서 말한 바와 같이 1946년 9월부터 초등학교의 의무교육을 실시하기로

---

5) 오천석, 전게서, pp. 33-35.

하였지만 예산상의 이유로 미군정하에서는 실시되지 못하였다. 초등학교 외에도 중등학교의 문호가 크게 개방되고, 고등학교 또한 크게 확대되었으며, 사립대학이 인가 발족되고 사범대학 및 종합대학이 설립되었다. 미군정 기간 동안에 각급학교의 확충 통계에서 특기할 만한 것은(아래, 미군정기 각급학교의 변화 통계표 참조) 고등교육의 경우 학교 수의 증가에 비하여 학생수가 훨씬 더 증가했다는 것인데, 이것은 식민지 치하에서 극히 제한되었던 중등학교 이상의 교육기회가 갑자기 확대됨으로써 학생 수는 급증하였지만, 교육시설의 확충은 이를 따르지 못한 원인으로 볼 수 있다. 이로 인하여 교육의 질이 저하되기도 하였다. 이처럼 학생 수가 급증한 데다 사회 일반의 분위기가 급변함에 따라 이 시기에는 많은 학원문제도 발생하였다. 우선 일제시대의 조선인 교원을 모두 그대로 확보해도 교원의 절대 수가 부족한 조건 아래서, 식민화교육의 담당자들이었던 이들 교원의 대다수가 재교육도 거치지 않은 채, 그대로 교육현장에 배치됨으로써 민주주의적 교육을 요구하는 학생들과의 사이에 마찰이 생기게 되었다.

<미군정기 각급학교의 변화>

학교		1945	1948	성장률(%)
초등학교	학교수	2,884	3,443	119
	학생수	1,366,024	2,426,115	177
중학교	학교수	97	380	390
	학생수	50,343	287,115	571
고등학교	학교수	68	184	270
	학생수	83,514	110,055	132
고등교육기관	학교수	19	31	163
	학생수	7,819	24,000	307

'국대안'이란 '국립서울대학교 창설안'을 말하는 것이다. 당시 교육의 당면 문제인 각급학교를 재개하는 일과 교육심의회가 일단 마무리된 틈에 문교부가 또 다른 관심을 가지게 된 것이 고등교육기관에 관한 문제였다. 그런데 당시 각종 고등교

육기관의 현실은 유능한 교수진의 확보문제를 비롯한 경영상 · 체제상 불합리한 점이 산재되어 있었다. 그러므로 교육의 질을 저하시키지 않기 위해서는 인적 자원을 공동으로 사용하거나 현존하는 기관들을 재조직해야만 될 실정으로 파악하고 있었다. 그리하여 1946년 6월 19일 서울과 부근에 있는 고등교육기관을 모두 폐지하고 9개 단과대학으로 구성하는 거대한 종합대학을 신설하기로 하는 국립서울대학교 창설안(국대안)을 내었다.

이 안이 발표되자 관련학교의 관계자들과 일반여론은 대체로 찬성을 표하였지만, 해당 직원들과 학생들의 반발은 극심하였다. 대체로 반대의 이유는 경성대학의 입장에서는 질적 저하를 우려하였고, 다른 관립 전문학교들은 전통의 상실과 자치권의 박탈을 우려하였기 때문이다. 이와 같은 국대안 반대의사는 좌익분자들의 숨겨진 정치적 목적과 영합하여 등록거부와 동맹휴학으로 번졌고, 문교부는 그 해 12월에 서울대학교 휴교령을 발표하고 맹휴생 전원에게 정학처분을 내렸다. 국대안 파동은 약 1년 만에 진정되어 국대안은 계획대로 추진되어 서울대학교의 탄생을 보게 되었지만, 이 것은 미군정기 최대의 학생운동이며, 동맹휴학생의 절반에 해당되는 4,956명이 제적되고, 해당 교수의 3분의 2인 380명의 교수가 해임되는 엄청난 희생을 그 대가로 치러야 했다.

제 3 절 대한민국의 교육

1. 제1공화국의 교육(1948. 8. 15~1960. 4. 19)

1) 시대적 배경

1948년 8월 15일 이승만(李承晩)을 대통령으로 한 대한민국 정부가 수립된 후 1950년 6월 25일 북한의 남침으로 한국전쟁이 일어나고 유엔군의 도움에 의해 1953년 남북으로 분단된 채 휴전에 이르게 되었다. 한국전쟁 이후 제1공화국 정부는 반공주의를 강화하고 국민들의 자유를 제약하면서 대통령 직선제로 헌법을 개정하여 장기집권을 획책하였다. 이에 따라 독재정치가 강화되고 사회적으로 부정 · 부패가 만연하였다,

1952년의 발췌개헌과 1954년의 사사오입 개헌을 통하여 이승만의 장기집권을 위한 제도적 기반을 마련한 후 3.15 부정선거로 대표되는 노골적인 부정선거를 자행하였으며, 이에 항의하는 학생들과 시민들의 시위가 확산되어 1960년 4.19학생의거가 일어나 정권이 무너지고 말았다. 이승만은 대통령직에서 물러났으며, 동시에 자유당 정권이 붕괴되고 과도정부가 수립되었다.

2) 정부수립 직후의 교육

1948년 7월 17일에 공포된 대한민국 헌법은 대한민국이 민주공화국임을 규정하고, 국민의 자유와 평등과 창의를 보장하고, 제16조에서 "모든 국민은 균등하게 교육받을 권리가 있으며, 적어도 초등교육은 의무적이며, 무상으로 한다"고 규정하였다. 이어서 8월 15일 정부수립과 더불어 새로 구성된 문교부에서는 교육기본법인 교육법 제정을 위하여 교육계 인사들을 망라한 기초위원회를 구성하여 초안을 작성하고, 국회를 통과하여 1949년 12월 31일에 11장 173조로 된 교육법을 공포하였다.

교육법 제1조는 교육의 이념과 목적으로 "교육은 홍익인간의 이념 아래 모든 국민으로 하여금 인격을 완성하고, 자주적 생활능력과 공민으로서의 자질을 구유하게 하여 민주국가 발전에 봉사하여 인류공영의 이상실현에 기여하게 함을 목적으로 한다."고 규정하였다. 또 제8조에서는 모든 국민은 6년 간의 의무교육을 받을 권리가 있음을 규정하고, 국가와 지방자치단체는 이를 위하여 필요한 학교를 설치 · 운영하여야 한다고 규정하였다. 이와 같이 교육의 의무와 권리 및 교육자치제에 관한 규정을 명문화함으로써 적어도 제도적으로는 민주교육을 위한 법적 장치가 마련되었다.

3) 1950년대의 교육

1950년 6월 25일 북한 공산군의 남침에 의한 동족상잔의 비극은 가뜩이나 열악한 교육환경을 더욱 악화시켰다. 국토는 초토화되고 학생들은 기아로 인한 학업의욕이 상실되자 문교부는 국가의 장래를 위한 「전시하 교육특별조치령」을 1951년 2월 26일 제정 발표하여 ① 피난학생들은 피난지 소재 각 학교에 등록하여 학업을 계속하도록 했고, ② 교실 부족으로 가교실의 건축, 피난특설학교, 또는 분교장의 설치, 교과별 이수시간제를 실시하였다. ③ 북한 피난민이 많았던 거제도에서는 초등학교 학생은 그 지역 초등학교에 특설학급을 만들어 수용케 하고, 중등학교 학생은 거제와 하청의 두 중학교에, 그 나머지는 통영중학교에 분교장을 설치하여 운영하였다. ④ 초등학교와 중학교는 노천교실이나 유휴 건물을 이용하여 수업을 개시하고 피난학생들의 취학을 독려하였다. ⑤ 교실난 해소를 위한 생벽돌 교사 건축에 대한 지시를 내렸다. ⑥ 문교부는 교과서 문제를 해결하고 전시생활을 지도할 수 있는 전시교재를 학생들에게 제공하고자 초등학교용 「전시생활」과 중등학교 「전시독본」, 그리고 교사용 「전시학습지도 요항」을 발행 · 배부하였다.

한편 1951년 5월 4일에는 「대학교육에 관한 전시특별조치령」을 발표하여 전시연합대학을 설치하도록 함으로써 세계교육사상 전례 없는 전시하의 대학운영에 관한 사례를 남기게 되었다. 이 연합대학 설치는 발표 일부터 시행되었는데 먼저 부산에서 발족하여 점차 광주, 전주, 대전에서도 실시했다. 연합대학의 설치는 미리 예측하여 계획된 것이 아닌 만큼 소기의 성과를 거두었다고는 말할 수 없지만 그래도 6천 500여 명의 대학생이 이 전시연합대학에 수강하고 있었다는 사실은 이 민족의 장래를 위하여 축복할 일이었다. 그러나 수를 말하기보다도 ① 전시연합대학이 세계적으로 교육제도 연구의 한 자료가 될 것이며, ② 전시연합대학으로 인하여 우리는 어느 때, 어느 곳, 또는 어떠한 방법으로라도 배워야 한다는 우리국민의 교육열은 높이 평가되어야 할 것이다.

1951년 10월부터는 노천교실로 시작한 전시교육도 학부모의 자재부담과 교사와 학생들의 공동작업으로 가교사 건축이 시작되었다. 1952년 5월 24일 시 · 군

교육위원회위원 선거가 실시됨으로써 미군정기부터 추진되어오던 교육자치제가 본궤도에 오르게 된 것도 이 시기의 일이다. 전시교육의 목표는 멸공통일과 전후 재건에 있었다. 학교교육이나 문교정책이 이 목표달성을 위하여 노력하였다. 교재가 전시생활지도에 중점을 두었음은 물론 중학교 이상은 1인 1기 교육을 실시하였다. 1951년 6월에 문교부는 「1인 1기 교육실시 요강」을 발표하였다. 체험과 근로를 통하여 학생의 개성에 적합한 기술을 습득시켜 자주적 생활 능력을 배양하는 동시에 전후복구 건설사업에 헌신하고자 함이었다. 1953년 7월 27일 휴전협정이 조인된 후 1960년 4·19까지의 두드러진 특징은 교육의 양적 팽창이었다.

(1) 교육기회의 확대

교육기회 확대의 내용으로 크게 부각된 것은 의무교육의 실시와 중등 및 고등교육의 확대이다. 일제시대 억압되었던 교육의 기회가 폭발적으로 상승한 시기가 바로 이 시기이다. 1946년 9월 신학기부터 시행한 6년 간의 의무교육제도로 인하여 1960년에는 95.3%의 학령아동이 초등교육을 받게 되었다.

중등교육과 고등교육의 기회확대도 마찬가지이다. 1945년에 83,514명이 중등교육을 받았는데 1960년에는 94.9%의 성장률을 보인 792,177명이 중등교육을 받게 되었고, 1945년에 불과 7,819명이 고등교육을 받았는데 1960년에는 1,292%의 성장률을 보인 101,045명이 고등교육을 받게 되었다. 이러한 교육기회 확대정책은 교육의 질을 떨어뜨리고 비능률적인 교육을 하는 등 여러 가지 사회문제를 야기시킨다는 문제점은 제기되었으나, 그 동안 억압되었던 교육기회의 제공이라는 면에서 큰 의미를 부여할 수 있다.

(2) 교육과정 개편

교육과정 개편은 민족문화 교육의 재개와 민주시민 교육을 지향하는 면에서 이루어졌다. 민족문화 교육의 재개와 관련해서 한자 폐지와 한글교육의 강화, 문맹퇴치교육, 국어정상화 운동, 국사교육 강화 등을 들 수 있다. 이런 방향의 교육과정 개편은 민족문화의 바탕 위에 민주시민 교육을 지향하는 교육정책을 기조로 한 것으로 볼 수 있다.

(3) 교수 · 학습방법의 개선

교수 · 학습방법의 개선은 이른바 “새 교육운동”의 전개와 교사교육 강화의 면에서 이루어졌다. 새 교육운동의 전개는 일제 하에서 행해졌던 교사중심의 획일적인 수업방법에서 벗어나 아동의 개성과 자율을 중시하는 수업으로 전환하자는 것이 그 중점과제였다. 새 교육운동에 의한 교육방법 개선운동은 계속되었다. 특히 1948년 8월, 미국인 교육자들을 초청하여 그들의 직접지도 하에 실시된 중앙교육훈련소(Teacher Training Center : TTC)의 강습회는 미국인 교육자들의 시범수업을 통하여 교사중심 학습방법에서 집단토의나 문제해결 학습방법 등 다양한 학습방법이 소개되었다. 또 1952년 9월부터 1955년 6월 사이에 3차례에 걸쳐 방한한 미국교육사절단도 학습지도법 개선을 중심으로 많은 현직교사들을 재교육하였다. 정부차원에서도 새 교육방법을 지원하기 위하여 1951년 3월 30일 문교부령 제17호로 연구학교 규정을 제정, 단원학습과 문제해결 학습을 중심으로 연구학교를 운영하기도 하였다.

이러한 새 교육운동의 일환으로 교사양성기관의 정비와 각종 강습 등을 통한 교사교육을 크게 강화하였다. 그러나 1950년대 말부터 자유당정권의 독재와 횡포가 날로 심해지더니 드디어 1960년 3 · 15부정선거는 4 · 19혁명을 유발하고 말았다.

2. 제2공화국의 교육(1960. 4. 19~1961. 5. 16)

1) 시대적 배경

4 · 19혁명으로 이승만 자유당 정권이 물러나고 1960년 4월 29일 허정(許政)과도정부에 의하여 6월 15일 개정헌법이 통과되고 7월 29일 총선거가 실시되고, 8월

민의원, 참의원 합동회의(국회)에서 대통령 윤보선(尹普善), 국무총리에 장면(張勉)이 선출되어 1차 내각이 이루어짐으로써 출범하여 1961년 5월 16일 군사쿠데타가 일어나기까지 8개월 간 2번째 공화 헌정체제를 말한다.

2) 과도정부의 교육방침

(1) 3대 교육방침

과도정부가 들어서자 억눌렸던 민주화의 요구는 각계 각층에서 일시에 분출되었다. 이에 교육부는 "젊은 학도들이 흘린 고귀한 선혈이 헛되지 않도록 진정한 민주학원의 부패상을 시정하도록 하겠다."고 전제하고 과도정부의 교육시책 중 가장 긴급을 요하는 3대 교육방침을 학원의 정상화, 사도의 확립, 교육의 중립성에 두었다.

① **학원의 정상화** : 4월 혁명 후 학원분규의 원인은 다년간 누적된 학원부패 내지 비민주적 요인에 대한 학생들의 정화 요구에서 비롯되었다. 따라서 과도정부의 학원수습책의 일환으로서 교육계의 불의, 부정, 불법을 일소하고 학원을 정상화하기 위하여 1960년 5월 26일 「학원정상화를 위한 긴급조치」를 공포했다. 이 요강에 의하면 부정선거에 적극 가담하여 지탄을 받고있는 공무원을 의법 처단하고, 사립학교 관계자는 교육법 제 87조에 의하여 총장, 학장, 교장 및 법인 임원의 취임승인 또는 인가를 취소하겠다는 강경책을 취하였다. 그러나 교육부는 이 요강은 학원정화의 기준을 제시하는데 그치고 되도록 학원자체로 하여금 윤리적, 교육적 견지에서 사태를 수습토록 했다.

② **사도(師道)의 확립** : 3 · 15부정선거는 학원의 자주성을 잃고, 교육공무원으로 하여금, 정치에 관여하는 결과를 초래하여 교권이 추락되고 사회로부터 많은 비난을 받았다. 그 결과 4 · 19의거 이후 학교에서는 어용교사, 교장, 교수들의 추방에 시련이 연속되었다.

(2) 학원 수습책

과도정부는 사도확립의 문제가 당면한 중대한 과업임에 비추어, 종래의 부정을 자성하고, 교권의 확립을 위하여 적극적인 연수와 학생교육에 성실하도록 촉구하면서 학원의 정상화를 위한 수습책을 발표하였다.

① 학원에 있었던 제 모순을 배격하고 학생위주의 민주학원을 이룩한다.

② 공무원의 정실인사를 배척한다.

③ 모든 강습회를 통하여 민주혁명의 의의와 그 정신을 학원 내에 구현시키는 방안을 체득시킨다.

④ 전 교직원이 합심하여 학생 사고를 미연에 방지한다.

⑤ 교도주임(카운슬러) 제도를 적극 장려한다는 5개 항목의 유의점을 발표하였다.

또한 과도정부는 부정선거에 관련된 교사들에게 신상필벌에 의한 교직원 인사조치를 단행하여 사도의 쇄신을 기하는 한편 이 시기에 태동한 교원노동조합의 불법성과 비합법성도 지적하였다.

(3) 교육의 중립성 확보

일반적으로 교육의 중립성이란 정치로부터의 완전 분리, 무당파성, 권력지배의 배제라는 등의 개념으로 이해될 수 있다. 한국은 이러한 내용이 모두 포함된 것은 아니지만 교육기본법에서 교육의 정치적 중립성의 원칙을 규정하고 있다. 그런데도 불구하고 자유당 말기의 정치세력은 교육의 중립성을 완전히 파괴해 버렸다. 이에 과도정부에서는 교육의 중립성을 확립하고 정치권력에서의 중립성을 견지해야 할 것이 긴급과제이었기 때문에, 종래의 정당이나 관권에 의하여 좌우되었던 부정을 반성하고 학원의 중립성을 확고히 할 것을 각급학교에 촉구함으로써, 교육의 중립성 확보에 많은 진전을 보이게 되었다.

과도정부의 뒤를 이어 곧 헌법이 개정되고 1960년 7 · 29 총선거가 실시됨으로써 제2공화국의 민주당 정부가 수립되었다.

3) 제2공화국의 교육방침

제2공화국은 민주화를 위한 교육의 질적 향상을 전제로 ① 학원의 민주화, ② 중앙집권적 행정체제로부터의 권한의 지방 이양, ③ 교육의 질적 향상을 위하여 노력하겠다는 정책을 발표하였는데 그 내용을 요약하면 다음과 같다.

(1) 학원의 민주화

학원의 민주화란 학원에 민주적인 분위기가 조성돼야 하겠다는 것이다. 장래를 위한 민주국가 건설이라는 목적을 위해서는 민주교육이야말로 긍정적인 교육이라는 신념 하에서의 정책이었다.

(2) 중앙집권적 행정체제의 지방 이양

행정의 권력성을 탈피하여 전문성인 지도기관으로 개편할 것을 시도하였다. 따라서 교육부가 장학하였던 권력을 분산하여 지방행정에 이양하기로 한 것인데, 1960년도에 교육공무원의 인사권을 비롯하여 시 · 도 교육위원회, 초 · 중 · 고등학교를 유지경영하는 법인체에 대한 인가권 등을 지방에 이관하였다.

(3) 교육의 질적 향상

교육의 질적 향상을 위하여 교원양성기관인 사범학교를 2년제 교육대학으로 승격 개편시킴으로써 교원의 질적 향상을 기하고자 교육대학심의위원회를 조직하여 1960년 10월 12일부터 본회의를 계속 개최해 나갔다. 한편으로는 교원 재교육을 위하여 1960년부터 26개 종목에 달한 강습을 실시하기로 하였고, 초등학교 의무교육의 질적 향상을 위하여 공포(1960. 5. 12)한 「초등학교 시설기준에 대한 규정」에 따라 제2차 의무교육 완성 계획을 수립하였으며, 국가의 유용한 인재를 양성할 목적으로 대학과 실업계 고등학교 재학생들에게 대여장학금제도를 실시하기도 하였다.

이상과 같이 정부는 학원의 민주화, 행정체제의 지방이양, 교육의 질적 향상 등 세 가지 교육방침을 세우고 교육행정의 질서를 확립해 갔다. 그러나 교육계는 4월 혁명 뒤 대한교육연합회를 배척하면서 태동한 교원노조가 그 합법성 여부를 에워싸고 정부 및 대한교육연합회, 학교재단간에 정면으로 투쟁을 벌였다.

뿐만 아니라 4월 혁명 이후, 정권의 기회를 얻어 출범한 민주당 정권마저 민중의 여망을 충족시키지 못하고, 국회는 신구파의 세력이 백중하였고, 정부까지 파벌 대립 속에서 정강 · 정책의 차이가 아닌 인맥의 연관 속에서 날이갈수록 혼란상이 야기되었다.

3. 제3, 4공화국의 교육(1961. 5. 16~1981. 3)

1) 시대적 배경

1950년대 말부터 자유당정권의 독재와 횡포가 나날이 심해지더니 드디어 1960년 3 · 15부정선거가 자행되어 4 · 19혁명을 유발하고 말았다. 뒤이어 들어선 제2공화국 정부는 성급하고 강력한 민중의 요구를 감당하기에는 너무나 무기력했으며 혁신적인 운동으로 정정(政情)이 날로 소란해 갔으므로 이러한 사회적 상황 아래서 1961년 5월 16일 군사 쿠데타가 일어나게 되었다. 약 2년 여의 군정과 3공화국과 4공화국인 유신정부에 이르기까지 군사정부의 교육정책은 간접침략의 분쇄, 인간개조, 빈곤타파, 문화혁신으로 요약된다. 3, 4공화국에 이르는 박정희(朴正熙) 대통령의 집권 시에 군사정부에 의하여 민주화는 크게 왜곡되고 자율권이 심히 훼손되었다는 지적과 함께, 괄목할 만한 경제성장은 세계가 부러워할 만큼 눈부신 것이었으며 궁극적으로 정치 사회의 민주화를 촉진시키는 기초를 마련했다는 긍정적인 평가를 받을 수도 있다.

2) 혁명정부의 교육개혁

1961년 5 · 16군사혁명으로 제2공화국이 붕괴되고 들어선 혁명정부는 특히 역사적 과업으로서 〈조국의 근대화〉를 슬로건으로 내걸고 교육에서는 "인간개조운동"을, 사회 교육면에서는 "재건국민운동"을 강력히 추진하였다. 이것이 다름 아닌 "인간개조와 사회개혁운동"이다.

(1) 인간개조의 목표

인간개조의 목표에 대하여 당시 국가재건최고회의 문교사회분과의 발표내용을 요약하면 다음과 같다.

① **자주의 인간** : 역사적 사명감을 잃은 정권욕, 추상적인 이론과 상념에 사로잡힌 지식인의 현실도피, 아부와 굴종을 자주성의 상실로 규명하고 국민의 자주성 의식을 일깨우려고 하였다.

② **협동의 인간** : 협동은 공공의식의 기본이며 국가관념과 애국정신도 공동운명체로서의 생사를 같이 하려는 자주의식에서 우러난 협동정신으로 보았다.

③ **합리의 인간** : 합리는 과학하는 태도이다. 오늘날 한국의 산업부진과 경제파탄은 창의성 빈곤과 무계획성에 기인하였다. 우리는 과학하는 생활태도로 빈곤타파에 몰두해야 할 것이다.

④ **역행(力行)의 인간** : 애국애족의 방법이 무실역행에 있으며, 각자가 맡은 임무에서 힘을 다하여야 함을 명심해야 한다. 특히 학생들은 학업에 정진하여 국가에 보답하고 자신에 충실한 인간이 되도록 노력해야 한다.

⑤ **건강의 인간** : 인간개조란 도의교육을 연상하게 되지만, 도의란 특별한 것이 아니고 건전한 생활을 의미하는 것이다. 따라서 건전한 생활은 건강한 신체와 올바른 사고방식에서 이루어지는 것이다.

(2) 교육개혁의 단행

혁명정부는 「교육에 관한 임시특례법」을 발표(1961. 9. 2)하여 교육개혁을 단행하였다. 이 임시특례법의 취지는 "사회 비난의 대상이 되어온 학원의 질서를 단시일 내에 바로잡아 교육의 정상화를 촉진하기 위함"이었다. 따라서 이 법은 공포된 날로부터 즉시 시행되어

① 교원의 정년을 65세에서 60세로 내렸고,

② 명예교수제를 두었으며,

③ 학사자격 고시령을 공포(1961. 10. 16)하였으며,

④ 사범학교를 2년제 교육대학으로 승격, 각 도에 1개교씩 설치키로 했다(1961. 12. 7), 그 결과 교육대학은 1962년 3월 1일부터 발족하게 되었다.

⑤ 사립학교법의 제정공포(1963. 6. 26)

⑥ 교육과정을 전면 개편(1963. 2. 15)함으로써 1953년 휴전성립 직후에 제정되어 충분한 내용설정의 미비와 자주적이고 구체적인 교육목표 설정이 부족하였던 종래의 교육과정을 대체하게 되였다.

3) 제3, 4공화국의 교육

군정에서 민정으로 이양하는 마지막 과정인 제6대 국회의원선거가 1962년 11월 26일 실시되어 공화당이 압승함으로써 12월 17일 새 헌법의 발효와 함께 제3공화국의 공화당 정권이 수립되었다. 이 시기는 정부의 획일적인 통제의 강화기로 볼 수 있다. 군사정권의 삼엄한 강편책으로 교육전반에 걸친 개혁이 이루어졌다.

(1) 민족중흥과 국가발전을 위한 교육개혁

특히 1968년은 교육정책상 일대 개혁이 연이어 발표됨으로써 교육에 관한 특별한 해라고 하지 않을 수 없다.

① 중학교 무시험진학제(1969 실시)

② 국민교육헌장 선포(1968. 12. 5)

③ 대학입학예비고사제(1969 실시)

④ 통신교육제의 실시가(1972. 3) 그것이다. 연말에는 장기종합교육심의회가 제도화되었으며, 이듬해인 1969년 2월에 동 심의회가 발족되어 장기종합 교육계획안(1972~1986)의 작성이 추진되었다.

(2) 입시제도의 수립

① 중학교 입시제도는 1945년부터 1950년까지는 학교관리제, 1951년부터 1953년까지는 국가연합고시제, 1954년부터 1961년까지는 학교관리의 유 · 무시험연합출제제 병행, 1962년에는 국가고시제, 1963년부터 1965년까지는 시 · 도 공동출제, 1966년에는 공동 · 단독출제 병행, 1967년부터 1968년까지는 다시 시 · 도 공동출제 방식으로 바뀌었다가 1969학년도부터 무시험진학제를 실시하게 되었다.

② 고등학교 입시제도는 1973년 2월 28일 「고등학교 및 대학입시제도의 개선방안」이 발표됨에 따라 인문고교와 실업고교(2부 고교 포함)로 구분하고, 인문고교의 입시제도는 학군제 · 과정별 · 추첨배정에 의하여 후기로, 그리고 실업계 고교는 전기에 실시하며, 인문 · 실업의 공통점은 연합고사 성적과 체력점수의 종합성적에 의하여 선발하는 점이다. 이 입시제도는 일차적으로 서울과 부산에 한하여 실시하다가 전국적으로 확대 실시했다. 한편 교육부는 고교입시제도의 개선에 따른 시행상의 여러 조건들을 갖추기 위하여 ㉮ 고교평준화를 위한 조치, ㉯ 고교 비진학자 및 탈락자의 교육기회 확장, ㉰ 교육부조리 현상 일소 등 강력한 조치를 취하기로 했다.

이 중에서도 교육부는 학교평준화에 역점을 두고, 교원과 시설에 대한 2분야의 평준화 작업을 추진했다. 교원평준화의 초점은 첫째로 현직교원의 자질향상 문제, 둘째로 유능한 교원의 확보문제, 셋째로 교원의 처우 개선문제로 집약되었다. 그 구체적 방안으로 제시된 주요 내용은 ㉮ 서울과 부산의 모든 교원에 대한 단기교육 실시, ㉯ 교원 신규임용을 위한 순위고사 시행, ㉰ 무자격 및 상치교사 정리, ㉱ 사립학교 교원 임용의 승인제 채택, ㉲ 사립학교 간의 교원 교류 추진, ㉳ 사립학교 교원연금제 실시 등이다. 우선 교원 단기교육을 보면 1973년 7월 23일부터 서울과 부산의 공 · 사립학교 교사들의 연수를 실시했고, 이에 앞서 교장, 교감, 사립학교 법인대표들도 이미 연수회를 가졌었다. 또 교육부는 시설평준화를 위해 「학교시설 설비기준」을 조정한데 이어 시설설비의 연도별 보충기준을 마련하여 전국 고등학교에 그 이행을 지시했다.

③ 대학입시제도는 1943년 대학본고사가 처음 실시되어 2002년까지 무려 15차례나 바뀌어 수험생들을 혼란스럽게 만들었다. 그 변화과정을 요약하면 다음과 같다.

① 1943~1953 : 대학별 본고사, ② 1954 : 대학입학 연합고사+대학별 본고사, ③ 1955~1961 : 대학별 본고사+내신, ④ 1962 : 대학입학자격 국가고사, ⑤ 1963 : 대학입학자격 국가고사+대학별 본고사, ⑥ 1964~1968 : 대학별 본고사, ⑦ 1969~1972 : 대학입학 예비고사+대학별 본고사, ⑧ 1973~1980 : 대학입학 예비고사+대학별 본고사+내신, ⑨ 1981 : 대학입학 예비고사+내신, ⑩ 1982~1985 : 대학입학 학력고사+내신, ⑪ 1986~1987 : 대학입학 학력고사+내신+논술, ⑫ 1988~1993 : 대학입학 학력고사(선지원)+내신+면접, ⑬ 1994~1996 : 대학 수학능력시험+내신+본고사, ⑭ 1997~2001 : 대학 수학능력시험+학교 생활기록부+논술, ⑮ 2002~ : 대학 수학능력시험+논술+추천서+심층면접의 변화과정이 있었다.

참고로 69학번부터 대학입학 예비고사가 시작되면서 학원, 과외열풍이 불기시작하였으며, 81학번은 대학별 본고사를 준비하다가 갑자기 폐지된 관계로 혼란이 야기됐고, 86학번은 논술이 도입되면서 학력고사가 끝난 다음에도 논술고사에 대비하기 위한 수업이 계속되었고, 88학번은 선지원제도가 도입되면서 혼란상황이 발생하기도 하였다.

(3) 교육의 방침

① **국적있는 교육** : 민족주체성을 구현하는 교육은 한국교육이 지향할 최대의 염원이며 의지였다. 한국인의 사상적 중심체가 될 국민교육헌장을 선포하여 그 이념을 바탕으로 온 국민이 민족중흥에 대한 역사적인 사명을 자각하고 새 역사를 창조해 보자는 것이었다. 새 역사의 창조는 언제나 그 민족의 주체성이 요구된다. 그리하여 교육헌장의 이념을 토대로 한 주체성 교육을 실시하려고 하였으며, 한국사와 윤리교육이 강화되었다.

② **안보교육의 강화** : 1971년 12월 6일 선언된 국가비상사태와 관련하여 안보교육체제의 정비와 강화가 중요시되었다. 우리나라는 남북이 분단되고 사상적

대립이 고조되어 언제 남침의 도발이 자행될지 모르는 불안한 상황에 놓여 있다. 더욱이 1971년 김신조 일당의 청와대 급습사건은 이를 증명해 주는 좋은 자료이다. 이에 안보교육의 강화를 교육의 중요한 과제로 제시한 것이다.

③ **새마을 교육** : 1970년 11월 새마을 운동에 착수한 이래, 1972년 3월 17일 대통령의 특별유시로 새마을 교육의 과제가 제시되었다. 새마을 교육은 산학협동 교육체제로 나타났는데, 여기에는 농공병진정책의 추진과 새마을 가꾸기의 지원, 생산과 직결되는 산교육의 실천, 국난극복의 구국정신의 고취 등이 포함되어 있다. 새마을 교육의 목표는 학교교육을 통하여 학생과 향토인에게 자조, 자립, 협동의 새마을 정신을 함양시킴으로써 향토개발과 국가발전에 공헌하는 인간을 육성하는데 있었다.

④ **과학기술 교육의 진흥** : 대통령은 “과학기술의 개발 없이는 중화학공업은 기대할 수 없으며, 모든 경제목표의 달성은 전 국민이 과학, 기술의 개발에 참여할 때 가능한 것이다”라고 말하여 경제목표를 달성하기 위한 수단과 방법이 과학, 기술이라는 것을 강조하게 된 것이다. 그러나 과학, 기술의 혁신은 단숨에 이루어지는 것이 아니라 꾸준한 기초과학의 육성과 과학교육의 진흥, 그리고 국민 한 사람 한 사람의 과학적 사고방식, 즉 생활의 과학화에 기초를 두어야 한다.

(4) 사회교육의 확대를 위한 방안

사회교육 확대방안의 하나로 채택되어 실시된 바 있는 방송통신대학과 방송통신고등학교제도는 우리나라의 높은 교육열을 충족시키는데 크게 이바지하였다. 방송통신대학은 이미 1968년 교육부가 설치방침을 발표하여 경제적 또는 기타의 사정으로 대학에 진학하지 못한 사람들에게 방송과 통신 등에 의한 방법으로 고등교육의 기회를 부여함으로써 국민의 교육수준을 향상시키고 국가발전에 필요한 인재를 양성하고자 하였다. 이에 따라 1972년 3월 9일에 우리나라 교육사상 처음으로 시도한 방송통신 교육방법에 의한 고등교육기관으로서 서울대학교부설로 개교하였다. 방송통신고등학교는 1974년 3월에 서울과 부산의 11개 공립고등학교에 부설 운영하기 시작한 이래 전국적으로 꾸준히 확대되고 있다. 방송통신교육은 텔레비전 교육방송을 실시함으로써 사회교육 발전에 새로운 장을 열었다.

(5) 교수 재임용제도

1976년 학문연구 분위기를 향상시킨다는 목적으로 교수 재임용제도가 도입되었지만, 순수한 목적이 아닌 정치적 동기에 의하여 악용되었다는 비판을 받아왔다. 이 제도가 순기능보다 역기능이 더 많다는데 문제점이 있다.

(6) 7 · 30 교육개혁

한국인의 높은 교육열은 자녀들을 일류대학에 진학시키겠다는 과열된 과외공부의 형태로까지 나타나게 되어 학생의 전인발달을 저해하고 학교교육 활동을 마비시켜 학교교육에 대한 불신풍조를 조성했음은 물론 가정경제의 악순환을 초래하고 국민의 위화감을 조성하는 등 하나의 사회병리 현상으로까지 발전했다. 이에 정부는 교육개혁의 일환으로 1980년 7월 30일에 「교육정상화 및 과열과외해소방안」을 발표하게 되었는데 그 주요내용은 아래와 같다.

① 1981학년도부터 대학입시 본고사를 폐지하고 출신 고등학교의 내신성적과 예비고사 성적만으로 대학입학자를 선발한다.

② 고등학교 이하 각급학교의 현행 교과목 수를 줄이고, 또 그 수준도 낮추는 내용으로 교육과정을 조정한다.

③ 대학의 졸업정원제를 실시하여 신입생을 정원보다 일정 수를 더 입학시키되 졸업은 정원 수 만큼 시킨다.

④ 대학의 강의를 아침부터 저녁까지 개설하여 대학의 시설과 인력을 최대한 활용하는 전일수업을 시행한다.

⑤ 대학 진학의 문호를 넓히기 위해 대학 입학인원을 연차적으로 대폭 확대하며, 1981년에는 최고 10만 5천명까지 증원할 것을 검토한다.

⑥ 현행 텔레비전 가정고교 방송의 운영을 개선하여 방영시간과 대상과목을 늘리는 한편, 1981년부터는 교육전용 방송을 실시한다.

⑦ 방송통신대학을 확충하고 교육대학의 이수연한을 확대한다.

당시 교육부가 내놓은 「교육정상화의 길」에서 제시한 "과외열풍에 대한 원인분석"을 보면, 고등교육 기회의 제한, 대학입시제도의 모순, 학교교육 자체의 부실, 교육투자의 미흡, 취업기회의 부족과 학력간의 임금격차 그리고 자녀교육에 대한 잘못된 교육관과 사회 의식구조 등이 서로 상승 작용한 것으로 나타나고 있다. 따라서 제5공화국의 국정지표로 채택된 교육개혁은 전인교육 및 정신교육의 2대 이념과, 과학교육 및 평생교육의 2대 원리 등 4대원칙인데, 그 구체적인 실천항목은 ㉮ 국민정신교육의 강화, ㉯ 과학기술교육의 진흥, ㉰ 전인교육의 충실, ㉱ 평생교육의 확충이었다.

(7) 교육대학 수업연한 연장

1980년대에 들어와서 교육대학의 수업연한이 연장되었다. 종래의 사범학교가 1961년 9월 1일에 「교육에 관한 임시특례법」에 따라 2년제 교육대학으로 제도화된 바 있다. 그러다가 1980년 7월의 「교육정상화 및 과열과외 해소방안」 시책 중의 일환으로 교육대학 수업연한 연장이 시행됨에 따라 동년 8월 7일 교육대학의 수업연한 연장계획을 수립하여 이를 추진하기에 이르렀다. 이에 따라 1981년에는 서울, 부산, 광주교육대학이, 1982년에는 대구, 인천, 공주교육대학이, 1983년에는 전주, 춘천, 진주교육대학이, 1984년도에는 청주, 제주교육대학이 연차적으로 개편되었다.

(8) 교육과정의 개편

우리나라의 교육과정은 1945년 미군정청 학무국에서 교수요목을 제정하여 발표한 이래 다음과 같이 변천하였다.

교수요목시기(1945~1955) : 미군정하의 교육, ① 제1차 교육과정(1955~1963) : 교과중심교육과정, ② 제2차 교육과정(1963~1973) : 생활중심교육과정, ③ 제3차 교육과정(1973~1981) : 학문중심교육과정, ④ 제4차 교육과정(1982~1987) : 인간중심교육과정, ⑤ 제5차 교육과정(1987~1994) : 통합적 교육과정, ⑥ 제6차 교육과정(1994~2000) : 21세기 대비교육, ⑦ 제7차 교육과정(2001~) : 학생중심교육과정으로 변천하였다. 우리나라의 교육과정은 1955년에 최초로 미국교육사절단의 영향을 받아 공포된 이래, 특히 3, 4공화국시대인 1963년의 1차 개정, 1973년의 2차 개정, 1982년에 3차 개정이 있었다. 이에 따라 1950년대의 반공, 도덕교육이 1960년대에는 민주시민 교육과 국민정신의 개조로, 1970년대의 유신, 새마을 교육으로 나타났으며, 제7차 교육과정은 ① 자율과 창의에 바탕을 둔 학습자중심의 교육과정, ② 국민공통기본 교육과정체제의 설정, ③ 개인차에 따른 수준별 교육과정, ④ 교육청과 학교, 교원, 학생, 학부모가 함께 실현해 가는 교육과정이라는 특징이 있다.

제 4 절 북한의 교육

1945년 8월 15일 일제의 식민지통치는 종지부를 찍고 감격의 해방을 맞이했으나, 우리가 싸워서 쟁취한 것이 아니었기 때문에 미 · 소 양국이 38선을 경계로 남북으로 분할 주둔하게 되었고 우리민족은 각각 이들에 의한 군정을 경험하게 되었다.

이러한 분단 상황에서 남과 북은 제각기 다른 이념 하에서 교육을 운영하게 되었고, 오랜 세월이 경과됨에 따라 전혀 다른 나라의 이질적인 교육제도로 정착하게 되었다. 단일 민족으로서 민족의 통일을 염원하는 우리들로서는 북한의 교육을 이해하는 것이 의미가 있을 것으로 생각된다.

1. 북한의 교육정책

북한의 교육정책은 1960년대까지 소련의 교육이념을 기본으로 하여 전개되어 왔다. 1961년 9월 김일성은 제4차 조선공산당대회 보고서에서 "마르크스 · 레닌주의의 교육이론을 철저히 구현하는 것이야말로 우리나라 사회주의 건설의 요구에 전적으로 부합되는 것이다."라고 강조한 것은 이러한 정책적 기조를 확인하여 주고 있다. 1948년 9월 북한에 "조선민주주의 인민공화국"이 세워짐에 따라 교육정책은 더욱 구체화되었고 이 때부터 남과 북이 제각기 다른 교육이념을 가지고 교육정책을 수행하게 이르렀다.

북한교육 정책의 변화과정을 시기별로 그 성격을 분류하여 보면 ① 공산주의 사상 도입기, ② 전후 복구 및 공산주의 정립기, ③ 생산기술교육 및 혁명전통교양 확립기, ④ 유일사상 확립기, ⑤ 인간개조교육 운동기로 구분할 수 있다.[6)]

1) 공산주의 사상 도입기(1945~1960)

1948년 9월에 김일성을 사회주의 정권을 수립하기 위해서 헌법을 비롯한 모든 국가기구와 체제면에서 소련 공산주의 원리를 모방하였다. 따라서 학교제도, 교육행정체제, 교육이념까지 마르크스 · 레닌주의적인 기본 노선과 내용을 그대로 도입하게 되었다.

이 시기 교육과정의 3대 목표는 공산주의 이론의 기초지식 보급, 일제식민지교육의 잔재 숙청, 문맹퇴치이다. 이 목표와 관련해서 1947년 초에 우선 한자교육의 폐지를 단행했고, 1966년에는 남북한 공통어로서의 표준어가 아닌 이른바 문화어가 쓰여지기 시작했다. 결국 이 때의 교육정책은 학교교육과 문맹퇴치를 통해서 공산주의에 생소했던 국민들에게 공산주의 보급을 위한 계몽에 주력했다고 볼 수 있다.

1946년 2월에 조선임시인민대회가 제정한 20개의 정강 중에서 정강 10항을 보면 "……인민교육의 개혁을 실시하고 각종 학교 내에서의 교육과 교양사업에서 일본교육제도의 잔재를 숙청하며 재산 정도와 신앙 및 성별을 불문하고 전 조선인민에게 공부할 권리를 보장하는 동시에 조선민족의 문화, 예술 및 과학의 정상적 발전을 도모할 것"으로 되어 있다. 이 조항에 나타난 바에 의하면 이 시기에서는 평등주의적인 개념을 도입하면서 학교교육과 문맹퇴치를 통하여 일제식민지교육의 잔재를 숙청함과 동시에 공산주의 이론에 대한 보급을 서두르는 교육정책을 펼쳤다고 볼 수 있다.

---

6) 유인종, 한국교육의 전통과 개혁, 서울, 도서출판 창, 1992, pp. 336-346.

2) 전후 복구의 공산주의 정립기(1950~1960)

이 시기의 교육정책은 6 · 25 한국전쟁으로 인한 파괴를 복구하기 위한 노동교육과 생산기술교육 그리고 사상주입교육에 전력을 투구하는 것이었다.

1953년 이후 김일성을 " 모든 것은 전후 인민경제 복구건설에로 !" 와 "일하면서 배우고 배우면서 일하자 !"는 슬로건 아래 한층 더 소련식 공산주의 사상교육과 이념강화에 박차를 가 하였다.

1955년 4월에는 노동당 중앙위원회의 전체회의에서 "계급투쟁 강화에 대하여" 라는 내용의 성명을 내고 정신무장과 경제건설에 학교교육의 목표를 설정하였고, 정치적으로는 연안파와 국내파 그리고 소련파의 일부에 대한 숙청작업을 추진하면서 완전한 김일성 독재체제를 구축하였다.

1956년에는 학제개혁을 단행하여 4년제 초등교육을 의무화하였고, 다시 1958년에는 중학교 3년 과정을 포함하여 7년제 의무교육제도를 실시하여 명목상 선진국형 교육형태를 갖추었다. 그리고 전쟁으로 황폐화된 사회를 시급히 복구하기 위하여 연간 의무노동 시간을 초등학교인 인민학교에 10일, 중학교에 2~4주, 기술계 고등학교에 5개월, 대학에 3개월씩 책정하여 학생들에게 노력봉사를 강행하기도 하였다. 따라서 이 시기의 교육정책은 철저한 공산주의 사상과 동시에 노동 및 생산기술교육에 역점을 두는 것이었다.

3) 생산기술교육 및 혁명전통교양 확립기(1960~1966)

이 시기에는 앞 시기의 노동교육과 기술교육 강화정책을 그대로 계속 유지하면서 각종 사회노동에 학생들을 동원하고 조직생활을 통하여 공산주의 가치관의 실천을 주요 목표로 하는 정책을 펼쳤다.

1961년 제4차 노동당 대회에서는 다음과 같은 7가지 기본원칙을 각급학교에 시달하여 교육의 목표와 내용을 반영토록 하였다.

① 교육의 목표는 자라나는 새 세대들을 "다방면으로 발전된 새로운 형의 인간" 으로 육성하는데 있다.

② 이론과 실천의 결부, 교육과 생산의 결합을 강화한다.

③ 기술교육을 일층 강화한다.

④ 혁명전통교육을 강화한다.

⑤ 문화혁명의 수단으로 성인교육을 강화한다.

⑥ 교육부문에서도 “천리마운동”을 강화한다.

⑦ 학원에 대한 공산당의 지도를 강화한다.

1966년 11월에 공포한 “전반적 9년제 기술의무교육제”나 “중앙집권적 권력의 강화”, “계급교양”, “공산주의 교양” 등의 정책결정과 구호가 이 시기에 나타났다.

따라서 이 기간의 교육정책은 주로 패전에 따른 정치, 경제, 문화 방면에 있어서 폐허와 퇴보 그리고 사상의 침체에 대한 복구 및 회복에 역점을 두고 학생들에 대한 노력동원과 생산기술교육의 강화 그리고 혁명전통교양이라는 이른바 사상을 주입하였다고 볼 수 있다.

4) 유일사상 확립기(1966~1980)

이 시기의 교육정책은 유일사상과 김일성의 주체사상 학습에 모든 활동을 집중하였다.

1962년 5월에는 김일성의 “5 · 3교시”가 발표되었는데 그 내용은 “각급학교에 있어서 청소년 학생 중에서 당적 사상 체제를 확립하기 위하여 당 정책 교양과 공산주의 교양을 혁명전통교양과 밀접히 연결하여 진행함과 동시에 그들의 발달심리 및 정서 특성에 적합하도록 다양한 형태와 방법을 시행하라”는 지시였다. 이에 근거하여 60년대 후반부터 인민학교에서는 예능 교과목을 종전에 비하여 2배로, 중등과정에서는 1.5배로 늘려서 각종 프로그램을 개발하였다.

북한의 학교교육 목표는 1972년에 제정 공포된 「사회주의 헌법」제39조에 잘 나타나 있다. 즉, “국가는 사회주의 교육학의 원리를 구현하여 후대들을 사회와 인민을 위하여 투쟁하는 간결한 혁명가, 지 · 덕 · 체를 갖춘 공산주의적 새 인간을 키운다.”는 것이다. 그 후 1977년 9월 5일에 발표한 「사회주의 교육에 대한 테제」는 북한의 모든 학교에서 복음처럼 사용되고 있다. 여기서 비로소 김일성 주체사상이 구체적으로 서술되고 있다.

이 테제는 서문과 5장으로 구성되어 있는데, 서문에는 북한의 3대혁명 사상인 사상혁명, 기술혁명, 문화혁명의 중요성이 언급되고, 1장에는 사람은 날 때부터 어떤 사상과 지식이 있는 것이 아니므로, 사회주의 교육은 사람으로 하여금 자주적이며 창조적인 인간이 되게 키워 주는 사업이라고 주장한다. 2장에서는 사회주의 교육의 내용으로 지 · 덕 · 체의 교육원리, 즉 공산주의 사상으로 무장시키는 과학기술교육, 그리고 체력 단련을 중시하는 체육교육을 설명하고 있으며, 3장에서는 사회주의 교육방법, 학교교육과 사회교육의 일치, 교육과 생산노동, 조직생활과 정치활동의 강화, 취학전 교육 및 성인교육 등에 대하여 설명하고 있다.

따라서 각급학교에서는 혁명전통교양이라는 과목을 설정하여 주로 김일성의 항일투쟁 전적지를 순례하고 당과 수령에 대한 충성을 고조시켰다. 마침내는 혁명전적지 행진, 명산고적 답사, 수학여행, 대열행진 등을 교과목으로까지 도입했다.

이 기간에 북한의 정치, 사회 문화, 경제, 교육의 전반에 걸쳐서 주류를 이룬 것은 이른바 김일성에 의한 주체사상과 유일사상으로서, 이는 중국의 모택동이 모사상(Maoism)을 수립했듯이 김일성은 김사상(Kimism)을 만든 것이다. 시기적으로 보면 유일사상은 이미 1966년 국내파와 연안파를 숙청 제거하고 김일성의 1인 독재체제를 구축한 뒤에 곧바로 대두된 것이다. 그러나 이것이 구체화된 것은 1974년 2월 김정일이 "사상부문 일꾼 강습화"에서 "유일사상체제 확립 10대 원칙"을 제시한 것에서부터이다.

1973년 8월 12일 일본의 매일신문 기자와의 대담에서 김일성은 김일성의 주체사상의 본질에 관하여 "주체사상이란 한 마디로 말해서 혁명과 건설의 주인은 인민 대중이며, 혁명과 건설을 추진하는 힘도 인민 대중에게 있다는 사상"이라고 밝혔다.

이 기간 동안에 이러한 주체사상은 학교교육에는 물론 정치, 사회, 경제부문에서 모든 가치의 근본으로 적용되어 소위 주체예술, 주체체육, 주체노동, 주체인간 등의 새로운 낱말이 나타나게 된 것이다. 이러한 경향은 마르크스 · 레닌 사상과는 모양을 달리하는 독자노선의 사상체계로 변질된 것을 의미하며 그 사상체계가 바로 교육정책의 기조가 된 것이다.

5) 인간개조교육 운동기(1980~)

이 시기는 김일성의 세습체제를 정당화하기 위한 사상교육과 인간개조론이 부각되면서 학교교육의 이념강화에 박차를 가하고 있는 교육정책을 펼치고 있다. 인간개조의 개념은 북한의 사회주의 헌법 제39조에 규정하고 있는 바 이는 공산주의 교육에서 공통적으로 쓰여지는 공통언어이기도 하다. 사회주의 헌법 제9조에는 "국가는 사회주의 교육학과 원리를 구현하여 후대들로 하여금 사회와 인민을 위하여 투쟁하는 건실한 혁명가로 지 · 덕 · 체를 갖춘 공산주의적 새 인간을 키운다"라고 명시되어 있다. 이 시기에 이 인간개조론이 다시 부각된 것이다.

1977년에 발표된 "사회주의 교육에 의한 테제"에서도 인간개조론의 의미와 목적을 다시 설명하고 있다. 사회주의 교육에 관한 테제에 의하면 "……사회주의 주인인 인민을 공산주의적으로 교양 · 개조하여야 공산주의 건설의 근본문제를 해결할 수 있으며, ……인간개조는 본질에 있어서 사상개조이며, 공산주의 인간을 키우는데 있어 기본을 공산주의 사상으로 무장시키는 것이다."라고 설명하고 있다.

이 인간개조론에 대한 구체적인 실천방법은 1985년 조선노동당창당 40돌 기념으로 출간된 강운빈의 「인간개조론」에서 선명하게 나타나고 있다. 즉, 강운빈은 "인간개조론은 주체혁명이론의 중요 부분의 하나이다. 인간개조 문제는 자주성을 위한 혁명투쟁, 사회주의 공산주의 건설에 이론, 실천적으로 매우 중대한 의의를 갖는 문제이다."라고 기술하고 있다.

북한의 교육을 지배하는 공산주의 교육철학을 요약하면(최영표, 한국교육사학, 12집) 다음과 같다.

첫째, 인간존재를 유물론적 관점에서 인식하는 환경결정론이다. 즉, 인간의 의식이 인간의 존재를 결정하는 것이 아니라 사회적 환경이 인간의 의식을 결정하는 것이다.

둘째, 지 · 덕 · 체의 모든 면을 전면적으로 발전시키는 전면발전론이다. 지적으로 편향된 인간은 사회주의가 염원하는 공산주의적 인간이 될 수 없다는 것이다.

셋째, 모든 인간이 차별을 받지 않고 평등하게 살 수 있도록 평등한 교육기회가 제공되어야 한다는 차별소멸론이다.

넷째, 사회주의 국가 건설이라는 정치상의 목표가 교육에 있어서 최우선이 되어야 한다는 정치우선론이다.

2. 북한의 학교교육

1) 기본학제

북한의 기본학제는 유치원 2년, 인민학교 4년, 고등중학교 6년, 대학 4~6년으로 되어 있다. 그리고 대학 수준에 병행하여 3년제 교원대학과 3년제 고등전문학교를 설치 · 운영하고 있다. 이 기본학제 이외에 각종 생산노동대학이 발전되고 있다. 이 제도는 6차에 걸친 개편을 통하여 1978년부터 시행되는 현행제도이다.

이 제도는 소련의 이른바 단일노동학교 체제를 모방한 것이다. 소련의 단일노동학교체제를 모방하여 유치원 고급반 1년에서 시작하여 소학교 4년, 중학교 6년에 11년 간을 의무교육으로 하고 있다(2002년 개정). 그리고 교육의 국가관리가 철저하여 사립학교가 존재할 수 없다.

이러한 학교제도의 운영은 다른 공산주의 사회에서 공통적으로 있듯이 공산주의 사회건설에 적합한 새로운 인간상의 교육목적의 실현에 기초한 것이다. 이러한 교육목적의 달성을 위해서는 변증법적 유물사관에 철저하고, 혁명의욕에 투철하며 국가와 당에 충성하는 인성교육이 필요하다. 이러한 과정을 거쳐 아동학생들은 결국 공산주의 이데올로기로 무장된 혁명군으로 변모하게 된다. 다른 한편으로는 노동애를 통한 경제 건설의 역군을 만드는 데에서도 찾고 있다. 이러한 요구 때문에 북한의 교육은 다른 공산국가들의 학교교육처럼 학생들은 생산노동의 현장에 동원하고 있으며, 직장인을 위한 각종의 노동현장학교(예컨대 공장대학, 농장, 어장대학 등)가 발달되어 있다.

1974년에 제정한 "사회주의 헌법" 제 39조에서는 학교교육의 이념은 "국가는 사회주의 교육학의 원리를 구현하여 후대를 사회와 인민을 위하여 투쟁하는 견실한 혁명가로, 지 · 덕 · 체를 갖춘 공산주의의 새 인간으로 키운다."라고 규정하고 있다. 또 이 헌법에는 "다방면으로 발전된 이성"이라던가, 혹은 "새로운 형의 인간상"이라는 등의 용어가 교육목적과 내용의 중심개념으로 나타나고 있다. 그러나 서구적 개념으로서 "다방면으로 발전된 인성"이란 지 · 덕 · 체의 조화로운 인성을 뜻하는 것으로 이해되지만, 실제는 당이 요구하는 어떠한 임무에도 기능을 발휘할 수 있는 능력의 소유자를 뜻하는 바, 특히 생산노동에 있어서 다양한 기술을 습득하고 전문지식을 구비한 사람을 말한다. "새로운 인간형"이란 조선노동당 규약에서 당원의 자격과 이상적인 인간상을 내세운 내용과 일치한다.

2) 취학전 교육

북한의 학교교육에서 가장 발달된 부분이 취학전 교육과 초등교육이다. 취학전 교육 1년을 의무화한 것도 취학전 교육의 중요성을 강조했기 때문으로 볼 수 있다. 이런 경향은 정치사상 교육이 빠르면 빠를수록 좋다는 심리학적 이론에 근거하고 있는 것 같다. 공산주의 사상 주입과 집단주의 정신함양을 조기 교육단계에서 효과적으로 수행하는 교육이 이루어지고 있다.

1976년에 제정된 "조선민주주의 인민공화국 어린이 보육교양법" 제6조를 보면 "모든 어린이들은 주체형의 혁명적 새 인간으로 키우며 여성들은 어린이를 키우는 무거운 부담에서 해방하는 신성한 사업을 실현하며 나라의 사회주의 건설을 힘있게 다그치며 온 사회를 혁명화, 노동계급화하는 역사적 위엄수행에 이바지한다" 라고 되어 있다.

또 1980년도의 「조선중앙연감」에는 "유치원에서는 사회주의 교육학의 기본원리에 따라 하나를 배워도 좋고 고운 것 혁명적인 것을 배우며, 놀이를 하여도 혁명적이고 착한 것을 즐기도록 교양하고 있다"라고 하여 유치원의 취지를 설명하고 있다.

3) 초등교육

초등교육은 4년제 인민학교에서 수행되고 있는데 이 기간에도 취학전 교육과 마찬가지로 공산주의 혁명사상의 주입으로 일관하고 있다.

국어과 1~4학년까지의 일관된 교육내용이 "김일성 혁명정신 함양, 당과 조국에 대한 충성심, 반미, 반일정신의 강조를 통한 투쟁 의욕과 사회주의 교육애의 고취 등으로 되어 있다.

산수과에서도 "기본적인 수의 개념과 계산을 가르치고 있는데 계산문제나 응용문제를 혁명사상 고취"라는 단원목표에 연결시키고 있다. 예컨대 "남조선의 어떤 마을에는 학교에 갈 어린이가 18명 있습니다. 지주 놈과 순경 놈의 아들 3명만 학교에 들어갔습니다. 학교에 못 가는 어린이는 몇 명입니까?" (산수, 1학년 교과서 내용에서)라고 기술하고 있다. 음악의 경우 "김일성 장군 노래", "미제놈들을 족치자", "꼬마 땅끄 나간다", "밉고 미운 지주놈", "보고 싶은 원수님" 등의 동요를 군가형식으로 가르치고 있음을 발견할 수 있다.

4) 중등교육

북한에서 6년 간의 중등교육은 11년 간의 의무교육의 완성기간으로 되어 있다. 중등교육 기간에는 기초지식이나 한 가지 이상의 기술을 소유한 주체적 공산주의적 인간으로 키워 낸다는 취지로 운영되고 있다. 그리고 일반교육의 학교계통과 특수교육의 학교제도(외국어, 체육, 예능 등)의 학교를 구분하여 운영하고 있다. 또 중등교육은 4년제의 낮은 반(초급반)과 2년의 높은 반(고급반)으로 나누어 교육하고 있다.

중등교육에서의 교육내용 역시 인민학교와 같은 맥락에서 혁명사상의 고취, 계급투쟁, 김일성 신격화 등이 각 교과의 내용으로 제시되고 있다. 「김일성 자작선집」(제7권)에서는 "전반적 11년제 의무교육을 질적으로 실시하여 모든 학생을 혁명적 세계관의 골격이 확고히 서고 자연과 사회에 관한 튼튼한 기초지식과 한 가지 이상의 기술을 소유한 주체형의 공산주의적 인간으로 키워낼 것이다"라는 내용의 교육목적관이 기술되어 있다.

5) 고등교육

고등교육은 대학(4~6년)과 그 위에 연결되는 연구원(3~4년), 그리고 박사원(2년)이 연결된다. 또 대학과 병행한 고등교육기관으로 교원대(3년)와 고등전문학교(3년)가 있다. 이런 정규과정 이외에 정치대, 경제대, 김일성 고급당학교 등이 별도로 설치 · 운영되고 있으며, 노동현장과 연결되는 공장대, 농 · 어장대 등이 별도로 존재하고 있다.

고등교육의 중심 목표에서는 "모든 과목의 교육내용을 당 정책으로 일관시키며 우리나라의 주체적인 현실과 결부시켜야 한다. 그리하여 학생들로 하여금 하나를 배워도 우리혁명에 절실히 필요한 것을 배우며 배운 지식과 기술을 혁명실천에 능숙하게 써먹을 수 있도록 해야 한다"라고 되어 있다.

예컨대 김일성 대학의 교양과목을 보면 조선로동당 투쟁사, 세계로동당사, 마르크스 · 레닌주의 사상, 정치 경제학, 노어, 군사학 등으로 되어 있다. 「김일성 저작집」(제7권)에는 "고등교육 부문에서 위대한 수령님과 영광스러운 당에 대한 충실성 교양을 기본으로 하는 유일사상 교양을 첫 자리에 놓고 교수교양사업을 진행하여 학생들이 위대한 주체사상으로 튼튼히 무장한 인텔리로 믿음직하게 키우는데 힘을 넣는다" 라고 되어 있다.

이러한 고등교육의 취지는 김일성 주체사상에 입각하여 집단주의 정신의 가치관을 가지고 그에 적합한 유능한 인재의 양성에 주된 목적을 두고 있는 셈이다.

3. 남북한 교육의 비교

이제까지 남북한의 교육정책과 학교제도에 관하여 발전과정과 현행제도를 중심으로 기술하였다. 이제 남북간의 공통점과 차이점을 찾는데 초점을 맞추어 비교해 보도록 한다.

1) 교육정책의 비교

① 교육이념면에서 남한은 민주이념의 구현이라는 바탕에서 교육의 민주화 작업의 일환으로 교육정책이 수행되고 있다. 이에 대하여 북한은 마르크스 · 레닌주의 교육이론의 구현이라는 바탕에서 교육정책이 건국 초기부터 수행되었다. 이러한 다른 정책의 수행은 남북한의 정치체제 출발의 배경이 전혀 다르기 때문에 불가피한 것으로 판단된다.

② 남과 북의 초기의 정책목표에서 일제의 잔재를 청산해야 한다는 면에서는 공통점을 찾아볼 수 있다. 남과 북이 해방과 더불어 교육제도의 개혁, 교육내용의 개편, 교육기회의 확대 등을 서두른 것은 이러한 공통점에 해당된다고 볼 수 있다. 그러나 남한은 민주이념의 구현이라는 관점에서 일제잔재의 청산을 시도하였으나, 북한에서는 공산주의 사회건설을 목표로 일제잔재의 청산을 시도하였다.

③ 남과 북의 교육에서 추구하는 인간성이 근본적으로 차이가 있다. 남한의 교육에서 추구하는 인간상은 "민주시민"이며 북한의 교육에서 추구하는 인간상은 "공산주의 사회건설을 위한 혁명투사"이다. 이와 같은 차이점은 남과 북의 정치이념에 대한 차이와 정치이념 도입에 대한 배경부터가 전혀 다르기 때문이다.

④ 교육내용과 방법 면에서는 남한은 자유민주주의가 추구하는 개성의 존중, 자율성 신장을 기본으로 하여 개혁을 시도하였다. 그러나 북한의 경우는 사회와 인민을 위하여 투쟁하는 투철한 혁명가로 인간을 개조하는 이른바 집단주의 정신을 기본으로 하여 개혁을 시도하였다. 이는 남한이 추구하는 인간상과 북한이 추구하는 인간상이 근본적으로 다르기 때문에 그 구현의 일환으로 교육내용과 방법이 다를 수밖에 없다고 하겠다. 따라서 남한의 교육내용과 방법은 자의적인 면이 강하고 북한의 교육내용과 방법은 강제적이며 선전적인 요소가 강하게 부각되어 있다.

⑤ 교육정책의 변화과정에서 보면 남한은 60년까지 자유방임기적 성격을 가지고 교육정책이 추진되었고 60년대 이후부터는 국가계획에 따라 국가발전과 경제개발에 교육을 연계시켰고 또 이 때부터 민족의 주체의식 함양에 힘썼다. 그러나

북한의 경우는 해방 직후부터 국가가 교육을 관장하여 공산주의 정치이념 구현의 도구로 이용하였고 60년대 후반부터는 김일성의 주체사상을 중심으로 모든 교육 활동을 집중시키는 교육정책으로 변모되었다. 남과 북의 교육정책은 60년대 이후부터 민족의 주체성을 강화하는 면에서 공통점을 찾아볼 수 있으나 남한의 경우는 한국화 또는 한국적 교육이라는 면에 강하게 부각되고 있는 반면 북한에서는 당의 유일사상과 김일성의 주체사상(Kimsim)에 중심을 두고 세습체제를 정당화하기 위한 것으로 볼 수 있다.

2) 학교제도의 비교

① 남한의 기본학제는 미국식의 개방적이고 민주적인 단선형 제도를 도입하여 운영하면서 자율성 신장, 개성의 신장, 개성의 존중, 교육기회의 확대를 시도하는 것이었다. 그러나 북한의 기본학제는 소련의 노동통일학교의 기본 골격을 도입하여 공산주의 사회건설에 적합한 새로운 인간상의 교육목표 구현에 초점을 맞추었고, 교육과 노동을 연결시켜 사회와 인민을 위하여 투쟁하는 진실한 혁명가로서의 임무와 기능을 발휘할 수 있는 사람을 기르는데 역점을 두었다.

② 취학전 교육은 남한에 비하여 북한의 경우가 크게 강화되고 발전되었음을 발견할 수 있다. 그러나 남한의 취학전 교육은 어린이의 심신의 발달을 조장하는 순수한 교육적 동기에서 취학전 교육을 운영하고 있다. 그러나 북한의 취학전 교육은 일찍부터 정치사상 교육에 중점을 두고 공산주의 사상 주입과 집단주의 정신의 함양을 조기에 효과적으로 달성하고자 하는 차원에서 이루어지고 있음을 알 수 있다.

③ 의무교육은 남한의 경우 9년 간의 초 · 중등교육까지로 되어 있으나 북한의 경우는 유치원 상급반을 포함하여 초 · 중등까지 11년 간의 의무교육을 실시하고 있다. 그러나 남한의 경우 의무교육 연한을 늘려야 하는 문제와 교육비 부담 등이 해결되어야 할 과제로 남아 있다.

④ 학교교육의 운영에 있어서 기본적으로 남과 북이 다른 점은 목적과 내용이다. 남한의 경우는 민주시민을 양성하는데 목적을 가지고 그 내용과 방법의 운영

이 개인의 성장에 기본원리를 두면서 국가발전에 연결시키는 자의적 교육체제를 유지해 나가고 있다. 그러나 북한은 각급학교의 교육목적이나 내용 및 방법이 공산주의 혁명사상에 대한 주입과 고취를 통하여 혁명투사가 되고 나아가서 김일성 주체사상으로 튼튼히 무장하는 교육으로 일관되고 있음을 알 수 있다.

서양교육사

제 2 부

제1장 그리스사회의 교육

제2장 로마사회의 교육

제3장 중세사회의 교육

제4장 문예부흥과 교육

제5장 종교개혁과 교육

제6장 실학주의와 교육

제7장 계몽사상과 교육

제8장 근대사회의 교육

제9장 현대사회의 교육

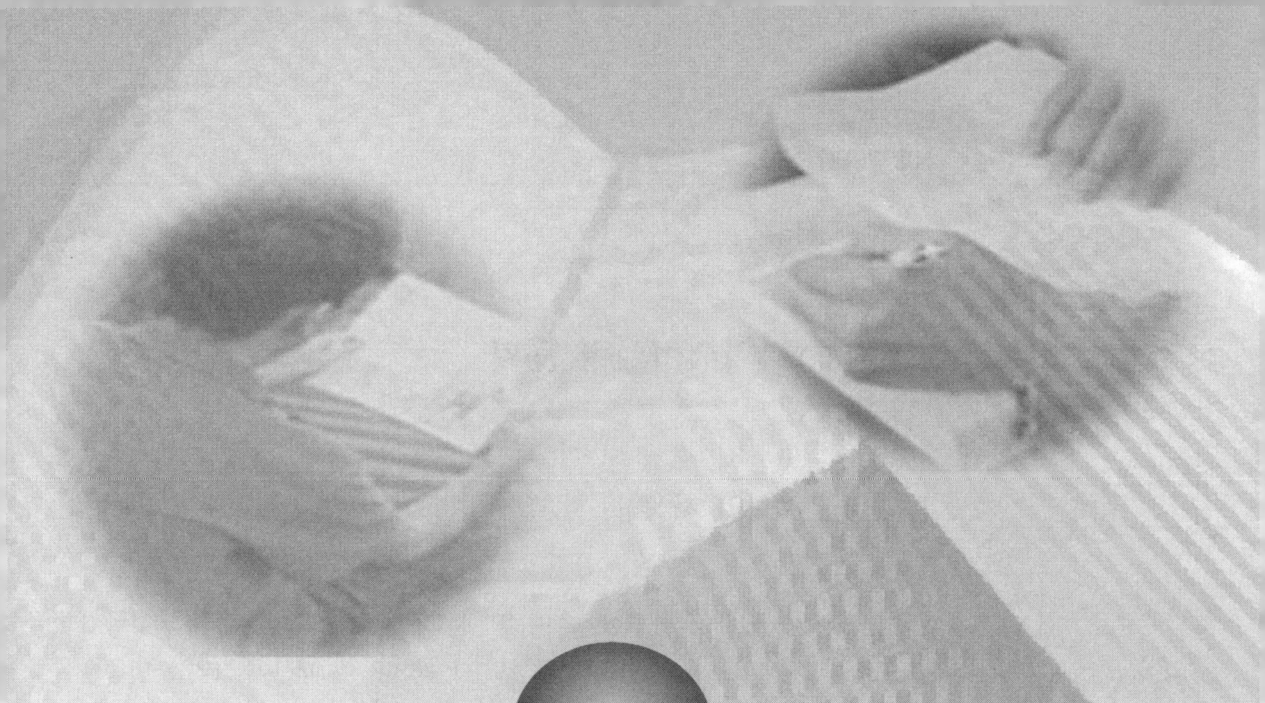

제 1 장

그리스사회의 교육

제1절 그리스사회와 문화

1. 그리스사회와 사상

그리스(Greece)는 원래 스파르타(Sparta), 아테네(Athens) 등 수십 개의 도시국가(Polis)를 포함한 총칭으로서 그 민족의 구성도 다양하다. 이 때문에 그리스 민족은 헬라스(Hellas)[1]라고 하는 고명을 가진 아리안족(Arians)으로서, B.C. 11세기경에 북방 발칸반도에서 남하하여 펠로폰네서스(Peloponnesus) 반도에 스파르타를 세운 도리아족(Dorians)과 펠로폰네서스 중부에 정주하여 아테네를 건설한 이오니아족(Ionians)을 비롯하여 에올리아족(Eolians), 아키이아족(Achaeans) 등을 포함한 여러 작은 씨족들의 집합 민족이다.

이러한 씨족으로 구성된 그리스 민족의 사회적 특색의 첫째는 현세본위(現世本位), 즉 현세주의이며[2] 제2의 특색은 국체본위(國體本位), 즉 부락적이며 혈족단체적 성질을 현저히 띠고 있었다는 것이다. 결혼에 있어서도 신분이 같고 재산의 동등함이 주된 조건으로 되어 있었다. 즉, 신분이나 재산상에 있어서의 서로 다른 사람들끼리는 결혼을 할 수 없었다. 특히 아테네에 있어서는 같은 종족간의 결혼이 아니면 공인되지 않았고 또한 완전한 시민권을 얻을 수 없었다. 더욱이 아테네의 여자는 외국인과의 결혼이 금지되어 있으며 만약 외국인과 결혼을 한 자는 엄벌에 처해졌던 것이다. 그리고 제3의 특색은 계급주의(階級主義), 즉 계급적이었다. 스파르타는 왕국이었고 아테네도 기원전 8세기 중엽까지는 왕을 대관하고 있었다. 그 후 아테네는 귀족제로 되어 기원전 6세기 말부터 공화국으로 되었다.

그러나 스파르타와 아테네는 다같이 자유민들이 귀족사회를 이루는 반면, 그 밖의 다수 민들은 노예 또는 반노예의 생활을 하였다. 그리스의 자유민들의 생활

---

1) Greece란 이방인들이 부르던 호칭으로 희랍인 스스로는 그들을 헬라스(Hellas : 光, 즉 빛을 뜻함)라고 불렀다.

2) 吉田態次, 西洋教育史概說, 東京, 日黑書店, pp. 57-60.

은 가족중심이 아니고 직접적으로 그 사회에 종속되어 있기 때문에 가족주의라기보다는 오히려 귀족주의에 가깝다고 할 수 있다. 그러므로 그리스의 남자들은 자기 나라를 옹호하는 권리와 의무를 갖고 있었지만 그것은 자유민에 국한된 것이었다. 이 점에 있어서 그리스의 사회는 계급제도의 사회로서 그 교육면에 있어서도 역시 그리스의 자유민, 즉 귀족의 교육에 한정되어 있었다.

그리스 사상의 특색은 현세주의, 자연주의, 낙천주의의 셋을 들 수 있다. 그러나 위의 셋은 별개의 것이 아니라 서로 결합되어 있다. 현세주의는 자연주의이면서 낙천주의가 되기 때문이다. 그리스 사상(Hellenism)은 헤브라이 사상(Hebraism)과 전혀 반대되는 입장에 서 있다. 헤브라이 사상은 미래주의, 초자연주의, 염세주의라고 볼 수 있기 때문이다. 고대사회에 발상되었던 이 헤브라이 사상과 그리스 사상은 동서고금의 사상계에 대립하여 흐르는 사상의 2대 계류로서 역사상에 나타난 사상의 싸움은 거의 2대 사상의 갈등에 지나지 않는다고 볼 수 있겠다.

2. 그리스교육의 특질

교육은 언제나 그 사회 및 그 문화 속에서 규정된다. 따라서 그리스의 교육은 그리스사회 및 문화 속에서 나타난다. 그러므로 그리스 사회 및 문화의 특질을 곧 그리스교육의 모습으로 규정짓고 있다.

그리스교육의 특질을 일반적으로 규정짓기는 곤란하나 그 공통되는 바를 총괄적으로 추출하여 보면 다음과 같다.

첫째, 자유교육, 교양교육(liberal education)이었다.

그리스사회는 자유민과 노예로 구분되어 교육은 전자에만 한정되어 있었다. 플라톤이 치자계급만의 교육을 주장한 것도 이러한 시대적 원인의 결과라고 볼 수 있겠다. 그러므로 자유교육이란 자유민에게만 실시되고 또 교양을 몸에 지니기 위한 자유민에 상응하는 교육을 의미한다.

둘째, 미적 정조의 교육이었다.

그리스인의 "아름다움"을 추구하는 것은 그들의 생활양식에서의 당연한 귀결이었다. 그리스문화 자체가 모두 미의 이상에로 흐르고 있고, 또 그리스사상 자체가 현세주의, 자연주의, 낙천주의로 인생의 목적은 행복하게, 아름답게 생활할 것을 희구한 것이다. 여기에 균형잡힌 신체와 원만한 정신의 조화적 발달을 그리스교육이 지향하는 목적으로 하였다.

셋째, 개성신장의 교육이었다.

국민 개인은 그 사회의 구성분자이다. 개개인의 신장은 곧 사회 전체의 신장을 뜻한다. 아테네 사람들은 초기부터 각 개인이 완전한 개성적 발달이 이루어졌을 때 국가에 가장 잘 봉사되어진다.[3]는 생각을 하고 있었다. 이러한 개성 신장의 그리스교육은 그 결과 개인 및 사회의 현저한 발전과 찬란한 그리스문화를 조성할 수 있었다. 이처럼 그리스의 개성 존중과 개인발달의 기회가 부여된 교육적 경향을 비교한다면, 개성을 억압하고 고전주의에 집착하는 동양의 교육과는 대조적인 일면이 있다.

제 2 절 그리스교육의 내용

1. 그리스교육의 시대적 구분

그리스교육의 시대적 구분은 보통 기원전 5세기 중엽을 경계선[4]으로 하는 이른바 페리레스 시대(the Periclean age)를 전후하여 고 그리스시대와 신 그리스시대로 나눈다. 그리고 고 그리스시대는 호메로스 시대와 역사시대로 나누어 구분하는 것이 보통이다.

호메로스 시대는 전설의 시대이다. 선사 혹은 전사시대라고도 하는 이 시대는 대략 기원전 10세기경까지로 추측된다. 이 시대의 그리스인들은 완전한 사람으로

---

3) F. P. Graves, A Student's History of Education, The Macmillan Co., New York : 1960, p. 31.
4) P. Monroe, A Text Book in History of Education, The Macmillan Co., New York : 1911, pp. 61-62.

서의 2개의 사상을 갖고 있었는데, 그 하나는 지혜인(the man of wisdom)이고, 또 하나는 실천인(the man of action)이라는 사상이었다. 여기에서 전자는 오디세우스(Odysseus)에 의하여, 후자는 아킬레스(Achilles)에 의하여 잘 대표되고 있다.[5] 트로이(Troy)전쟁에서의 그리스군의 원정기인 일리아드(Iliad)와 전후적 귀국도상에서의 표류체험기인 오디세이(Odyssey)의 2편의 유명한 호머의 시가 곧 이 시대의 주된 교육내용이었다. 그러므로 호메로스 시대는 교육을 위한 별개의 특별한 조직이라든지 방법이 있었던 것은 아니었다. 이 때문에 교육사가들에 의해서 특별한 주목을 끌지 못한 채 버림받고 있다.

역사시대는 스파르타와 초기 아테네의 두 도시국가의 교육을 포함한다. 이 시대에 있어서는 교육의 개인적인 면보다 사회적인 면에 중점을 둔 이른바 그리스 민족의 사회적 전통에 의한 교육이 행해진 시대이다.

이 시대는 국민사상의 과도기로서 새로운 철학사상이 발달하여 새로운 교육실천이 형성된 시대이다. 이른바 소피스트(sophists)의 사상이 그것이고 소피스트의 교육사상이 그것이다. 또한 소크라테스, 플라톤, 아리스토텔레스 등 위대한 사상가들이 배출된 것도 이 시대이다.

2. 그리스교육의 실제

그리스인들이 가지고 있는 그들의 생활사상은 인간의 선·미(善美)에 있었다. 따라서 교육의 목적은 첫째, 개인의 여러 능력을 원만하게 또 건전하게 발전시키는 것, 둘째, 개인으로 하여금 선·미의 관념을 갖고 품위를 보존케 하는 것, 셋째, 선량한 공민, 즉 자유시민이 되게 하는 것이었다.

이러한 목적을 달성하기 위하여 그들이 사용한 교과는 "체육"과 "음악"이었다. 체육은 신체적 단련을 목적으로 하며, 음악은 정신적 도야를 목적으로 했다. 그 후 점점 발달함에 따라서 문법, 수사, 수학, 천문, 기하 등을 과하였다. 그러나 그리스는 스파르타, 아테네, 마케도니아 등 약 20개 정도의 각각 독립한 도시국가

---

5) E. H. Wild, Foundation of Modern Education, Farrar and Rinehart, Washington D.C. : Educational Manual, 1921, 1944, p. 82.

로 분립되어 있었기 때문에 교육의 실제에 있어서도 각 도시국가에 따라서 조금씩 달랐다. 따라서 그리스의 도시국가 중에서 가장 대표적인 스파르타와 아테네의 교육에 대하여 일아보기로 한다.

1) 스파르타(Sparta)의 교육

귀족, 평민, 노예의 3 계급으로 구성된[6] 도리아(Doria)족의 스파르타 교육은 스파르타의 건국사정에서 살필 수 있다. 소수의 도리아족은 토착 원주민의 많은 여러 종족들을 정복하여 "스파르타"라는 도시국가를 세웠기 때문에 정복자보다 피정복자 수가 훨씬 많았다. 여기에 군국주의 교육, 국가주의 교육이라는 스파르타 교육의 성격이 한 마디로 규정지워지게 된다.

스파르타의 시정방침과 교육의 목적 및 방법을 가장 명료하게 규정하고 있는 것이 바로 리쿠르구스(Lycurgus, B.C. 820)법전이다. 다시 말하면 스파르타 교육의 기초는 기원전 9세기경 리쿠르구스 헌법에 의하여 확립되었다. 이 법에 의하면 국가의 개인에 대한 절대적인 수월성을 인정하여 극단적인 군사교육으로서의 국가적 통제하에 있는 스파르타 교육[7]의 모습을 엿볼 수 있다.

스파르타 교육의 목적은 각 개인에게 이상적인 군인에 필요한 신체적 완성과 완전한 복종의 습관을 기르는 데 있었다. 힘, 용기, 인내, 기교, 애국심 및 군대적인 능률을 계발시키는 것이 스파르타의 선량한 공민의 이상이었기 때문이었다.[8] 그러므로 스파르타 교육은 국가주의 교육으로서 국방상의 요구에 응하여 국가를 위해서 기꺼이 자기의 생명을 바칠 수 있는 용감한 병사의 양성을 교육의 목적으로 삼았다는 것을 알 수 있다. 이것은 「교육 20세기」(Twenty Centuries of Education)에서 "모든 스파르타의 생활은 군사적 기초 위에서 조직되고 있다. 스파르타의 교육도 또한 같다. ……국가에 대한 군사적 봉사를 위해서 시민을 훈련하는 스파르타의

---

6) H. G. Good, A History of Western Education, The Macmillan Co., New York : 1960, p. 19.

7) R. F. Butts, A Cultural History of Western Education, MaCGraw-Hill Book Co., New York : 1955, p. 33.

8) E. H. Wilds, op. cit., p. 37.

교육목적은 시민은 국가를 위해서 존재한다는 사상에서 나온 것이다."[9]라고 한 것만으로도 이해될 수 있다.

교육방법은 국가관리 하에서 행하여졌다. 남아가 출생하면 먼저 럭제(Lechse)라고 하는 국립의 검사장에서 일단 국가관리로부터 건강진단을 받는다. 이 진단에서 합격된 아이는 6세가 될 때까지 부모의 책임 하에 가정에서 기른다. 이 시대를 "어머니의 아들 시대"라고 한다. 그러나 건강치 못한 병약자나 불구자는 테이게투스(Taygetus) 산록에 있는 "아포테타(Apotheta)라고 하는 깊은 동굴 속에 버리게 된다. 7세가 되면 어머니의 아들이 "나라의 아들"인 국가의 공동교육장에 입소한다. 이 곳에서는 국가에서 임명된 교육감독관(paianomos) 밑에서 엄격한 군대식의 공동훈련을 받는다. 18세에서 20세까지는 본격적인 군대교육을 받아 20세가 되면 정식으로 현역 군인집단에 편입된다. 이 때부터 30세가 되는 10년 동안은 현역군인으로서 지금까지의 훈련을 기초로 하여 실전에 참가하게 된다. 30세에 이르러 처음으로 군인으로서 교육을 마치고 성인이 되어 시민권을 얻고 또 결혼이 허락된다. 그러나 튼튼한 아이의 출생은 국가의 소망이므로 결혼도 우생학적인 면에서 국가에서 감독하였다. 이와 같이 7세로부터 30세까지의 군대식 교육의 기간을 "나라의 아들 시대"라고 한다.

스파르타의 교육내용은 체육과 음악이었다. 신체적 도야수단으로서 체육이 중시되었고 정신적 도야수단으로서 음악이 중시되었다. 따라서 지적 도야는 생활에 필요한 것에만 한정되어 리쿠르구스 법전의 암기, 호머 시의 암송 등에 그쳤다. 체육의 구체적 내용은 오예기(五藝技 : 달리기, 뜀뛰기, 원판던지기, 씨름, 창던지기)를 비롯하여 칼싸움, 승마, 수영, 수렵 등을 과하였다. 학예가 점점 발달함에 따라 정신적 도야수단으로서 음악 이외에 문법, 수사, 수학, 천문 등을 과하는 한편, 춤의 노래와 진군의 노래를 군사훈련과 함께 과하였다.

이러한 스파르타 교육의 실제는 비단 남자교육에만 국한되는 것이 아니고, 여자교육에도 마찬가지였다. 스파르타에 있어서의 여자는 7세까지 남아와 더불어 가정에서 양육되다가 그 후에 일정한 인원수에 따라 몇 개의 반(packs) 또는 조(troops)로 편성되어 일정한 여자교육을 받는다. 여기에서 반 또는 조라는 것은 여자들로

9) Edgor.W. Knignt, Twenty Centuries of Education, Ginn and Co., Boston, 1940, pp. 51-52.

하여금 국가를 위하여 튼튼한 아이를 낳을 수 있는 신체의 소유자로 되게 하는 하나의 조직체를 의미한다. 따라서 이러한 반을 통하여 육아법과 도예를 다루는 훈련도 과하였다. 그런데 일반적으로 스파르타의 여자들은 건강한 병사보급의 기계라는 면에서 여자들의 지위는 비교적 높았다.[10]

이와 같이 스파르타의 여자교육은 한 마디로 말해서 건강하고 용감한 아이를 낳고 잘 양육하여 국가, 즉 군대에 바치는 것을 최대의 의무로 하는 교육이었다. 특히 스파르타의 부인들이 그 아들이 전쟁터로 출정 시 아들의 사기와 국가에 대한 충성심을 북돋우기 위하여 아들에게 주는 다음과 같은 말에서 더욱 여자교육의 본질을 알 수 있다.

"방패를 가지고 돌아오라, 그렇지 않으면 방패 위에 얹혀서 돌아오라."[11]

2) 아테네(Athens)의 교육

이오니아(Ionians)족이 아테네 시를 중심으로 하여 세운 아테네는 스파르타와 같이 그리스의 한 도시국가이지만 스파르타와 아테네는 그 성격이 달랐다. 스파르타는 극단적인 귀족전제주의였지만 아테네는 민주주의 정치체제였다. 이 때문에 아테네의 교육과 스파르타의 교육은 교육의 목적, 방법, 내용 등에 걸쳐 서로 다른 교육체제를 갖고 있었다. 그러나 비록 교육이 행해지는 체제는 다르다 할지라도 교육의 이상으로 하는 바, 그 근본정신에 있어서는 스파르타와 아테네가 모두 비슷한 것으로 보아야 할 것이다. 왜냐하면, 아테네에 있어서도 국가를 위하여 활동할 수 있는 유능한 공민을 양성하는 것을 교육의 이상으로 하였기 때문이다.

아테네 교육의 기초는 기원전 6, 7세기경의 솔론(Solon)법에 의하여 확립되고 있다. 여기에 의하면 아테네의 교육은 스파르타와 같이 교육의 전폭적인 국가적 통제가 아닌 사적 및 국가적 통제의 아테네 교육(private and stare control in athens)[12]의 모습을 찾을 수 있다. 이러한 이유로 아테네 교육의 목적도 스파르타와 같이

10) R. F. Butts, op. cit., p. 34.
11) M. G. Good, op. cit., p. 21.
12) R. F. Butts, op. cit., p. 34.

국가에 충성을 다할 용감한 군인만을 양성하는데 있지 않고 청년으로 하여금 민주적 이상에로, 즉 시민으로서의 신체적, 군사적, 지적, 미적인 기초를 주어 원만하게 균형잡힌 이른바 조화된 인간을 기르는 데 있었다.

교육방법으로는 자녀교육의 책임은 부모에게 있었기 때문에 가정교육은 매우 귀중하게 생각했다. 이 시기(취학전, 가정교육 시)에 있어서의 교육은 주로 신체적인 도야, 즉 몸의 단련에 있었다. 일반적으로 7세가 되면 이른바 교복(敎僕 : paidagogos)이라고 하는 노예에 동반되어 학교에 간다. 오늘날 교육학(padagogik)의 어원도 교복(paidagogos)이라는 말에서 나온 것이다. 학교에는 2가지 종류의 학교가 있었다. 하나는 팔레스트라(Palestra)라고 하는 공공의 체조학교이며, 또 하나는 다이다스칼레움(Didascaleum)이라고 하는 사립의 음악학교이다. 오전에는 체조학교에서 달리기, 창던지기, 씨름, 높이뛰기, 원판던지기 등의 5종 극기(the pentathlum)와 다른 신체적 훈련을 위한 체육과목을 배우고, 오후에는 음악학교에 가서 노래부르기, 피리 부는 방법 등의 음악과목과 간단한 문법, 독, 서, 산(3R's) 등을 배웠다.[13] 이 시기에 아테네에는 3가지 종류의 교사가 있었다. 즉, 문자교사, 음악교사, 체조교사를 말한다.[14]

아테네의 학교에 있어서 체조와 음악 등을 중시하고 있는 점은 스파르타의 교육과 그 정신면에 있어서는 거의 동일하다. 다만 음악과 체조과목 이외에 앞서 말한 기타 과목을 과하고 있는 면이 스파르타의 교육과 다르다. 16세에 이르러 비로소 교복의 보호에서 떨어져 자유스럽게 성인과 더불어 교제하면서 지적 훈련도 받을 수 있었다. 이와 동시에 아테네 교외에 있는 "김나지아(Gymnasia)"라고 하는 공립체육관에서 18세까지 2년 간 보다 높은 수준의 신체적 단련을 위한 교육을 받는다.

18세에 이르면 자유민으로서 에페베(Ephebe)라는 군대식조합에 들어가게 된다. 이 조합에 들어갈 때에는 아테네 시민이 모이는 공개석상에서 충성을 서약하는 이르나 에페베 선서(Ephebe Oath)를 하고 20세까지 군대식으로 군사교육을 받는다. 20세까지의 교육을 마치면 비로소 아테네 시민의 자격인 시민권을 얻어 정치활동에 참가할 수 있으며 또 자유스러운 사생활을 영위할 수 있었다.

13) F. P. Graves, op. cit., p. 21.
14) R. F. Butts, op. cit., p. 37.

한편 아테네에 있어서 여자교육의 이상은 가정을 원만히 잘 꾸려나갈 수 있는 현모양처를 양성하는 것이었다. 이러한 이상에 입각하여 아테네에 있어서는 여자에게 학문의 필요성을 인정하지 않았다. 다만 가정에서 가사, 재봉 등의 가사학습이 전부였고 지적 교육은 무시했다. 지적 교육은 오히려 여자의 정숙과 덕을 해롭게 하는 것으로 여겨 이를 적극적으로 피하는 경향이었다. 이 때문에 아테네 사람들은 여자를 어릴 때부터 주로 방안에서만 생활하게 한 탓으로 체격상에 있어서는 스파르타 여자에 비할 바가 못되었다.

제 3 절 그리스의 교육사상가

1. 소크라테스(Socrates, B.C. 469~399)

소크라테스는 조각가를 아버지로, 산파를 어머니로 하여 아테네에서 태어났다. 그가 태어날 때는 아테네는 정치적으로 최성기이며, 지적으로는 소피스트의 활동에 의하여 지식의 욕구가 대단히 고조되어 있을 무렵이었다. 비록 청년시절에 있어서 3회에 걸친 종군생활과 또 공적 생활에 종사한 일은 있으나, 경제적인 가정형편으로 넉넉한 교육을 받지 못하고 오직 자학자습에 의한 여러 사상적 문제에 골똘할 따름이었다. 그리하여 당시 소피스트에 의하여 나쁜 영향을 받고 있었던 그리스 사회와 사상을 바로 잡기 위하여 노력하였으나, 오히려 신을 모독하고 청년들을 타락시킨다는 이유로 소피스트들의 참소(讒訴)를 받아 이단자로 취급, 체포되어 옥고 끝에 "악법도 국법"이라는 유명한 말을 남기고 독배를 마시니 그의 나이 72세였다.

그의 사상은 단 한 권의 저작물도 남기지 않아 알 길이 없지만 수제자인 플라톤(Platon)의 대화편에서, 크세노픈(Xenophon, B.C. 430-354)의 저서 「큐로파이데이아(Kuropaideia)」 및 「소크라데스의 기억(Memorabilia)」, 그리고 여러 다른 제자들의 저서 등을 통하여 찾아볼 수 있다. 그리스 고대의 도덕철학의 개조(開祖)라고 불리워지는 소크라테스의 사상은 "인간은 만물의 척도다"라는 명제에서 그 출발점을 구하고 있다. 그러나 소피스트의 "인간"이 개개인을 의미한데 대해서 소크라테스는 "인간"이라는 말을 보편적인 의미로 이해하였다.[15] 뿐만 아니라 소피스트의 주관주의를 극력 배척하여 지식 및 도덕의 보편 타당성을 인정하고 있다. 그러므로 그는 소피스트에서 출발하여 소피스트의 사상을 물리치고 있음을 알 수 있다.

이와 같이 그는 지식은 보편적인 타당성을 갖는 것이라고 보았기 때문에 지식과 도덕 간에는 밀접한 관계가 있음을 주장하였다. 즉, 덕을 쌓자면 먼저 덕이 무엇인가를 알아야 한다. 덕이 무엇인가를 안다면 인간은 반드시 덕을 행한다. 부덕은 덕이 무엇인가를 모르는 곳에서 생긴다. 따라서 덕과 지는 일치하는 것이다. 즉, "지는 덕(Knowledge is virtue)"이라고 하는 지덕합일설(知德合一說)을 주장하였다.

이렇듯 그는 학문의 목적을 견고한 도덕적 성격을 기르는 것으로 단정했다. 도덕적 성격이란 참으로 선을 알아서 이를 실행하는 성격을 말한다. 사람은 원래 선을 희구하고 있기 때문에 참으로 선을 알면 악을 행하지 않는다. 그러면 선이란 무엇이냐? 선은 아름다운 것이다. 선은 이(利)를 가져오고 덕은 복을 가져온다. 그러므로 선을 안다면 악을 행할 리가 없다.[16] 즉, 악은 무지의 결과라고 하는 지행일치, 학행일치설(學行一致說)을 주장하고 있다. 이렇듯 그는 교육의 목적은 지덕합일에 지행일치 또는 학행일치에 있다고 하였다. 그러므로 누구보다 먼저 스스로 알아야 할 것이 선무(先務)임을 깨닫게 된다. 왜냐하면 지의 시작은 먼저 스스로를 아는 곳에서 출발하기 때문이다. 이러한 면에서 그의 사상은 천고의 금이라고 할 수 있는 "너 자신을 알아라(know yourself)"고 하는 한 마디 말로 집약될 수 있을 것이다. 그렇기 때문에 그는 이 무지(無知)에서의 세계를 애지(愛知 : philosophia)의 세계로 개조하기 위하여 일생을 바쳤다.[17]

그는 이러한 교육목적을 달성키 위하여 시장, 공원, 거리 할 것 없이 사람들이 모이는 곳이라면 모두가 그의 교육장이 되었다. 그러므로 그의 교육방법은 문답법이 주가 되었다. 문답법에는 2종이 있다. 하나는 반어법(反語法 : ironic method)이고,

---

15) S. Duggan, A Student's Text-Book in the History of Education, Appletion-Century Crofts, Inc., New York, 1948. p. 27.
16) 武政太郎, 歐美教育史, 東京, 富士書店, p. 13.
17) 김선양, 교육사강의, 서울, 재동문화사, p. 48.

다른 하나는 산파법(産婆法 : maieutic method)이다. 반어법이란 여러 가지 질문을 하여 상대방으로 하여금 지식의 그릇됨을, 즉 스스로의 무지를 깨우쳐 주는 방법이고, 산파법이란 상대방의 기지에서 출발하여 미지에로 이르게 함으로써 드디어는 상대방으로 하여금 적극적으로 새로운 지식을 얻게 하는 방법을 말한다. 소크라테스는 "너 자신을 알아라"를 교육의 출발점으로 하고 또 문답을 통해서 지식의 개발을 도모했기 때문에 오늘날에 이르기까지 그를 "개발교수의, 또는 계발적 교육방법의 시조"로 불리워지고 있다. 그가 항상 "나는 지식을 가르치는 사람이 아니오, 이를 낳게 하는 조산부(助産婦 : maid, midwife)이다.[18]라고 말한 것은 곧 현대교육의 근본원리와 다를 바 없다.

2. 플라톤(Platon, B.C. 428~347)

아테네의 명문가인 귀족 출신인 플라톤은, 그가 20세 때 소크라테스의 문하에 들어가 8년 간 사사하였다. 기원전 386년 플라톤의 나이 40세 때 아테네 근처 아카데모스(Academos) 체육장에 아카데미아(Academia)라는 학교를 세워 그가 82세까지 일생을 독신으로 이 교육사업에 전념하였다. 아카데미아라는 말이 오늘의 아카데미(Academy)이며 대학의 기원이라고 할 수 있다. 그러므로 플라톤의 학파를 아카데미학파라고 하는 이유도 여기에 있는 것이다.

플라톤은 소크라테스와 달리 여러 저서를 남기고 있다. 그의 사상은 국가편(The Republic)과 법률편(The Laws)에서 엿볼 수 있다. 특히 그의 교육사상은 루소(Rousseau)가 이미 지적한 바와 같이 "국가편"에서 더욱 잘 나타나고 있다.

플라톤의 철학사상의 근원은 이데아(idea)론이다. 이데아란 이념, 이성, 관념을 뜻한다. 따라서 모든 사물에는 그 사물의 본체, 즉 이념이 존재함을 인정하고 이것을 이데아라고 이름지었다. 그리하여 이데아는 그 사물의 상주불변(常住不變)의 성질을 지칭하는 것이라고 했다. 그러므로 그는 이데아세계와 현상세계와의 이원적 세계관에 근거를 두고 있다. 전자는 우리들의 이성의 대상인 초감각적

---

18) 김영돈 외, 서양교육사, 서울, 교우사, 1961, p. 12.

세계인 상주불변의 세계, 이성의 세계, 실존의 세계를 말하며, 후자는 경험의 세계인 변화유전의 세계, 감각의 세계, 생·멸의 세계를 말한다. 따라서 현상세계인 경험세계의 실체계는 모두 이데아의 모방에 지나지 않거나 또는 이데아세계의 그림자에 지나지 않으며 영원불변의 것이 되지 못한다고 보았다.

플라톤의 교육목적은 이데아의 실현, 즉 진·선·미의 절대적인 가치를 추구하는 이데아의 세계를 실현하는 데 있었다. 여기에 그가 이상적 국가론을 제창한 이유를 알 수 있다. 그러면 그의 교육목적인 이데아의 실현이란 구체적으로 무엇을 뜻하는 것일까? 이데아의 실현이란 인간을 도덕적으로 인도하는 것이다. 인간을 인도하여 도덕적 생활에로 이르게 하자면 국가 일원으로서의 유능한 인간으로 만들어야 한다. 이와 같이 국가를 위하여 유능한 인물을 양성하는 것, 즉 "유능한 시민"을 육성하는 것이 플라톤 교육의 직접적인 목적이었다. 이것은 그의 법률편에서 "공정하게 국민을 다스리는 방법과 다스림을 받는 방법"[19] 이라는 말로 표현된 사상에서 더욱 뚜렷하게 나타나 있다.

플라톤의 교육계획 내용은 6세 이전의 유아에게는 동화와 신화를 가르친다. 6세에서 18세까지는 체조와 음악을 교육하는데, 여기에서는 음악은 독·서·산. 무용을 포함한다. 18세에서 20세까지는 체육과 군사훈련을 시킨다. 그리하여 20세에 무사가 될 사람은 떨어져 나가고 앞으로 철인이 될 사람은 10년 간 산수·음악·기하·천문학을 공부하다 30세에 와서는 이중에서 가장 우수한 자를 선발하여 5년 간 철학(변증법, 형이상학)을 가르친다. 다시 50세에 철인으로서 정권을 잡는다.[20] 이러한 교육계획에 따르면 국가 최고의 통치자는 철학자가 되어야 한다는 철인정치설을 강조했으며, 이를 위하여 교육의 중요성을 강조하였다.

한편 플라톤은 국가론 7편에서 동굴의 비유를 통해 교육의 본질을 규명하고 있다. 그에 의하면 교육이란 인간에게 원래 선천적으로 내재해 있는 힘을 잘 개발하여 스스로 이데아의 세계를 볼 수 있도록 인간의 영혼을 전향시키는 일이다. 다시 말하면 교육이란 단순한 학생들의 머릿속에 단순한 지식을 주입시키는 일방

---

19) Platon, The Laws, Book1 143 E. Vol., p. 65.

20) R. F, Butts, A Cultural History of Western Education Its Social and Intellectual Foundation, New York : McGraw-Hill Book Company Inc., 1955, pp. 75-76.

적 작용이 아니라, 잠자고 있는 영혼을 자극하여 국가 사회에서 자신의 맡은 바 소임을 스스로 다할 수 있도록 일깨워 주는 일이다.

3. 아리스토텔레스(Aristoteles, B.C. 384~322)

그리스 최대의 철학자인 아리스토텔레스는 마케도니아(Makedonia) 왕의 시의(侍醫)의 아들로 태어났다. 그의 나이 18세 때 아카데미아에 입문하여 그 후 20년간 플라톤에게 사사하였다. 기원전 342년에 마케도니아의 필립(Philip) 왕으로부터 초청받아 당시 태자로 있던 13세의 알렉산더(Alexander)의 스승이 되어 4년 간 그의 교육을 전담하고 있었다. 알렉산더 대왕의 즉위 후 다시 아테네로 돌아온 그는 아테네의 교외에 학교를 세워 교육사업에 전념하였다. 이것이 유명한 소요학교(逍遙 : Lyceum)이다. 소요학교는 마치 산책하는 것처럼 숲 속을 거닐면서 가르쳤다는 이유에서 나온 말이며, 후세의 철학사에서 그의 학파를 리숨(Lyceum)학파니, 또는 소요학파(Peripateic)라고 하는 이유도 여기에서 나온 말이다. 그의 사상은 저서인 「정치학(The Politics)」과 「윤리학(The Ethics)」 등에서 엿볼 수 있다.

아리스토텔레스의 철학설은 스승 플라톤과는 정반대의 입장에 선다. 플라톤의 사상이 형이상학적 관념적 이상론이라고 한다면, 아리스토텔레스는 실증주의적 경험론이라고 할 수 있다. 그는 플라톤에 대해서 비판적이었다. 그 이유는 초감각적 이데아를 "영혼의 눈"으로 본다고 하는 스승의 신비주의를 수긍하지 못했기 때문이며, 또한 만물이 실재하고 있는 구체적인 존재, 즉 사물을 바탕으로 하지 않는 이데아는 있을 수 없다는 입장을 택했기 때문이다. 이러한 이론은 스승의 보편주의에 대한 개체주의 입장을 취한 것이다. 즉, 형상(形相 : form)과 질료(質料 : matter)가 결합된 일체로서의 존재, 다시 말하면 "형상을 가진 진료(formed matter)" 또는 "질료 중의 형상(form in matter)"인 실존적 개체를 중요시하였다. 현실에 있어서 모든 사물은 생성 변화하는 것이다. 그리고 질료는 일정한 형상을 명백하게 나타낼 수 있는 가능성을 가지고 있으며, 형상은 질료를 현실화하는 힘을 가지고 있다는 것이다. 그러므로 형상과 질료는 가능성과 잠재태(潛在態 : dynamic)에서 현재태(顯在態 : energeia)로 향해 발전하는 운동인 것이다. 이와 같은 사상에 의해 모든

사물의 존재와 변화를 발전적으로 설명했다.[21)]

아리스토텔레스의 교육사상은 행복을 최고의 목적으로 하는 개인의 완성에 두고 있다.[22)] 그는 개인을 완성시키는 요건으로서 자연, 습관, 이성을 들고 있다. 첫째, 자연적(선천적) 요소는 가변적인 것이며, 둘째, 습관은 훈련에 의해서 선 또는 악하게 습관되어지는 것이며, 셋째, 이성은 인간을 인간답게 완성하는 근본적 요소이다. 이와 같은 3가지가 조화적으로 상호작용하는 가운데 교육의 목적이 달성되는 것이다. 따라서 인간은 "사회적 동물"이라고 하였다. 다음으로 아리스토텔레스의 교육단계와 교육내용을 살펴보면 초등학교(1~7)에서는 훌륭한 육체적 · 도덕적 습관을 중시하였다. 중등교육(7~14)은 그림 · 체육 · 음악을 통한 정서적 훈련을 강조했다. 고등교육(15~21)에서는 수학 · 논리학 · 과학 · 철학 · 수사학을 통하여 시민적 훈련과 이성의 훈련을 주장하였다.

21) 차석기, 서양교육사, 서울, 집문당, 1981, p. 30.
22) R. Ulich, History of Education, New York : American Book Co., 1950, p. 4.

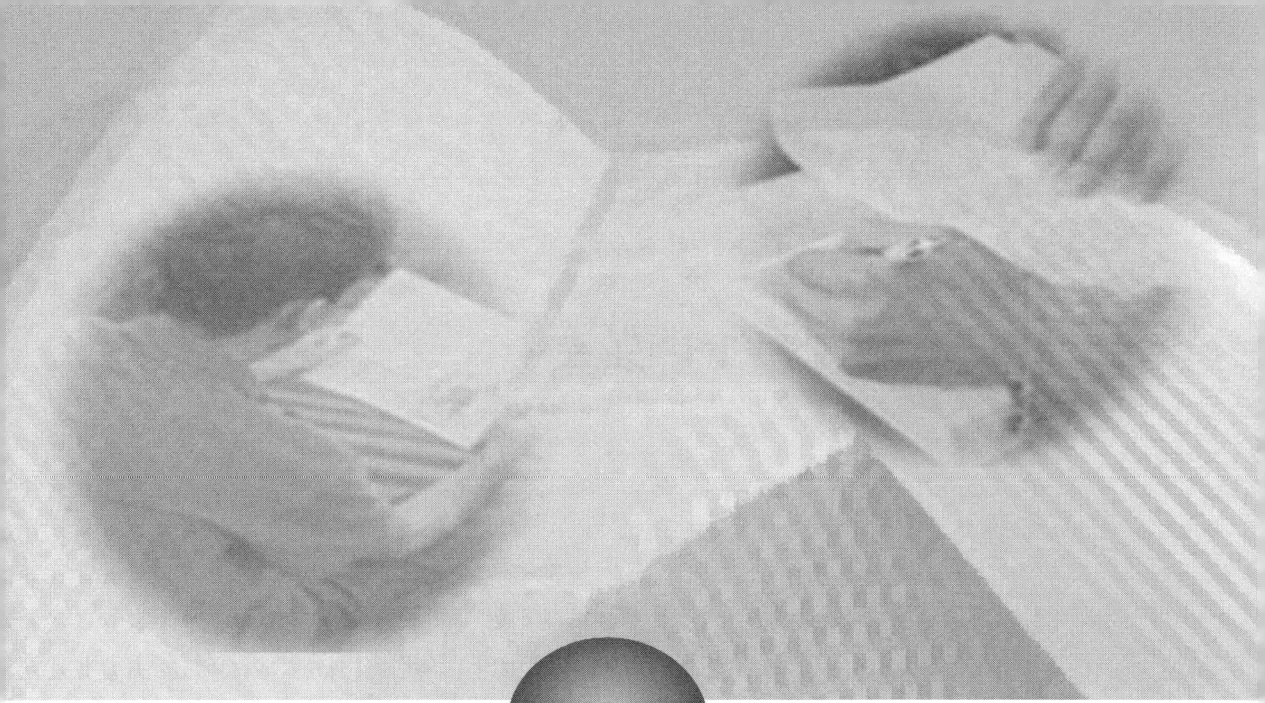

제 2 장

로마사회의 교육

제1절 로마사회와 문화
제2절 로마교육의 실제
제3절 로마의 교육사상가

제1절 로마사회와 문화

1. 역사적 배경

그리스의 뒤를 이어 독특한 사회로 발전한 로마는 이탈리아반도의 티벳강 유역에서 소도시국가로 발전한 나라이다. 로마의 대외적 정책은 그리스와는 달랐다. 즉, 가까운 많은 도시국가들을 정복, 병합하여 영토를 확장했으나 피정복민을 노예로 삼지는 않았다. 로마는 오히려 그들에게 자치제를 실시하여 동맹국으로 하였다. 때문에 영토는 넓어지고 인구는 증가하여 B.C. 275년에는 이탈리아반도를 완전히 통일하고, 또다시 동방으로 세력을 뻗쳐 마케도니아, 시리아, 이집트, 소아시아 및 지중해 등지를 제압하여 B.C. 200년대에는 "세계의 모든 길은 로마로 통한다"고 할 만큼 대국가를 건설하였다.

로마의 대내적 정책은 왕정(B.C. 753~509)에서 공화정(B.C. 509~A.D. 27) 그리고 제정(A.D. 27~476)에로 거치는 동안 계급 투쟁이나 무력 혁명에 의한 돌발적인 변화 없이 로마인들의 애국심과 정치적 수완에 의해서 해결되어 왔다.

로마의 정치조직은 귀족, 평민, 노예 계급이 있었으나 귀족 계급에서 원로원, 평민 계급에는 민회가 있었다. 원로원에서 선출되는 통령과 민회에서 선출한 호민관이 서로 타협하여 국가 민족의 발전에 힘을 모았다. 이러한 정치조직은 군주제·귀족제·민주제도의 요소를 합해서 운영한 제도라고 할 수 있다.

이와 같이 뭉친 국력으로 장기간 포에니전쟁(B.C. 246~146)에서 카르타고를 물리친 것이다. 이 포에니전쟁에서 승리한 로마는 세계적 대국으로 발전하면서 종전의 대외 정책에 변동을 일으켜 사회제도에도 영향을 미쳤다. 즉, 제국주의의 본질을 노골화하여 근면하고 강직하던 로마인도 노예를 사용하여 생산수단으로 삼았다. 또한 그리스가 정복(B.C. 146)되면서 그리스문화에 접근하게 되어 고유의 로마문화(근면, 검약, 애국심, 정직, 용기, 실리적 생활 태도)는 점점 없어지고, 그리스문화에 동화되어 그리스어는 교양 있는 로마인의 필수 용어로 되어 호머의 시인 일리아드와 오딧세이(Odyssey)는 교양의 상식으로 되었다. 그래서 그리스인은 노예의 몸으로 로마 특권계급의 교사로서 역할을 하였다.

2. 문화적 배경

호레이스(Horace, 65~8 B.C.)는 말하기를 "무력에 패한 그리스는 그들의 문예로서 다시 로마를 사로잡았다(Captive Greece took captive her rude conqueror, and brought the arts to Latium)"고 하였다. 이것은 외적으로 화려한 로마도 공화정 말기에는 점차 그리스의 문화를 수입하여 로마 고유의 문화를 잃어버리게 됐다는 것을 의미한다.

정치에 있어서도 권력다툼의 수라장으로 변했다. 즉, 그락쿠스(Gracchus)가 사살되고 B.C. 60년에는 삼두정치로 로마가 3분되었으나 폼페이우스, 크랏수스는 사살되고 시이저(Caesar)도 이집트의 여왕(Cleopatra)과 정교에 의해 왕의 칭호를 얻으려 했으나 원로원의 브루투스(Brutus)에 의해 암살되었다. 시이저가 죽은 후 안토니우스 · 옥타비아누스 · 레피두스의 권력다툼은 제2의 삼두정치가 되고, 네로(Nero)의 폭정 등에 의해서 로마 고유의 풍토는 말살되고 안일한 개인주의와 향락에 빠져 실제적이고 현실적인 도덕과 준법정신은 점차 없어지고 말았다.

제 2 절 로마교육의 실제

로마는 건국(B.C. 753)으로부터 서 로마제국의 멸망(476)까지 약 1,000년 간의 기간을 존속하였다. 교육사적 시대구분은 사회제도의 변천에 의해서 구분되어야 하지만 로마사회는 정치형태에 의해서 사회가 변화되었으므로, 이 동안 로마는 정치사적으로 보아 왕정제(B.C. 753~509)와 공화제(B.C. 509~27), 그리고 제정제(B.C. 27~A.D. 476)의 3단계로 나눈다.

1. 공화정시대의 교육

왕정시대는 교육사적인 면에서 특기할 만한 것이 없고, 다만 전설적 내용으로 취급되는 것이 교육사적인 통례이다. 따라서 로마의 교육의 시대적 구분은 공화정시대와 제정시대의 교육으로 나누어 생각해 볼 수 있다.

공화정시대의 교육은 로마가 그리스문화를 수입하기 전의 교육을 말한다. 그러므로 이 때의 교육은 실제적이고 실리적이며 또 검소하여 강건하며 도의심과 애국심이 강한 인상을 이상으로 하는 로마 고유의 교육적 성격이 두드러지게 나타나는 시대의 교육이다. 이러한 특징을 가진 공화정시대의 교육을 가정교육과 학교교육으로 구분하여 살펴보기로 하자.

1) 가정교육

고대 로마의 초기에 있어서는 가정이 교육의 장소였고 그 가정의 가장이 교육의 책임을 맡고 있었다. 이와 같이 고대 로마의 교육은 가정을 중심으로 하여 이루어지고 있었다. 이것이 바로 로마 전기 교육의 특색이었다.

가정교육의 일반적 목적[1]은 소년으로 하여금 건강하고 강하게 또 신과 부모 및 법률을 존경하고 존중하는 사상을 불어넣어 주며 나아가 전시에 유용하고 평화시에는 직업에 유용한 인물이 되도록 하는데 있었다. 이러한 목적을 달성하기 위한 교육내용으로서는 특권계급의 소년들은 말타기, 권투, 수영 그리고 창사용법을 배웠다. 소녀들은 그들의 어머니로부터 주로 가정일이나 상류계층 부인들의 행동양식에 대한 훈련을 받았다. 이처럼 공화정시대의 가정교육은 일상생활의 실제와 행동적 과제가 중심이 되었다. 따라서 국가는 교육에 대해서 전혀 간섭하지 않고 교육의 권능을 가정에 일임하였으며 교육에 대한 법령은 물론 특정한 교육기관도 설립한 바 없었다.

---

1) R. F. Butts, A Cultural History of Western Education, McGraw-Hill Book Co., New York : 1955, p. 84.

2) 학교교육

공화정시대 로마의 교육은 국가가 관여하지 않고 가정에 위임되었다. 따라서 국가의 공립교육기관은 존재하지 않고 주로 가정교육 중심이었다. 그러나 가정에 따라서는 자녀들을 훌륭히 교육할 만한 능력을 갖지 못한 집안도 있었다. 이러한 가정은 가정교사를 초빙하거나 개인이 설립한 사숙(학교)에 보내야만 했다. 즉, 학교의 사적 통제[2])가 이루어지고 있었다. 이러한 사회적인 요구에 응해서 도처에 사립의 사숙 또는 학교가 생겼다. 특히 공화정 말기(BC 100년경)에 이르러 두드러지게 이런 종류의 학교가 많이 나타난다. 그러나 공화정 말기부터 그리스 문화가 수입됨에 따라 이제까지 로마교육의 특색이었던 가정중심의 교육은 차츰 그 자취를 감추고 그리스적인 학교가 나타나기 시작하였다. 루두스(Ludus), 문법학교, 수사학교 등이 바로 이것이다.

2. 제정시대의 교육

학교교육을 중심으로 하여 발전된 제정시대라 할지라도 학교의 종류 등에 있어서는 공화정시대와 별로 다름이 없었다. 즉, 초등학교의 루두스, 중등교육기관인 문법학교, 고등교육기관인 수사학교 등 공화정 말기의 학교유형과 같았다. 그러나 내용의 변화, 즉 강조점과 지지면[3])에 있어서는 현저한 차이가 있어서 교육목표를 건강한 신체, 유능한 정치인, 웅변가의 양성에 두고 있었다.

1) 초등교육(루두스 : Ludus)

공화정시대의 초등학교와 같은 성질의 학교이다. 교육기관으로는 사립학교인 루두스가 있었다. 특히 제정시대의 학교교육은 주로 중등 이상의 학교교육에만

---

2) R. F. Butts, ibid., p. 85.
3) R. F. Butts, ibid., p. 87.

치중하였기 때문에 초등교육에는 큰 차이를 발견할 수 없었다. 6~12세 아동이 3R's와 12동판법을 교재의 주요 내용으로 했다. 물론 이 학교는 사립이므로 학교의 유지 운영은 수업료인 월사금에 의존하였다.

2) 중등교육(문법학교 : Grammar School)

공화정시대에 비하여 가장 많은 변화를 받은 교육기관이 중등교육으로서 문법학교이다. 여기에는 루두스의 초등교육과정을 이수한 12~16세까지의 아동을 수용하여 주로 문법, 문학 등의 과목은 물론, 고등교육의 예비과정으로서 중세의 7자유학과(3학 : 문법, 수사학, 논리학. 4과 : 산수, 기하, 천문학, 음악)의 다채로운 내용을 교수하였다.

문법학교에는 2종류가 있었다. 하나는 그리스어 문법학교이고, 또 하나는 라틴어 문법학교이다. 전자는 그리스어를 중심으로 하여 교수하는 중등교육기관이며, 후자는 라틴어를 중심으로 교육하는 중등학교이다. 그리스어 문법학교는 동방에서(in the east), 라틴어 문법학교는 서방에서(in the west) 행하였음을[4] 그리고 로마 최초의 중등교육기관이 모두 외국어학교로 시작되었다는 것은[5]주목할 만한 것이다. 물론 문법학교도 루두스처럼 사립학교였지만 루두스와는 달리 정부의 보조금이 있었는데, 이것은 당시 로마정부가 문법학교를 얼마나 중요시했던가를 단적으로 입증해 주는 한 증거이기도 하다.

3) 고등교육(수사학교 : Rhetorical School)

고등교육은 문법학교를 수료한 16~18세까지의 소년들을 대상으로 교수했다. 고등교육기관으로서 수사학교와 철학학교가 있었지만, 수사학교가 거의 대부분을 차지하고 있었다. 철학학교는 제정시대 전 기간을 통해서 지방의 여러 도시에 분포되어 있었지만, 로마나 지방도시에서는 그다지 볼 수 없었다.[6]

---

4) R. F. Butts, ibid., p. 87.
5) 大紫衛, 歐美教育史概說, 東京, 理想社, p. 38.
6) R. F. Butts, op. cit., p. 87.

수사학교의 교육목적은 정치가를 지망하는 학생들에게 변론에 능통한 웅변가를 양성하는데 있었기 때문에 수사학과 웅변술을 교육내용으로 했고, 철학학교는 윤리학 · 변증법 · 수학 · 물리학 등이 교육내용이었는데, 그 중에서도 윤리학과 스토아학파(stoics)의 사상을 중시하였다. 이외에도 법률학은 당시 사회풍조의 필요성에 의하여 크게 발달하였으며, 로마인은 법률의 천재라고 할 정도로 법률에 우수하였다.

다음으로 로마교사들의 지위에 대하여 살펴보면, 초등학교 교사는 주로 노예나 점령지에서 강제로 끌려온 사람들이었게 때문에 그 지위는 대단히 낮았다. 그러나 중등 및 고등교육기관의 교사들은 사회적 지위가 어느 정도는 높았다. 이 중에서도 그리스에서 온 철학자, 문법학자, 과학자, 수사학자, 체육가 등은 대접을 받았으며, 특히 아우구스투스(Augustus) 제왕은 포고령(333년 10월 27일)에서 "우리들은 의사 및 학자가 그의 처와 자녀를 포함한 모든 공무와 과세에서 면제할 것을 명령한다. 이러한 학교는 그들이 그의 학생들에게 일반교양이나 기술을 한층 더 교수하기 위함이다"라고 한 것처럼 교사는 우대를 받았다.

이 밖에도 역대 대왕들은 교사의 지원과 학술진흥에 힘썼는데 그 내용을 살펴보면 다음과 같다.

① 안토니우스(Antonius, 82~30 B.C.) 황제는 그리스 및 로마 수사학자를 옹호하고 봉급을 지급하여 연구를 장려했고, ② 베스파니아누스(Vespanianus, 66~79) 황제도 수사학교 교사들의 봉급을 국고에서 지급했다. ③ 트라자누스(Trojanus, 98~117) 황제는 빈곤한 학생들의 장학제도를 설치하고, ④ 하드리아누스(Hardianus, 117~138) 황제는 아테나움(Athenaum)이라는 학원을 설립하였고, ⑤ 마루쿠스 아우렐리우스(Marcus Aurelius, 161~180) 제왕은 고등교육기관의 교사들에 대한 봉급을 국고금에서 지급하였으며, ⑥ 콘스탄티누스(Constantinus, 306~337) 대제는 의사, 교사, 수사학자, 문법학자의 가족들에게 면세조치토록 하였다. 이리하여 학교교육이 발전됨에 따라 로마는 학술과 문화의 중심이 되었는데, 이것은 무엇보다도 로마의 역대 제왕들이 교육에 대한 적극적인 보호와 지원이 있었기 때문이었다.[7)]

7) R. F. Butts, ibid., p. 87.

제 3 절 로마의 교육사상가

1. 시세로(M. J. Cicero, 106~43, B.C.)

어려서부터 총명하여 로마, 아테네 등에서 문학, 철학, 법률 등을 공부하고 B.C. 77년에 귀국하여 중요한 관직을 역임하였고, 케사르와 폼페이우스와의 싸움에서 후자를 두둔하였기 때문에 추방되었다가 후에 사면되어 귀국하여 문필에 종사하였다. 케사르의 암살에 대하여 안토니우스와 의견을 달리하였기 때문에 암살되었다. 그의 철학사상 · 교육사상 등은 웅변술, 문장 표현술 등과 더불어 후세인 문예부흥시대에 시세로 주의를 발전시켰다.

그의 교육목적은 첫째, 선을 유지하고 선을 생활화하는데 있으며, 둘째, 인문적 교양을 가진 웅변가를 양성하는 데 있었다. 웅변가는 넓은 교양과 사물 그리고 인성에 대한 철학적 지식을 구비하여 선을 미화하는 토론에 능숙하고 정의를 지닌 자로서 공명정대한 대의를 부르짖어야 한다고 말했다. 그는 이와 같은 교육목적을 달성하기 위하여 첫째, 악을 근절하고 선을 조장할 수 있는 환경을 만들어 주어야 하고, 둘째, 아동의 교육은 교훈적이며 평화스럽게 해야 하며 체벌로써 아동을 좌절시키거나 치욕을 주어서는 안 되고, 셋째, 아동에게 조국과 국가에 대한 감사의 정신을 기르도록 하였다. 이 정신은 후일 시세로를 학자이고 애국자로 지칭하게 하였다.

2. 퀸틸리아누스(M. F. Quintilianus, 35~95)

퀸틸리아누스는 스페인의 칼라구리스에서 태어났다. 그의 아버지는 로마의 유명한 수사학자였기 때문에 어려서부터 수사학과 법학을 배워 한때 고국에 돌아가 수사학을 전파했다. 10년 후(68)에 다시 로마에 돌아와 수사학교를 개설하여 문법,

문학, 웅변술 등을 교수하였기 때문에 베스파시안(Vespasian, 66~79) 황제의 신임을 얻어 국가의 조력을 받고 처음으로 공적 봉급을 받는 교사가 되었다.[8)]

그는 인간의 선천적인 인성을 선으로 보고 개인이 가진 능력과 자질도 선에서 개발되어지는 것이라는 입장을 취하고 있다. 특히 아동의 자연을 중시하여 "새는 날을 수 있게 세상에 태어났으며, 말은 달릴 수 있게 세상에 태어났고, 사람은 배우며 이해할 수 있게 세상에 태어났다."고 말하였다. 이와 같이 아동이 선천적으로 향유할 수 있는 소질을 신장시키고 발전시키는 것이 퀸틀리아누스의 교육목적이다. 그는 교육목적을 달성하기 위하여 3단계의 교육방법을 주장하였다. 즉, 가정교육과 학교교육 그리고 전문적 수사학교교육 등으로 나누었는데 그 중에서도 가정교육을 가장 중요시하였다.

1) 가정교육

그는 조기교육을 중요시하였다. 부모는 어린이의 표본이 될 수 있도록 의식적으로 행동에 관심을 가져야 하고, 주고받는 말을 바르게 표현함으로써 최초 모방하는 어린이에게 좋은 인상을 주어야 한다. 부모의 잘못된 언어나 행동은 어린이에게 그대로 영향을 미치며 언어습득의 기초적 장애나 행동장애 등이 어릴 때 나타나게 되므로 방심해서는 안 된다. 또한 언어나 행동은 강제적 방법을 쓸 것이 아니라 흥미나 유희적 방법에 의해서 배우게 하고 질책보다 격려와 상으로 자극해야 한다. 그는 희랍어의 습득은 웅변가로서 불가결한 것이기 때문에 모국어인 라틴어보다도 그리스어를 가르칠 것을 주장하였다. 그 이유는 모국어는 일상생활에서 학습할 수 있기 때문이며, 또 로마의 학문과 문화는 그리스로부터 수입되고 계승된 것이기 때문이다.

2) 학교교육

학교는 서로 다른 많은 학생들이 모여 있기 때문에 서로 선의적인 경쟁을 자극

---

8) S. Dugga, A Students Text-Book in the History of Education, Appleton Century Crofts, Inc., New York : 1948, p. 65.

하여 서로 결함을 보완하며 우정을 나누고 집단생활의 공동의식을 함양하는데 의의를 두고 있다고 정의하고 그래서 공중도덕과 지식을 연마하여 조화적 생활과 훈련에 익숙해질 것을 요구했다. 그의 교육내용은 문학을 중심으로 문법학교 과정을 이수한 자는 수사학교에서 높은 전문적인 지식내용인 산수, 인문학, 기하, 음악, 철학 등을 교육내용으로 한다.

교육방법에 있어서 ① 체벌금지, ② 개성존중, ③ 조기교육 주장, ④ 흥미 유희중시, ⑤ 경쟁의식 조장, ⑥ 교사선발 의 중요성 등을 주장했는데, 특히 아동 본위의 인간 존중 사상과 개성을 소중히 하여 천부의 선을 계발해야 하는데 체벌은 노예에게 사용되는 최악의 수단이므로 선량한 아동을 해롭게 하는 것이며, 회초리를 맞은 가엾은 어린이들의 공포는 다른 어린이들에게도 영향을 끼친다고까지 말하여 교육방법에 있어서 체벌금지를 강조하였다.

그는 부인과 두 자식을 잃고 만년에 공직에서 물러나 저서에 전념했는데 그의 20년 간의 교육경험을 배경으로 2년 간에 걸쳐 완성한 것이 「웅변교수론(Institus Oratorice, 12권)」이다. 그리고 「교수론」과 「교사론」 등의 저서가 있다.

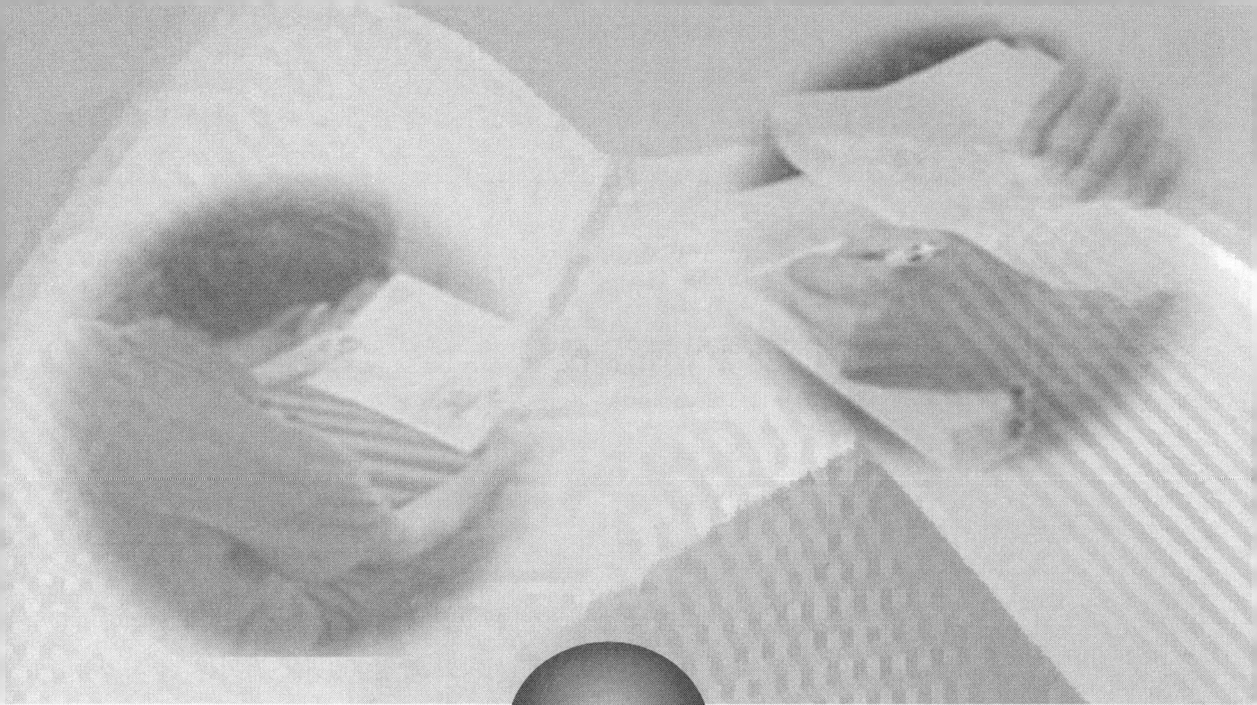

제 3 장

중세사회의 교육

제1절 중세사회와 문화

제2절 중세사회의 교육

제1절 중세사회와 문화

1. 중세사회의 개관

중세라 하면 통상 서로마제국이 멸망한 476년부터 동로마제국이 몰락(1453)하여 Renaissance운동이 태동하는 15세기 직전까지의 약 1,000년에 걸치는 긴 시기를 말한다.

일반적으로 사가들은 이 시기를 암흑시대라고 한다. 로마제국을 멸망시킨 German족은 라틴족이 이룩한 로마문화를 소멸시켰다. 이 때문에 로마적 사회는 어디서든지 그 명맥을 볼 수 없었다.[1] 중세가 일반 사가들이 말하는 것처럼 진정 암흑시대라고 한다면 교육사상에 있어서도 거의 어떠한 진보 발전을 볼 수 없음도 당연하다. 그러나 다른 한편에서 본다면 중세는 중세대로의 가치를 발견할 수 있었다. 중세는 실로 근세를 탄생시키기 위하여 특수한 문화와 사회상태를 이룩한 시기로서 해석되어야 할 것이다. 이러한 의미에 있어서 중세사회는 다음과 같은 4가지의 요소로서 개관할 수 있다.

① 기독교의 성립과 발전, 즉 야만 미개한 게르만족의 교화에 이어서 견고한 교황권(papa)의 구축을 통해서 기독교문화가 형성되었다.

② 근동 아라비아에서 발흥하여 이슬람(Islam) 교조 모하메드(Mohamed, 570~632)를 중심으로 사라센(Saracen)제국을 성립시켜 사라센문화를 형성하였다.

③ 서로마제국을 멸망시킨 게르만족의 일파가 세운 프랑크(Frank) 왕국의 카알대제(Karl Charles)의 치세를 거쳐 난숙한 민족적 봉건국가(정치적으로는 봉건제도 feudal-ism, 경제적으로는 장원제도 manor system)가 성립되었다.

④ 11세기 말(1,096)에서 약 200년에 걸쳐 실시된 십자군 원정의 실패로 교황권의

---

1) W. Cunningham, The Growth of English Industry Commerce. I. 5H. ed. Cambridge, 1922, p. 60.

실추와 봉건제도의 몰락에서 오는 도시의 발달과 세속적 교육(대학과 시민학교)의 발달 등이다.

위에서 말한 4대 요소 중에서도 기독교와 봉건국가의 성립은 구질서를 대신하여 중세의 새로운 질서를 이룩한 것이다. 다시 말하면 기독교는 교황을 중심으로 교회에 의하여, 그리고 민족적인 봉건국가는 게르만족에 의하여 각각 중세사회의 새로운 질서를 확립할 수 있었다. 그러므로 기독교와 봉건사회의 성립은 중세의 2대 세력을 형성하였던 것이다.

2. 중세문화의 특징

게르만족에 의하여 흩어진 고대사회(Rome)의 질서는 새로운 중세사회의 질서로 바뀌어졌다. 즉, 중세사회는 안정과 질서를 위한 끊임없는 노력과 투쟁[2)]을 통하여 새로운 질서의 수립을 촉구하게 되었는데 여기에는 기독교가 등장하여 새로운 질서를 담당하게 되었다. 중세는 기독교의 질서 속에서 기독교가 지배하는 사회였으며, 기독교의 신앙을 기반으로 하여 중세문화가 유지되었고 또 발달하였다.

중세사회는 국가세력은 낙후되고 사원의 세력이 커졌다. 따라서 기독교의 지배를 받는 시대였다. 중세 사상은 내세적, 평등적, 종교적 사상을 토대로 하였다. 여기에서 종교적이란 사람의 현세생활은 신의 나라를 건설하는 것이며, 신의 나라에서 하나님과 영원히 행복된 생활을 누리는 것이다. 평등이란 기독교의 교리에 의하여 사람은 빈부귀천을 막론하고 누구나 신의 아들로서 평등한 것이다. 그러나 중세사회는 봉건주의 사상의 영향으로 승려들이 특권계급을 형성하여 사회를 지배하였다.

교회도 역시 교리로는 평등하나 교황이 최고의 권위자로서 인위적으로 귀족주의 정신을 부식시켰다. 이처럼 교리와 당시 사회는 서로 상반되는 비민주적 사회였다. 그러므로 고대사회의 사상이 자연주의, 국가주의, 주지주의적 경향이었다고 한다면, 중세사회는 초자연주의, 내세주의, 금욕주의, 신중심주의, 주정주의, 세계(평등)주의 사상을 내포하고 있다.

---

2) R. F. Butts, op. cit., p. 116.

제 2 절 중세사회의 교육

1. 중세의 교육사상

기독교중심인 중세의 사상은 고대 그리스 로마의 사상과는 판이하였다. 현실을 부정하고 인간의 자연적 특성을 금기하면서 현세는 내세의 준비기로서 천국에서의 영생을 지상목표로 삼았다. 중세의 교육사상은 다음과 같다.

① 내세주의 교육사상이다. 그리스 로마의 교육사상은 진, 선, 미의 문화생활을 현세에서 찾아보려던 현세주의에 비하여, 중세의 교육사상은 현세에 두지 않고 내세를 동경하며 현세의 생활은 오직 내세에 도달하려는 수단으로만 보았다.

② 금욕주의 교육사상이다. 고대 교육사상이 현세에서 실천하고 향유하려던 현세주의에 비하여 중세 교육사상은 인생관에 원죄설을 주장하여 죄에 대한 대가로서 현세의 고행과 금욕을 경험해야 할 운명적 존재라고 하였다. 따라서 인간의 자연적 성질을 금기하여 자연적 성정을 이탈함을 이상으로 한 금욕주의를 주장했다.

③ 신중심주의 교육사상이다. 고대 교육사상은 자연을 중심으로 하여 아동의 인격을 조화롭게 발전시키려는데 있었지만, 중세의 교육사상은 신을 중심으로 하여 신을 존경하고, 믿고, 복종하는 것에 전력하였다. 따라서 교육의 목적, 내용, 방법은 신중심주의였다. 고대의 자유민의 양성을 위한 자유주의 교육사상은 자취를 감추고 신을 중심으로 한 교권주의 교수방법이 자리를 차지하게 되었다.

④ 주정주의 교육사상이다. 고대 교육사상이 인문주의를 토대로 한 이성의 도야를 중시하고 이지를 소중히 여기던 주지주의이였던 점에 비하여 중세의 교육사상은 신에 대한 절대적 복종을 토대로 한 주정주의이다. 아동의 종교적 정서의 도야가 중세 교육의 뚜렷한 목표이었다. 의지를 도야시키는 것도 이지를 발달시키는 것도 종교적 정서생활을 경험하는 수단에 불과하였다. 가정교육, 학교교육, 사회

교육에 이르기까지 시에 대한 경건한 심정을 함양시키는 것이 사명이었다. 고등교육에 있어서도 물론 그리스철학을 교수했지만 이는 기독교를 신학적으로 이론화시켜 설명하는데 불과하였다. 스콜라철학이 발달된 것도 이에 원인이 있었다. 이리하여 중세의 초현세주의, 내세주의 도야사상은 그리스 로마사상과 대립되어 전혀 새로운 인생관 · 세계관을 만들고 중세의 특수한 교육사상을 형성하였다.

2. 중세사회의 교육

중세란 서로마가 멸망한(476) 이후 동로마가 멸망(1453)하고 문예부흥이 시작되는 15세기까지 약 1,000년 동안을 말하는데 이것은 정치사적 구분이고, 문화사적으로는 서기 529년 투스티아누스(Tustinianus) 황제에 의하여 아테네대학에 폐쇄령이 내려진 때에서 시작하여 15세기 유럽에 인문주의 물결이 일기 시작한 때까지로 구분한다. 즉, 신중심주의 중세적 색채가 퇴색하여 인문주의의 근대적 정신이 생성되어지는 시기까지를 말한다.

그러나 중세의 시기로서 어느 쪽이든 정설로서 받아들일 수 없다. 그것은 정치적 또는 문화적 사건으로 중세사회가 돌연히 탄생된 것이 아니기 때문이다. 따라서 중세는 기독교사상이 유럽을 지배하는 시기로 보는 것이 타당할 것 같다. 교육사적 시대구분으로는 전기(4세기~10세기)를 암흑시대, 후기(10세기~14세기)를 세속중세시대로 구분하여 논하기로 한다.

1) 중세 전기교육

(1) 기독교의 학교

그리스와 로마의 철학은 지적인 사색을 하는 인간의 도덕적 문제에 대한 해결책을 제시하였고, 기독교는 인간의 도덕적 본성에 해결방안을 제시하였다. 필연적으로 이러한 위치는 초기와 중세의 기독교인을 대신해서 그리스와 로마교육의 지적, 미적 양상에 대하여 무관심하게 되었다. 일반적으로 기독교인들은 헬레니즘(Hellenism)과 로마의 교육에 대하여 적대시하였다. 기독교는 그 이상과 목적을 달성하기 위하여 교육적 조직을 정비하였다. 즉, 문답학교, 고급문답학교, 본산학교가 그것이다. 기독교는 정비된 교육제도를 통해서 이교도를 교화하고 나아가 기독교도화했기 때문에 오랫동안 중세의 정신세계를 지배할 수 있었다.

① **문답학교**(Catechumenal School) : 문답학교는 문답식으로 교수한다는 뜻이다. 이 학교의 설립 목적은 일반대중과 이교도를 기독교화하기 위한 교육기관으로서 출발하였기 때문에 아직 세례를 받지 않은 이교도에게 준비교육을 실시하는데 있었다. 그러므로 교육내용은 기독교리의 문답과 예수 부활에 관한 간단한 지식이 주가 되었다. 수학연한은 처음에는 단기였지만 후에는 2년 또는 3년으로 연장되었다.

② **고급문답학교**(Catechetical School) : 고급문답학교는 문답학교 교사의 양성을 목적으로 설립된 학교이다. 따라서 이 학교를 고급교사학교라고도 한다. 교육내용은 그리스어의 학예와 철학, 수사학, 천문학, 문학 등을 가르쳤다. 이 교과목은 이론적으로 기독교교리와 신학문제에 관련을 맺어 교수했다. 특히 그리스어 학문이 바탕이 되어 기독교교리를 증명할 수 있는 이론적 근거를 마련해 둘 필요를 느끼기 때문으로 본다. 이 학교는 다만 기독교 지도자 양성을 목표로 했기 때문에 초등 또는 중등학교의 교육적 기능을 다하지 못하고 순수한 기독교를 위한 교육기관이었음은 교육제도면에서 매우 불행한 일이다.

③ **본산학교**(Cathedral School) : 본산학교는 교회의 감독자가 상주하는 본산 소재지에 설립된 학교이다. 그래서 이 학교를 사원학교 또는 감독학교라고도 한다. 이 학교의 목적은 목사 혹은 교회의 성직을 맡아 볼 교구장을 양성하는 데 있다. 교육내용은 성서, 신학, 철학, 과학, 그리스 문학 등이며 수준과 사회적 지위가 높은 자제들을 교육했다.

(2) 수도원학교

① **수도원주의**(monasticism) : 수도원주의란 육욕적, 현세적 향락주의를 거부하고 수도원이라는 고립된 숨은 거처를 찾아 영적 정신의 안정된 생활을 이루어 보겠다는 일종의 종교운동이다. 이 신도들을 승려, 또는 승(monk)라고 하며 이들은

기독교도이면서도 부패하고 세속적인 인간사회를 떠나서 신과 더불어 밝은 생활을 영위하려는 집단이다.

이들이 생활하는 곳을 수도원 또는 승원(monastry)이라고 한다. 따라서 승려들에게 공통된 근본사상은 금욕주의임은 물론이다. 그런데 이 종교운동은 유럽사회에서 먼저 발생한 것이 아니고 처음에는 1~2세기경 소아시아의 동방제국에서 일어나 3~4세기경 유럽사회에 들어와 기독교에 전파되면서 일대 종교적 세력을 차지하고 8~10세기 간에 전성시대를 이루었다. 그러나 11세기경부터 세속교육의 발달로 차차 그 세력을 잃게 되었다.

이러한 종교운동이 일어난 원인은[3]중세 초기사회의 타락과 경제적인 불안정, 종교적 박해와 이에 대한 공포, 속죄와 내세를 위한 영혼의 구제를 이룩할 수 있다는 사상, 내세가 가까웠기 때문에 내세에 대한 준비로서의 신앙, 교회의 세속화 등이다.

또 수원사상을 구체적으로 발전시키고 실천한 사람은 이탈리아의 성 베네딕트(Benedict, 480~543)이다. 그는 이탈리아의 한 부호로서 당시의 부패된 세태에 분개하여 사상 처음으로 나폴리 근처 몬테 카시노(Monte Cassino) 산성에 수도원을 창설하였다(529). 그리하여 그는 수도원의 조직과 관리와 구성원의 일상생활을 규제한 수도원생활규칙인 73개조의 계율을 만들었다. 이 규칙에 의하면 수도원 생활은 다음과 같은 3대사상을 실현하는데 있었다. 즉, 순결(chastity), 빈곤(poverty), 복종(obedience)의 셋이다.[4]

순결의 이상은 가족과 모든 인간관계와 그리고 가족제도에서 일어나는 애정에 대한 단념을 포함한다.

빈곤의 이상은 모든 경제적 관계와 생활의 물질적 이익에 거절함을 포함한다.

복종의 이상은 모든 권력, 계급차별에 대한 부정을 뜻한다.

이와 같이 수도원 생활은 완전히 사회적 조직의 3대 분야인 가정과 경제적 구조 및 정치적 상태를 부정했다. 수도원의 이상이 현세에 대한 준비가 아니고

3) 현대교육총서(2), 교육사, 서울, 현대교육총서출판사, 1961, p. 23.

4) E. H. Wilds, Foundation of Modern Education, Farrar and Rinehart Washington D.C. E. M. 921, 1944, p. 175.

내세를 위한 준비였기 때문이다. 다시 말하면 육체적 만족과 현세적 향락을 부정하고 금욕적 요소와 은거생활을 통한 고행을 강조했기 때문이다. 그러므로 수도원주의는 육체적 고행과 현세의 부인의 2가지의 원리[5] 위에 서고 있음을 알 수 있다.

② **수도원학교** : 수도원학교는 위에서 말한 수도원 사상을 배양하고 이를 전파하기 위하여 설립한 학교이다. 이 학교는 수도원에 부속된 학교로서 승려 또는 수도사업을 목적으로 하는 수도사를 양성함에 있었다. 그러나 후에는 일반 자제들의 교육도 담당하였다. 따라서 이 학교는 2과정으로 조직되어 있었다. 하나는 내교(內校)라고 하여 승려의 교육과정이며, 다른 하나는 외교(外校)라고 하여 일반아동의 교육을 말한다. 그런데 내교의 아동을 정원(正員)이라 하고, 외교의 아동을 외원(外員)이라고 불렀다.

교육내용은 내 · 외교 모두 초등반과 고등반에 따라서 달랐다. 초등반에서는 독, 서, 산 등의 초등 교과를 가르치고 고등반에서는 중세기에 확고한 기반을 가진 이른바 7자유학과[6], 즉 3학(문법, 수사학, 논리학)과 4과(산수, 음악, 기하, 천문학)의 고등교과를 가르쳤다. 이와 같이 수도원학교는 중세기를 통해서 도덕적 도야를 위한 가장 중요한 교육기관이었다.[7]

(3) 스콜라철학과 교육

초기 기독교는 무수한 순교자를 내면서도 시련을 이겨 콘스탄틴(Constantine)대제에 이르러 로마 국교로 승인되었고(313), 또 초기 교부철학자들에 의하여 교양의 기초를 닦은 기독교는 마침내 중세사상을 지배하게 되었다. 그러나 십자군 원정에서의 실패는 동서문화가 교류됨에 따라 상 · 공 시민이 형성되어 교황권이 무너지기 시작하고 중세기의 절대적 진리로 믿었던 기독교를 맹목적으로 신앙할 수 없게 되었다.

이와 같이 기독교 교리의 기초가 흔들리게 되자 이를 철학적으로 논증하고 증명하기 위한 움직임이 일어나게 되었다. 이 움직임이 다름 아닌 스콜라철학

5) E. H. Wilds, ibid., p. 175.
6) E. P. Cubberley, A Brief History of Education, Houghton Mifflm Co., Boston, 1922, p. 86.
7) P. Monroe, op, cit., p. 110.

(Scholasticism)이다. 즉, 스콜라철학이란 중세의 기독교 교리를 진리로 삼고 이를 전제로 하여 철학적 기초를 확립하고자 한 것이라고 할 수 있다. 구체적으로 말하면 기독교의 신앙과 아리스토텔레스의 철학이론을 결합시켜 이것을 철학적으로 완성하고 합리화시키자는 사상인 것이다.

스콜라철학의 목적은 신앙과 이성의 합치점을 찾는데 있었다. 즉, 이성에 의한 신앙의 지지에 있었다. 이론에 의하여 신앙을 변호하고 철학에 의하여 교회를 옹호하며 논의에 의하여 이단을 없애자는 것이다. 그러므로 스콜라철학은 철두철미하게 이성과 신앙간의 근본적 조화를 기획하려는 것임을 알 수 있다.

스콜라철학의 창시자는 안셀무스(Anselmus, 1033~1109)이다. 그의 실증적 논증은 그의 저서 「대화」의 서론에서 엿볼 수 있다. 즉, "나는 믿기 위해서 알 것이 아니라, 알기 위해서 믿는다."[8]라고 하여, 스콜라철학의 주제를 제시하고 있다. 그는 계속해서 "나는 믿는다. 내 마음이 아니면 알기 불가능하다. 기독교인은 신앙을 통해서 지식에로 나아갈 것이지 지식을 통해서 신앙으로 이르러서는 안 된다. 정당한 명령은 우리들이 그 사물에 대하여 입증하기 전에 우리들에게 깊은 기독교적 신앙을 요구한다." 이와 같이 지식 이전에 신앙의 의의를 강조하여 신의 존재를 논증하기에 힘썼다.

스콜라철학의 대표적 학자는 초기의 안셀무스를 비롯하여 명목론과 실재론을 절충시켜 삼위일체설을 주장한 프랑스의 아벨라르(P. Abelard, 1079~1142), 결정론을 주장한 이탈리아의 토마스 아퀴나스(Thomas Aquinas, 1225~1274), 그리고 결정론을 반대한 아퀴나스의 제자 스코투스(Duns Scotus, 1265~1308) 등이 유명하다.

수도원주의 교육은 도덕적 도야로서의 교육인데 대하여 스콜라철학의 교육은 지적 도야로서의 교육이었다.[9] 즉, 스콜라철학에 의한 교육의 실체는 급진적으로 지적 교육, 지적 도야에 치중되었다. 이 결과 문예부흥의 동기를 형성하였다. 이러한 지적 도야는 논쟁의 개발, 지식의 체계화, 지식체계의 숙달에만 치중하게 되어[10] 학자들은 논쟁을 위한 형식을 위한 체계화에 주력하였다. 따라서 개인의

8) E. W. Wilds, op. cit., p. 183.
9) P. A. Monroe, op. cit., p. 128.
10) 梅根 悟, 西洋教育史, 誠文堂 新光社, 1958, pp. 4-6.

창의성 또는 개성의 존중 등은 생각하지 않았다.

2) 중세 후기의 교육

(1) 중세 후기 교육의 발달

중세 중반기까지는 종교교육이 사회를 지배하였다. 그 이후인 8세기 초에 이르러 카알(Karl Charles, 742~814)대제에서 시작하여 승암학교의 외원교육, 그리고 11~13세기까지의 기사도 교육과 십자군 원정 이후의 시민교육이 절정에 달했으며 그리고 대학의 발달을 가져왔다.

① **카알대제**(Karl 大帝)**와 교육** : 카알대제는 프랑크(Frank) 왕국의 피핀(Pippin)의 아들로 태어났다. 그는 후일 국왕이 되어 고대 로마제국의 재건과 교육사업에 관심을 가지고 곧 자기 자신의 교양을 위하고, 게르만족을 위해 세계 각지의 유명한 학자들을 초청하여 카알 자신이 취학하여 국내 학풍을 장려하였다. 이와 같이 그는 교육사에 남긴 공헌이 지대하다.

② **궁정학교**(宮庭學校 : palace school) : 궁정학교는 서기 782년 영국의 유명한 요크(York) 본산학교(本山學校)의 석학 알퀸(Thomas Alcuin 735~804)을 초청하여 궁중에 학교를 세우고 카알대제 자신은 물론 왕후와 왕자, 왕녀, 그리고 왕족들이 이 학교에서 교육을 받음으로써 학문을 장려했다. 학과목은 문법, 수사학, 논리(변증법), 산수, 천문, 신학 등과 그리스어와 라틴어도 교수하였다.

③ **교육의 보급과 의무교육제도** : 교육의 일반적 보급과 발달을 위해 국민교화를 포고하고 787년에는 승려학교에 교육령을 내려 기독교의 포교와 일반서민들의 교육을 장려하였다. 교과목은 국민생활의 기초가 되는 읽기, 쓰기, 셈하기의 기초교육을 보급했다. 또 그는 일반 서민들에게 학문을 장려했을 뿐만 아니라 "국민으로서 모든 아동은 교육받지 않으면 안 된다"라고 802년에 선포했다. 이 포고는 정확한 기록은 없으나 인류 역사상 최초의 의무교육제도[11)]로 높이 평가되고 있다.

11) 大紫 衛, 歐美教育史概說, 理想社, 1958, p. 55.

(2) 기사(騎士)의 교육

① **기사교육의 특색과 이상** : 봉건제도의 성립에 따라 중세 후기 기사(Knight)라는 특수한 계급이 나타나기 시작했다. 이에 따라 그들 사이의 특유한 도덕적 생활 규범인 기사도(chivalry)가 확립되었다. 당시 곳곳에서 일어난 군주들이 자기 자신을 스스로 지키는 수단과 외침을 막기 위한 방법으로 기사계급이 나타났던 것이다. 그러므로 기사교육제도는 중세에 있어서 세속적 교육 전반을 대표하며 학교교육에 의하지 않은 교육이라는 측면과 상류사회의 교육이었다는 점이 교육의 특색이라고 하겠다.

기사도란 내적으로 고상하고 외적으로 용감한 인격자로서 신을 믿으며 군주를 위해 봉사하며 약자를 위해 돕고, 부인을 존경하는 것이다. 그들은 심령(心靈)은 신에게, 생명은 왕에게, 심정(心情)은 부인에게, 그리고 명예는 기사들 스스로를 위해서라는 정신이 기사의 이상이다. 이러한 이상 가운데에는 2가지 요소가 포함되어 있다. 그 하나는 종교적 요소로서 신을 위해서 이고, 다른 하나는 세속적 요소로서 "불명예스러운 행동을 하느니 보다 차라리 죽음을 택하노라" 라는 말로 요약된 사상이다. 즉, 용기, 충성, 관용의 군사적 미덕과 예의, 공손, 자비의 사회적 미덕을 두루 갖춘 사람을 말한다. 이와 같이 기사도의 정신은 기사가 되기 전에 서약한 내용을 보면 더욱 잘 이해하게 된다. 첫째, 교회에 대한 신앙의 서약, 둘째, 군주에 대한 충의의 서약, 셋째, 부인에 대한 의협(義俠)의 서약을 했다.[12)]

② **기사교육의 실제** : 기사를 교육시키는 특별한 학교는 없었다. 그러나 교육내용은 일정한 표준에 의하여 어느 정도 구체화되어 있었으며 교육의 장소는 궁중에서 실시되었다. 교육의 실제에 대하여 다음과 같은 3단계로 구분되어 있었다.[13)]

제1단계는 7~8세에서 13세에 이르는 시동(侍童, Page)으로서의 단계이다. 이 시기의 교육은 군주의 궁정에서 초보적 훈련이 행해졌다. 교육내용은 언어, 독서, 셈, 노래, 작시, 장기 등을 배우며 야외에서는 뛰기, 씨름, 권투, 말타기 등의 훈련을 쌓았다.

---

12) E. H. Wilds, op, cit., p. 193.
13) E. P. Graves, A Students History of Education, p. 90.

제2단계는 14~15세에서 20세에 이르는 종자(從者, Squire)의 단계이다. 이 때는 견습기사를 지나 준기사로서의 교육을 받는다. 즉, 기사가 되는 직접적 준비를 하는 시기이다. 따라서 교육내용도 실제에 준하는 이른바 기사의 칠예(七藝) 또는 칠능(七能, seven perection)[14]이라 불리워지는 승마, 수영, 궁술, 창술, 수렵, 서양장기, 작시 등을 중심으로 하여 문무를 겸비한 유능한 기사의 양성에 중점을 두었다.

제3단계는 21세에 이르러 기사가 되기 위한 시험을 거쳐 기사 입문식을 올린다. 이 입문식에는 장엄한 종교적 의식을 갖는다. 즉, 기사가 될 사람은 입문 식 전날 밤에 목욕을 하고 단식을 한다. 몸에는 순결을 뜻하는 백색의 속옷, 그 위에 부인과 종교를 위하여 유혈을 뜻하는 적색 옷, 그리고 죽음을 뜻하는 흑색의 옷을 입고, 군주 앞에 서서 다음과 같은 선서를 한다. "교회를 지키고, 불의를 배격하며, 승려를 존중하고, 부인과 약자를 보호하며, 국가의 평화와 안녕을 유지하고, 동포를 위하여 유혈을 불사한다." 이 선서가 끝나면 군주는 검도로서 기사의 어깨에 세 번 가볍게 치면서 용감한 기사가 되라고 격려하고 "신의 이름으로 기사의 칭호를 수여하노라" 하면서 무기, 말, 기사복을 하사받고 군중의 축복을 받으면서 기사로서 입적되어 기사생활을 시작한다.

(3) 시민교육의 발달

① **중세 시민사회의 발달** : 11세기 말(1096)에서부터 약 2세기 동안 일어났던 십자군 원정은 사라센문화의 영향을 받았다. 그 결과 도시의 발달을 촉진시켜 상공업이 급속도로 발달하게 되었다. 이러한 상공업의 발달은 결국은 재력을 배경으로 하는 새로운 시민계급을 형성하게 되었다. 이 시민계급은 승려와 귀족들에 맞서는 중세의 신흥계급인 제3의 계급으로 등장하게 되었다. 새로운 시민계급은 그들이 살고 있는 도시를 중심으로 영주 또는 군주로부터 재정, 사법, 군사 등의 자치권을 얻어 이른바 자유도시를 형성시켜 국가 안의 제2국가라고 할 수 있는 시민사회로 발달되었다.

② **시민학교의 출현** : 중세 후기 상공업의 발달과 도시의 발달에 의한 시민사회

---

14) E. P. Cubberley, A Brief History of Education, p. 90.

의 성립은 새로운 시민계급에 적합한 새로운 교육을 필요로 했다. 이와 같은 요구에 따라 등장한 것이 시민학교(Burgner School) 또는 도시학교(City School)이다.

이처럼 자유시민의 정신적 또는 물질적인 요구에 따라 1252년 독일의 루베크(Lubeck)에 설립된 시민학교가 기본이 되어 각국 각 지방의 도시에 잇달아 설립되었다. 이 시민학교는 특권계급을 위한 상류계급의 귀족기관이 아니고 어디까지나 시민계급에 필요한 생산교육, 직업교육이라는 점이 특색이다.

③ **시민학교의 유형** : 시민학교는 2가지 유형으로 구분된다. 하나는 상류계급을 위한 교육기관으로서 라틴학교(Latin School)와 공립학교(Public School), 그리고 문법학교(Grammar School) 등이 있다. 다른 하나는 일반 시민계급에게 생산적 · 직업적 교육을 필요로 하는 영국의 조합학교(Guild School)와 독일의 독일어학교(Deutsche School) 그리고 습자학교(Schreib School) 등이다.

상류계급을 위한 교육기관은 영국에서 발달한 문법학교와 공중학교, 그리고 독일의 라틴어학교는 대학진학을 준비하는 예비 교육기관이다. 오늘날 중등교육기관의 표본이 된 원체스터(Winchester), 이튼(Eton), 웨스트민스터(Westminster), 해로우(Harrow), 럭비(Rugby), 차아터하우스(Charterhouse) 등의 6대 중등교육기관의 기초가 된 것 등을 알 수 있다.

시민계급의 생산기술을 위한 조합학교는 직업적이고 생산적인 교육을 요구했다. 길드의 교육목적은 수도원교육의 표어이던 '기도하며 노동하라'를 실사회생활에 적용함에 있었고 윤리적인 면과 경제를 완전히 일치시키는 직업교육에 있었다. 이러한 조합학교, 독일어학교, 습자학교 등은 오늘날 초등교육기관의 전신이 되었다.

이러한 교육제도와는 별도로 상공업자의 자제들을 위한 비형식적인 교육기관으로서 도제교육(徒弟敎育)제도가 있었다. 이 제도는 견습공(見習工, apprentice), 직공(職工, journeyman), 마스터(熟練工, master)의 3가지 단계로 분류된다.

① **견습공교육** : 10세 전후의 도제들은 자기가 배우고자 하는 부분의 마스터를 찾아간다. 그러면 도제는 그곳에 동거하면서 고된 정신과 단련을 필요로 하는 기술을 배운다. 대략 7년 정도이다.

② **직공교육** : 도제교육를 마치면 직공으로 승격한다. 이 때는 마스터에게 구속되지 않고 임금도 받으면서 더욱 수련하게 된다. 마스터를 바꾸기도 하고 마스터가 되기 위한 소양을 쌓으면서 수년간 각지를 편력하여 수업할 의무가 있다.

③ **마스터** : 직공은 자기가 속한 마스터나 조합에 자신 있는 작품을 제출하여 심사를 받은 다음 정식 조합원으로서 마스터가 되는 것이다. 처음에는 직공수가 적어서 곧 마스터로 독립할 수 있었지만 14~15세기부터는 직공수가 늘어나고 조합의 입회조건도 엄해서 40~50세가 되어도 마스터가 될 수 없는 직공도 많았다.

(4) 대학교육의 발달

① **대학발달의 기원** : 중세 후기의 세속적 교육의 발달과정에 있어서 교육사상 주목할 만한 사실은 대학의 발달이다. 그것은 십자군 원정에 의하여 동방의 찬란한 사라센문화와 접촉함으로써 자극을 받았던 것이다. 7세기 초 마호메트(Mahomet, 571~632)는 종교적 세력을 모아 대제국을 건설하고 그들은 고도의 문화를 발전시켜 11세기경에는 각지에 학교를 세웠다. 그리하여 사라센 학자들의 그리스 연구는 기독교 학자들의 그리스 연구를 능가하였다. 유럽은 여러 차례의 십자군 원정이 실패로 돌아가자 절대적 교황권이 문어지기 시작했고, 사라센문화의 현실적인 학문을 받아들여 상공업이 발달하여 신흥도시가 형성되었고, 봉건사회를 대신하는 시민사회가 발달하여 제3의 세력이 구축되었다. 이와 같은 사회적 변화에 따라 세속적 학문이 필요하게 되었고 대학교육도 급진적으로 발달하게 되었다.

② **대학의 구조** : 중세 대학은 국적이나 종교상 아무런 제약을 받지 않는 순수한 학문을 위한 연구단체였다. 따라서 일반연구소(studium)라고 불렀다. "일반연구소" 라고 불리운 것은 대학에 있어서 학문의 자유와 연구의 보편성을 충분히 증명한 까닭이었다. 이 연구단체가 학문을 위한 "교수와 학생의 단체(Universitas Magistroum et Scholarium)"였던 것이 오늘날의 종합대학교(University)이다. 다시 말하면 단체, 조합에서 유래된 것이다. 오늘날 단과 대학(Collge)은 단체의 구성원인 학생들의 합숙소(Collegium)에서 이름지어진 것이다.[15] 이렇게 출발한 중세 대학의 시초는

15) Hastings Rashdall, Universities of Europe in the Middle Ages, 3vols, Oxford University Press, 1936, p. 33.

사적 연구단체였지만 그 세력이 커짐에 따라 법왕이나 국왕이 이를 공인하기에 이르렀다.

③ **각 대학의 발생과정** : 이탈리아 대학은 북부지방의 볼로냐(Bologna)대학으로서 이 대학은 볼로냐 법률학자 이르네리우스(Irnerius)의 사숙(1088)이었다. 따라서 일반연구소로 불리워 왔는데 1158년에 황제 프리드리히 1세(Friedrich)가 대학으로 공인했으며 13세기경에는 법왕도 볼로냐 대학을 공인하였다. 이 대학의 특징은 법학으로 유명했다. 남부지방의 살레르노(Salerno)대학은 의과대학으로 명성이 높다. 1099년 노르만디공(Robert Duck of Normandy)이 제1차 십자군에 전상을 입고 이 대학에서 치료를 받았다고 전해진다. 설립 기원은 1060년으로 가장 오래되었으나 공인 연도는 1231년이다. 이 대학에서 파생한 대학이 나폴리(Napoli)대학이다.

프랑스의 대학은 노트르담교회의 본산학교를 모체로 설립되어 신학으로 명성이 높았다. 1109년 쌍뽕(Guclume de Champeanx)이 파리 본산 노트르담 사원의 구내에 개교한 것이 파리대학의 전신이다. 1180년 에 황제 루이(Lwis) 7세에 의해 인가되고 1198년에 법왕의 인가를 받았다.

영국의 대학은 런던의 옥스퍼드와 케임브리지대학은 파리대학을 모방하여 설립되었다. 이 두 대학의 공인 연도는 확실치 않으나 라쉬돌(Rashdall)에 의하면 옥스퍼드는 12세기 후반(1167~1168)으로 보이며, 케임브리지는 13세기 초 1214년으로 추측된다.

독일의 대학은 프라그(Prage, 1348)대학, 빈(Wien, 1365)대학, 하이델베르크(Heider-berg, 1386)대학 등은 중세 이후 발생한 오랜 전통을 가진 명성이 있는 대학으로 크게 공헌했다.

④ **대학의 특권과 학위종류** : 중세 대학이 법왕이나 국왕으로부터 공인을 받았을 때 이미 여러 특권을 향유한 바 있다. 그 구체적인 내용은 중세 대학의 4대 특권이다. 첫째는 교수와 학생에 대한 일체의 공역 및 세금의 면제특권을 받았으며(면세 면역권), 둘째는 대학관계자의 범죄에 대한 대학 자체 내의 재판권을 부여받았으며(학내 재판권), 셋째는 교수와 학생에 대한 신분 보장과 자치권이 있었으며(교수 학생 신분보장권), 넷째는 학위 수여권이 있었는데(학위 수여권), 이 학위 수여권은 대학 고유의 특권으로 오늘날의 대학에까지 이 제도가 계승되고 있다.

당시 학위의 종류는 닥터(Doctor), 마지스터(Magister), 리센치아(Licentia), 박카르레우스(Baccalaureus) 등이 있었다.[16] 따라서 오늘날의 박사(Doctor), 마지스터는 석사(Master), 박카르레우스는 학사(Bachelor)의 학위에 해당하는 학위라고 할 수 있다.

16) F. Cordasco, A brief History of Education, p. 102.

제 4 장

문예부흥과 교육

제1절 문예부흥과 인문주의

중세는 인간생활의 각 방면, 즉 국가, 사회, 경제, 과학, 예술 등의 모든 영역에 걸쳐 종교적인 구속을 받았던 시기였다. 개인은 사회에, 국민은 군주에, 농노는 지주에, 상인은 조합에, 학자는 독단(dogma)에, 시인은 전통에 속박당하고 있었다. 이러한 외부적 권위와 형식의 속박에서 벗어나 순수한 인간 그대로의, 즉 인간 본연의 자태로 복귀하려는 해방운동이 싹트기 시작하였다. 이와 같은 새로운 인간 개발의 또는 인간해방의 운동을 문예부흥(Renaissance)이라고 한다.

원래 Renaissance라는 말은 이탈리아어의 Renascita에서 나온 말이다. 이 말은 재생(再生, rebirth) 또는 신생(新生)이라는 뜻을 가지고 있는데, 무엇의 재생 또는 신생인가라는 문제가 생긴다. 그것은 "고대의 학예"에의 재생의 경우도 있고 "고대 미술의 양식"에의 재생의 경우도 있고 "고대 문화"에의 재생이라고 해석하는 경우도 있다. 우리나라에서 문예부흥이라고 해석하는 것은 첫 번째의 견해에 가까운 것이라고 하겠다.[1)]

Renaissance란 인간의 발견, 인간의 재생, 인간 생명의 재탄생, 인간성의 발현인 것이다. 중세 기독교의 고정적 문화 형태에 대한 근대적인 문화 형태로 나타났다. 이러한 것은 보다 인간적인 문화로서의 중세적 신학 대신에 보다 인간적 문학으로서의 고대 그리스 로마의 문학을 사랑하는 사람들, 즉 휴머니스트(Humanist)에 의해서 안내되었던 것이다. 이러한 휴머니스트들은 인간(Homo)의 본성인 인간성의 발현을 중시하였으므로 그들이 신봉하는 인간주의를 인문주의(Humanism)라고 한다.

인문주의란 중세의 기독교적 복음주의와 내세주의의 제약에서 벗어나 인간 본연의 자태로 복귀하려는 사상이다. 다시 말하면 교회제도에 대한 맹목적인 복종과 권위주의에 대한 추종에서 벗어나 인간의 선천적인 재능을 최대한으로 발전시켜

---

1) 皇室道, 西洋教育史, 東京, 柳原書店, p. 122.

오직 인간 본위의, 인간중심의 문화를 이룩하려는 사상이다. 말하자면 신의 세계에서 인본세계로, 내세주의에서 현세주의로, 금욕주의에서 자연주의로, 교회중심에서 개인중심으로, 권위주의에서 이성주의로, 억압주의에서 자유주의로 대처하려는 사상을 말한다.

제 2 절 인문주의 교육

1. 인문주의 교육내용

인문주의 교육의 내용은 세 가지 형태로 구분할 수 있는데, ① 인문주의를 이념으로 하는 자유교양교육과, ② 고전어의 교육, 즉 고전중심으로서의 인문주의 교육, ③ 시세로주의 교육이 있다. 그러나 넓고 진정한 인문주의와 좁고 형식적인 인문주의 교육은 구별한다. 그런데 위에서 논한 첫째의 인문주의 교육은 순수한 인문주의 교육이고 둘째와 셋째는 좁은 의미의 인문주의 교육이라고 할 수 있다.

1) 자유교양 교육

중세사회는 기독교적 제약 속에서 모든 활동이 이루어졌기 때문에 사고의 자유나 자기표현의 자유가 없었다. 이탈리아를 중심으로 하여 일어난 인문주의 교육은 이러한 사고의 자유, 자기표현 및 창의적 활동의 자유를 목적으로 하고 있었다. 이를 위하여 르네상스의 교육은 고대 그리스 사람들의 자유교육(Liberal Education)의 이상을 추구하였고 지 · 덕 · 체의 조화로운 발달과 인간적 교양을 갖춘 자유인을 양성하고자 하였다. 이러한 이념은 고대 그리스, 특히 플라톤과 아리스토텔레스의 교육사상을 기초로 하여 이루어졌다.

2) 고전중심 교육

자유교육에서 인간적 교양을 갖춘 자유인의 양성이 그 목적이었다면, 이를 달성하기 위한 수단으로써 고전문학의 학습이 권장되었다. 즉, 그리스 · 로마의 고전을 공부하면서도 내심으로는 인본주의적 정신과 사상을 받아들이고자 하였다. 그러나 단지 수단이어야 할 고전 교육이 생활과 관련되지 못하고 고대의 언어와 문학에 국한됨으로써 인본주의적 교육목적을 달성하지 못하고 언어, 문학에 관련된 좁은 의미의 잘못된 인문주의 교육이 유럽을 지배하였다.

3) 시세로주의 교육

인문주의 교육의 이념은 문예부흥 말기에 이르러 고전중심의 교육으로 변화되었다. 고전의 내용과 정신보다도 고전문장의 암송에만 몰두하였다. 이러한 고전어 학습의 경향을 언어주의(Verbalism)라고 한다. 이 언어주의는 15세기 말기부터 16세기 초에 이르는 문예부흥기 말기에는 로마의 위대한 문장가이며 시인, 웅변가였던 시세로의 문장을 암송하고 교육에서도 그의 문장구성 형식을 강조했다. 이러한 형식위주의 고전어 교육에 제한된 인문주의적 경향을 시세로주의(Ciceronianism)라고 한다.

2. 인문주의 교육사상의 변천

위에서 인문주의 교육의 내용을 세 가지 형태로 나누어 논했다. 그러나 진정한 인문주의 교육은 인간주의를 교육이념으로 하는 자유교육만이 인문주의 교육이다. 인문주의 교육의 사상적 특색은 자연주의적 색채를 띠고 있다. 그것은 중세에 있어서의 초자연주의적 교육사상에 반대되는 자연주의적인 인간생활을 기초로 하고 있다는 점에서 인문주의 사상은 자연주의(Naturalism)라고 할 수 있다.

한편 인문주의 사상의 변천과정을 보면 처음 발상지는 이탈리아의 플로렌스를 중심으로 시작하였다. 이와 같은 이유로 이 인문주의를 남방의 인문주의라고도 하였다. 그러나 북방의 인문주의 성격은 사회적 인문주의로서 사회적 측면을 중시하였기 때문에 이후 종교개혁을 생성하게 하였던 것이다.

제 3 절 인문주의 시대의 학교교육

1. 대학교육

대학은 오랫동안 보수적 중세 학풍이 새로운 인문주의를 받아들이는 것을 거부하였다. 그러나 그 중 프랑스, 독일, 영국에 있어서는 인문주의 경향이 현저하게 나타났다.

프랑스에는 국왕 프랑스아(Francois, 1494~1547) 1세가 인문주의자들의 충고를 받아들여 왕립 프랑스대학을 1530년에 파리대학 교내에 설립하여 그리스어, 라틴어, 히브리어 등의 세 가지 강좌를 개설했다.

독일은 1514~1519년 하이델베르크(Hederberg)대학과 라이프찌히(Leipzig)대학에 전면적으로 교육과정을 개편하여 그리스 고전어의 번역, 수사학, 시학 등을 정규과정에 편입하고 그리스어의 강좌를 개설하여 인문주의화의 경향을 나타냈다.

영국은 이탈리아 유학에서 돌아온 그로신(Grocyn 1446~1514)이 1491년 옥스퍼드대학에서 그리스어 강의를 처음 시작함으로써 리나스(Linacre, 1460~1525)도 옥스퍼드대학에서 그리스어와 라틴어를 강의하게 되었다. 1510년경에는 에라스무스에 의해 케임브리지대학에서도 그리스어 강의가 개설되는 등 인문주의적 색채가 많았다.

2. 궁정학교

인문주의 학교는 이탈리아의 궁정학교에서 시작되었다고 볼 수 있다. 그 이유는 당시 유명한 인문주의 학자들이 궁정에 초청되어 왕실을 비롯하여 귀족의 자녀들에게 고전문학을 교수하였기 때문이다. 특히 만투아(Mantua)의 곤지가(Gonzaga)공의 초청에 의한 비토리노(Vittorino, 1378~1448)의 궁정학교는 대표적인 학교이었다. 그리고 16세기 초 독일에 설립한 왕후학교 또는 귀족학교도 궁정학교의 일종이다.

3. 중등학교

고등교육의 예비과정으로 중학교는 필연적으로 나타나게 되었다. 이들 학교는 인문주의 학교이며 문예부흥기에 있어 교육사적 의의는 오늘날까지 그 영향을 미치고 있다.

영국은 에라스무스의 원조와 존 클레트(Jone Colet, 1467~1519)에 의해 1510년에 설립된 성 파울학교(Saint Paule School)가 있다. 이 학교는 영국 공립학교의 표본이 되었고, 300여 개의 중등학교도 이 학교를 모방하였다. 오늘날 영국 중등교육기관의 표본이 된 9개의 공립학교(Winchester. Eton, Westminster, Harrow, Rugby, Shrewsbury, Marchant, Taylors, Charterhouse) 등도 성 파울학교를 위시하여 손꼽힌다.

독일은 1537년 스투름(Johann Sturm, 1507~1589)의 제안으로 스타라스부르크(Sturassburg)에 인문주의 학교로서 김나지움(Gymnasium)을 창립하였다. 김나지움은 3부로 조직되어 1부를 알파베트(Alphabetaric)라고 하여 1년 간 라틴어 교수를 위한 기초 인문적 수학단계이고, 2부는 라틴어 학교로서 수학 연한은 6년이다. 3부는 고등교육의 초보로서(초급대학) 1년 간의 문학과 신학을 합하여 2년 간 수학하여 총 9년 간의 교육을 받는 인문적 교육기관이다. 프랑스는 보르도시의 시립학교인 코레쥬 드 기엔느(College de Guyenne)가 독일의 김나지움을 모방하여 인문주의 교육에로 개혁이 이루어지게 되어 프랑스 중등교육의 모범이 되었다.

제 4 절 인문주의 교육사상가

1. 비토리노(Vittorino de Veltre, 1378~1446)

고대로부터 많은 교사들이 있었지만 근대적 최초의 교사는 비토리노라고 할 수 있다. 그는 18세 때 성 파울대학에 입학하여 라틴어를 수학한 대표적인 교육학자이다. 1423년 만투아의 곤자가(Gonzaga)공의 초청으로 궁정학교를 개설하였다. 그는 23년 간을 이 궁정학교 교장으로 봉직하고 일생을 마쳤다.

비토리노의 교육사상은 "자유스러운 아동에게 강압적 방법이나 가혹한 지도방법으로 억압해서는 안 된다"고 했다. 또 모든 아동은 꼭 같은 소질과 개성을 가진 것이 아니기 때문에 학교는 오로지 "즐거운 집(歡樂亭)"이 되어야 한다고 주장하였다. 이와 같이 교육사상은 철저한 아동중심주의이며 개성존중의 교육으로서 교육의 기회균등 원리를 제공한 자유인문주의와 생활교육을 역설한 것이다.

비토리노의 교육방법에 있어서도 아동들의 자유스럽고 독립된 인간존중 사상을 바탕으로 하여 처벌을 반대하고 격려로써 자각적 의욕을 불러일으키며 동기유발로서 흥미를 돋구는 방법을 강조하였다. 이와 같은 이유로 그의 학교는 "즐거운 집(La Casa Giocosa)"이라고 말했고, 또한 그를 근대적 교사라고 하였다.

2. 에라스무스(Desiderius Erasmus, 1466~1536)

에라스무스는 독일의 인문주의 학자이었다. 그는 네델란드의 로테르담에서 태어나 그 곳 수도원에서 교육을 받았다. 에라스무스의 교육사상은 그의 저서 「학습방법론」, 「아동대화집」, 「아동자유교육론」, 「아동을 탄생에서부터 자유로운 방법으로 덕과 학문에 향해 교육할 것에 대한 제언」 등에 나타나 있다.

에라스무스의 교육목적은 ① 경건한 마음을 깊게 기르는 것, ② 자유학과를 사랑하여 그것을 철저하게 학습하는 습관을 기르는 것, ③ 인생의 본무에 대한 준비를 하는 것, ④ 어릴 때부터 선량한 행위 양식에 익숙케 하는 것 등을 들었다.

에라스무는 이와 같은 교육목적의 달성은 교육의 기회균등에 의해서 이루어진다고 하여 빈부와 남녀의 차별 없이 교육이 행해져야 한다고 주장했다. 따라서 교육의 종류와 정도는 다른 외적 조건이 아니고 오직 그 사람의 능력에 의하여 결정되어야 한다고 주장하였다. 뿐만 아니라 그는 교육은 아동의 출생전과 출생 후에 곧 실시해야 한다고 하였다. 즉, 그는 태아교육과 조기교육의 교육적 가치를 인정하고 이를 높이 평가함으로써 그는 가정교육의 중요성을 역설하였다. 특히 그는 「아동자유교육론」에서 다음과 같이 교육방법론을 말하고 있다.

(1) 매질의 교육에 대신하는 애정의 교육을 실시할 것.

(2) 교수법에 대하여서는 어려운 많은 지식을 단번에 주입시키는 전통적 방법을 비판하여 아동의 정신발달에 적응한 쉽고 흥미 있는 교재를 아동의 개인차와 능력에 따라서 조금씩 학습하게끔 제공할 것.

(3) 라틴어 교수는 일상용어의 담화로부터 시작하여 다음으로 시인이 만든 동화로 옮길 것.

(4) 학습의 흥미를 갖도록 카드놀이 등의 유희적 방법을 이용할 것.

이라고 하였는데, 이와 같은 주장은 아동 개인을 하나의 자유인으로 보고 "아동으로 하여금 모든 학습을 놀이라는 생각이 들도록 교수가 행해져야 한다"는 말로 대변할 수 있는 바와 같이 순수한 아동중심주의 교육사상으로서 중세의 사원학교 교육과는 정반대되는 교육사상이었다.

3. 라블레(François Rabelais, 1483~1554)

프랑스의 인문주의학자인 라블레는 의사이며 풍자작가이다. 라불레의 교육사상은 그의 대표작 「가르강튀아와 팡타그뤼엘」(Gargantua et Pantagruel, 1533)에 잘 나타나 있다. 그는 이 책에서 당시 유럽에서 필사적으로 갈구하던 여러 가지 인생문제를 교묘하고 풍자적인 방법으로 표현해서 당시의 독서계에 선풍적인 인기를 얻었다.

그는 시민사회에 있어서의 실제적이며 행동적인 인간, 학문을 결부시키고 생활을 통하여 학문을 얻는 인간, 언제나 압박을 싫어하며 자유와 자율을 존중하는 인간, 이와 같은 시민적인 인간상을 추구하는 인간이야말로 라블레가 목적하는 바 교육개혁의 움직임이었다.

라블레는 인간은 고전을 통해서 이루어진다고 하였다. 그러나 교육은 단순하게 서적중심이며 언어학적 및 문학적 가치 외에 행동에 실제적이며 유용한 지도를 주는 것이 되어야 한다.[2]고 주장하고 있다. 이것으로 보아 그는 확실히 실학주의, 즉 인문적 실학주의자의 선구적 위치를 차지하고 있음을 알 수 있다. 그러나 이러한 라블레의 교육사상은 그 당시의 교육에서 보다 오히려 그 뒤의 몽테뉴, 로크, 루소 등에 지대한 영향을 주었다.

4. 비베스(Juan Luis Vives, 1492~1540)

비베스는 17세가 될 때까지 엄격한 구교교육을 받았다. 그는 1509년 파리대학에 입학하여 고전연구를 시작했다. 그 후 레제(Liege)대학, 옥스퍼드대학의 교수를 통하여 인문주의 사상에 깊은 감명을 받았다. 그의 저서로는 「승학자에 대하여」, 「기독교 부인에 대하여」, 「교수과목」 등이 있다. 그러나 그의 교육사상은 「지식입문」과 「교수론」 등에서 찾아볼 수 있다. 특히 교수론은 중세 이후에 있어서 최초의 체계적 교육학서라고 불릴 만큼 그의 주 저서로 이름이 높은데 그 내용은 제1권 교육기원론, 제2권 학교론(학교의 설립과 경리, 교육론, 학생선발, 진학지도 등), 제3권 언어교수론(초등, 중등교육론), 제4권 고등교육론, 제5권 학문과 생활(사회교육론)로서 성립되어 있어서 교육학의 체계로서 정연한 조직을 갖추고 있다.

---

2) R. F. Butts, op. cit., p. 185.

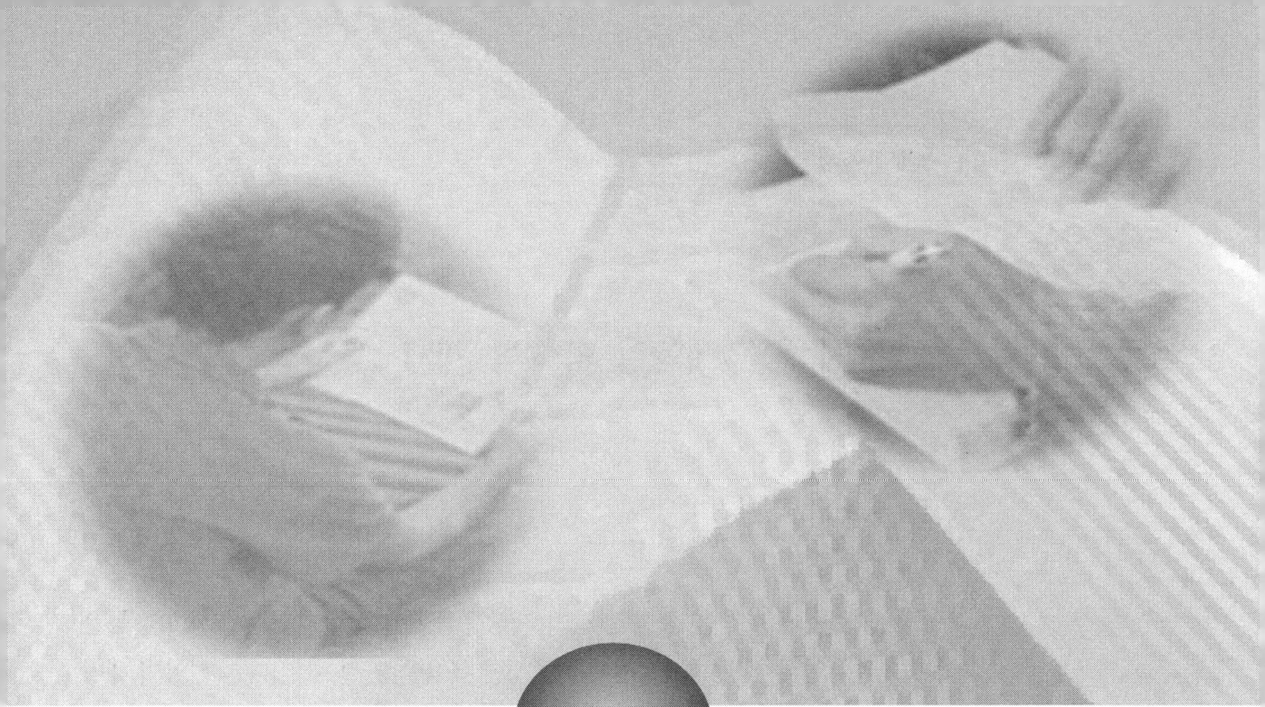

제 5 장

종교개혁과 교육

제1절 종교개혁의 역사적 개념

1. 종교개혁운동

문예부흥운동이 자각을 통한 인간의 재생운동이라고 한다면 종교개혁운동은 형식적 교권주의에서 벗어나 성서에 의해서만 복음을 가질 수 있다는 신앙의 해방운동이라고 할 수 있다.

중세시대의 스콜라 철학에 의하여 이론화된 기독교 교리는 마침내 타율주의, 객관주의, 형식주의의 특징을 띠게 되었다. 신비주의 사상은 이에 반대하고 신앙의 본질을 주관의 내적 체험에서만 인정하고 신은 사람의 영혼 속에 내재함을 내세워, 이지적 사색 대신에 여기에서 암시되고 있었다. 양심과 순수한 감정에 의해서만 신과 결합할 수 있음을 주장하였다. 이러한 자율주의, 주관주의, 체험주의의 신비사상은 당시 타락된 기독교의 반성을 일으키어 종교개혁의 동기가 되었다.

이 신비주의 사상의 대표적인 사람은 독일의 에크하르트(Eckhart, 1260~1328)를 중심으로 하는 일파들이다. 이들은 신우회를 조직하여 그 사상을 선전하는데 노력하였다. 이들이 출판한 신비주의의 제언서인 「독일신학」은 1516년에 루터가 출판하여 스스로 서문을 썼다. 이 책은 성서와 아우구스티누스(St. Augustinus, 354~430)의 저서를 제외한다면 가장 귀중한 저서라고 격찬되고 있는 것을 보더라도 루터가 신비주의에 깊은 감명을 받았음을 짐작할 수 있다. 따라서 신비주의의 계보에서 종교개혁운동을 찾아볼 수 있다

종교개혁운동의 계보는 반드시 신비주의 사상에서만 찾아지는 것이 아니다. 위클리프(John Wyclif, 1324~1384)와 후스(Johann Huss, 1369~1415)를 통해서도 그 선구적 역할을 찾아보게 된다. 영국사람인 위클리프에서 나타난 종교개혁의 기운은 독일사람인 후스에게 영향을 주어 콘스탄스의 종교회의(1415)에서 위클리프와 후스에

게 이단의 선고를 내리게 되었다. 이 선고의 결과 이미 타개한 위클리프의 유골을 테임스강에 던져지고 후스에게는 사형이 가해졌다. 1436년에 끝난 이른바 후스전쟁은 후스의 처형을 계기로 일어난 종교반란으로서 중세 말기의 장차 종교개혁운동의 소지가 여기에서 암시되고 있었다.

그러나 종교개혁운동의 결정적 계기가 된 것은, 1514~1517년에 걸쳐 진행된 면죄부의 판매였다. 당시 교황청의 사치는 극에 달하였고 베드로(St. Peter)사원을 개축하는데 막대한 자금이 필요하였던 교황 레오 10세(Leo X)는 독일 마인츠의 대주교인 알버트(Albert)로 하여금 면죄부(indulgence) 판매를 승인하였다. 면죄부를 산사람은 죄를 사하고, 신의 은혜로 말미암아 연옥행을 면할 수 있다는 허무맹랑한 교리에 대하여, 1517년 10월 31일 루터(Martin Luther, 1483~1546)는 95개조의 항의문을 비텐베르크(Wittenberg)교회 문에 발표된 데서 본격적인 종교개혁운동이 시작되었다. 루터는 인간의 구원은 면죄부가 아니라 오직 성서와 신앙에 의해서만 하나님의 구제를 받을 수 있음을 천명하고 사면보다는 신앙에 의한 구제를 기원하라고 하였다. 그러므로 종교개혁의 근본사상은 신앙주의와 성서주의에 입각하고 있음을 알 수 있다. 그것은 교회나 승려들을 통해서만 가능했던 이른바 타율주의적 신앙에서 직접적으로 성서를 통해서만 신과의 직접교섭을 가질 수 있다는 자율주의적 신앙을 뜻하는 것이다.

한편 루터에 의하여 봉화를 올린 종교개혁 정신은 2주일도 채 못되어 전 독일에 파급되었고, 더욱이 스위스의 쯔빙글리(Zwingli, 1484~1531) 및 제네바의 칼빈(Calvin, 1509~1564)의 호응을 얻어 전 유럽을 휩쓸게 됨에 따라 마침내 서양사상사의 일대 전환을 초래하였다.

2. 종교개혁의 결과

그리하여 북유럽은 루터주의(Lutheranism), 서유럽에는 칼빈주의(Calvinism), 그리고 영국에는 영국국교주의(Anglicanism)라는 새로운 정신적 지배권을 형성하기에 이르렀다. 이와 같이 로마 가톨릭교회에 반기를 든 종교개혁운동을 신교 또는 신교주의라고 하며 로마 가톨릭파를 구교라고 하여 지금까지 사람들의 정신계를 지배하고 있다.

당시의 교회는 그 자체가 부패했음을 옳다고 인정했지만, 그에 대한 사리를 분별하여 명백하게 하지는 않았다.[1] 그리고 루터의 항의문에 대하여 분격하였다. 즉, 교황 레오 10세는 1520년 루터를 파문하고 황제 칼(Karl) 5세는 그에게 체포령을 내렸다. 그러나 다행히도 삭센(Sachsen)의 영주인 프리드리히(Friedrich)의 보호를 받아 발트브르크(Wartburg)성 내에 10개월간 숨어 있을 수 있었다. 루터는 그 동안 성서를 독일어로 번역에 착수하면서 종교개혁의 기초를 닦았다. 이 성서가 독일의 일상용어로 번역된 것은 독일 문학사상 큰 역할을 했으며, 또한 독일의 국어 통일과 국민의식에 공헌했다. 더욱 교육사적 측면에서는 초등교육의 발달을 촉진시키는 동시에 의무교육제도를 이룩하는 데 도움이 되었다.

제 2 절 신교의 교육활동

종교개혁의 사상 가운데 가장 교육에 영향을 준 것은 "모든 국민에게 교육을 시켜야겠다"는 보통교육 사상이었다. 이 사상이 후에 제도화되어 공교육으로서 의무교육제도가 성립되게 되었다. 이러한 보통교육의 의무화 정신은 독일의 고타 교육령과 미국의 매사추세츠 교육령으로 법제화되어 나타났다.

1. 고타(Gotha) 교육령

고타 공국(公國, 독일의 소국)의 영주인 에른스트(Ernst)공은 루터의 종교교육 정신에 의하여 라트케(W. Ratke, 1571~1635)와 코메니우스(J. A. Comenius, 1592~1670) 등의 사상을 받들어 고타 교육제도를 만들었다. 이 법령이 1642년에 공포된 고타 교육령이다. 이 법령에는 취학의무제, 학급편성, 교육과정, 교수법 등이 규정되어 있다.

1) E. H. Wilds, op. cit., p. 278.

고타 교육령의 내용은 전문 16장 435조로 구성되어 있다. 이 법령에서 특히 주목되는 것은 제2장 아동취학의 의무화와, 제13장 아동을 근면하고 성실하게 통학시키는 것에 대한 부모의 책임(361~365조)에 관한 규정이다. 고타 교육령은 아동취학의 강제성에 관한 세계 최초의 취학의무 규정으로 중앙집권적이고 전제적인 특성을 가지고 있다. 고타는 이와 같은 교육령으로 인하여 유럽에서 가장 번창한 공국이 되었으며, 시골 농부들이라고 할지라도 고타 공국은 다른 어떤 나라의 귀족들보다도 더 많은 교육을 받았다[2]라고 전해질 정도로 교육이 발전했다.

2. 매사추세츠 교육령

영국에서 추방된 102명의 청교도(칼빈주의자, Pilgrim fathers)들은 1620년 May-flower호로 미국의 동부지역으로 건너가 보스톤을 중심으로 매사추세츠(Massachusetts) 문화를 형성하였다. 매사추세츠 문화를 이룩한 청교도들은 칼빈주의에 의하여 사람이 하나님으로부터 구제를 받기 위해서는 교육이 필요하다는 생각에서 교육 제일주의를 주장하게 되었다. 이와 같이 신앙의 기초를 확립하기 위한 수단으로써 교육의 국가책임을 인식한 그들은 1642년 매사추세츠 교육령(Massachusetts School Law)을 제정하였다.

이 교육령은 간단하고 짧은 문장으로 되어 있지만, 이 안에는 여러 가지의 현대적인 공교육제도의 원리가 내포되어 있다. 첫째는 공교육제도를 취했고, 둘째는 부모, 고용주의 교육의무를 규정했으며, 셋째는 지방 자치단체의 학교설치 의무와 의무교육 감독권을 인정하며, 넷째는 모든 주민에 의한 교육세 혹은 일반 세금에 의한 무상교육제도의 길을 열었다. 따라서 매사추세츠 교육령의 특징은 현대적인 공교육제도로서 지방분권적이고 민주적이며, 현대적인 공교육제도의 원리를 내용으로 하고 있는 면을 지적할 수 있다.

2) E. P. Cubberley, A Brief History of Education, Boston : Houghton Mifflin Company, 1920, p. 168.

제3절 구교의 교육활동

1. 각성운동과 교단창립

신교의 세력이 유럽사회에 확대되자 로마 가톨릭 교회에서도 큰 자극제가 되어 구교에서도 자체의 각성운동이 일어났다. 1545년의 종교회의에서는 교황의 신성, 교회의 전통 존중, 승려의 자숙을 요망하고, 나아가 신교도를 없애버릴 것을 선언하였다. 특히 신교도들이 신교사상을 전파하는데 교육이 크게 공헌하였음을 인정하고 교황은 반종교 개혁운동의 일환으로 교육에 힘쓰게 하였다.

이와 같이 가톨릭 교회의 교리를 향상시키고 교육의 보급을 통해서 반종교 개혁운동을 조직적으로 전개할 제쉬트 교단(The Society of Jesuit 또는 예수 교단)이 로욜라(Ignatius de Loyola, 1491~1556)에 의하여 창립되었다. 이 교단은 가톨릭 교회의 선양에 노력하기 위한 신조를 가지고 행동하고 교육하는 하나의 군대식 조직이었다. 그러므로 이 교단의 교육방법, 교육내용, 교육의 조직은 모두 계급적, 전투적, 주입식으로 엄격하게 행하여지고 모두 기숙사에서 훈련과 경쟁을 이용한 암기식 교육이었다. 특히 주목할 만한 사실은 신교국가에서의 교육이 주로 초등교육에 힘쓰고 있는데 대하여 이 교단에 의한 구교에 있어서는 중등교육에 힘쓰고 있었다는 사실이다.

2. 교단의 교육조직과 특색

제쉬트 교단의 교육조직은 보통과와 고등과로 나누어진다. 보통과는 13~14세의 소년들을 입학시켜 5~6년간 중등교육을 실시한다. 고등과는 그 수업 연한이 7~9년 간으로 오늘의 대학 정도의 교육이 행하여졌다. 또 제쉬트 교단의 특색은 교원양성에 주력했다는 것이다. 루터에 의하여 존중된 교사의 사회적 지위는 역시 제쉬트 교단에서도 인정되었다. 당시 교원의 등급은 교수(教授 : Proiessi), 조교(助教 : Coajutors), 득업생(得業生 : Scholastics), 시보(試補 : Noyicei)의 네 등급으로 구분되어 있다. 이 교단의 교육이 성공한 원인은 훌륭한 조직, 무상의 교수, 우수하게 훈련된 교사, 교수방법, 즉 구두교수, 기억중심, 복습, 그리고 훈련방법 등에 있다.

이와 같은 점으로 미루어 보아 제쉬트 교단의 공헌은 교사양성 교육과 학교의 보급이라고 할 수 있다. 그러나 이 교단의 결점은 교육이 지나치게 종교적이고 라틴어의 중시와 중류계급 이상의 교육에만 치중한 점을 지적할 수 있다.

제 4 절 종교개혁의 교육사상가

1. 마르틴 루터(Martin Luther, 1483~1546)

루터는 1483년 12월 10일 독일의 아슬레벤에서 광부의 아들로 태어났다. 1501년 인문주의 교육으로 명성이 높은 엘푸트 대학에 입학하여 법학을 공부했으나 1505년 아우구스티누스파의 수도원에 들어가 승려가 될 것을 맹서했다. 그 후 1512년 박사학위를 얻어 비텐베르크 대학의 신학교수가 되었다.

루터는 많은 저술을 통해서 종교와 교육에 관한 사상을 개진하고 있다. 그 중에서도 그의 교육사상이 집약적으로 담겨진 저서는 다음의 넷을 들 수 있다. ①「결혼생활에 관한 설교」(1519), ②「기독교적 신분의 개선에 관해서 독일 국민의 기독교 귀족에게 주는 글」(1520), ③「독일 각 도시의 시장 및 시의회 의원에게 기독교적 학교를 설립하고 유지해야 할 것을 논하는 회장」(1524), ④「아동을 취학시켜야 하는 일에 관한 설교」(1530) 등이다.

다음에 위의 4저서 속에 나타난 루터의 교육사상을 요약해 보기로 하자.

첫째, 아동의 취학의무, 즉 의무교육의 실시를 주장하였다. 루터는 "아동을 취학시켜야 하는 일에 관한 설교"에서 부모는 그 아동을 학교에 보내야 할 의무가 있으며, 또 정부는 그 국민에 대하여 그 아들을 취학시키게 강제할 의무가 있다고 주장하였다.

둘째, 공교육제도, 즉 교육의 국가 책임론을 주장하였다. 루터는 "독일 각 도시의 시장 및 시의회 의원에게 기독교적 학교를 설립하고 유지해야 하는 것을 논하는 회장"에서 의무교육을 실시하는데 필요한 시설과 경비는 공공체인 시정부에 의한 공적 경비로서 운영되어야 함을 주장하였다.

셋째, 국민의 교육적 향상 없이는 국가번영을 이룩할 수 없다고 하여, 국가번영의 기초는 국민교육에 의존함을 역설하였다.

넷째, 루터는 가정교육의 보완으로서 학교교육을 중시했다. 그는 "독일 각 도시의 시장 및 시의회 의원에게 기독교적 학교를 설립하고 유지해야 하는 것을 논하는 회장"에서 가정의 교육적 책임을 설명한 후, 그러나 가정에서의 교육은 자녀를 교육시킬 부모의 성실성 결여, 학습지도 방법의 미숙, 타 업무로 인한 기회 부족 등을 들어 학교의 필요성을 역설하고 학교의 설치는 국가나 시의 책임이라고 하였다.

다섯째, 풍부한 교육과정을 요구하였다. 종교개혁의 정신에 의하여 그리스어, 라틴어, 히브리어 등의 고전어는 물론이고 역사, 자연, 음악, 체육 등의 다양한 교과를 중시하였다. 특히 정서교육과 건강교육의 수단으로서 음악과 체육을 강조하였다.

여섯째, 교직의 중요성과 고귀성을 강조하였다. 루터는 교직과 성직을 동일한 차원에서 이해하였다. 한편 초등학교에서는 여교사가 채용되어야 한다고 하여 과거 남성만을 교사로 채용하던 관습을 반대하였다. 이로 인하여 여교사의 출현이 가능해졌다.

2. 멜란히톤(Philip Melanchthon, 1497~1560)

루터의 교육사상을 구체화하고 실천한 사람은 그의 친구이며 협력자인 멜란히톤이다. 그는 독일의 브레텐에서 무기제조업자의 아들로 태어났다. 그는 총명하여 13세 때 벌써 하이델베르크 대학에 입학하여 17세 때 마지스터(Magister)학위를 얻고 21세 때 비텐베르크 대학의 교수가 되었다. 이 때부터 42년간 이 대학에 재직하면서 종교개혁자로서, 또 인문주의자로서 교육개혁에 관여했다.

"독일의 교사"라는 칭호를 받은 그는 교육에 많은 업적을 남기고 있다.

첫째는 대학교수로서의 활동을 들 수 있다. 즉, 비텐베르크 대학에서 장기간 봉직하면서 이 대학의 전형적인 신교대학으로 개편하여 모범적인 대학으로 발전시켰다.

둘째는 1528년 삭소니 공의 요청에 의하여 고안한 삭소니학교 안이다. 이 학교안은 역사상 최초의 공적 학교제도라고 불리 울 만큼 학교제도에 있어서 근대적 공립학교 제도의 시원이 될만한 여러 가지 요소를 갖추고 있었다.

셋째는 그는 교과서의 제작에 의해서 독일 국민의 스승이 되었다. 그의 라틴어 및 그리스어 문법교과서는 변증법, 수사학, 논리학 등의 다른 교과목의 교과서와 더불어 전 독일의 학교에 보편적으로 사용되었고 또 높이 평가받기도 하였다. 특히 초보자를 위하여 저술된 「아동초보교정」(兒童初步敎程)은 일종의 라틴어 교과서이었다.

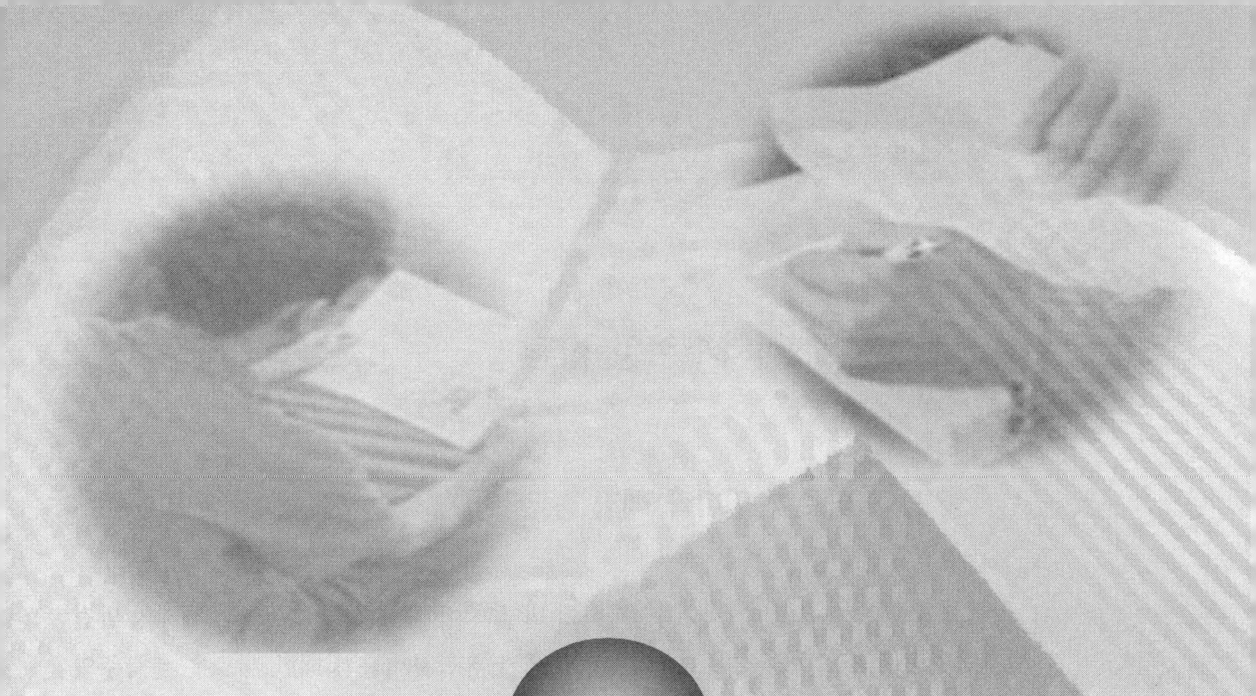

제 6 장

실학주의와 교육

제1절 실학주의의 발달

1. 실학주의 의미와 배경

실학주의 교육의 배경은 자연과학의 발달과 이에 따른 새로운 외적 세계의 발견과 정신과학의 발달을 들 수 있다. 17세기 유럽사회를 지배한 새로운 실학주의 사상은 16세기경에 대두하여 17세기에 접어들면서 확고한 기반을 이루고, 이로 인하여 자연과학의 발달은 실학주의에 커다란 자극제가 되었다.

스위스의 박물학자 게스너(1516~1565)에 의한 동물학, 아그리콜라(1494~1555)의 광산학, 이탈리아의 다빈치(1452~1519), 미켈란제로(1474~1563) 등의 건축과 미술은 중요한 자연과학적 원리와 법칙을 창안했다. 특히 다빈치는 생리해부학, 천문학, 광학 등의 각 방면에 걸쳐 근대 과학의 선구자적 노력을 시도하였다.

이와 같은 발달과 더불어 근대 과학의 본격적인 발달은 16세기 중엽에서부터 시작되었다. 즉, 코페르니쿠스(1473~1543) 등의 천문학을 비롯하여 갈릴레오(1546~1642), 뉴튼(1643~1727)의 물리학, 하베이(1578~1657), 베살리우스(1514~1564) 등의 생리학과 해부학 등으로 근대과학의 개척자가 되었다.

이러한 과학의 발달은 지리상의 발견을 통해서 더욱 근대과학의 개척을 한층 빠르게 하였다. 이탈리아의 마르코 폴로(1254~1324)에 의한 동방견문과 포르투칼의 디아스(1450~1500)의 희망봉의 발견(1486)에 따르는 인도항로의 발견, 그리고 콜럼부스(1446~1506)의 신대륙의 발견 등은 지금까지 좁은 한계가 넓어져서 물질적 교류와 정신적 · 문화적 교류가 이루어짐으로써 범사회가 이룩될 수 있는 기반을 마련하였다.

과학연구에 영향을 미친 학자는 영국의 베이컨(Francis Bacon, 1561~1626)이었다. 그의 경험론은 선천적 관념론을 배격하고 경험을 가지고 지식의 기초로 하는 학설이다. 이러한 학설에 의하면 지각 또는 감각을 통한 직접적인 경험에 의하지 않고 얻어지는 진리란 존재할 수 없고 또 인정할 수도 없다는 것이다. 따라서 경험론이 실학주의의 발달을 도와준 결과가 되었다. 과학연구는 교육 발전에도 결정적인 영향을 미쳤다. 즉, 진리 발견의 과학적 방법은 교육에 있어서 취할 인간의 능력과 이성 및 경험을 존중하는 실학주의 교육을 불러일으키게 하였다.

2. 실학주의 발달

17세에 들어와서 인문주의는 차차 그 활력을 잃고 협소한 시세로주의로 기울어지게 되었고, 또한 종교개혁은 고정된 개념과 교리적인 형식주의에로 고정됨에 이르렀다. 이러한 타락된 인문주의와 도그머적인 형식주의의 반동으로 나타난 실학주의는 발달과정에 있어서 각각 다른 3단계를 거쳐서 비로소 진정한 실학주의의 새로운 정신으로 구현되었다. 그것은 인문적 실학주의, 사회적 실학주의, 감각적 실학주의를 말한다.

1) 인문적 실학주의

인문적 실학주의는 고전의 연구를 통해서 현세 생활에 잘 적응할 수 있는 유능한 사람을 양성함을 목적으로 한다. 고전을 존중하는 점에서 인문주의나 고전의 형식보다도 내용의 터득을 중요시하고 실생활에 쓸모 있도록 한 점에서 실학주의이다. 인문적 실학주의는 제1단계의 초기적인 실학주의로서 실학주의가 생성되는 선구적 사조임을 알 수 있다. 대표적인 학자는 프랑스의 라블레(1483~1553)와 영국의 밀턴(1608~1674)이 있다.

2) 사회적 실학주의

사회적 실학주의는 사회생활의 경험을 교육의 중요 내용으로 하여 신사로서의 적절한 준비를 시키는 것을 목적으로 하는 교육사상이다. 따라서 사회적 실학주의는 인문적 실학주의를 한층 더 앞선 실학에 접근한 사조이다.

유럽 상류가정의 자제들은 청년시기에 국내외를 여행하고 사교계에 나아가 여러 가지 예의, 규범, 풍속, 습관을 배우고 알아보는 등의 견문을 넓히는 전통이 있다. 이 전통을 받아들여 사회에서 쓸모 있는 사람으로 발전하려는 운동이 사회적 실학주의이다. 사회적 실학주의는 인문적 교양만으로는 신사양성에 불충분하므로 실생활과의 접촉을 통해서 유능한 사회인, 세계에 밝은 인간을 양성하려고 하였다. 대표적 학자는 프랑스의 몽테뉴(1533~1592), 영국의 존 로크(1632~1704)가 있다.

3) 감각적 실학주의

진정한 의미에서 실학주의는 감각적 실학주의를 의미한다. 이것은 17세기에 나타난 교육사상으로 이 감각적 실학주의에 이르러 실학사상이 완숙되고 절정에 달하게 되었다. 감각적 실학주의는 감각적 직관을 기초로 하려는 교육사상이다. 따라서 인문적, 사회적 실학주의에서와 같이 고전의 내용이나 사회생활을 통해서 지식을 얻으려는 것이 아니고 실물, 표본, 그림 등의 구체적 사물을 교재로 한 학습이 보다 효과적이라는 주장이다. 이러한 점에서 오늘날의 직관교육 또는 시청각교육의 모체를 이루고 있다. 감각적 실학주의는 자연과학의 지식과 직관적 연구방법을 교육작용에 끌어넣어 사회 생활의 향상을 도모하고자 하였으므로 과학적 실학주의라고도 한다. 대표적인 학자는 영국의 멀카스터(1530~1611), 독일의 라트케(1571~1635), 체코의 코메니우스(1592~1670)가 있다.

제 2 절 실학주의 교육사상가

1. 존 밀턴(John Milton, 1608~1674)

밀턴은 영국의 성 파울학교에서 수학하고 케임브리지 대학에서 그리스어와 문학, 역사, 웅변 자연과학, 철학 등의 연구에 전념하였다. 한때 정치에 관심을 가지고 크롬웰(1599~1643)의 비서로 정치활동을 시작했으나 불행히도 1654년 시력을 잃고 맹인이 되어 정계를 떠나 「실락원」(失樂園)을 저술하였다.

밀턴의 인문적 실학주의 교육사상은 그의 저서 「교육론」에 잘 나타나 있다. 그는 종교적 도야와 현세적 도야의 2원적 요소가 조화를 이루어 완성되어야 함을 강조하고 있다. 즉, 인류가 전세에 지은 죄는 경건한 신앙에 의해 보상되어야 하고(종교적 도야), 모든 개인은 언제나 그 직능을 훌륭히 수행할 수 있는 세속적 도야가 필요하다고 하였다. 또 교육계획에 있어서도 「교육론」에서 아카데미라는 교육기관론에 대하여 발표하였는데, 아카데미는 4가지로 분류하고 12세부터 21세까지의 청소년을 수용 교육하도록 되어 있다. 이것은 종래의 중학과 대학을 겸한 제도라고 볼 수 있다.

밀턴의 교육방법은 첫째, 교육내용을 넓고 철저하게 할 것, 둘째, 학생과 교사가 서로 토의하는 데서 올바른 학습이 이루어진다. 셋째, 경험을 통한 학습의 효과를 촉진시키기 위해 여행을 장려한다. 넷째, 심신의 조화적 발달을 위한 훈련 등을 들었다. 이와 같이 밀턴의 교육사상은 인문주의에서 실학주의로 전환되는 과도기적 역할을 담당한 인문적 실학주의의 선구자였다. 밀턴은 영국의 정치적 문제로 생존시에는 빛을 보지 못했지만, 1662년 왕정복구 후 국교를 강요하는 통일령에 불복한 승려와 교사들이 고향으로 돌아가 아동교육에 종사하게 되면서 그의 교육사상은 빛을 보게 되었다.

2. 존 로크(John Locke, 1632~1704)

로크는 영국이 경험주의 철학자이면서 정치학자, 경제학자, 의사, 그리고 실학주의 교육사상가이다. 그는 어려서 어머니를 잃고 법률가인 아버지 밑에서 자랐다. 14세에 웨스트민스터(Westminster School)에 갔으며, 20세에 옥스퍼드대학에 들어가 처음 신학을 공부하고, 이어서 자연과학 및 의학을 공부하였다.

원래 로크는 교육을 생업으로 하지는 않았다. 우연히 정치가인 샤프츠버리(Shaftesbury)경과 알게 되어 시의(侍醫)로서 같이 있으면서 그의 손자 가정교사를 하다가 「교육에 대한 고찰」(1693)을 쓰게 되어 교육사상 특이한 존재가 되었다. 이 책이 내용은 체육론, 덕육론, 지육론, 속지육론의 4부로 구성되어 있다.

그의 교육목적은 영국의 전통에 따라 유용한 신사를 양성하는데 있었다. 신사가 구비해야 할 기본적 요소는 ① 신체적, ② 도덕적, ③ 지적인 면을 갖추는 것이었다. 그가 체육을 제일 먼저 강조한 것은 어려서 어머니를 잃고, 그 후 30세에 아버지와 하나밖에 없는 동생 마저 잃었으며, 그 자신 일생 동안 몸이 무척 약했기 때문이었다. 또 그는 의사이었기 때문이기도 하다.

첫째, 체육론으로, 그의 표어는 "건전한 신체에 건전한 정신"(sound mind in a sound body)에 있었다. 이것은 로마인들이 즐겨 쓰던 경구(警句)를 뒤집어 놓은 말이었다.

둘째, 덕육론으로, 덕육의 목적은 자신의 욕망을 억제하고 이성에 따라 행동해야 하는데 있다. 즉, 의지의 도야에 중점을 두어 정욕을 억제하고 아동에게 자연으로부터 주어진 도리에 합치되는 행동을 할 수 있도록 하는데 두었다.

셋째, 지육론으로, 위에서 말한 이러한 마음의 단련이 이루어진 후에 지적 교육을 하는 것이 옳다고 하였다. 지식교육도 고전편중을 배척하고 주지주의와 서적중심학습을 거부하였다. 학식이 풍부한 사람이라도 덕이 없으면 사회적으로 존경받지 못하기 때문이다.

다음으로 로크의 심의론(心意論)을 살펴보면 그는 「인간오성론」(1690)에서 선천적 관념의 존재를 부인하고 있다. 그는 아동의 마음은 출생 시에 백지(白紙, tabula rasa)와 같다는 것을 믿었다. 즉, 마음의 본래 상태는 아무 성질도 관념도 없는, 또 아무것도 쓰여 있지 않은 백지와 같은 것으로 보았다. 그 백지 위에 경험에 의한 기록을 남기게 되고, 모든 경험은 감각에서 나온다. 그에 의하면, 감각을 통하여 지식이 생기고 바른 지식이 쌓여지면 이성이 형성되고, 이 이성의 훈련을 통하여 마음이나 품성이 착해진다는 것이다. 이러한 그의 교육사상은 그의 경험론과 아울러 18세기의 교육에 큰 영향을 끼쳤으며, 특히 계몽주의 교육사조에 미친 영향이 지대하였다.

3. 코메니우스(Comenius, 1592~1670)

코메니우스는 1592년 보헤미아, 지금의 체코슬로바키아에서 태어났다. 1602년 아버지가 사망하고 이어 어머니까지 사망하게 되어 고아가 되었다. 큰어머니 밑에서 5년간 목공의 조수로 일하면서 초등교육을 받고 16세 때 라틴학교에 입학하여 2년간 수학했다. 그 후 헬번대학에 입학하여 신학과 철학을 공부하면서 라트케(1571~1635)의 교육개혁과 백과전서파의 알쉬테드(1588~1638) 등에 공감하고 흥미를 가져 교육연구에 심혈을 기울이게 되었다.

1613년 다시 하이델베르크 대학에서 수학하고 모리비아에 돌아와서 교사가 되었다가 가정을 이루고 행복한 생활을 했다. 그러나 1621년 30년 전쟁으로 재산과 처자식을 잃는 비운을 당했다. 그는 폴란드 리사에 망명하여 그 곳에서 김나지움 교사로 봉직하다 1636년 교장이 되었다. 이 곳에서 13년간의 교직생활을 배경으로 「대교수학」과 「어학입문」을 집필하였다. 그리고 헝가리에서 초청을 받아 교육개혁에 종사하면서 1658년 유명한 「세계도회」를 저술하였다. 코메니우스의 교육사상은 교육목적론, 교수방법론, 교육단계론으로 대별하여 논술한 「대교수학」에서 엿볼 수 있다.

첫째, 교육목적론에서 코메니우스는 인간의 궁극적 목적은 천국에 있어서 신과 체합함으로써 영원한 행복을 얻는 것이라고 하였다. 인간의 생활은 태내의 생활, 지상의 생활, 천국의 생활로 3단계인데. 태내의 생활은 지상생활의, 지상생활은 천국생활의 준비에 지나지 않는다. 따라서 인간은 지상생활을 영위하는데 있어서 그 목적에 도달하기 위한 준비로서 ① 지식이 필요하고, ② 도덕이 필요하고, ③ 경건한 신앙심이 필요하다. 이 세 가지는 사람이 태어날 때 가지고 났으므로 교육은 이것을 잘 길러서 완성시켜야 하며, 교육은 어려서부터 시작해야 한다. 가정에서 부모가 할 수 없는 일은 학교에서 보충하여야 하며, 학교에는 모든 계급의 남녀 아동을 입학시켜서 교육하여야 한다고 하였다.

둘째, 교육방법론에서 코메니우스는 교육방법론의 가장 기본적인 원칙은 자연의 질서에 따라서인 "합자연성의 원리"이었다. 그래서 그의 교육방법론을 이른바 객관적 자연주의라고 부르는 것도 이 때문이다. 객관적 자연주의란 천지자연의 법칙을 준칙으로 하는 방법을 말한다.

셋째, 교육단계론에서 근대적 학교단계와 같은 교육단계론을 주장함으로써 오늘날 이 제도의 선구자가 됐다.

1) 제1기, 유아기(1~6세)

모친학교 또는 유아학교(유치원), 가정에서 어머니로부터 교육을 받는 가정교육을 말한다.

2) 제2기, 아동기(7~17세)

국어학교(초등학교), 교과목으로 독 · 서 · 산의 3R'S는 물론 역사, 지리, 미술 등을 가르친다. 학교는 무상 의무적이며 모국어로만 교수한다. 군정도의 고을에 설립하였다.

3) 제3기, 소년기(13~18세)

라틴어학교(중등정도의 학교), 국어, 라틴어, 그리스어, 헤브라이어 등의 어학과 물리학, 수학, 지리, 역사, 7자유학과를 교수한다. 시 정도의 도시에 설립하였다.

4) 제4기, 청년기(19~24세)

대학(고등교육기관), 심오한 학술의 연마는 물론 국가와 교회지도자를 양성하는 것을 목적으로 교수한다. 각주 또는 각 나라에 설립하였다.

그러므로 코메니우스의 근대 교육계에 미친 영향은 실로 높이 평가하지 않을 수 없다. 그의 교육사상의 위치는 과학사상의 코페르니쿠스(1473~1543), 뉴턴(1642~1727)의 위치와 대등하기 때문이다.

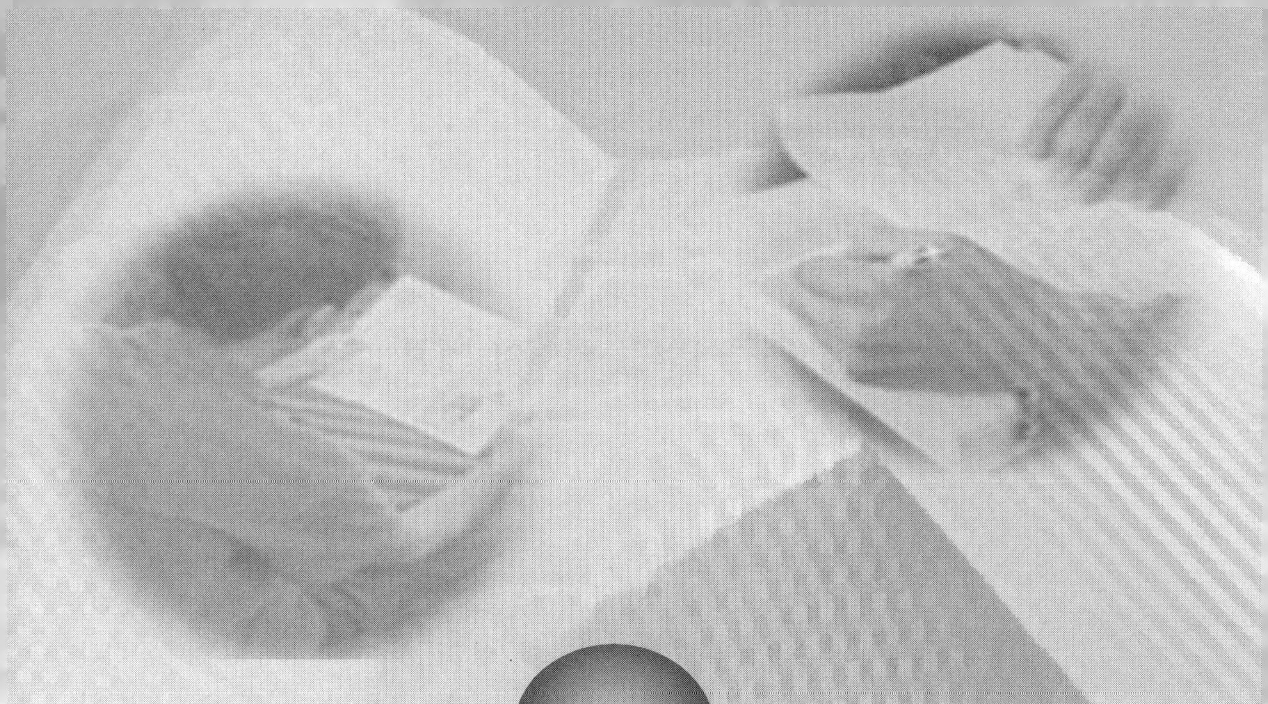

제 7 장

계몽사상과 교육

제1절 계몽사상의 역사적 배경
제2절 계몽주의 교육
제3절 절대주의 사회의 교육
제4절 계몽주의 교육사상가
제5절 범애주의 교육

제1절 계몽사상의 역사적 배경

전통적인 속박에서 벗어나 자유로운 지식을 보급시키고 사회를 무지한 상태로부터 끌어올리려 했던 합리주의적인 유럽시상을 계몽주의 사상이라고 부른다. 이 사조는 자유롭게 자각된 개인과 지성존중의 정신을 전제적인 조건으로 했다. 이 사조는 18세기 유럽에서 성행하였기 때문에 계몽사조라고 하여 그 시대를 가리켜 말하기도 한다. 개인의 자유와 경험적 지식을 기초로 하는 근대시민 사회로의 길은 르네상스와 종교개혁을 통해서 이미 어느 정도 열리기는 했지만, 그것은 지성의 면에서 철저하게 추진, 보급시킨 것은 역시 계몽사상이며, 그것은 또한 자연과학의 발달에 많은 역할을 했다.

계몽사조는 인간 이성의 주체적 활동에 의한 무한한 진보의 가능성을 믿었다. 그것은 과거에 집착하는 보수주의가 아니라 미래를 바라보는 진보주의였다. 앙시앵・레짐(ancien régime)에 의하여 상징된 과거의 전통은 파기되어야 할 것이고 구속력을 갖는 것이 아니라고 했다. 극언하면, 역사를 부정하고 오로지 합리적인 것만을 추구하는 입장, 따라서 영원한 것, 보편 타당한 것에 의존하려 한 것이 계몽사조의 입장이었던 것이다. 따라서 계몽사조는 민족의 특성이나 그 역사적 배경을 존중하지 않고 오히려 단적으로 인류의 입장, 세계 시민적 입장에 섰던 것이다.

이 사조는 지식의 근원을 책에서가 아니라 자연에서, 전통에서가 아니라 경험을 통해서, 고전에서가 아니라 관찰과 실험을 통해서 구해야 한다는 베이컨(F. Bacon, 1561~1626)으로부터 발단했고, 로크(J. Locke, 1632~1704)에 의해서 배양되어 유럽 각국에 퍼져 18세기에 절정을 이루었던 사상운동이며 사회운동이었다.

이 운동은 2개의 경로에 따라 전개되었다. 그 하나는 교권으로부터의 해방이고, 다른 하나는 고전으로부터의 독립운동이었다. 첫째의 운동인 교권으로부터의 독립은 르네상스운동으로 전개되어 종교개혁운동을 통해서 일단 성과를 거둔 셈이었다. 그러나 그것은 표면상의 결과이었고 구체적으로는 여러 가지 문제점들이 남아 있었다. 남겨진 여러 가지 문제점들이 둘째의 운동인 고전으로부터의 독립운동과 얽혀서 전개된 18세기의 계몽운동인 것이다.

18세기의 계몽운동의 방향은 다시 2방향으로 움직여 갔다. 그 하나는 외적인 방향으로 움직여간 것으로써, 그것은 사회적인 습관이나 전통 내지 정치적 독단이나 불합리에 대한 비판과 반항이라는 형태로 추진되었다. 이 경향은 특히 프랑스에서 첨단화하여 프랑스혁명(1789)으로 나타났다. 다른 하나는 내적인 방향으로 움직여간 것으로서, 그것은 인간이성의 본질과 사고의 문제 등을 이성에 따라 이론적으로 구명하는 형태로 나타났다. 그리하여 개인의 확립과 개인의 존엄성을 주장하는 독일의 이성주의로 나타났다.

요컨대, 계몽사조는 사람들에게 올바른 지식을 넣어 주어 몽매를 깨우치고, 그것으로써 종교, 정치, 사회, 생활 등 각 영역의 여러 문제를 비판 · 검토하여 합리화시키려는 것이 주요 목적이었다. 그러나 이 운동은 각국의 국민성과 사회정세에 따라 각각 특이한 양상으로 나타났다.

제 2 절 계몽주의 교육

인간의 어리석음을 깨우치는 것이 본분이었던 계몽운동은 그 자체가 하나의 교육운동이었다. 이 때의 계몽사상가들은 인간은 교육에 의해서 개명될 수 있고 개명된 자에 따라서 합리적인 사회로 진보시킬 수 있다고 믿었다.

교육에 의한 사회개조 및 역사적 진보의 가능성을 확신한 것은 계몽사상가들의 공통된 특색이었다. 그들은 사회개조나 역사적 진전의 근원은 인간의 이성을 발달시키는데 있다고 굳게 믿었다. 계몽 수단으로서의 이성에 대한 그들의 숭배는 거의 종교적 광신의 정도에까지 이르렀었다. 이성은 실로 그들의 신이었던 것이다. 주정주의자이자 자연주의자인 루소(J. J. Rousseau, 1712~1778), 범애학파인 바제도(J. B. Basedow, 1724~1790)와 잘츠만(C. G. Salzmann, 1744~1811), 그리고 비판철학자인 칸트는 물론, 로크의 경험론이나, 백과전서파의 디드로, 꽁디약 등의 감각론의 철학적 입장까지도 인간형성의 요인을 후천적인 영향에서 구한다는 교육의 가능성을 강조했다.

그들이 주장한 교육목적, 교육내용, 교육방법을 요약하면 다음과 같다.

1. 교육목적

계몽주의 교육의 목적은 추리능력을 길러 이성의 자유를 속박하는 종교, 정치, 사회 등의 모든 권력구조를 제거할 수 있게 하는데 있었다. 즉, 사람들이 자기 스스로 생각하고 인간적 또는 신학적인 모든 사물들을 그네들 자신의 이성의 힘으로 따질 수 있게 하는데 목표를 두었으며, 궁극적인 목적은 모든 속박으로부터 이성을 해방시키는데 있었다. 그러므로 계몽주의자들은 개인을 발달시켜 생활의 모든 부분을 냉정한 비판적 이성으로 통제하고 모든 자발적인 열정과 감정을 억제시키려고 했다. 특히 그들은 교회의 몽매주의와 전제적 독재주의에서 오는 독단, 전통, 미신, 편견, 격정, 부정, 특권 등을 방어하여 지식인들의 생활을 위협하는 일이 없도록 하고자 하였다. 그러나 그들은 그들이 높이 평가하는 추리력과 지성을 좀더 행복스러운 생활을 위한 지침이 되며 공사간의 생활문제를 종결 지우는 방법이 되도록 발전시키지는 못하였다. 이 운동은 사회의 새 질서를 건설하려는 계획보다도 종교적, 정치적 개혁의 성질을 더 많이 가지고 있었기 때문에 건설적인 면이 적었다는 데 결점이 있다.

2. 교육내용

계몽주의 교육내용은 합리적인 것만으로 구성하고 이치에 맞지 않는 것은 무엇이든 제거하였다. 그러므로 철학과 과학이 가장 가치로운 학과목으로 인정되었다. 따라서 철학, 과학, 정치, 경제, 미술, 문학, 사교상의 예법 등을 중요한 교육내용으로 하는 대신에 종교나 실제생활의 현실은 채택하지 않았다. 세련된 태도, 형식적이고 인위적인 예법, 이기적인 행동 등이 윤리나 도덕을 대신하게 되었다.

그 반동으로 옛날의 도덕 대신에 기지(機智)와 우미(優美)한 것으로 가장된 불근신(不謹愼), 불성실(不誠實), 사치(奢侈) 등이 성행되었다.

3. 교육방법

계몽주의 교육방법에서는 계시(啓示), 상상(想像), 또는 감정(感情)을 위한 것은 찾아볼 수 없고, 냉정한 비판, 분석적 태도만을 용납하였다. 그들의 교육방법의 주요한 특징은 냉정한 추리력과 지성을 인간생활과 제도의 모든 부분에 적용하고 그 시련을 이겨내지 못하는 것은 모두 부정하려는데 있었다. 그러므로 그들은 이성적인 면에서만 특별한 관심을 가지고 감정적인 면은 전혀 무시하였다. 그러므로 모든 신앙과 제도를 논리적 사고의 적이라고 경멸하였다. 그들은 추리력을 계몽운동의 유일한 수단이라고까지 생각하여 거의 종교적으로 광신하는 정도에까지 이르게 되어 이성이야말로 사실상 그들의 신이 되고 말았다.

전통과 권위의 억압적인 제한에 대항해서 인간의 이성에 호소하여 몽매를 깨우치려고 했던 계몽사조의 교육운동은 대중의 필요와 일반 민의 권리를 등한시했다는 점에서 부당한 것이었으며, 그 결과에 있어서는 새로이 각성한 민주주의적이고 보편적인 교육에 대해서 반동의 역할을 했다고 보겠다.

제 3 절 절대주의 사회의 교육

절대주의 사회는 봉건사회로부터 근대 시민사회로 옮겨오는 과도기에 나타났다. 그것은 봉건국가의 최종 단계인 동시에 자본주의 사회가 싹트는 단계였다. 즉, 봉건귀족이 주가 되면서 상업자본가와 메뉴팩츄어(manufacture) 자본가가 신흥세력이 되어 왕권의 일익을 담당하는 사회였다. 따라서 봉건세력과 부르조아 세력이 상호 균형적으로 정치와 경제에 참여했던 반봉건적, 반부르조아적 이중성격을 지닌 사회였다.

절대주의(absolutism)란 ① 국왕이 아무런 제약도 받지 않고 그 전권을 행사하는 정치형태, 즉 전제군주제이며, ② 절대왕권의 집행기관으로 관료기구가 있으며, ③ 국내의 질서유지, 외적의 방위, 대외 원정 및 식민지 획득을 위한 국왕의 군대로 상비군이 있으며, ④ 절대군주의 지배를 정당화하는 정치이론으로써 왕권신수설(王權神授說)을 주장하고, ⑤ 이러한 체제 속에서 국민의 의식을 순응시키기 위한 국민교육의 정책을 채택한 것이다.

따라서 절대주의 사회에서의 교육의 특색은 ① 교육의 종주권이 교회로부터 국가로 이관되어 중세 이래의 교회 전유물이었던 교육제도가 세속정부의 전관사항이 되었고, ② 학교제도는 관료와 상비군 간부 양성을 위한 중등학교제도가 정비되고 민중의 자제를 위한 초등학교제도는 제2차적인 것으로 배려되었다. 따라서 그 형태는 전형적인 복선형이었다. ③ 교육목적은 부국강병과 충량한 신민의 양성에 있었으며, ④ 교육내용은 왕권에 대한 충성심과 기능, 실과, 수학, 근대 어 등의 실학적인 것이었다.

1. 프로이센의 교육

교황권과 황제권이 쇠퇴되면서 독일은 영방할거주의(領邦割據主義)를 강화하고, 신성로마제국은 300여 개의 영방군주국(領邦君主國)과 소수의 도시로 분할되어 영국, 프랑스와는 달리 영방적 절대군주로서의 특색을 지니게 되었다. 영방국가 가운데 최강자는 오스트리아였지만 17세기 이후는 신흥 프로이센(Preussen)이 이에 대신하게 되었다.

학문연구기관의 충실화에 힘쓴 사람은 1701년 독일 황제로부터 왕호(王號)를 허락받은 프로이센 왕 프리드리히 빌헬름 1세(Friedrich Wilhelm I)였다. 그는 성직자와 고급관료를 양성할 목적으로 할래(Halle)대학(1694)과 베르린 아카데미(Berlin Akademie)를 창설(1700)하였고, 국민교육 향상에도 뜻을 두어 1717년 9월에는 「취학의무령」을 그리고 1736년 9월에는 「일반학교령」을 발표하여 민중의 자제들에게 의무취학을 명하는 등 학문적 업적을 남겼다.

당시의 할래대학은 자연법학자인 토마지우스(Chr. Thomasius, 1655~1728), 경건주의 신학자 프랑케(A.H. Francke, 1663~1727), 합리주의 철학자인 볼프(Christian. Wolf, 1679~1754) 등이 자연법학, 합리주의 철학, 자연과학 및 관방학(행정학) 등의 강좌를 처음으로 개설하였을 뿐 아니라 철학의 자유를 올바르게 승인하는 한, 그로 인한 종교 도덕 및 국가의 위험 등을 조금도 염려할 필요가 없다는 대학의 자유를 선언함으로써 19세기 이후의 근세대학 발전에 새로운 계기를 마련하였다.

후계자인 프리드리히 2세(1712~1786)도 부왕의 업적을 이어받아 즉위 후 군사, 외교, 정치, 문화 등 각 방면에 빛나는 공적을 세웠으며, 민중교육에도 힘썼다. 즉, 헥카(J. J. Hecker, 1707~1768)의 실과학교를 장려했고(1748), 부설 교원양성소를 공인했으며(1748), 헥카에게 명하여 「프로이센 학교규정」을 작성토록 하여 발표(1763)하였다. 이것이 프로이센 보통교육제도의 기초가 됐으며 세계 최초의 초등교육령이라는 데에 역사적 의의가 있다. 그 내용은 ① 5~14세까지의 취학의무, ② 학교의 설치 및 개학기간, ③ 교재 및 그 내용, ④ 수업료, ⑤ 빈곤자에 대한 학비면제, ⑥ 학교 감독, ⑦ 교사의 자질, 직무, 봉급에 관한 규정은 물론 학업성적의 고사권(考査權)에까지 부여하여 졸업 시 국가고사에 통과하도록 하는 등의 대단히 훌륭한 구상을 하였다. 이후 헥카와 바제도(Basedow)의 힘을 빌어서 「학교규정」이 발표(1787)됨으로써 프로이센에 있어서의 학교장학은 승려에서 완전히 교육부로 이관되고 모든 종교적 신앙의 어린이도 공립학교에 다니게 되었다.

2. 프랑스의 교육

17세기 전반은 "짐은 곧 국가다"라고 말한 루이 14세의 통치 하에 프랑스 절대주의가 극성기를 이루어 그 패권을 자랑하는 시기이었지만, 후반에 이르러 절대주의의 모순이 노출되고 신흥 부르조아 세력의 대두와 더불어 절대왕권의 붕괴를 촉진시켜 드디어 프랑스혁명(1789)을 야기시켰다.

이 시기 프랑스의 서민교육은 침체되어 자선학교운동이 전개되었고 세속주권에 의한 관리체제로 촉진되어 갔다. 또한 말기에는 근대교육의 개척자라고 할 수 있는 루소(J. J. Rousseau, 1712~1778)가 새로운 교육론을 발표하여 많은 반응을 일으킨 때였다.

프랑스의 절대왕권은 민중교육은 전연 무관심했고 종교교단의 관리하에 있던 대학 및 중등교육기관은 상층 특권계급을 위한 교육기관이었고, 하층교육기관으로서는 '쁘띠 에꼴르'(Petit ecole, 소학교)라 불리는 빈약한 형태의 조그마한 학교가 있었을 뿐이었다. 이 학교는 교회의 감독 밑에 있었지만 의무적인 취학기관은 아니었다.

그러나 부진했던 민중교육은 로욜라(Ignatius Loyola, 1491~1556)의 제쉬트 교단(the society of Jesuit, 1534년 창설)과 라살(La Salle. J. B.)의 '기독교학교동포'(1684년 창설)의 활동으로 크게 공헌하였다. 그러나 가톨릭의 교리에 따라 민중에게 보통교육을 시키려고 했던 이 단체는 종교개혁 이후 신용을 잃어 1764 추방되고, 절대왕권 밑에서 오랫동안 중세적 교회전담의 교육체제를 유지해 오던 프랑스는 18세기 중엽에 이르러 국민교육제도의 구상이 대두되었다.

제수잇 교단의 추방에 지도적 역할을 한 라 샬로떼(La Chalotais, 1701~1785)의 「국민교육론」(1763)은 교육의 국가통제 요구로서 제쉬트 교단의 교육이 국가통제를 벗어난 교황 지상권주의 교육이었다는 것을 비판하면서 "국가에 의해서만 의존하는 국민교육"을 구상하여 교육은 국가의 계획에 따라 규제되어야 한다고 역설했다.

이와 같은 교육논쟁은 라 샬로떼의 「국민교육론」 이외에도 꽁도르세(Marquis de Condorcet, 1743~1794)의 「공교육에 관한 5개의 각서」(1791)는 ① 공교육의 본질과 목적, ② 아동교육론, ③ 성인교육론, ④ 직업교육론, ⑤ 과학교육론 등의 5편으로 되어 있으며, 제1각서에는 "공교육은 민중에 대한 사회의 의무이다"라고 말함으로써 공교육제도의 이론적 근거를 명백히 하였다. 이것이 1792년 꽁도르세에 의해서 '혁명의회'에서 제안된 유명한 「공교육의 일반조직에 관한 보고 및 법안」(1792)의 기저가 되었다. 이리하여 프랑스는 전 국민을 대상으로 하고 민주적인 국민교육 체제의 수립을 문제로 삼는 단계에 도달하게 된 것이다.

3. 영국의 교육

영국의 절대왕권은 다른 나라들에 앞서 이미 15세기 말인 헨리 7세(1485~1509)

때에 비롯되어, 16세기 말인 엘리자베드 여왕(1533~1603) 때에 확립되었다. 그러나 크롬웰(1599~1658) 부자에 의하여 왕정이 폐지되고 공화정이 실시되었으나, 1660년 찰스 2세(1630~1685)에 의하여 왕정이 복고되었지만 제임스 2세(1633~1701)가 왕권신수설을 주장하여 국민에 의해 폐위당했다. 그 후 윌리암 3세(1650~1705)는 의회에서 「권리의 선언」(Declaration of Right)의 준수를 서약 당하고 왕위에 올랐다. 이것이 무혈혁명이 명예혁명이며, 이로써 입헌정치가 확고해졌으며 영국인의 민권이 크게 신장되었다. 영국의 절대주의 교육은 그래머 스쿨, 청교도 교육, 비국교도 아카데미의 교육개혁으로 분류하여 말할 수 있다.

1) Grammar School

17~18세기 영국의 교육을 맡았던 이 학교는 이미 전시대부터 존재하여 내려오는 중등학교로서 절대왕권의 권력조직이 통제권을 가지고 있었다. 그러나 명예혁명 이후 지방주민들의 결합이 강해서 지방주민들은 그래머 스쿨을 '자기들의 학교'로 생각하였고 수업료도 받지 않는 경우도 있었다. 후에 유명한 '퍼블릭 스쿨'(Public School : 사립 귀족학교)이 된 '하로우'(Harrow)도 1590년의 규정에 학생이 능력만 있으면 가난한 자도 입학되어야 한다고 했다.

2) 청교도 교육

청교도혁명은 순수한 시민혁명이었기 때문에 프랑스혁명에서처럼 훌륭한 민중교육계획을 만들어 내지는 못하였다. 그러나 비교적 교육에 관심을 갖고 직 · 간접으로 이를 원조했다. 예컨대 왕당파 재산 몰수에 따라 학교가 폐해를 당하지 않도록 배려하고, 학교를 과세대상에서 제외시키는 등 청교도교육에 힘썼다.

3) 비국교도 아카데미

당시 '그래머 스쿨'의 교육은 라틴어가 중심이었다. 라틴어가 국제어, 학술어, 궁정어, 종교어로 사용되었기 때문이다. 명예혁명 이후 커리큘럼을 근대화하려는 시도가 일어나 근대 외국어, 역사, 공민, 경제, 실험물리, 응용수학, 응용과학 등을 내용으로 하는 '궁정 아카데미'를 설립하려고 했지만 실현되지 못하고 영국 특유의 '비국교도 아카데미'(Dissenting Academy)가 17세기 말엽부터 나타나 교육개혁에 큰 역할을 하였다. 이 '비국교도 아카데미'는 18세기 후반에 이르러서는 그 조직과 규모가 커졌고, 교과내용도 수학, 자연과학, 역사, 지리, 근대 외국어 등이 가해짐으로써 근대화되어 갔다. 당시 성해지기 시작한 생산력의 확대에도 부응하여 비국교도와 국교의 차별이 없이 상공업자들의 자제교육도 맡아서 당시의 중산계급을 위한 진보적 교육기관으로 되었다.

제 4 절 계몽주의 교육사상가

1. 루소(Jean Jacques Rousseau, 1712~1778)

1) 생애와 저서

루소는 1712년 제네바에서 출생했으나 어머니는 출산과 동시에 사망하고 아버지와는 10세 때 헤어져 고아가 되었다. 백부의 소개로 람베르사(Lambercier) 목사에게 위탁되었지만 방랑생활을 하다가 가톨릭 승려인 포베루(Poutverre)의 소개로 와랑(Mme de Warens)부인을 알게 되었다. 와랑 부인은 그의 생애를 통하여 신뢰와 존경, 그리고 연애와 원한의 대상이 되었다. 루소는 1743년 한때 베니스의 프랑스 대사관 서기관으로 근무하기도 하였지만 동료와의 불화로 1744년 다시 파리로 돌아와 하숙집의 하녀 테리스(Therese)를 사랑하게 되었다. 병적인 루소를 최후까지 보살핀 유일한 여성이며 아내로서 동거생활 25년 만에 1768년 정식 결혼하였다. 그의 참회록에 의하면 다섯 아기를 두었으나 모두 양육하지 못하고 양육원에 보냈다고 전해지고 있다.

1949년 '디숑학사원'의 현상 논문인 예술 및 과학의 발달은 도덕의 부패에 공헌했는가, 혹은 정화에 공헌했는가라는 광고를 보고 「과학예술론」(1750)이라는 논제로 응모하여 수상함으로써 하루저녁 사이에 명성을 얻었다. 이 논문에서 그는 “예술과 과학은 인간을 파멸시켰다고 논하고, 덕은 소박한 인간의 영혼이 소유하는 것으로써 그것을 획득하는데 특별한 노력이 필요치 않으며, 덕은 모든 인간의 심정 가운데 처음부터 존재한다고 역설”하였다. 또, 1753년에는 제2논문인 「인간불평등기원론」을 디숑학사원 현상 논문에 기고하여 “자연상태의 인간이 사회의 모든 불평등과 모든 문화에 더렵혀지기 이전에는 죄 없이 행복하게 자연의 낙원에서 살고 있었다”고 논하고 “이 불평등은 경제적 조직과 정치적 기구를 지배하는 이기적 소산이라고 판정하였다.” 이 사상이 그의 사상을 일관한 주 사상이었다. 디숑학사원이 낙선시킨 이유도 상대적 판단을 두려워했던 정치적 경향 때문 이었다. 1761년에 「신에로이즈」, 1762년에 「사회계약설」과 「에밀」, 그리고 1770년에 「참회록」을 탈고하고 1778년 7월 3일 66세를 일기로 생애를 마쳤다. 참회록은 그가 죽은 후 출판하였다. 이 참회록은 문학사상 고백문학의 대표작으로서 길이 빛나고 있다.

2) 교육사상

(1) 자연주의 교육

루소의 교육사상은 자연주의에 의하고 있다. 자연이 인간과 사물을 이끌어 가야 한다는 자연, 인간 사물을 교육의 3요소로 보고 있다. 인간과 사물의 교육은 자연의 교육에 일치해야 한다. 그는 자연은 선하고 사회는 악하다는 명제에서 출발한다. 자연은 인간을 착하고 자유롭게 그리고 행복하게 창조했으나 사회는 그것을 악하게 부자유스럽게 비참하게 만들고 있다. 그러므로 인간은 자연으로 돌아가서 자연의 순리에 따라야 한다는 자연주의 사상에 따라 자연 그대로의 선을 신장시키는 것이 교육의 임무라고 하였다. 교육방법에 있어서도 감각적 실학주의의 영향을 받아 실물교육과 직관교육의 방법을 강조하였으며 모든 것이 자연의 법칙에 따르는 것이어야 한다고 했다. 자연에 따르는 교육방법이란 아동의 지적, 정서적, 신체적 발달단계의 특징에 따라 그에 합당한 교육이 이루어져야지 성급하게 많은 지식을 가르치려 해서는 안 된다는 것이다. 이와 같이 아동 개개인의 개성을 존중하고 아동의 생활과 활동을 중심으로 교육함으로써 아동을 성인으로부터 해방시키고자 하였다.

(2) 에밀(Emile)

루소가 20년간 생각하고 3년간 붓을 들어 1762년에 완성한 작품으로 「에밀」이 이상적인 교사에 의해 성장해 가는 과정과 그의 아내가 될 소피(Shophie)의 교육을 다룬 5편의 소설이다. 각 주요한 발달특징과 그 교육을 살펴보면 다음과 같다.

첫째, 인간의 자연적 본성을 따르는 교육이라고 할 수 있다. 루소의 중심사상은 성선설이며 자연숭배의 사상이라고도 할 수 있다. 「에밀」의 서언에 "인간은 조물주의 손을 떠날 때에는 선하던 것이 사람의 손으로 옮겨지면서 모든 것이 악하게 되었다"고 하여 인공적으로 문화를 부여하는 환경과 전통적 교육에 의하여 인간은 퇴락하는 것이므로 오직 자연성의 선을 그대로 발전시키는 교육을 주장하였다.

둘째, 자유로운 계발이어야 한다. 여기에서 자유란 자연인 것이다. 자연적인 교육방법을 강조하였다. 루소는 "우리는 어린이를 조금도 이해하고 있지 않다. 언제나 어른들이 배워야 할 것만 생각하고 있을 뿐, 어린이들이 무엇을 배워야 할 것인가에 대해서는 전혀 생각하고 있지 않다."고 말하고 있다. 그는 어린이들로 하여금 그들의 생리상 필요한 모든 것을 충족시켜 주는 반면, 모든 간섭을 피할 것이며, 운동을 자유롭게 시키고 자발적으로 활동하도록 하는 자연적 교육방법이 필요하다고 생각했다.

셋째, 일반적 도야의 이념이다. 여기에서 먼저 사회인과 대립한 자연인, 자유인, 개인의 도야가 강조되고 있다. 사회인이란 특정한 전통적 사회에 의하여 계약된 사람으로 사회와의 관계에 있어서 상대적 가치를 지니고 있는 사람인데 비하여 자연인이란 자신을 위하여 가치를 지닌 순수인으로서 자연상태의 평등인이다. 바꾸어 말하면 일반적 도야의 기초가 쌓인 사람은 필요한 경우에 대처할 수 있는 능력과 주어진 운명을 감수할 수 있는 행복한 사람이 될 수 있다는 것이다.

(3) 소극적 교육

소극적 교육이란 교사가 앞장서서 끌고 가는 교육이 아니고 아동의 자발적 성장을 뒤에서 밀어 주는 교육을 말한다. 적극적 교육의 형태가 학생들에게 인위적인 사회습관을 주입하는 것이라면, 소극적 교육은 학생들에게 직접적인 간섭을 피하고 스스로 판단할 수 있는 교육적 환경을 마련해 주는 것이다. 교사나 부모가 미리 계획한 틀에 학생을 맞추어 변형시키는 외부로부터의 교육이 아니고, 학생 내면으로부터의 성장을 촉진하는 교육이다. 소극적 교육에서 교사의 역할은 학생의 성장과 변화과정을 관찰하면서 필요한 도움을 주어 성장을 촉진시키는 보조자이다. 여기에서 그가 추구하는 이상적인 인간상은 고상한 야인(noble savage)이다. 고상한 야인이 갖추어야 할 특성은 자연성을 보존하면서 도덕적 자유를 실천할 수 있는 사람이다.

(4) 발달단계에 따른 교육

연령별 차이에 대한 고려는 「에밀」에서 다루고 있는 중심주제이다. 루소는 연령별로 고유한 특징이 있다고 보고 전 교육기간을 4기로 구분하여 각 시기의 특징에 따라 그에 맞는 교육방안을 제시하고 있다. 즉, 제1편 유아기(1~5세), 제2편 아동기(6~12세), 제3편 소년기(13~15세), 제4편 청년기(16~20세), 제5편 소피의 교육(여자교육)인데 루소는 아동의 성장과정이 각 연령 단계마다 독특한 특징을 지니고 있다고 생각했다. 각 연령과 삶의 조건에는 나름대로의 완성과 성숙이 있다. 각 연령 단계에서의 교육은 그 단계에서의 완성과 성숙을 위한 것이지 먼 장래를 위해서 현재를 희생해야 할 준비과정이 아니다. 그러므로 루소는 어른이 돼서 살아가는데 필요한 것들을 준비하기 위하여 아동들의 현재의 관심과 욕구들을 억압하고 희생하는 오늘날의 교육적 관행을 날카롭게 비판함으로써 아동기를 어른들의 억압으로부터 해방시켰다.

제 5 절 범애주의 교육

1. 범애주의 교육의 개요

루소의 교육사상의 영향을 받아 실제적인 교육이 바제도를 중심으로 하여 독일에서 나타났다. 이들을 범애파라고 한다. 범애파란 바제도가 1774년 데싸우(Dessau)에 한 모범학교를 세우고 이름을 범애학교(Philanthropinum)라고 한데서 시작되었다. 범애파의 사상을 범애주의(Philanthropismus)라고 한다. 범애주의(汎愛主義)란 그 글자가 뜻하고 있는 것처럼 인류애의 실현에 있었다. 종교나 국가의 차별 없이 전 인류를 사랑하여 행복을 증진시키는 것을 목적으로 하였다. 이러한 점에서 범애주의 교육은 계몽사상을 배경으로 루소에게서 나타난 시대적 정신을 교육에 적용하여 성과를 이루었다고 볼 수 있다. 범애주의의 대표적 교육사상가로는 바제도와 잘츠만 등이 있다.

2. 범애주의 교육사상가

1) 바제도(Johann Bernhard Basedow, 1723~1790)

독일에서는 루소의 영향을 받아 실제적인 교육개혁운동이 범애파를 중심으로 하여 전개되었다. 바제도로부터 출발한 범애주의 교육운동은 독일의 교육 발전에 크게 기여하였다. 바제도는 독일의 함부르크에서 태어나 1746년 라이프치히 대학에서 신학과 철학을 공부하였다. 그는 1762년 「에밀」을 읽고 자신의 교육개혁에 관한 신념을 더욱 확고하게 하였다. 1768년 "학교, 학문 및 그것이 공공 복지에 미치는 영향에 관하여 인류의 벗과 자산가들에게 알림"이라는 글을 발표하여 범애주의에 의한 독일의 교육개혁을 주장하였다.

바제도의 범애학교에서는 루소의 자연주의적 교육의 영향을 받아 학생들의 생활을 구속하는 전통적 교육의 관습을 없애고 자유롭고 자연스러운 상태에서 학습할 수 있도록 하였다. 교수방법에 있어서도 강제하여서는 안 된다고 하여 다음과 같은 법칙을 들었다.

① 많이 가르치지 말고 유쾌하게 배우도록 할 것.

② 많이 가르치지 말고 초보적 학습에 적당한 순서를 배우도록 할 것.

③ 많이 가르치지 말고 참으로 유익한 지식만 가르칠 것.

그리고 학생들의 훈육방법에 있어서도 일체의 체벌을 금지하고 그 대신 아이들의 명예심과 염치심에 자극을 주어 선행하도록 하였다. 그의 범애학교는 1793년까지 19년간 존속하였다.

2) 잘츠만(Christian Gotthilf Salzmann, 1744~1811)

잘츠만은 독일의 에어푸르트(Erfurt) 근교에서 태어나 1761년 예나대학에 입학하여 신학을 공부한 후 목사가 되었다. 그는 바제도의 글을 읽고 영향을 받아 범애파 사상을 연구하게 되었다. 1781년 바제도가 운영하는 데싸우 범애학교에서 종교교사로 근무하였으나, 이 학교를 그만두고 1784년 슈네펜탈(Schnepfental)에 새로운 범애학교를 설립하였다.

잘츠만의 교육목적은 건강하고 유쾌한 생활을 통해서 이성적이며 선량한 인간의 육성에 있었다. 아동은 개인으로서 행복을 자각하게 하고 나아가 타인의 행복을 증진하는 데 충분히 노력하고 기여할 수 있는 인간형성을 궁극적인 목적으로 삼았다. 이러한 그의 교육사상은 현대교육의 이상과도 일치하는 것이다. 또한 잘츠만은 이상적인 범애교육을 실시하기 위하여 학교는 다음과 같은 3가지 조건을 구비하여야 한다고 지적하고 있다.

① 학교는 도시에서 적당한 거리에 있을 것

② 한 사람의 교장 아래 통일적 감독권이 이루어질 것

③ 가능한 한 가정적 조직으로 이루어질 것

잘츠만의 대표적인 저서로는 「가재의 책 또는 비이성적 아동교육에 대한 지침서」(1777), 「콘라드 키퍼 또는 이성적 아동교육에 대한 지침서」(1794), 「개미의 책 또는 이성적 교사교육에 대한 지침서」(1806) 등이 있다. 특히 「개미의 책」은 교직에 대한 애착을 잘 표현하여 교사교육에 커다란 영향을 미친 책이다. 잘츠만은 이 책에서 교사는 스스로 의식적이어야 하며, 올바른 교육이란 어린이들 스스로가 자립할 수 있도록 자극만 하는 것이 교육의 목표라고 하였다.

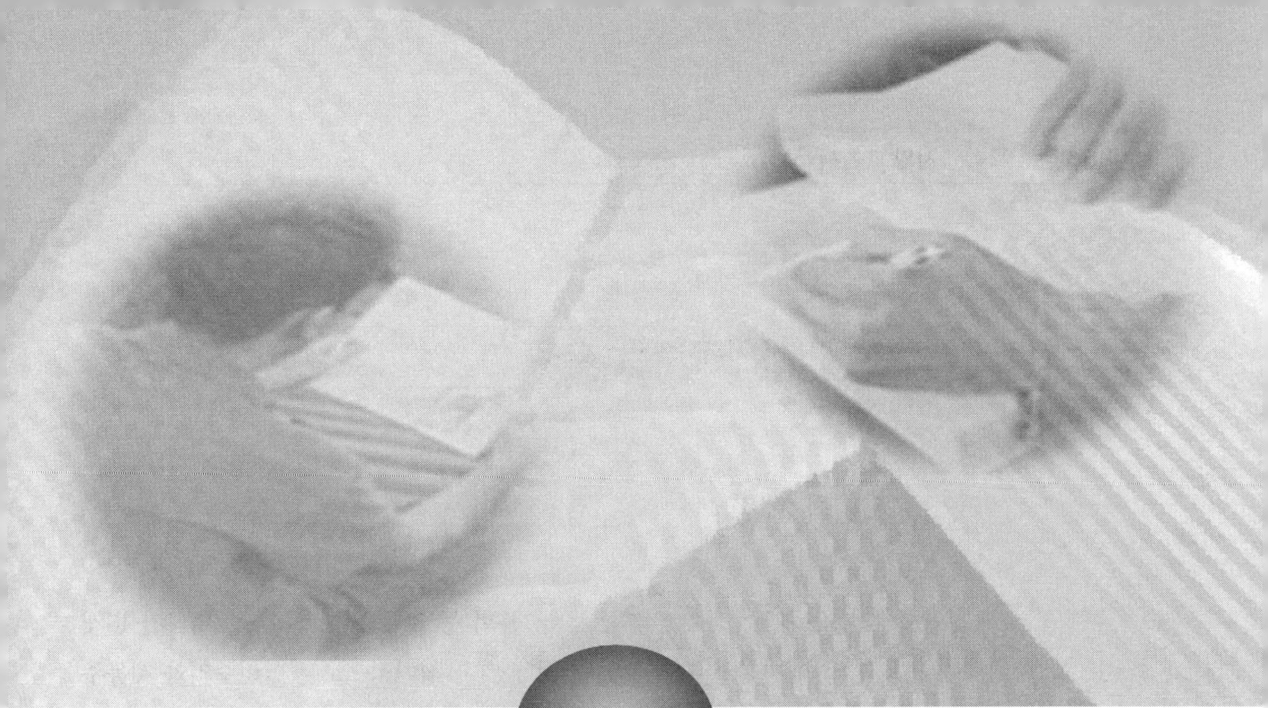

제 8 장

근대사회의 교육

제1절 신인문주의 교육
제2절 신인문주의 교육사상가
제3절 국가주의 교육
제4절 산업혁명과 빈민교육운동
제5절 미합중국의 교육

제1절 신인문주의 교육

1. 시대적 배경

유럽에서의 19세기는 정치, 경제, 사회, 문화 등 모든 면에 있어서, 지나간 18개 세기 간의 발달과 변천보다 더 많았던 시대였다. 정치적으로는 합리주의와 계몽주의를 바탕으로 한 프랑스 혁명과 미국 독립을 기점으로 하여 민주적 정치가 실현되었고, 경제적으로는 영국의 산업혁명을 계기로 하여 자본주의적 경제체제가 생성 발달하였으며, 사회적으로는 시민사회가 성립되었고, 문화적으로는 신인문주의(New Humanism)가 대두하였다. 한편 자본주의의 생성과 발전의 과정에서 유럽의 여러 나라들은 국가주의를 표방하여 식민지 획득을 위한 제국주의를 촉진시킨 것도 이 때의 일이다.

신인문주의는 18세기 말부터 19세기 초에 독일을 중심으로 일어났던 교육사조로서 칸트(1724~1804), 괴테(1749-1832), 쉴러(1759~1805) 등에 의해서 대표되는 철학사상 또는 문예사조상 낭만주의와 깊은 관련이 있다. 이 운동은 문예부흥시대 인문주의가 시세로주의로 타락했던 오류를 지적하고 17세기 실학주의의 공리성을 비판하는 동시에 18세기 계몽사상의 이상지상주의에 대항하는 운동이었다. 그것은 합리주의에 연유되어 주지적이고 공리적이며 개인적, 인류적, 반역사적, 세계주의적 경향이 강했던 계몽사조에 대하여 대립적, 반동적으로 나타난 것이다.

인문주의는 지나치게 인간의 이성만 강조했던 계몽사조의 모순에 반대하고 인간의 조화로운 발달을 바라는 사람들에 의해서 정의적, 국민적, 역사적인 것을 희구하는 인도적인 운동이었다. 이 운동은 독일에서 시작되었고 독일을 중심으로 발전하였기 때문에 프랑스에서 꽃피웠던 계몽문화에 대항하는 독일민족의 반항이기도 하였다. 프로이센이 7년 전쟁(1756~1768)에서 승리하여 유럽에서 최강국이 되었고 자연과학, 철학, 문학 등의 분야에서 독일인의 진출이 뚜렷해지자 독일주의는 더욱 강해졌었다. 이러한 시대적 배경을 바탕으로 독일인들은 프랑스에 의해서 대표되었던 라틴어 문화에서 벗어나 그리스 문화로 눈을 돌리게 되었던 것이다.

2. 신인문주의 교육의 특징

신인문주의(Neu Humanismus)는 고전문화에 대한 동경을 원동력으로 하면서, 언어주의 특히 라틴어 중심의 시세로주의로 전락했던 르네상스의 구인문주의(Alt Humanismus)에 반대하고, 그리스어를 존중하며 그리스의 문학과 미술 등의 내용에서 참다운 인간성을 찾음으로써 근대인으로서의 원만한 인간성을 개척하려고 하였다.

구인문주의는 인간을 중세적 속박에서 해방시켜 자유로운 인간으로 교육하는 것을 이상으로 하였던 운동이다. 그들은 자유로운 인간의 상을 고대인에 두고, 그 수단으로 그리스와 라틴의 고전에 관심을 갖게 되었다. 그러나 이 운동이 이탈리아를 중심으로 전개되면서 로마적 인문주의, 즉 시세로적인 라틴어 문학의 형식에 한정된 협의의 인문주의가 되고 말았다. 그러나 신인문주의는 형식에 치우쳤던 구인문주의의 모순을 비판하고 그리스와 로마의 고전 속에 포함된 사상의 본받기를 목적으로 하였다.

신인문주의 운동의 선구자라고 할 수 있는 독일의 게스너(Johann Matthias Gesner, 1691~1761)는 "고대인의 서적을 읽고 그것을 이해하는 사람은 과거에 있었던 위대한 사람들의 고귀한 마음과 교류를 맛볼 수 있을 것이다. 그리고 고대 연구를 통해 그리스인만이 그 원천이며 로마인은 그리스인의 모방자였음을 깨닫게 될 것이며, 고대 로마인들은 그들의 지혜와 교양의 대부분을 그리스인으로부터 배웠음을 알게 될 것이다."라고 말함으로써 그리스 고전연구의 필요성을 역설하였다.[1)]

이와 같은 신인문주의 교육의 특징을 구인문주의와 비교하여 살펴보면 다음과 같다.

---

1) 박의수 외, 전게서, p. 237.

첫째, 구인문주의가 그리스문화를 계승한 로마의 고전을 강조하였다면, 신인문주의 교육은 그리스의 고전을 중시함으로써 그리스문화의 순수성을 부활하려고 하였다.

둘째, 구인문주의가 고전에 담겨진 문장, 생활양식 등을 단순하게 모방하는데 그쳤다면, 신인문주의는 고전 속에 나타난 세계관 · 인생관 자체를 중시함으로써 형식이 아닌 정신과 내용을 중시하였다.

셋째, 구인문주의가 고전을 위한 맹목적인 부흥에 그쳤다면, 신인문주의는 자신과 국민문화를 위하여 유용한 고전을 부흥하고자 하였다. 즉, 그리스의 고전문화 속에서 자기 본질을 인식하는 자각적 태도를 지니고 있었다.

제 2 절 신인문주의 교육사상가

1. 페스탈로치(Johann Heinrich Pestalozzi, 1746~1827)

1) 생애

페스탈로치는 안과의사인 아버지 파푸티스트(Paptist)와 어머니 수잔나(Sussana)의 아들로 취리히에서 태어났다. 아버지는 페스탈로치가 5살 때에 33살의 젊은 나이에 죽고, 어머니와 시녀의 양육을 받으면서 자랐다. 그의 어린 시절의 성향이 감정적이며 부끄럼쟁이고 겁쟁이라는 성품(별명이 마을의 바보였음)은 그의 교육이 오로지 여성의 손에서만 자랐다는 사실에서 어느 정도 짐작할 수 있다. 페스탈로치의 많은 저작 속에 나타나는 어머니 또는 여성의 교육적 영향에 대한 높은 평가는 그의 삶 속에서 경험했던 것들이 반영된 것이다. 그는 나이 9세 때부터 가끔 어머니를 따라 근교에서 목사직을 맡고 있던 할아버지를 자주 방문하면서부터 감화를 받아 자신도 목사가 되고자 처음에는 신학을 공부하였다. 그러나 당시에 유행하던 루소의 「에밀」과 「사회계약론」 등을 읽고 법학으로 전과하여 국민전체의 변호자가 되고자 하였으나 그만 건강을 잃어 시골에서 요양을 하게 되었다. 이 때부터 전원생활에 흥미를 갖게 되어 1768년 취리히에서 그다지 멀지 않은 비르(Birr)지방에 토지를 매입하여 농장을 열고 이곳을 이름지어 노이호프(Neuhof)라 하여 그의 교육생애를 시작하게 되었다. 그리고 동년 10월 30일 안나 슐테스(Anna Schultess, 1738~1815)와 결혼했다. 당시 그는 23세였으나 그녀는 31세였다. 안나는 그 성품이 고결할 뿐만 아니라 그의 전 생애에 걸치는 대사업은 그녀의 내조의 공이 컸음은 물론이다.

(1) 노이호프(Neuhof)시대

이 곳에서 농장 경영을 시작하였으나 실패하게 되자 1774년에 이 농장을 빈민학교로 전환하여 부랑아들을 모아 농경, 방직 등의 기술교육을 하였다. 그러나 이 학교도 결국은 운영의 어려움으로 1780년 문을 닫고 말았다. 이 때부터 18년간 그는 빈곤을 견디면서 집필생활에 들어갔다. 그 동안에 완성된 저작으로는 「은자의 황혼」(1780), 「린하르트와 게르트루트」(1781~1787, 전4권), 「입법과 영아 살해」(1783) 등이 있다. 특히 이들 저서 중에서 「린하르트와 게르트루트」는 루소의 「에밀」과 같이 유명한 교육소설로서 이를 통해서 그의 이름이 널리 알려지게 되었다.

비록 노이호프에 있어서 농장경영과 빈민학교는 실패하였지만 이 때 그는 크나큰 교육적 성과를 얻었다. 즉, 1770년 장남 한스 야곱(Hans Jacob)이 탄생하자 야곱에 대한 교육에 관심을 가지고 4년 동안 줄곧 관찰일기를 작성하였다. 그는 야곱에 대한 관찰, 실험 및 실제교육을 통해서 사물의 교육이 언어의 교육보다 선행하고, 또 보는 것, 듣는 것, 행하는 것이 판단이나 추리보다 선행한다는, 즉 직관을 중시하는 그의 교육적 원리가 배태되었다.

(2) 슈탄츠(Stanz)시대

1789년에 발발한 프랑스혁명의 여파는 스위스까지 미쳐 프랑스와 스위스 간에 격전이 벌어지면서 많은 고아가 생겨났다. 이 때 스위스 정부는 그 해 12월 슈탄츠에 고아원 개설을 결정하고 페스탈로치에게 고아교육의 책임을 위촉하게 되었다.

그러나 불행히도 다음해 1799년 6월에는 이 고아원도 프랑스군의 야전병원으로 변하고 말았다. 불과 6개월의 기간이었지만 그가 슈탄츠의 고아교육에 얼마나 심혈을 기울였나 하는 것은 그의 슈탄츠 경험의 한 구절을 보아 충분히 알 수 있다.[2)]

"우리는 같이 울고 같이 웃었다. 그들은 세계와 슈탄츠를 잊었던 것이다. 그들은 단지 나와 함께 있었고, 나는 그들과 함께 있는 것을 알 따름이었다. 우리는 빵과 국을 나누어 먹었다. 나는 가족과 친구와 시종 군이 없었으나 오직 그들만이 있었다. 나는 그들이 아플 때나 그들이 건강할 때나 그들이 잘 때까지도 함께 더불어 있었다. 나는 제일 늦게 잠자리에 들었고 제일 먼저 일어났다. 나는 침상에서도 그들과 함께 기도했고 그들이 잠들 때에도 그들 자신이 원한다면 나는 그들을 가르쳤던 것이다."

이 글로서 그가 고아교육에 얼마나 전력과 전심을 기울였던가를 알 수 있다. 이리하여 고아 한 사람의 조그마한 가슴에 그의 따스한 사랑의 정이 스며들어 영원한 마음의 양식이 되었다. 우리는 이곳에서 페스탈로치의 교육정신의 전형과 참된 사랑의 모습을 보게 된다.

(3) 부르크도르프(Burgdorf)시대

페스탈로치는 슈탄츠를 떠나 부르크도르프의 초등학교 교사로 취임하였다. 그의 교육방법에 있어서 가정생활을 교육의 중요한 출발점으로 하고 있었다. 그러나 그의 독자적인 교수법을 이해하지 못하는 교장, 학부모와의 불화 때문에 자기의 교육적 신념을 자유롭게 전개할 수 없음을 자각하고 1800년 부르크도르프 고성을 빌려 학교를 열어 4년 간 성공적으로 운영하였다. 이것이 부르크도르프 학교이다. 여기서 그는 아동의 정신력을 계발하는데 전력을 기울이고 직관교수법을 실시하여 그의 교육적 신념을 발휘했고 많은 교육업적을 남겼다. 이 때에 그는 「게르트루트는 그의 어린이를 어떻게 가르치는가」(1801)를 발간하였다. 이 저서는 그의 교육원리와 방법을 서술한 중요 저작이다. 이리하여 그의 명성은 널리 알려져 견학

---

2) Pestalozzi, Letter on His Work at Stanz, 1799.

오는 사람이 많았고[3] 그에게도 생애를 통해 가장 행복한 시기였다. 이 성을 정부에게 반환하게 되자 이 학교를 뮌헨브후제로 옮기고 페스탈로치는 이페르텐으로 초청을 받아 갔다.

(4) 이페르텐(Iferten)시대

1805년 이페르텐시의 초청을 받아 고성에서 학교를 열었으며 이 때부터 20년간이 그의 전성 시대였다. 페스탈로치의 교육사상과 교육기술이 조화적으로 발휘되어 그의 이름은 전 유럽 내지는 전 세계에 뻗쳐서 학자 교육학자의 참여와 방문이 그칠 사이가 없었다.[4] 그러나 그의 만년에 여자학원의 경영에 있어서 사제간의 불화가 남은 여생을 서글프게 했고 그의 제일의 위안자요 내조자였던 안나가 1815년 12월에 세상을 뜨자 서글픈 나날이 계속됐다. 이렇게 되어 1825년 학교를 폐쇄하고 노이호프로 돌아가 여생을 문필에 의지하여 그의 회고록인 「백조의 노래, 1826」를 집필했고 「운명」이 탈고될 무렵 1827년 2월 17일 부르크(Brugg)에서 영면했다. 처음 그의 유해는 비르(Birr)사원에 안장되었다가 탄생 백주년을 맞는 1846년 비르에 개축된 학교 정문 옆에 개장되고 그 비문은 다음과 같은 페스탈로치의 일대기가 새겨져 있다.

> 여기 하인리히 페스탈로치 고이 잠들다.
> 1746년 1월 12일 취리히에서 나서
> 1827년 2월 17일 부르크에서 가시다.
> 노이호프에서는 빈민의 구제자,
> 린하르트와 게르트루트에서는 민중의 설교자,
> 슈탄츠에서는 고아들의 아버지,
> 부르크도르프와 뮈헨부흐제에서는 초등학교의 창설자,
> 이페르텐에서는 인류의 교육자,
> 인간, 기독교인, 시민,
> 모든 것을 남을 위해 바치고,

3) 이 때에 독일의 교육학자인 헤르바르트(1776-1841)도 이 학교를 방문하였다.
4) 이 때 독일의 교육학자인 프뢰벨(1782~1852)이 1808년에 방문하여 2년 간 체류하면서 페스탈로치의 교육사상과 교육방법을 익히고 돌아갔다.

나를 위하여 한 것은 아무것도 없도다.
그의 이름에 영원한 축복이 있으라!

2) 교육사상

페스탈로치의 교육사상의 핵심은 인간성(人間性)에 있었다. 페스탈로치는 루소의 자연주의, 직관주의의 영향을 받았으나, 루소와 같이 합리주의적 경향은 볼 수 없었고, 종교적 심정의 도야와 모성애에 의한 유아기의 교육을 중시한 신인문주의의 주정적인 면이 잘 나타나 있다. 그는 교육사상가로만 그치지 않고 교육의 실천을 통하여 스스로의 교육이론을 구체화했다는 점에서 루소와 다르다. 더욱이 루소는 소설「에밀」을 통하여 교육의 대상을 개인에게, 교육의 장은 일반사회가 아닌 자연에서 구하고 있지만, 페스탈로치는 루소와는 달리 개인의 교육이 아닌 고아의 교육에서, 자연에서가 아닌 사회에서 교육을 찾고 있다. 지금까지 일반적으로 페스탈로치는 교육실천가이지 결코 교육사상가는 아니라고 말해지고 있다. 그러나 스스로의 체험과 실행을 반성하고 그것을 인간성과 인간에 관한 이론적 근거에까지 기초 지우는데 평생 노력을 아끼지 않은 그에게 체계적인 사상가가 아니었다고 하는 통념은 타당성이 부족하다. 진정한 의미에서 그는 교육의 실천가로서 뿐만 아니라 탁월한 교육사상가이기도 하였다. 그러므로 교육사학자인 폰 라우메르(Von Roumer, 1783~1865)도「페스탈로치의 생애와 사상」을 저술한 결론에서 "깊은 마음의 사상, 그것은 성스러운 자애심이 무거운 고통 밑에서 낳은 것으로서, 그야말로 영원한 생명이며 자애심 그 자체와도 같이 영구 불변할 것이다"라고 말했다.

(1) 교육의 목적

페스탈로치에 의하면 교육의 목적은 ① 인간이 본래 가진 지력(知力, 知的), 심성(心性, 道德的), 기능(技能, 身體的)은 혹은 머리(head), 가슴(heart), 손(hand)의 3자를 조화적으로 발전시키는데 있으며, ② 교육의 본질을 인간개혁, 사회개혁에 두고 있었다. 그에 의하면 교육은 인간도야의 수단인 동시에 인간개혁의 수단으로도 보았다. 인간개혁은 한 인간의 개혁으로 끝나는 것이 아니라 사회개혁을 통하는 것이라고 하였다. 따라서 그는 교육의 본질적 수단으로서 인간을 도야하고, 도야된 인간을 통하여 인간을 개혁하고, 개혁된 인간은 곧 사회개혁으로 이어진다는 것이다. 그가 여러 곳에서 고아교육을 하고 또 고아교육에 헌신한 것은 이러한 사회개조라는 교육사상적 뒷받침이 있었다고도 하겠다. ③ 평등이다. 교육이란 인간의 자연적인 본성을 개발하는데 있기 때문에 모든 교육실천에 있어서도 인간의 본성을 조장하는 방향으로 나아가야 한다고 강조하였다. 그는 「은자의 황혼」의 서두에서 "인간은 왕좌 위에 앉아 있거나 초가지붕의 그늘 밑에 살거나 평등하다"고 하였고, "모든 어린이에게는 하느님이 주신 성스러운 인간성이 깃들어 있다"고 하여 인간 본성의 선성(善性), 발전가능성, 평등성을 전제로 하는 인간의 조화적 발달의 이념을 표명한 것이라고 할 수 있다.

(2) 교육원리

페스탈로치의 교육사상을 전반적으로 지배한 근본원리를 한 마디로 요약하면 코메니우스나 루소와 같이 "자연에 따라서", 즉 "합자연(合自然)"이라고 말할 수 있다. 이는 페스탈로치의 교육사상을 일괄하는 근본원리로서 성립하고 있었다. 그러나 페스탈로치의 자연주의는 코메니우스에 있어서와 같은 객관적 자연이 아닌 주관적 자연이며, 그렇다고 루소에 있어서와 같이 역사적 문화를 배제하는 원시적 자연은 아니고, 오히려 칸트에 있어서와 같은 문화를 통하여서만 실현시켜 얻을 수 있는 인간적 자연이었다. 이 때문에 페스탈로치의 자연주의를 때로는 "도덕적 · 이성적 자연"이라고도 한다. 이와 같이 인간성 그 자체의 발전을 궁극적으로 강조하는 주관적 자연주의 그것이 그의 교육사상의 근본원리로서 성립하고 있었다. 그런데 나톨로프는 이 주관적 자연주의, 즉 합자연의 원리를 분석하여 다음 5개의 방법적 원리로 발전시키고 있다.

① **자발성의 원리** : 교육의 중심은 아동의 능력을 내부로부터 발전시켜야 한다는, 즉 일정의 형식을 외부로부터 주입코자 하는 구사상을 배척하는 원리이다. 다시 말하면 인간 내부에 존재하는 자연적인 힘을 자발적으로 발전시킨다는 것이다. 따라서 교육방법은 스스로의 발전을 보조하는 수단으로서의 교육임을 알게

된다. 그러므로 이 원리를 교육에 적용하면 주입식 방법이 아닌 개발적 방법이 되며 교육방법은 타율적인 것이 아닌 자율적 훈련을 중시하였다.

② **방법의 원리** : 인간성은 일정한 질서 있는 단계를 거쳐 발달하는 것이므로 이 단계에 따라 교육이 행해져야 한다는 것이 "방법의 원리"이다. 이 원리를 도덕성의 발달에 적용해 보면, 특별한 규범적 의식이 없이 행동하는 무율(無律, Anomie)의 단계에서 타인의 명령, 사회의 제도, 습관을 규범으로 하여 행동하는 타율(他律, Heteronomie)의 단계를 거쳐 마침내 스스로의 도덕을 규범으로 하여 행동하는 자율(自律, Autonomie)의 단계에 이르는 것임을 말해 주고 있다.

③ **직관의 원리** : 직관은 모든 인식의 기초로서 개개의 인식은 반드시 직관으로부터 출발한다는 것이다. 그러나 여기에서 말하는 직관이란 코메니우스에 있어서와 같이 수동적으로 외계의 인상을 수용하는 직관이 아니라 오히려 외계의 인상을 결합하여 능동적으로 개념을 구성하는 작용으로서의 직관을 말한다. 직관의 기본 3요소로서 수(Zahl), 형(Form), 어(Wort)로써 성립시킨 페스탈로치는 직관교수에 있어서 언제나 이 3요소에 주의할 것을 강조하고 또한 교재 선택의 기준으로 직관의 3요소를 들고 있었다.

④ **조화적 발전의 원리** : 페스탈로치에 의하면 인간이 갖고 있는 선천적인 기능은 지적(head), 도덕적(heart), 신체적(hand)인데 그 중에서도 도덕적 기능을 중심으로 하는 3능력(3H)의 조화적 발전을 교육의 이상으로 하였다.

⑤ **사회의 원리** : 위에서 지적한 4개의 원리는 개인주의적 입장에서만 기초지워진 사상적 체계인 것 같지만, 그는 다시 사회생활의 필요성을 말하고 그 중에서도 가정생활을 중시하여 모자간의 사랑을 덕육의 기저로 삼는 이른바 사회의 원리를 강조하였다. 본래 사회를 떠난 개인이란 존재할 수 없으며 개인의 교육은 사회생활을 통해서만 가능하며 사회의 발전도 개인의 향상에 의해서 이루어진다는 것이다. 따라서 우리는 그가 사회교육학의 입장을 취하고 있는 일변을 분명히 엿볼 수 있는 것이다.

2. 헤르바르트(Johann Friedrich Herbart, 1776~1841)

1) 생애

헤르바르트는 1776년 독일의 올덴부르크(Oldenburg)에서 법률가인 아버지와 예지적이며 문학적 재능을 겸비한 여장부를 어머니로 하는 비교적 교육적인 가정에서 태어났다. 1794년 예나대학에 입학하여 당시 그 곳에서 철학을 강의하던 피히테의 영향을 받으면서 수학하였다. 1797년 그는 예나대학에서의 학업을 중단하고 스위스의 베른으로 가서 1799년까지 2년 간 가정교사를 하였다. 이곳에서 그는 실제 교육의 경험을 했으며, 이 교육경험은 후에 그의 생애에 있어서 교육학자가 되는 결정적인 계기가 되었다. 특히 이 기간 중에 페스탈로치의 부르크도르프 초등학교를 방문하여 페스탈로치로부터 많은 영향을 받았다. 1800년 독일로 돌아와 브레멘에서 2년간 연구에 몰두하다가 1802년 괴팅겐대학에서 교수생활을 시작하였다. 이 시기에 출간된 그의 저서는 「일반교육학, 1806」, 「실천철학, 1808」 등이 있다. 1809년 독일의 철학자인 칸트(1724~1804)의 후임으로 쾨니히스베르크 대학에서 교수직을 승계하였다. 그 후 헤르바르트는 그 곳에서 24년 간을 철학교수로서 철학과 교육학을 강의하였다. 이 대학에서의 헤르바르트의 업적으로 빼 놓을 수 없는 것은 최초로 교육학과를 창설하여 대학에서 교육학의 연구가 본격적으로 이루어질 수 있는 터전을 마련하였다는 것이다. 1831년 베를린대학의 헤겔(Hegel)이 별세했을 때 그 후임교수로 가려했으나 실패하고는, 1833년 그가 처음 교수생활을 시작했던 괴팅겐 대학으로 돌아갔다. 이곳에서 8년간 교육학 강의를 전념하다가 1841년 65세를 일기로 뇌출혈로 사망하였다. 헤르바르트의 일생은 큰 파란 없이 학자로서의 평온한 일생이었다. 이곳에서 그는 자신의 「일반교육학」을 전면 개정하고 보완한 「교육학 강의 개요, 1835」를 출간하여 그의 교육학적 체계를 한층 더 굳게 하였다.

2) 교육사상

헤르바르트는 「교육학 강의 개요」의 서문에서 “과학으로서의 교육학은 실천철학과 심리학에 의존한다. 전자는 도야의 목적을 후자는 진로의 방법과 장애를 지시한다"[5]고 하여 교육의 목적은 철학에서 교육의 방법은 심리학에서 구함으로써 교육학을 하나의 과학으로서 체계화시켰다.

물론 헤르바르트 이전에도 코메니우스, 루소, 페스탈로치 등 훌륭한 교육학적 체계를 가진 교육사상가들이 있었지만 이들은 모두 교육의 목적과 방법을 통찰적으로 기술한데 불과하였을 뿐이고 교육학을 하나의 근대적 학문으로서 과학적으로 기초 지워 체계화한 것은 아니었다. 헤르바르트에 이르러 처음으로 교육학이 학문적 체계를 갖게 된 것이다. 헤르바르트를 칭하여 교육학의 창시라고 하는 것도 여기에 있다.

헤르바르트는 프뢰벨과 더불어 페스탈로치의 영향을 받고 있으나 이들은 서로 다른 측면에서 페스탈로치의 교육사상을 전개하였다. 헤르바르트와 프뢰벨이 페스탈로치의 자발성의 원리를 공통적으로 전제로 하고 있지만, 전자는 아동의 자발활동은 내적으로 발생하는 의지적 활동이 아니라 세계의 대상에 의해서 유발되는 활동으로, 즉 아동의 외부에서 안으로, 후자는 내면으로부터 밖으로라는 교육이론을 전개하였던 것이다.

그러나 헤르바르트는 교육학은 어떤 의미에 있어서는 페스탈로치 교육학의 비판으로부터 출발하고 있다. 말하자면 페스탈로치 교육학을 보다 학문적인 , 그리고 이론적 토대에서 재검토하여 새로운 교육학을 체계적으로 기초 지우려는 시도에서 성립하고 있다고 할 수 있다.

(1) 교육목적

"교육의 유일한 그리고 완전한 일은 도덕성이라고 하는 개념에 요약된다."[6]는 헤르바르트의 말에서도 알 수 있듯이 그는 교육의 최고 목적으로서 도덕적 품성의 도야에 있다고 하였다. 그에 의하면 도덕적 품성이란 5가지의 기초적 이념인 5도념(道念)의 구현을 의미하는 것이라고 하였다. 5도념이란 다음과 같다.

---

5) 한기언, 서양교육사, 서울, 박영사, 1962, p. 262. 재인용.

6) F. Eby, The Development of Modern Education, Prentice-Hall, Inc., New York, 1962. p. 474.

① **내면적 자유의 이념**(Idee der inneren Freiheit) : 이것은 도덕적 판단과 의지가 일치하는 것, 즉 자신의 통찰에 의해 최선이라고 판단되는 것을 내면적 의지에 의하여 실천으로 옮기는 것을 말한다. 이처럼 자신의 통찰과 의지가 일치하는 사람은 내면적으로 자유로운 사람이다. 이러한 사람들이 모여 형성한 사회는 생기가 넘치고 생동하는 사회가 된다.

② **완전성의 이념**(Idee der Vollkommenheit) : 이것은 하나의 의지가 강력하고 충실하게 조건을 구비하고 활동하는 것을 말한다. 어려움을 극복할 수 있는 강인한 의지가 나약한 의지보다 더욱 완전한 것으로 보려는 이념으로, 한 사회의 문화도 어려움을 극복할 수 있는 강인한 정신과 실천의지를 통하여 이룩하는 것이다.

③ **호의의 이념**(Idee des Wohlwollens) : 이것은 타인의 행복을 자기의 의지의 대상으로 하는 것을 말한다. 즉, 자신의 의지로 남을 돕는 것이다. 이러한 이념을 존중하는 사람들로 모인 사회는 복지사회가 된다.

④ **정의의 이념**(Idee des Rechts oder der Rechtschaffenheit) : 이것은 두 의지가 서로 상범하지 않는 상태, 즉 상호 양보, 의견존중, 충돌을 피하는 것을 말한다. 이러한 정의의 이념이 구현된 사회는 바로 법치사회라 할 수 있다.

⑤ **보상의 이념**(Idee der Billigkeit) : 이것은 한 의지가 다른 의지에 대하여 선행 또는 악행을 했을 때 보수 또는 처벌로서 보복하는 것을 말한다. 정의의 이념이 비교적 소극적인데 비하여 보상의 이념은 좀더 적극적인 의미를 내포하고 있다.

헤르바르트는 이러한 다섯 가지의 이념이 서로 결합하여 실현되는 성질을 도덕적 품성이라고 하고 이것을 육성하는 것을 교육의 목적이라고 하였다.

(2) 교육방법

헤르바르트는 교육의 목적을 달성하는 방법으로서 관리, 교수, 훈육의 셋을 들었다.

관리(Regierung)란 학습의 전 단계로서, 아동들은 아직 의지가 미분화 상태에 있기 때문에 그 행동은 맹목적인 충동과 욕망을 억제하지 못한다. 따라서 이 맹목적인 충동과 욕망을 방치하면 다음 단계인 훈련과 교수를 원만하게 시행할 수 없다. 그래서 관리란 욕망을 구속하여 일정한 행동 질서를 관습화하기 위한 목적이다. 이 관리의 방법에는 명령, 금지, 지시, 감시, 위협, 처벌 등의 적극적 방법으로 행동질서를 유지하기 위한 의식적인 필요이며 결코 교육적인 것은 아니다.

교수(Unterricht)[7]는 교육의 목적을 달성하는 최선의 방법이다. 따라서 교수는 헤르바르트의 교육방법 중에서 가장 핵심적인 것이다. 헤르바르트는 교수를 비교육적 교수와 교육적 교수로 구분하였다. 여기에서 비교육적 교수란 단순한 지식과 기능의 전달만을 목적으로 하고 있는데 대하여, 교육적 교수란 단순한 지식과 기능을 제공하는 과정이 아니라 인간의 강한 도덕적 품성도야를 목적으로 하고 있다. 다시 말하면 지식과 기능의 전달에만 그치지 않고 의지(Wille)를 도야하여 도덕적 품성을 형성하는 것을 말한다. 그러므로 그는 모든 교수는 교육적 교수가 되어야 한다는 것이다. 그런데 교수 또는 수업이란 학생들의 흥미와 관심으로부터 출발하는 것이다.

그런데 흥미란 지식을 획득할 때 느끼는 일종의 쾌감을 말하는 것으로써 헤르바르트에 의하면 경험(經驗)적 흥미와 사교(社交)적 흥미로 나누어 말하고 있다. 전자는 인간의 경험과 인식에 관련된 흥미이고, 후자는 사회참여를 통한 사교에 관련된 흥미이다. 헤르바르트의 교육학에 있어서 말하는 다면적 흥미(多面的興味, vielseitiges)란 이러한 경험과 사교로부터 나오는 6가지의 흥미를 종합한 것이다. 이것을 세분하면, 경험적 흥미로는 경험적 흥미, 사변적 흥미, 심미적 흥미의 3가지로, 그리고 사교적 흥미로는 동정적 흥미, 사회적 흥미, 종교적 흥미의 3가지로 분류할 수가 있다. 첫째로 경험적 흥미에서 분류되는 경험적 흥미는 언제나 새로운 것을 추구하고자 하는 흥미인데 사변적 흥미로 계속된다. 사변적 흥미는 경험적 흥미를 바탕으로 하여 사물간의 관계법칙을 규명하려는, 즉 의문을 제기하고 싶어 하는 흥미이다. 심미적 흥미는 사물의 미추선악(美醜善惡)을 판단하고 평가하려는 흥미로서 평가기준은 자신의 기호에서 출발하게 된다. 둘째로 사교적 흥미에서 분류되는 동정적 흥미는 타인의 고통과 쾌락을 공감하는 흥미로써 이는 공동체 사회의 전체적 행복에 관심을 갖는다. 이러한 동정적 흥미를 갖는 사람들은 자연히 사회적 흥미를 갖게 된다. 사회적 흥미란 사회와 국가의 행복과 불행에 대한 흥미이다. 그러나 현실세계에서 행복에 만족하지 않고 인간의 삶과 죽음의 문제에

7) 교수란 Unterricht의 번역으로 수업과 같은 의미이다.

대한 관심을 갖고 신의 존재에 대한 관심을 갖는 사람들은 종교적 흥미를 갖게 된다.

헤르바르트는 이상과 같은 흥미의 발생조건으로 전심(專心, Vertiefung. concentration)과 숙고(熟考, Bsinnung. correlation)를 들고 있다. 여기에서 전심이란 일정한 대상에 집착하여 명확한 관념을 파악하는 심리상태를 말하는데 헤르바르트에 의하면 교재를 학습하는 데에는 일시적으로 다른 생각을 멀리하고 개개의 대상에 집중하여 그것의 개념을 명확하게 파악하는 심적 상태인 전심이 필요하다는 것이다. 또한 전심 또는 심화에 의하여 얻어진 개개의 표상을 올바르게 결합하여 통일하는 작용을 숙고라고 하는데 그것에 의하여 인격이 형성되는 것이다. 그리고 전심과 숙고에는 각각 정지적(靜止的)인 것과 진동적(進動的)인 것이 있어 관념표상이 통합하여 통각(統覺)이 성립되는 과정에 따라 교수는 단계적으로 추진되어야 한다는 것이다. 이것이 헤르바르트의 형식단계설(4단계설)이다.

정지적 전심을 통하여 개개의 대상을 분명하고 똑똑하게 이해함으로써(명료, Klarheit), 진동적 전심에서는 하나의 전심에서 다른 전심으로 전이되어 기존의 표상이 새로운 표상과 결합한다(연합, Assoiation). 정지적 숙고는 연합되어진 표상이 숙고를 통하여 일정한 체계를 이루는 것을 말한다. 즉, 충분한 숙고를 통하여 개별적인 개념들이 일정한 질서를 갖게 되는 것이다(계통, System). 진동적 숙고는 계통에 의하여 얻어진 내용을 응용하고 활용하는 것으로서 정지적 숙고에서 얻은 지식내용의 체계를 실제의 생활 속에 적용하는 방법을 터득하게 된다(방법, Methode).

이와 같이 우선 주어진 학습내용을 명료하게 파악해야 하고 기득관념이 유사관념과 연합하여 체계적인 계통이 이루어져서 마지막 방법으로서 응용되고 활용되어야 한다는 교수단계설을 완성했다.

헤르바르트의 교육학은 그가 사망한 후 후계자들에 의하여 형성된 헤르바르트학파에 의해 꾸준히 계승·발전하여 왔다. 대표적인 헤르바르트학파의 학자로는 슈토이 (K, V, Stoy, 1815~1885), 칠러(T, Ziller, 1817~1881), 라인(W, Rein, 1847~1929) 등이 있다. 칠러는 헤르바르트의 명료를 다시 2분하여 분석, 종합으로 나누어 분석, 종합, 연합, 계통, 방법의 5단계를 주장하였다. 그리고 라인은 다시, 예비, 제시, 비교, 종합, 응용의 5단계로 제시했다.

① **예비** : 학생의 이해와 흥미를 촉진시키기 위한 예비 과정
② **제시** : 신개념에 쉽게 동화하기 위한 구체적 사물 제시
③ **비교** : 신구 관념을 비교하여 유화를 촉진시킨다.
④ **종합** : 분석된 감각적 경험에서 법칙을 만든다.
⑤ **응용** : 일반화된 것을 실제로 적용한다.

이상과 같은 5단계 교수법이 당시 널리 발전하여 1892년 미국에 헤르바르트협회가 조직되어 각 국에 지대한 영향을 미쳤으나 오늘날에 와서는 너무 형식적이라는 비판을 받기도 한다.

훈육(Zucht)은 교수처럼 교재를 매개로 하지 않고 직접적으로 아동의 정서를 도야하여 도덕적 품성을 기르고자 하는 교육활동이다. 따라서 도덕적 품성의 형성을 목적으로 하는 점에서 교수와 같으나 교재를 매개로 하지 않는 점에서는 교수와 다르다. 더욱이 교수와 같이 지식, 기능의 전달에 의해서 그 목적을 달성하려 하지 않고 직접적으로 아동의 정서를 도야하여 그 목적을 달성하고자 하는 점에서 교수와 훈육은 근본적으로 다르다.

또한 훈육은 관리와 같이 일시적인 교정에 의해서 단편적인 효과를 노리지 않고 영속적인 도야를 목적으로 하는 점에서 관리와 다르다. 말하자면 관리는 적극적, 외부적, 억압적, 금지적, 일시적인 작용인데 비하여 훈육은 적극적, 내부적, 조성적, 영구적인 작용인 것이다. 도덕적 품성을 목적으로 하는 훈육의 방법으로서는 아동의 발달 정도에 따라서 다음과 같은 4단계를 거친다고 하였다.

첫째는 보수적 훈육(haltende zucht)의 단계이다. 이것은 교사가 시종일관 동일한 동작을 함으로써 아동의 의지활동을 일정한 방향으로 유지하여 마음이 흩어지지 않도록 지도한다.

둘째는 결정적 훈육(bestimmende zucht)의 단계이다. 이것은 교사가 아동의 심리적 상태를 알아서 미리 그 행위의 결과를 상상하여 아동들로 하여금 올바른 선택의 결정을 하게 하는 방법이다.

셋째는 규정적 훈육(regelnde zucht)의 단계이다. 이 단계에서는 아동의 행위를 규정하여 일정한 표준에 따르게 하는 방법이다. 즉, 아동의 행위가 불확실함은

물론 전후 모순이 있는 경우에는 그 결점을 지적하여 일정한 규정에 의해서 활동하게 한다.

넷째는 조성적 훈육(unterstutzende zucht)의 단계이다. 아동의 일정한 행동원칙에 따라서 행동하려고 하면서도, 즉 스스로의 안에 있는 도덕적 원칙의 권위에 의하여 행동하고자 하면서도 때로는 이성적 힘의 부족으로 스스로의 힘에 의해서 이를 행하지 못할 때가 있다. 이때 교사가 아동의 자율적 도덕을 조성하는 방법을 말한다.

3. 프뢰벨(Fredrich Wilhelm August Fröbel, 1782~1852)

1) 생애

프뢰벨은 독일 튀링겐(Thüringen)에서 목사의 아들로 태어났다. 그는 생후 9개월 만에 어머니를 여의고 애정없는 아버지와 계모의 학대를 받으면서 자랐다. 프뢰벨은 불우한 환경에서 자랐기 때문에 삼림 속을 산책하면서 자연으로부터 신비적, 종교적 위안을 받았다. 소년시절을 자연을 벗삼아 성장하였기 때문에, 그 후 프뢰벨은 인간의 마음과 자연과의 동일성을 주장하는 쉘링(F. W. J. von Shelling, 1775~1854)의 범신론(汎神論)적 철학의 영향을 크게 받을 수 있었다.

15세 때에 임업견습생이 되었으나 1799년에 예나 대학에 들어가 자연과학과 공학을 연구하였다. 1805년에는 프랑크푸르트에 가서 페스탈로치식 모범학교의 교사로 있다가 이페르텐에 페스탈로치를 방문하고 그의 교육원리와 방법을 습득하였다. 1811년에는 쉘링을 동경하여 괴팅겐 대학에 머물렀다가 다음해 베르린 대학에 입학하여 자연과학을 연구하였다. 또 1813년 보불전쟁에 참가하여 나폴레옹에 항거하였다.

그가 유치원 교육에 노력하게 된 이유의 하나도 바로 이 보불전쟁 때문이었다. 즉, 그는 전쟁의 한복판에서 어린이만큼 위험한 위치에 놓여져 있는 것은 없다고 생각하였다. 그래서 프뢰벨은 어린이의 심신발달 가운데 발달하는 법칙의 관찰을 위해서 유치원의 창설에 노력하였다. 드디어 그는 1837년 블랑켄부르크(Blankenburg)에 있는 작은 방앗간을 빌려 자신의 이념에 의한 최초의 유아학교를 시작했다. 이 학교의 교육방법은 완구를 이용한 놀이교육이었다. 그래서 이해하지 못하는 일부 학부모들의 비난을 사기도 했으나 그의 교육신념에 감동되어 명성이 날로 높아 갔다. 1839년에는 유아교육 지도자 강습회를 열고 6세 이하의 유아 40명을 모아 유희 작업을 위한 「조그만 어린이 작업소」를 만들었다. 이것이 유치원의 전신이다.

1840년 이른봄 산책하던 프뢰벨에게 문득 킨더가르텐(Kindergarten)[8]이라는 단어가 떠올라 이 때부터 그는 「유희 및 작업교육소」를 「Kindergarten」이라고 부르기 시작하였다. 유치원이라는 말은 이 「Kindergarten」(어린이의 화단)을 번역한 말이다. 학교를 꽃에, 유아를 식물에, 교사를 정원사에 비유한데서 연유되었다. 그리고 유아교육의 적임자는 여성이어야 한다고 생각한 프뢰벨은 보모양성을 위한 학원을 설립할 것을 목적으로 전 독일의 부인들에게 모금운동을 전개하여 1840년 구텐베르크의 인쇄술 발명 400주년 기념일을 기하여 「일반독일 유치원(Der Allegemein Deusche Kindergarten)」을 창립하였으며, 그 후에도 유치원의 보급에 계속 힘썼다. 그러나 당국으로부터 킨더가르텐이 무신론적이고 사회주의적이라는 이유로 금지령을 받아 수난 가운데 프뢰벨은 이 금지령의 해지를 보지 못하고 1852년 72세를 일기로 세상을 떠났다. 그의 묘비에는 다음과 같은 비문이 새겨져 있다.

> 자! 우리들의 어린이들과 더불어 살아보세!
> 프리드리히 프뢰벨은 오버바이스바하에서 나서
> 마리엔다에서 갔다.
> 어린이들과 인간은 이 위대한 벗에게 충심으로 감사하여
> 그를 사모하는 여러 사람들이 이 비를 세우노라.

그의 저서로는 「인간교육」(1826)과 「어머니의 노래와 사랑의 노래」(1844)가 있다.

2) 교육사상

프뢰벨은 루소, 페스탈로치에게서 많은 영향을 받았으며 그것을 바탕으로 자신

---

8) 여기에서 Kinder(어린이), Garten(정원), 어린이의 동산을 의미하는 합성어.

의 교육체계를 정립하였다. 그의 교육사상의 기본원리로서는 통일의 원리, 자기 발달의 원리, 놀이 및 작업의 원리, 연속적 발달의 원리가 있다.

(1) 통일의 원리

신과 인간 그리고 자연과의 불가분의 관계는 루소, 페스탈로치, 프뢰벨의 3자에 걸치는 공통된 교육사상이었다. 그러나 루소는 자연성에, 페스탈로치는 인간성에 그 중심점을 두었는데 반하여 프뢰벨은 신성(神性)에 그 중심점을 두고 있었다. 이것은 그의 교육사상의 기본이 만유재신론(萬有在神論), 즉 범신론의 세계관을 기본으로 하고 있었기 때문이었다. 프뢰벨에 의하면 세계는 그 외관상으로 여러 가지의 복잡한 양상을 나타내고 있으나 그 본질에 있어서는 하나라는 것이다. 말하자면 만물의 근저에는 모든 것을 통일하는 제재가 있는데 그 통일자가 곧 신이라는 것이다. 즉, 신은 우주를 지배하는 영원한 법칙의 주체라고 보았다. 다시 말하면 신은 만물에 내재하고 있는데 만물(자연물, 동식물, 인간 할 것 없이)은 신에 의하여 그 존재가 가능하다는 것이다. 따라서 이 세상의 모든 것은 신의 모습에 지나지 않는 것이다.

이러한 프뢰벨의 만유재신론적인 사상은 그의 저서인 「인간교육, 1826」에 잘 나타나 있는데 그에 의하면 만물은 모순, 분열, 투쟁이 아니고 오히려 조화, 통일, 융합이라고 하여 전일적인 구조로서의 인격을 발전시켜 신성을 발현시키는 것을 교육목적으로 하고 있다. 다시 말하면 인간에게 내재한 신성을 충분히 전개시키는 것이 프뢰벨이 보는 교육의 본질이었다. 그런데 프뢰벨에 의하면 신성이란 곧 창조성, 활동성인데 어린이의 성장은 결국 신성의 발현에 지나지 않는 것이다. 그러므로 그 신성은 자유스러운 교육, 자발적, 자기활동, 노작활동에 의해서 처음으로 실현되는 것이라고 하였다.

(2) 자기 발달의 원리

신성을 개발하여 이를 실현시키기 위해서는 일체의 외부적 속박을 배제하고 생명의 내부로부터 자유스러운 교육을 그는 역설하였다. 즉, 타율적이고 간섭하는 교육을 거부하였다. 여기에서 페스탈로치의 직관의 원리는 프뢰벨에 이르러 자기활동의 원리로 바꾸어졌다. 왜냐하면 그는 아동의 자기활동성을 가장 중히 여겨 이를 유아교육의 근본원리로 삼았기 때문이다.

자기활동이란 자기 자신의 동기에 의해서 결정되고 자기 자신의 흥미로부터 생기는 것이며 자기 자신의 힘에 의해서 지지되는 활동이다. 그러므로 프뢰벨은 모든 점에서 자기활동을 강조하였다. 그에 의하면 자기활동에 의해서 개인이 첫째, 객관적 세계를 인식하고, 둘째, 자기 자신의 본성을 인식하고, 셋째, 자연과 인간의 두 생명의 일부가 되는 과정을 인식한다고 하였다. 그러므로 프뢰벨은 교육을 창조적 자기발달의 과정이라고 생각하였다. 그는 이 발달은 내적 개발(inner unfolding)에서 생겨 나오는 것이며, 어린이들의 자발적 자기활동으로 달성된다고 생각하였다. 따라서 프뢰벨은 자기활동의 원칙을 그의 교육방법론의 기초로 삼았다.

(3) 놀이 및 작업의 원리

위에서 이미 말한 바와 같이 어린이의 자연적 개발과정으로서 가장 특색이 있는 자기활동은 유희, 즉 놀이(play)와 작업이다. 따라서 그에 의하면 놀이와 작업은 가장 유력한 교육의 수단이었다. 왜냐하면 놀이란 어린이들이 본래적으로 가지는 특유한 활동이기 때문이다. 따라서 아동에 있어서 이것을 제외하면 아동의 자기활동은 불가능하게 됨은 물론이고 성장과 신성의 구현까지 불가능하다는 것이다.

그런데 놀이에는 두 가지가 있다. 하나는 운동적 놀이이고, 또 하나는 작업적 놀이이다. 밖에서 하는 행진, 뛰기, 무용 등은 전자에 속하고, 장난감을 가지고 여러 가지 형태를 구상하는 탁상놀이는 후자에 속한다. 그에 의하면 작업적 놀이를 가장 대표적인 놀이로 취급할 뿐 아니라 어린이의 교육면에 절대적으로 필요하다고 하였다. 프뢰벨은 놀이를 아동이 신으로부터 받은 선물이라는 뜻으로 은물(恩物 : gift of God)이라고 하였는데 이것을 통하여 감각기관을 훈련하고 우주의 법칙을 깨닫고 신성을 인식하는 것으로 생각하였다.

(4) 연속적 발달의 원리

위에서 말한 자기활동의 원리는 자연스럽게 연속적 발달의 원리로 발전한다. 그런데 이 연속적 발달의 원리는 이미 루소가 그의 「에밀」에서 시사하고 있지만 프뢰벨은 그것을 보다 명확하게 하나의 원리로 확립하고 있다.

연속적 발달이란 발달의 과정이 연속적임을 말한다. 즉, 인간의 생활, 성장에는 각 단계별로 끊임없이 연속, 계속되는 것이며 단절, 비약되지 않는다. 예컨대, 유년기, 소년기, 청년기의 사이에는 일관된 생명이 연속되고 있으며 정지, 중단되지 않는다. 따라서 완전한 발달은 각 시기에 따른 요구가 충실하게 충족되고 확충됨으로써 인간은 비로소 어른이 되는 것을 뜻하는 것이다. 이러한 연속적 발달관은 아동의 현실을 중시하는 아동생활 존중의 교육원리가 되었다. 말하자면 장래의 생활 준비를 위하여 현재의 생활을 무시하거나 희생하는 것이 아니라 오히려 현재생활의 충실 그 지체가 그대로 미래생활의 준비가 된다는 입장이 프뢰벨에 의하여 더욱 의식적으로 강조되었다.

이와 같이 프뢰벨은 아동의 생활은 어른들의 생활이 아닌 아동 그 자체의 생활임을 강조함으로써 교육의 미래생활에 대한 준비설을 부정하였다. 여기에서 우리는 루소, 페스탈로치, 프뢰벨 그리고 듀이에로 연결되는 일련의 사상적 흐름을 볼 수 있다.

제 3 절 국가주의 교육

1. 국가주의 교육관

1) 교육상 국가주의

19세기에 접어들면서 교육사상에 많은 영향력을 가진 교육학설에는 셋이 있었다. 하나는 페스탈로치, 헤르바르트, 프뢰벨에 이르는 심리학설(계발주의), 둘은 국가주의 교육론이며, 셋은 과학적 교육론이다.

교육상 국가주의(Nationalism Education)는 국가의 존속발전을 교육의 목적으로 하는 교육론이다. 따라서 교육이란 개인이나 단체의 것이 아니고, 국가의 사업임을 주장하는 사상이다. 오늘날 세계 여러 나라들이 실시하고 있는 교육의 국가관리 또는 공교육제도(publc school system)를 발달시킨 사상이 국가주의 교육론에서 비롯되었다고 볼 수 있다. 국가주의 교육론은 교육사상의 발달과정으로 보아 의무교육제도의 수립 등 실제교육에 가장 큰 영향을 준 교육사상이다. 다시 말하면 심리주의 교육사상이 교육의 대상인 아동, 즉 학교의 내부적 상태에 영향을 주었다고 한다면, 국가주의는 교육체제 등 학교의 외부적 상태에 영향을 미쳤기 때문이다.

교육상에 있어서 국가주의는 19세기에 들면서 절정에 달하였는데, 그 직접적인 원인은 나폴레옹의 침략주의에 반대되는 고조된 국가적 관념에 있었다. 다시 말하면 자기가 소속된 사회에 있어서 외부의 침략을 막기 위한 자국민의 자각적 단결의 필요성이 철저한 국가적 관념으로 발전하였기 때문이다. 이러한 자각적 단결의 필요성을 국가적 관념으로 발전시켜 고취한 대표적인 예가 독일의 철학자 피히테(J. G, Fichte, 1762~1814)에 의한 "독일 국민에 고함"이다. 또 덴마크의 민족지도자 그룬트비히(N. F. S. Grundvig, 1783~1872)는 "먼저 참된 덴마크 사람이 되라. 그 다음에 크리스찬이 되라. 조국 덴마크를 사랑할 줄 모르는 사람이 하나님을 사랑한다는 것은 믿을 수 없는 일이다. 그러한 인간에게는 신의 축복이 있을 수 없다."고 하였다. 국가주의는 그 주장하는 바에 따라 자연적 국가주의와 문화적 국가주의로 양분된다. 자연적 국가주의는 단순히 국가의 존속과 그 강성을 목적으로 하는 극단적인 강국주의로서 고대 스파르타의 교육에서 볼 수 있다. 문화적 국가주의는 국가의 존속과 더불어 문화국가로의 발전을 동시에 목적으로 한다. 피히테, 슐라이에르마허(F. D. E. Shleiermacher) 등의 주장은 여기에 해당한다고 하겠다.

2) 국가주의 교육관

국가주의 교육관은 국가라는 조직사회의 존속발전을 궁극적인 목적으로 하는 교육관이다. 여기에서 말하는 국가주의는 정치사회의 권력을 중심으로 한 사회인 것이다. 즉, 일정한 토지, 언어, 습관, 감정, 사상, 신앙 등을 같이하는 공동체 및 역사의식에 의해 일정한 주권으로 통치되는 정치조직의 사회인 것이다.

국가주의의 유력한 결속은 언어, 종교를 같이 하는 공통된 정치조직에 의해 애국심이 첨가되어 성립된다. 민족적 통일에 의한 국민과 정치적 권력에 집결된 국가에서는 교육에 의해서 전개되는 문화적 소산으로서 19세기 교육사상이 매우 중요한 의의를 갖고 있다. 이러한 국가주의 교육은 사회주의 교육과는 그 개념의 차이가 있다. 국가도 일종의 사회라는 입장에서 보면 사회 본위의 교육임에는 틀림이 없지만 일반사회라는 개념은 국가라는 개념보다 넓은 의미의 개념이다. 즉, 가족사회, 향토사회, 시민사회, 국가사회, 인류사회까지 확대되는 것이지만 여기에서 국가주의 사회란 정치적 권력에 의해서 기구가 통일되어 있는 사회를 말한다. 때문에 사회 본위의 교육은 그 내용이 때와 장소에 따라 달라질 수 있으나 국가주의 교육은 구체적이고 확고한 내용을 가지고 있는 것이 다른 점이다.

이와 같이 국가주의 교육은 산업혁명과 더불어 자국의 번영과 영광을 위해 부국강병을 국가교육의 이념으로 한 국가적 권위와 일치시키기에 힘씀으로써 발전하였다. 독일에 있어서는 신인문주의에 의해 프로이센이 독일을 통일하려고, 사르디니아(Sardinia)는 이탈리아를 통일하였으며, 미국도 남북전쟁을 종결(1865)했다. 영국은 1830년에 산업혁명을 완수했으며, 1848년에는 사회주의와의 대결도 끝내고 세계를 제패하는 강대국이 되었다. 이와 같이 고대 도시국가나 중세 교회 국가에 대신하여 19세기는 국가주의가 형성되면서 국가주의 교육이 필연적으로 생성 발전되었다.

2. 국가주의 교육사상가

1) 피히테(Johann Gattlieb Fichte, 1762~1814)

(1) 생애

피히테는 독일의 작센 주에서 가난한 마직공의 아들로 태어났다. 그는 어려서부터 신동이라 불리웠고, 예나대학을 거쳐 라이프찌히대학에서 신학을 공부했다. 학비문제로 학업을 마치지 못하고 스위스, 라이프찌히, 와르소 등에서 가정교사 생활을 했다.

1792년 그는 종교론인 「천계의 비판」을 발간하여 칸트에게 학문적인 인정을 받아 1794년에는 예나대학의 교수가 되었다. 여기에서 그는 「전지식학의 기초」(1974)를 발간하였다. 그는 5년 간 그 곳에서 교수와 저서생활을 하였으나 종교상의 이유로 그 직업을 사임하고 베를린에 와서 저술과 강연에 전념하였다.

1805년 에르랑겐대학의 교수로 초빙되어 철학을 강의했다. 그러나 나폴레옹 전쟁(1806~1808)을 맞아 베를린까지 프랑스군에게 함락되어 국가의 흥망이 좌우되려는 위기를 맞게 되자, 1807년 시들어진 민심을 다시 일으키기 위해 베르린대학 강당에서 "독일 국민에게 고함(Reden an die deutsche Nation,1807~1808)"이라는 제목으로 14회에 걸친 열변을 토해 독일 국민에게 조국애를 호소하는 국가주의 교육을 호소하였다.

1810년 훔볼트(1767~1835)와 슐라이에르마허(1768~1834) 등과 같이 베를린대학을 설립하여 교수가 되었고, 후에 초대 총장이 되었다. 1814년 종군간호사로 활약하다가 티프스 환자가 된 부인을 간호하다가 감염되어 52세를 일기로 세상을 떠났다.

(2) 교육사상

피히테의 교육사상은 "독일 국민에게 고함"이라는 그의 연설집에 잘 나타나 있다. 그는 학술의 진작, 도덕의 함양, 애국심의 고취, 국력의 만회는 교육으로서만 이룩할 수 있다고 강조하였다. 애국심의 고취에 지나치게 편중되어 다소 편협적인 면이 있어 보인다.

피히테는 개개인이 타고난 본질적인 성능(性能)을 완성하는 것만이 교육이 아니라 개인적 존재가 전체의 유기체를 완성하는 것을 의미한다고 하였다. 즉, 개개인의 독자적 완성이 국가사회와 유리되고 이탈될 수 없는 전체체적 존재라는 것이다. 다시 말하면 조국의 한 사람으로서 완성되어야 한다는 것이 그의 교육사상의 핵심이다. 도덕도 종교도 모두 조국을 초월해서 존재하는 것이 아니라 조국의 국민성을 통해서 실현되어야 한다는 것이다.

피히테에 의하면 나폴레옹의 침략당시 독일의 민심은 극단적인 개인주의적 이기심, 진리에 대한 냉담과 무관심 그리고 도덕적 파멸로 인하여 인간의 본질적인 고상한 정신을 잃고 있었기 때문에 프랑스군에게 패한 이유라고 하였다. 이것은 개인이 전체사회 조직 속에서만 생존의 의의가 있다는 것을 망각한 소치라고 하여, 국가관의 확립이 구국의 첩경이라고 역설하였다. 또한 피히테는 위기에 처한 독일을 구하려면 독일인의 민족 공동체 의식을 개발하고, 도덕적 심정의 순수한 함양, 개인주의적 이해관계의 경쟁을 지양하고, 독일 전체의 유기체 형성을 강화하여야 하는데 그 방법을 교육에서 구했다. 그 교육을 "국가적 교육"이라고 하고, 그 국가적 교육을 "새로운 교육"으로 이름하였다.

피히테의 새 교육은 국민교육이다. 이 국민교육은 구교육이 특권층의 소수 인을 대상으로 하였던 점에 반하여 신교육은 전 국민을 대상으로 하는 교육이다. 그래서 전 국민에게 강제성을 띤 국가의 사업이다. 아동의 의지적 활동을 현실사회에 직결시켜 더욱 활동력을 강화하고 국민성격을 함양하려는 데 목적을 두었다.

(3) 교육방법

피히테는 국가는 모든 국민에게 빠짐없이 교육의 기회를 제공하도록 노력하는 동시에, 교육을 받을 국민에 대하여 강제할 권리도 있다고 하였다. 이처럼 새로운 국민교육의 이념을 강조하고 그와 같은 교육을 통해서 국가의 진흥이 이룩된다고 생각하였다.

피히테의 신교육방법으로 페스탈로치의 직관주의에 크게 공명했다. 어린이의 인지력을 야기시키려 할 때에는 반드시 그 사물에 대한 애정을 일으켜야 한다. 그런데 그 방법은 인위적 방법에 의하지 않고, 감각 및 직관이 발전하는 자연의 법칙에 따라야 할 것이며, 특히 아동의 자연성에 일치하는 것이 중요하다는 것이다. 그는 교육방법에 있어서 페스탈로치의 직관과 자기활동의 원리에 따라, 주입식 교육을 배척하고 아동의 자기활동에 따라 학습을 발전시킬 것을 주장하였다. 그러나 피히테는 페스탈로치의 사상으로 언어를 직관에 앞세우려는 경향이 있다는 점을 비판하고, 단순히 언어에 의해서만 얻어진 지식은 직관내용에 대응하지 않으므로 공허한 것이라고 하고, 명료성과 확실성을 갖는 참다운 인식은 직접적인 직관에 따라야 한다고 했다.

2) 슐라이에르마허(F. D. E. Schleiermacher, 1768~1834)

(1) 생애

슐라이에르마허는 독일의 브레스라우(Breslau)에서 태어났다. 아버지는 신교의 선교사였고 어머니는 신앙심이 두터운 종교인이었기 때문에 어릴 때부터 종교적 감화를 많이 받았다. 1783년 종교단체가 설립한 학교에 입학하여 2년간 종교교육을 받으면서 고대 그리스어와 로마어를 배웠다. 1785년 할레(Halle)대학에 입학하여 2년 간 철학을 공부하였으나 1788년 중도 포기하고 1790년 동 프러시아 도나(Dona)백작의 가정교사가 되었다. 여기에서 그의 교육사상이 싹트게 되었다. 1793년 다시 베를린에 돌아와 신학교에 입학하여 생활을 위한 고아원 교사로 종사하였다. 1797년에는 슈레겔(A. W. Schlgel)과 친교를 맺어 낭만주의에 자극을 받아 1799년에 「종교강연」의 저서를 냈고, 1800년에는 「독어론」을 발간하였다. 1804년에는 할레대학의 신학 및 철학교수로 부임했으나 1807년 나폴레옹에 의해 추방되어 다시 베를린으로 돌아왔다. 1810년에는 훔볼트와 피히테의 협조자로서 베를린대학이 설립되자 신학교수가 되어 애국정신을 고취하는 청년양성에 노력했다. 1814년에는 학사원 간사로 활약했고 1821년에는 「신앙론」을 발간하였다.

(2) 교육사상

그는 본래 신학자로서 교회에 종사한 것이 더 많다. 그러나 만년에 베를린대학에서 강의한 교육내용에서 국가주의 교육사상가로 규정하고 있다. 그는 애국심으로 청년대중을 상대로 독일의 현실을 극복하고 장래를 위한 독일 국민의 자각을 외쳤다. 그래서 그는 단순한 학자가 아닌 국민교육자로서 인정을 받게 되었다.

그의 교육이상론은 단체교육을 중시하였다. 즉, “개인이라고 하는 것은 항상 체제의 일부, 사회의 일원으로 보아야 하는 것이다.”라는 생각이다. 물론 그는 극단론자처럼 사회만 인정하고 개인의 존재를 부정하는 것이 아니라 교육은 개인이 속하는 도덕사회의 일원으로까지 도야한다는 교육목적을 규정하고 있다. 이 속에 내포된 그의 이상은 피교육자로 하여금 공동생활단체, 즉 국가사회의 선량한 역군이 될 것을 강조하고 있다. 여기에서 선량한 역군이란 맹목적으로 순응하는 개인이 아니라 불안전한 사회를 완전하게 보완할 수 있는 개성을 가진 사람이어야 한다는 것이다. 그는 그리스문화의 숭배자로서 플라톤의 대화술에 의하여 정확한 플라톤의 역사 의식을 최초로 독일 국민에게 적용하려고 하였다.

그는 실제생활의 사회를 국가사회, 학교사회, 종교사회, 가정사회의 넷으로 나누고 각각 그 사회에 유능한 일원으로 선량한 일군이 되는 것이 그의 교육사상의 내용이다. 이처럼 개인의 인성적 조화와 발달을 고려하는 면에서 페스탈로치와 같고 개인의 자유와 사랑을 소중하게 여기고 있는 것은 신인문주의자적인 면이 있다. 그의 교육사상은 "미래에 관련되는 교육은 곧 현재에 있어서 만족한 것이 되지 않으면 안 된다"고 하여 현실을 중시하였다. 이처럼 그의 교육학설은 사변적이면서도 현실을 중시하는 현실적 교육설이며, 또 사회를 중시하는 점에서 사회적 교육설이고, 사회의 역사적 관계를 중시하는 점에 있어서는 문화 사회교육설이다. 특히 국가적 국민을 육성함이 교육의 목적이라고 한 점에 있어서는 국가주의 교육설의 주장자였다. 이러한 그의 교육설은 후일 경험주의, 사회주의, 문화주의, 국가주의 교육학자들에게 큰 영향을 미쳤다. 그의 국가주의 사상에 영향을 받은 사람은 미국의 제퍼슨(T. Jefferson), 만(H. Mann), 버나드(H. Barnard) 등이다.

(3) 교육방법

그의 교육방법은 보호, 억제, 조성의 3가지 방법을 적용하고 있다.

① **보호와 억제** : 아동을 유해한 사회환경으로부터 격리시킬 때 보호되어야 한다. 그러나 아동의 심신에 내재한 자연은 외적 환경의 자극을 받아 대응할 때만이 개인은 발전하는 것이다. 사회공동생활을 영위하기 위해 적응 기능과 의지력을 길러야 할 아동을 항시 보호만 하고 있으면 사회성을 잃은 포유동물에 불과하다. 그래서 그는 보호해야 할 시기를 3기로 나누어 적용범위를 규정하고 있다.

㉮ 유아기 : 이 때는 외부로부터 유해한 작용이 무엇이며 어떤 결과를 일으킬 것인가를 자각하지 못하는 시기이기 때문에 보호가 필요한 시기이다.

㉯ 아동기 : 이 때는 보호를 필요로 하지만 점차 그 보호도를 감소할 필요가 있다. 왜냐하면 반발심을 억제하고 정의에 자립하려는 연습이 점점 행해지는 시기이다.

㉰ 성숙기 : 이 때는 보호가 필요 없는 시기이다. 성장함에 따라 시련과 역경을 거쳐 의지의 단련을 해야 한다.

이와 같이 아동을 보호하는 것만으로 교육의 효과를 바랄 수 없는 것이다. 교육작용 가운데 보다 중요한 것은 조성작용이 같이 이루어질 때 보호가 유효한 것이다.

② **조성** : 인간의 바람직한 성장은 개체의 내적 특성과 외적인 사회 환경이 유기적으로 작용하는 가운데 성장하는 것이다. 그러나 성장하는 과정에서 지나치게 방임하거나 우연에 방치하다 보면 무질서한 사회 상황이 초래될 것이다. 여기에서 아동이 선택하여야 될 자유의지를 판단하여 조성할 필요가 있다. 이것이 그의 의도적 교육의 근본사상이다. 슐라이에르마허는 청소년의 생활에 대하여 일정한 규칙에 의해 지도되어야 한다고 강조하고, 자유와 규칙이 대립되는 갈등의 장벽을 해소하도록 아동을 조성할 필요가 있으며, 또 청소년들에게 자유스러운 생활 활동이 계속될 수 있는 환경을 조성해 줌으로써 행동을 보다 적극화하고 자유를 학습하게 되는 것이라고 하였다.

이상과 같이 그는 사회 본위의 교육설을 주장하여 현대의 사회적 교육학을 일으키는 요인이 되었고, 현대의 역사적 교육철학에 영향을 주어 딜타이(W. Dilthey, 1833~1911)에게서 다시 니체(F. Nictzsche, 1844~1900), 그리고 슈프랑거(E. Spranger, 1882~) 등이 역사적 사상 내지 문화적 사상을 계승하였다.

제 4 절 산업혁명과 빈민교육운동

1. 산업혁명과 빈민교육운동

산업혁명은 1770년부터 1830년대에 걸쳐 주로 영국을 중심으로 일어난 산업상의 혁명이다. 이것은 과학의 발달에 따라 우수한 기계 및 기구가 발명됨으로써 공업경제의 방법에 대변동을 초래하고 그 결과 생활의 과학화가 산업면에 나타난 현상이라고 할 수 있다. 이러한 산업혁명은 영국을 중심으로 하여 각 나라로 파급되었다. 프랑스에서는 7월 혁명(1830)기에 겨우 이루어져 1840년 이후 그 경향이 현저하였고, 독일은 프랑스보다 늦게 1850년경에 이르러 그 여파가 휘몰아쳤다.

산업혁명은 인간생활에 준 변화라는 점에서 본다면 그 영향력은 프랑스 혁명보다 크고 한층 더 심각하였다. 19세기 사회 정세 중에서 가장 근본적인 변혁을 초래한 것이 이 산업혁명이었기 때문이었다. 동력을 이용한 기계공업은 종래의 수공업을 몰아내고 대규모의 공장공업으로 발전하자 지금까지의 수공업 기술자들은 단순노동자로 전락하거나 또는 실업자로 전락하지 않을 수 없었다.

이와 같이 자본주의 생산의 발전에 수반되는 노동자와 그 자체에서 발생되는 정신적 · 신체적 퇴폐와 불행 등은 노동자교육 또는 그들 자제들에 대한 교육이라는 문제점을 야기하게 되었다. 이러한 교육적 제 문제를 해결하기 위하여 등장한 것이 일요학교제도, 자선학교와 조교제도, 유아학교 등을 포함하는 영국에 있어서의 빈민교육운동이다.

1) 일요학교제도((sunday school system)

공장 노동자의 자제들에 대한 교육대책으로서 최초의 그리고 대표적인 제도가 이 일요학교제도이다. 물론 일요학교는 글자 그대로 일요일에 한하는 학교로서 어른, 아이 할 것 없이 공부하는 학교이다.

이 학교의 창시자는 레이크스(Robert Raikes, 1735~1811)이다. 그는 영국의 공업 중심지인 구로스타의 공장가에 1780년 처음으로 일요학교를 창설하고 메레디스(Mrs. Meredith)여사로 하여금 매 일요일마다 1실링의 보수로 아동들의 교육을 담당토록 하였다.

교육내용은 성서와 초보적인 종교교육을 비롯하여 독, 서, 산의 기초를 교육하였다. 그러나 이 학교의 진정한 교육목적은 어떠한 지식이나 기능을 가르치는데 있는 것이 아니라, 소년 노동자들의 불량화를 막고 그들로 하여금 착실한 생활을 영위하도록 하는데 더욱 중요한 목적이 있었다. 이 때문에 이 학교는 많은 종교가, 인도주의자, 사회운동가들로부터 크게 환영을 받았다.

이 일요학교는 영국각지로 전파되어 1785년에는 "전국일요학교진흥협회"라는 하나의 조직단체가 탄생되었고, 1787년경에는 일요학교에 출석하는 학생 수가 25만 명이 넘고, 레이크스가 사망하기 전만 해도 50만에 달하다가 1830년에는 백만에 달한 것으로 전해지고 있다. 학교 수는 1801년 런던에서 1,516개교이었고, 학생 수는 15만 명에 달하고 있었다.

2) 자선학교와 조교법

자선학교(慈善學校 : Charity School)는 영국에서 산업혁명으로 인하여 많은 사회문제를 일으켜 특히 노동자 계층의 자녀들의 교육은 거의 돌보지 않는 형편이었다. 여기에 뜻이 있는 종교가나 지식인들은 국가와 종교의 앞날을 걱정하여 국민도덕을 향상시키고 혁명적인 사상의 악영향으로부터 대중을 보호하기 위하여 각종 단체를 조직하게 되었다. 이들 단체 중 1699년에 설립된 기독교지식보급협회(SPCK)가 런던 및 그 근처의 각 교구에 학교를 설립하게 됨으로써 탄생한 것이 자선학교이다. 이 학교에서는 빈곤한 어린이들에게 읽기, 쓰기와 함께 종교문제를 가르치고 특히 일상생활 지도에 주력하면서 장래의 직업을 위한 준비로서 방직, 재봉, 편물 등 실질적인 기술교육을 실시하였다. 1743년에는 런던 및 그 근처에 협회의 후원으로 설립된 자선학교 수는 1,461개교, 아동 수는 24,629명에 달했다.

조교법(助教法 : Monitorial System)은 영국의 랭카스터(Joseph Lancaster, 1778~1838)가 처음으로 실시한 학습지도 방법이다. 이 방법은 학생 중에서 연장자로서 우수한 자를 선발하여 조교로 기용하고, 교사가 조교에게 교육내용을 가르치고 각 조교는 자기 담당의 학생집단에게 가르치게 하는 방법이다. 이 방법은 같은 시간에 200명 내지 1,000명에게도 같은 내용을 교수할 수 있는 것이다. 이 방법은 일명 벨 랭카스터법(Bell-Lancaster system)이라고도 한다.

3) 유아학교

유아학교(Infant School)는 영국의 오웬(R. Owen, 1771~1858)이 스코틀랜드의 뉴 라나크(New Lanark)에서 사회개혁 사업의 하나로 유아교육시설(성격형성학원 : New Institution for the Formation of Character)을 갖춘 후 그를 모방하는 것이 많아졌다. 그리하여 1824년에는 유아교육협회(Infant School Society)가 설립되어 해외에 많은 영향을 미치게 되었다.

2. 교육사상가

1) 오웬(Robert Owen, 1771~1858)

(1) 생애

오웬은 영국의 공상적 사회주의자이며 교육자이다. 그는 영국 북 웨일즈(Wales)의 뉴 타운에서 마구상, 철물상의 아들로 태어났다. 초등교육 이외의 학교교육을 받지 못한 그는 7세에 초등학교 조수가 되었고, 9세 때 점원으로 일했으며, 10세 때 단신 런던에 간이래 18세가 될 때까지 런던, 맨체스터 등지에서 점원으로 상업에 정진하면서 실업가로서의 소질을 쌓았다. 20세에 500명을 고용하는 란카샤의 방직공장의 지배인이 되었고, 그 후 제조공장을 경영하였다. 1798년에 "맨체스터 문학 및 철학협회"의 회장이 되었고, 한편 맨체스터 대학에서의 회합을 통해서 식견을 높여 성격형성 및 종교문제에 관한 그의 견해의 소지를 닦았다. 1799년에는 뉴 라나크에서 방직공장의 총지배인이 되었다. 1815년 공장법 제정운동을 일으켜 1819년 마침내 이 법이 의회를 통과하게 하였다. 그가 공장법 협동조합의 아버지로 불리어진 것은 이 때문이다. 1825년 미국 인디애나주에 건너가 뉴 하모니 평등촌(New Harmony of Equality)을 건설하여 협동조합 사회주의 반종교사상의 열렬한 선전자로 활동하였다. 경영하면서 무지하고 빈곤한 노동자와 그들의 자제를 위해서 사회적 , 교육적으로 위대한 구제실험을 시도하였다. 성격형성학원과 유아학교가 바로 그것이다.

(2) 교육사상과 교육활동

영국의 사회개혁자이면서 교육자인 오웬은 1800년부터 스코틀랜드의 뉴 라나크 방직공장의 총지배인으로 있으면서 인도주의에 따라 이 공장의 노동조건의 개선과 노동자 및 그 자제들의 교육에 비상한 정열을 쏟은 사회개혁자이다. 오웬의 사회개혁 및 교육에 관한 생각은「사회에 관한 새로운 견해, 성격형성에 관하여」(A New View of Society, Four Essays on the Formation of Human Character, 1318)라는 그의 논문에 잘 나타나 있다. 그는 영국사회가 산업혁명의 결과로 생긴 공장제도로 인하여 인간의 성격을 추락시키고 있기 때문에 이를 막기 위해서는 공장제도의 개선과 정화된 환경을 필요로 한다고 하였다. 그는 하나의 방안으로 무지하고 빈곤한 노동자와 그들의 자제를 교육하는 것, 즉 그들에게 생활과 노동의 건전한 환경을 부여하여 그 속에서 그들을 조직적으로 교육함으로써 그들의 빈곤과 사회악을 근절할 수 있다고 믿었다. 그리하여 그는 그 신념을 뉴 라나크의 자기의 공장에서 실험한 것이다. 그 실험을 위하여 설립한 학교가 "성격형성학원"이며 그의 부속인 유아학교이다.[9] 그의 유아학교는 노동자의 자녀들을 1세에서 3세까지와 4세에서 6세까지의 2반에 나누어 수용했는데 그 교육은 ① 성격형성론에 의한 환경개선교육, ② 어린이 자신에 의한 교육, ③ 사랑과 행복의 교육, ④ 상벌의 폐지, ⑤ 직관교수, ⑥ 생산노동과 결합된 교육근본 방침에 따라 시행되었다.

이처럼 공장의 경영자이면서 공장법의 제안자, 연소자 노동의 제한 및 금지를 제창하여 협동조합운동에 앞장서고 노동자와 그 자제들의 교육에 심신을 기울였던 사회개혁자인 오웬은 87세를 일기로 사망하였다. 그의 묘비에 "나의 어린이여!"(My Children!)라고 새겨져 교육자로서의 품위를 말하여 주고 있다.

---

9) Henry B. Binns, A Century of Education 1808-1908, London : A History of the British and Foreign School Society, 1908. p. 89.

제 5 절 미합중국의 교육

1. 미국교육의 발전

미국의 교육은 교육사적 발달과정으로 보아 어느 나라에서도 찾아보기 힘든 급속한 진전을 보여 주었다. 미합중국이 Pilgrim Father의 상륙(1620)과 독립선언(1776)으로 인하여 자립국가로 성립된 짧은 역사를 가지고 있다. 이처럼 문화적 전통에 대한 고착적인 배경이 미약한데도 불구하고 세계에 자랑할 수 있는 교육의 업적을 일구어 냈다. 특히 미국이 오늘날과 같은 대중적인 국민교육제도로 발전하기까지는 여러 가지의 단계와 논쟁을 거쳐야만 했다.

1) 식민지시대의 학교교육

(1) 초등학교

식민지시대에 있어서 중류계급 이상의 자제는 보통 가정교사나 귀족적 사숙에서 학습하고 라틴어학교에서 대학으로 진학하여 더러는 해외로 유학했다. 그러나 서민계급은 다음의 학교 등을 이용했다.

① **부인경영학교**(dame school) : 버지니아 주를 비롯하여 동해안 남부지역은 중등학교 이상의 교육에는 관심이 있었지만, 서민을 위한 학교가 없었기 때문에 부인들에 의하여 영국에서 사립학교를 들여와서 18세기에 뉴 잉글랜드를 중심으로 하여 성황을 이루었다. 독서에 다소 경험이 있는 부인이 자택부근의 자제를 모집하여 읽고 · 쓰기를 가르쳤다.

② **교구학교**(parochial school) : 뉴욕, 필라델피아 등 동해안의 중부지구를 중심으로 유행하였다. 교구마다 학교를 설립하고 그 교구에 속한 가정의 아동들이 학습했다. 칼빈주의의 보통교육 이념에 따라 화란개혁교회(The Reformed Dutch

Church)가 이를 관리했다.

③ **습자학교**(writing school) : 부인 경영학교나 교구학교에서 수학한 아동들을 습자, 계산, 간단한 상업산수 등을 가르친다.

④ **자선학교**(charity school) : 영국 직영교회가 지배하는 지역(뉴 잉글랜드 지방)으로 복음 전도회나 기타의 기부에 의하여 건립되고 빈민에게 무료로 학습하게 하였다.

⑤ **공교육제도** : 학교제도에 관한 버지니아적 방임주의, 뉴욕 네델란드적 교구학교 주의에 대하여 매사추세츠 주에서는 각 도시학교(town school)를 설립하여 시의 경비로 경영 · 관리하는 공교육제도를 실시하였다. 1647년 주법은 초등학교 및 중등학교(Latin grammar school)에 대하여 규정하고 있었다.

(2) 중등학교

① **라틴어학교**(Latin grammar school) : 이 학교는 각 도시에 설립되고 만 7~8세의 소년을 입학시키고 14~15세까지 대학입학 준비와 라틴어를 학습시킨다. 1635년에 주법에 의하여 Boston Latin School이 설립되고(후에 Harvard대학으로 성장함) 1647년의 주법에 의하여 매사추세츠 주 내의 여러 도시에 Grammar school이 건립되고 그들은 Harvard대학의 진학 자들을 교육했다.

② **아카데미**(academy) : 비실용적인 Latin어학교가 변하여 영어와 실용적 교과를 주로 하는 Academy가 1749년 프랭클린에 의해 필라델피아에 설립될 때 그것이 1755년에 College로서 인가되고 후에는 Pennsylvania대학으로 발전하였다. 아카데미는 그 후 사회 발전과 더불어 더욱 발전하고 반면에 라틴어학교는 점차 쇠퇴하여 갔다.

(3) 대학

식민지에 있어서 최초로 설립의 필요성을 느낀 것이 College이다. 독립전쟁 이전에 벌써 아래에 표시된 9개교가 설립되었지만 이들은 모두 고전과 교양교육을 위한 교사의 양성을 목적으로 하고 있었다. 다만 Pennsylvania대학만은 프랭

클린의 창의에 따른 과학적 연구가 그 특색이 있었다. 학생은 만 14~15세에서 4년 간 그리스어, 로마어를 주로 학습하였는데 1815년까지 교사와 학생 수는 극히 적어서 10명 정도에 불과했다.

학교명	설립연도	소재지주	종파
Harvard	1636	매사추세츠	청교도
William Mary	1693	버지니아	국교회
Yale	1701	코네디케트	청교도
Princeton	1746	뉴저지	장로회
Pennsylvania	1753	펜실바니아	
Columbia	1754	뉴욕	국교회
Dartmouth	1769	뉴햄프샤	합 동
Browm	1764	로드아일랜드	침례교회
Rutgers	1766	뉴저지	화란개혁교회

2) 공교육제도의 확립

미국역사상 제2기에 해당하는 19세기 초부터 남북전쟁(1861~1865)에 이르는 기간은 북미대륙에서 현재의 미합중국의 영토를 거의 다 영유하였다. 자본주의 경제가 발달했고 민주주의 사회체제가 완성되었으며 현재의 초등학교, 중등학교, 대학 등의 학교제도, 즉 미국의 공립학교 체계가 정비 확립된 때이다.

(1) 공립교육제도의 확립

미국의 공립학교교육을 촉진시키는데 작용된 요인 가운데 경제적 요인을 무시할 수 없다. 공립학교가 전 민중에게 평등하게 개방되기 위해서는 학교교육이 공비(公費)에 의해서 유지되고, 무상이며, 초종파적인 학교제도를 확립되어야 한다. 1830년을 전후하여 공립학교제도의 실현을 위한 움직임이 활발하게 일어났다. 예를 들면 1828년 로드 아일랜드 주에서 "교육세제도"를 인정했고, 펜실바니아 주에서는 1827년이래 공립무상의 초등학교 보급운동의 결과 1834년에 "무상학교법"이 성립되었으며, 1829년에는 뉴저지 주가 법률을 제정했고 공립무상의 학교제도를 수립, 뒤이어 매사추세츠, 델라웨어, 펜실바니아 등 여러 주가 점차로 수업료를 폐지하고, 1867년에는 모든 주가 공립학교제도를 확립하기에 이르렀다.

(2) 의무교육제도의 성립

의무교육제도는 1852년에 매사추세츠 주에서 처음으로 입법되었다. 매사추세츠 주 초대 교육감인 만(H. Mann)이 공장에 고용된 대부분의 아동들이 전연 학교교육을 받지 못하고 있다는 사실을 발견하고 시행하게 된 것이다. 이 법률은 의무취학을 강력하게 지시하는 것으로써 제1조에 "8세부터 14세까지의 어린이를 보호하는 자는 누구든지 적어도 12주간 그가 거주하는 시 또는 읍의 공립학교에 그 어린이를 취학시켜야 한다."고 규정하고 있으며, 제2조에는 "이 규정을 어기는 자는 20달라 이하의 과료에 처한다."고 규정하고 있다. 이것은 근대적 의무교육제도의 최초의 것이었으나, 그 후 약 20년 동안 의무제의 시행은 지지부진하였다. 예컨대, 1860년대의 주 경찰관도 "민중의 대부분은 그 같은 법률이 있는지 조차 모른다."[10]고 말하고 있다. 그리하여 그 후 의무교육제도는 1870년대 이후에야 겨우 널리 채용되기에 이르렀다. 그러나 취학 상황은 여전히 부진하여 그 시행을 위해서 전임 감독관의 설치, 부형에 대한 벌칙부여, 학교조사의 실시, 불취학아동의 수용 등의 수단이 강구되었다.

2. 공교육제도의 지도자들

이 시기에 공립학교제도의 확립과 정비에 공헌한 교육지도자로서 카터(J. G. Carter), 만(H. Mann), 버나드(H. Barnard) 등을 들 수 있다.

---

10) W. S. Monroe, Encyclopedia of Educational Research, 1950, p. 298.

1) 카터(James Gordeon Carter, 1795~1849)

카터는 매사추세츠 주 출신으로 1820년 하아바드대학을 졸업하고 1824년경부터 교육개혁 의견을 발표하여 세상의 인정을 받았다. 특히 교사양성교육에 관심을 갖고 교사양성제도의 수립을 위하여 노력하였다. 그의 저서 「교원양성제도개론」(1824)은 이러한 그의 사범교육의 견해를 체계적으로 저술한 대작으로 널리 소개되었다, 그는 매사추세츠 주 입법의회에 주립사범학교 설립비용의 청원을 제출했으나 받아들여지지 않자 스스로 랭카스터에 사범학교를 설립하고 수년간 이 학교에 전력하였다. 이와 같이 그는 교사양성의 필요성을 선전하고 이를 행동화하였기 때문에 미합중국에 있어서 사범교육의 주창자로서 이름이 있을 뿐만 아니라 후일 사람들은 그를 "사범교육의 아버지"라는 존칭을 주었다. 그의 노력에 의하여 1826년에는 주의회에서 교육개혁의 법안을 통과시켰는데, 그것은 주의 중앙 통제적 교육정책의 추진에 중요한 업적이었던 것이다. 또한 그는 종래의 "아카데미"대신에 보다 공교육인 "중등학교(high school)"의 설립을 촉진했다. 1835년에 주 의회 의원으로 선출되어 "주교육위원회"의 설립에 힘썼고 "미교수협회"의 조직에도 참여했다.

2) 호레스 만(Horace Mann, 1796~1859)

그는 매사추세츠 주의 청교도의 가정에서 태어났다. 교구학교에서 불완전한 초등교육을 받고 순회교사로부터 대학 입학준비교육을 받았다. 1819년 브라운대학을 수석으로 졸업하고 2년 간 그 대학에서 법률학을 공부하였다. 1837년에는 매사추세츠 주의 서기관이 되어 12년 간 교육행정에 종사하였다. 그 동안 「매사추세츠 초등학교잡지」를 편집하여 그의 교육개혁에 대한 의견을 발표하였으며, 「연보」(年報 : annual reports)를 발간하여 당시 중요한 교육문제를 취급하고 자료를 제공함으로써 교육자, 교육행정가, 교육개혁자에게 큰 영향을 주었다. 유명한 12연보가 이것이다. 그는 만년에는 오하이오 주의 안티옥 칼리지(Antioch College)의 학장을 지냈다. 만의 교육사업의 목적은 당시의 빈약한 교육을 개혁하고 주의 예산으로 초등학교를 설립하여 일반 대중의 무지와 빈곤을 구출하려는데 있었다. 그는 공교육의 중요성을 널리 대중에게 인식시켰고, 공립학교의 양과 질을 향상시켰으며, 주교육위원회를 설치하여 민주적인 학교감독제도의 기초를 세웠고, 미국에서 처음으로 주립 사범학교를 설립하였으며, 교육강습회를 열어 교사의 질적 향상을 도모하였다. 그리하여 오늘날 "미국공립학교의 아버지" 또는 "미국의 페스탈로치" 등으로 불려지고 있다.

3) 버나드(Henry Barnard, 1811~1900)

그는 코네티컷 주에서 태어나 1830년에 예일대학을 졸업하고 1835년부터 2년간 사회사업과 교육을 시찰하기 위하여 유럽을 여행하면서 페스탈로치 교육법과 학교행정에 감명을 받았다. 1837년 귀국하여 출신 주입법의회 의원으로 선출되고 교육위원회를 창설하여 교육감이 되었다. 1839년에는 교사 재교육시설을 설립하였고, 「코네티컷보통교육잡지」를 발간하는 등 교육개혁에 노력했다. 그러나 보수파의 반발로 1842년 사직하였고, 그 후 미국교육에 관한 자료를 수집, 조사하여 발표했으며, 1843년에는 로드아일랜드 주에 초청되어 교육개혁, 교육회의 조직, 도서관의 설치, 교육잡지의 발행 등 공로를 세웠다.

1851년에는 재차 코네티컷 주 교육감에 선임되고 동시에 뉴부리든에 주립사범학교를 창설하여 교장을 겸임하였다. 1855년에는 "미국교육진흥회"를 만들었고 같은 해에 자비로 「미국교육잡지」를 발행했으며 1858년에는 위스콘신대학 총장이 되었다. 버나드가 교육행정가로서의 업적과 함께 후세에 끼친 공헌은 연구활동 및 문필생활이었다. 「코네티컷 보통교육행정사」(1838) 및 그가 「미국교육잡지」에 실린 교육자료는 미국교육사 연구의 귀중한 사료이다.

4) 파아커(Francis Wayland Parker, 1837~1902)

그는 뉴햄프셔 주에서 태어나 아카데미를 졸업하고 16~21세까지 뉴햄프셔 초등학교 교사생활을 했다. 1858년 일리노이 주의 여러 학교 교장을 역임, 남북전쟁에 대령으로 종군한 뒤에는 뉴햄프셔의 문법학교장, 오하이오 주 사범학교장이 되었다. 1872년 베를린대학에 유학, 1875년 귀국하여 매사추세츠 주 퀸시(Quincy) 교육장이 되었으며, 퀸시운동의 중심이 되었다. 1880~1883년 사이에는 보스턴의 장학사가 되었고, 1883~1889년 사이에는 시카고의 쿡(Cook County)의 사범학교장으로서, 1889년부터는 시카고대학의 교육학부장으로서, 그리고 1901년에는 시카고에 파아커학교를 설립한 다음 해인 1902년 시카고대학의 교육학부장으로 재직 중 사망하였다.

파아커는 전문적인 철학자라기보다는 새 교육의 대변자라고 할 수 있다. 따라서 그의 교육사상은 그가 지도한 퀸시운동과 그가 설립한 파아커대학에서 찾을 수 있다. "듀이실험학교"(Dewey's school, 1896~1903)의 후원자인 동시에 파아커의 재정적 지원자인 블라인(Mrs Emmons Blaine)여사의 협조로 1901년 시카고에 설립한 파아커학교에서 그는 아동들에게 자기실현(self-realization)과 자기표현(self-expression)의 원리를 강조하였다. "아동은 지식만을 얻기 위해서가 아니라 생활하는 것을 학습하기 위하여 학교에 나간다. 교육은 생활의 준비가 아니고 현실의 생활 그 자체인 것이다. 학교는 아동들의 가정이며 천국이 아니어서는 안 된다."라고 한 파아커의 이 말은 그의 교육에 관한 사상적 뒷받침의 요소를 단적으로 표현한 것이다.

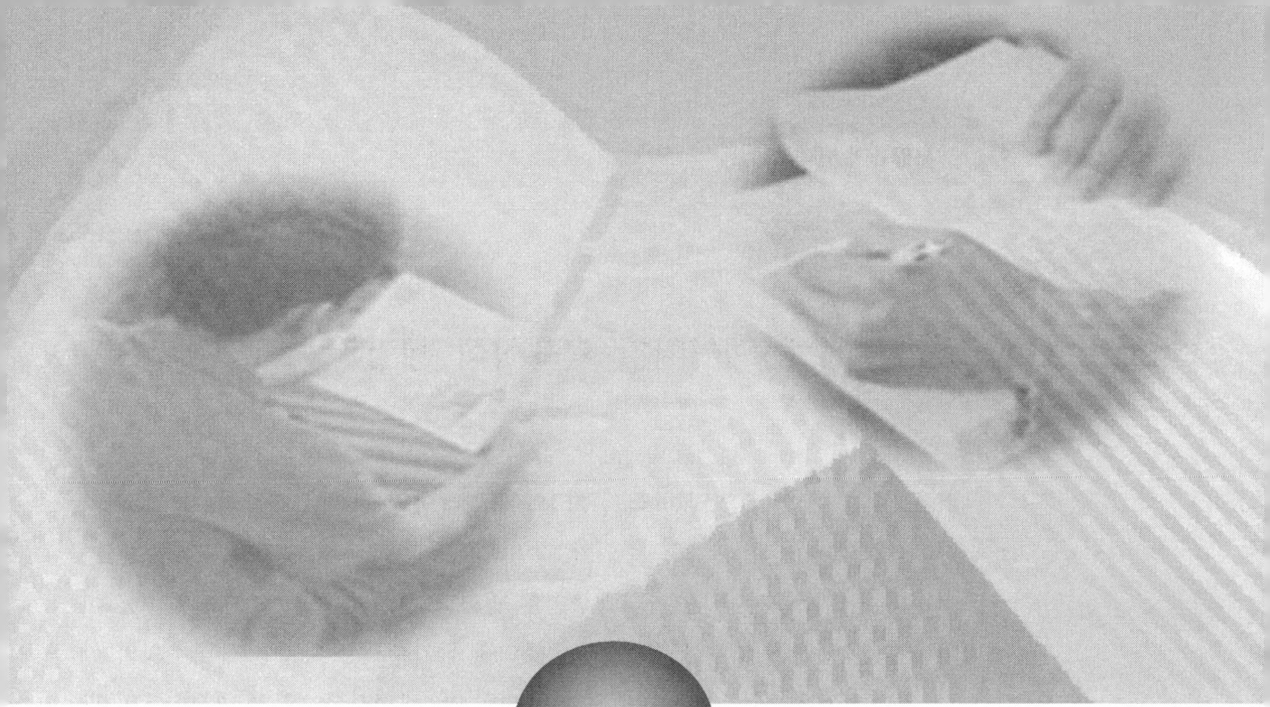

제 9 장

현대사회의 교육

제1절 현대사회의 교육사적 배경
제2절 신교육운동의 전개
제3절 학습지도법의 발달

제1절 현대사회의 교육사적 배경

20세기는 19세기에 발달한 국가주의와 산업혁명의 결과로 과도한 자본주의의 결합에 대한 부국강병의 제국주의가 필연적으로 나타나게 되었고, 자국중심인 우월주의는 약소국가에 대한 침략주의로 변화되었다. 이러한 20세기의 특질이 나타나게 된 배경을 살펴보면, ① 민족주의적 국가주의로 나타난 제국주의의 성립과 그것에서 연유된 1차 세계대전(1914~1918), ② 세계자본주의가 내포한 모순과 관련해서 나타난 사회주의 국가의 출현(1917), ③ 세계공황(1929)의 영향을 틈타 대두된 파시즘 정치체제의 성립과 그 확립(1930년대), ④ 전체주의와 민족주의 세력과의 대결이었던 제2차 세계대전(1939~1945), ⑤ 제2차 세계대전의 종전과 더불어 사회주의 진영 세력의 비약적인 증대, ⑥ 증대한 사회주의 진영과 자유민주주의 세력과의 대결 내지는 최근 공존분위기 조성, ⑦ 사회주의의 붕괴와 세계평화 및 국제협동을 위한 세계국가 형성에의 노력 등으로 정리해 볼 수 있다.

이 요인들은 직·간접적으로 각국의 교육을 규제하여 그 변모와 발전에 크게 작용했다. 실제로 제1차 세계대전 후 선진 국가주의 제국은 식민지 진출에 필요한 지도적 인물의 양성과 산업진흥에 관련하여 중등교육 제도와 내용을 개혁하는 한편, 역사상 최초의 사회주의 국가가 출현하여 생산노동과 교육과의 결합에 의한 인간의 전면적 발달을 도모함으로써 교육을 사회주의 사회 건설의 바탕으로 이용하려고 하였다. 한편 자본주의 국가에 희생된 식민지 또는 종속국가는 민족의 독립과 조국의 평화를 쟁취하려는 교육을 지향했다.

한편 1929년에 비롯된 세계공황의 영향은 전체주의적 파시즘적 정치체제를 성립시켜 민주주의의 원칙을 부정하고 침략주의 내지 군국주의 교육을 촉진했으며, 경제공황의 발단 지인 미국은 산업계와 산업의 요청에 따르기 위한 과제로 중등교육의 재편과 개조를 서둘렀다.

제2차 세계대전 후의 자유민주주의와 공산주의와의 대립과 관련하여 미국을 지도세력으로 하는 자유민주주의 국가들은 민주주의의 기본원리에 따라 평화와 자유와 인권을 확립하는 교육을 지향하고 있고, 러시아를 지도세력으로 하는 사회주의 국가들은 공산주의적 세계설에 입각하여 교육을 공산주의 건설을 위한 방편으로 삼으면서 교수와 생산노동과의 결합과 종합기술교육을 추진하고 있다. 다른 한편으로는 과거의 식민지와 종속국가들은 전후에 해방되어 신생국가로 독립되면서부터 민족의 독립과 평화를 달성할 수 있는 교육, 민주주의를 확립시킬 수 있는 교육, 생산력의 발전과 생활 수준의 향상을 위한 과학기술교육 등을 추진시키고 있다.

제 2 절 신교육운동의 전개

신교육 운동은 19세기 말부터 20세기 초엽에 걸쳐 유럽에서 일어나 미국을 비롯한 전세계의 교육개혁운동에 영향을 미쳤다. 지금까지의 서적중심, 기억중심의 교육방법을 배격하고 경험적인 학습을 중시하는 한편, 교사와 아동 간의 인간적 결합을 통한 정의적 생활의 순화를 지향하는 새로운 교육개혁운동을 신교육운동이라고 한다.

물론 신교육운동은 금세기에 처음 일어난 것은 아니다. 그것은 교회와 교육의 분리를 꾀하였던 15~19세기까지 소급된다. 그 후 루소의 영향을 받은 범애학교를 비롯하여 페스탈로치, 프뢰벨 등에 의하여 전개된 신학교운동도 그 정신에 있어서는 신교육운동이었다. 다만 이 신교육운동이 금세기에 들어오면서 더욱 활발해지고 또 규모도 커져서 내용의 다양성을 띠게 됨으로써 하나의 세계적인 동향으로 보였기 때문이었다.

1. 교육내용의 개조운동

신교육운동의 최초의 모습은 학교교육 내용의 개조운동으로 나타났다. 이 개조운동은 전원학교, 노작학교, 실험학교의 형태로 나타났다.

1) 전원학교(田園學校 : country home school)

전원학교는 19세기에 접어들면서 이전의 서적중심, 기억중심의 교육이 비난을 받게 되어 새로운 교육의 형태를 찾기 시작하였다. 이러한 새로운 교육을 하기 위하여 설립한 새로운 학교의 일종으로 나타난 것이 전원학교이다.

(1) 새로운 형태의 학교

19세기의 말엽부터 20세기 초엽에는 전통주의 교육에 반대하여 교육의 구체적인 방법에 있어서 어린이들의 흥미나 생활에 따라 그에 적응할 수 있는 교육을 해야 한다는 개혁적인 주장이 강하게 대두되었다.

이러한 교육개혁운동은 1889년 10월 영국의 세실 레디(Cecil Reddie, 1858~1932)가 아보스호름(Abbotsholme)에 신학교를 설립함으로써 시작되었다. 레디는 당시 영국의 공립학교(Public School)가 비현대적임을 통감하고 근대적 과학정신에 의한 현대생활에 적응할 수 있는 영국인의 교육을 목표로 하는 학교로서 이제까지의 교육체제와 다른 새로운 학교의 일종으로 나타났다.

그러나 신교육운동으로서 널리 세계적인 시청을 집중시킨 최초의 것은 프랑스의 데모랭(J. E. Demolins, 1852~1907)이 영국에 건너가 레디의 학교를 깊이 연구하고 돌아와 「신교육」(1898)이라는 책자를 발간하고 그 다음 해인 1899년 자연주의적 교육의 풍조를 교육에 반영시킨 로슈(Rocher)에 새로운 형태의 학교가 시작되었는데 이것이 전원학교의 효시이다. 이 로슈 신학교의 교육목표는 "생활을 위하여 충분히 무장된 인간"이었다.

이 학교들은 경관이 좋은 전원지대에 설립했으며, 교육방법도 전통적인 학습방법을 과감하게 탈피하여 노작교육을 실시하였다. 주로 오전에는 교과수업을 했지만, 오후에는 노작학습과 체육을 실시하고, 저녁에는 레크리에이션을 실시하였다.

(2) 리이츠의 전원학사

이 전원학교는 독일에서 크게 번창하였다. 전원학교는 도시로부터 떨어져서 전원이나 산지, 계곡 또는 해변에 자리잡고 그들의 교육사상을 실현하려는 데에서 전원학교라는 이름이 불리어졌다. 전원학교는 전인교육을 원칙으로 하여 인문교육, 실과교육을 모두 실시하게 하며, 학생들의 개성을 인정하고 기숙사학교로서 근로와 체험을 바탕으로 하면서 사회인으로서의 또한 국민으로서의 자유독립적 인간을 기르는 것을 목적으로 하였다. 사립학교이지만 영리적이 아니고 공익적 성질을 띠고 있었으며, 전원학교는 교육 사상적인 측면에서 가장 진보적인 학교였다.

전원학사에서는 오전에는 일반수업을 하였고, 오후에는 농장에서, 정원에서, 공장에서, 노작활동을 하였다. 기숙사에는 커다란 체육관, 농장, 정원, 공작실 등 모든 종류의 작업장이 마련되어 있었다. 이 학교 학생들은 많이 놀고, 운동하고, 산책하며, 간단한 식사와 함께 친구들과 즐거운 삶을 영위하였다.

전원학사는 리이츠(Herman Lietz, 1868~1919)에 의하여 1898년에 일젠부르크(Ilsenburg)에 초급학교, 즉 하급학년을 위해서 설립하였고, 1901년에는 중급학년을 위해서 하우빈다(Haubinda)에 설립하였고, 1904년에는 상급학년을 위해서 비베르슈타인(Biebrstein)에 세운 것을 계기로 하여 많은 전원학교가 생겼다.

2) 노작학교(勞作學校)

극단적인 주지주의나 고전주의에 반대하고 서적중심의 전통주의의 폐해를 지적하면서 페스탈로치의 노작교육사상을 계승하여 발전시킨 사람은 독일의 케르쉔슈타이너이다. 이러한 노작교육사상은 그 뒤에 가우디히에 의하여 더욱 발전시켰다. 노작이라는 말은 좁은 뜻으로는 수공(手工)적 활동으로서 작업을 뜻하지만, 넓은 뜻에서 정신활동까지도 의미한다. 케르쉔시타이너가 수공적 노작의 중요성을 강조한데 반하여 가우디히는 정신노작을 중요시하였다.

(1) 케르쉔시타이너의 노작학교

독일 뮌헨의 장학관으로 재직하던 케르쉔슈타이너(Georg Michael Kerschensteiner, 1854~1932)가 노작교육사상을 처음 발표한 것은 1908년 스위스 취리히의 페타교회에서 있었던 페스탈로치 추모석상에서였다. 여기에서 그는 "페스탈로치의 정신에 입각한 장래의 학교-노작학교"라는 제목으로써, 장래의 학교는 직업교육을 중심으로 하는 노작학교에서 공민적 도야를 실시함으로써 비로소 개혁이 되는 것이라고 하였다.

그는 전통적 학교의 가장 큰 병폐였던 교과중심의 학교교육을 극복하고자 하였다. 직업에 대한 준비교육의 목적을 직업과정, 기계, 재료 등에 익숙하게 하는 것뿐만 아니라 작업을 수행하는데 필요한 능력의 형성, 작업방법, 주의력 등을 기르고 올바른 노작에 대한 기쁨을 환기시키는데 두었다. 아동이 일의 완성을 지향하면서 자기비판과 자기반성에 기초하여 순수한 태도를 익히는 것이 노작학교의 정신이며, 책임 · 협동 · 헌신 등의 도덕적 성품도 이를 기초로 한 것이다. 이와 같이 케르쉔슈타이너는 수공작업(手工作業)을 통해서 일을 완성하는 기쁨을 체험함과 동시에 금욕 · 근면 · 책임 · 헌신 등의 도덕적 성품을 형성하고 국가에 유용한 공민을 양성하려고 하였다.

(2) 가우디히의 노작교육 사상

가우디히(Hugo, Gaudig, 1860~1923)는 노작교육에 대한 체계에서 케르쉔슈타이너와는 다르게 수공의 활동보다는 자유로운 사고에 의한 정신적 노작을 노작학교의 본질로 보았다. 그도 기본적으로는 수공의 교육은 거부하지 않았으며, 수공적 교육에도 가치가 있음을 인정하였다. 그러나 수공의 교육을 노작학교의 본질로 여기지는 않았다.

노작학교의 학생들은 모든 작업과정에 있어서 자발적이어야 하는데, 목적을 설정하고, 작업과정의 질서를 지키며, 어떤 기로에 섰을 때 결정을 내려야 하며, 통제하고, 수정하는 모든 과정에 있어서 자발적이어야 한다. 따라서 수업의 목적은 학생들이 그것을 언제, 왜, 어떻게 해야 하는가를 알고, 학생들 스스로 문제해결의 올바른 방법을 선정하고, 과제를 해결함에 있어서 방법론적 의식을 갖도록 해주는 것이라고 하였다. 따라서 학생들의 육체적 수공의 노력보다는 문제해결의 방법에 대한 의식이 노작교육에 있어서 중요한 의미를 지니게 됨으로써 일종의 학문적 노작이 수업의 본질로 인식되었다.

2. 아동중심 교육사상

아동중심주의는 전통주의 교육에 반대하여 아동을 하나의 인격체로서 존중하여야 한다는 인생관과, 아동의 흥미와 생활에 따라 그에 적응할 수 있는 교육을 해야 한다는 개혁적인 주장이 비중을 차지하고 있다. 현대사회에 있어서 아동중심 교육사상을 심화시키고 이를 실천에 옮긴 미국의 듀이, 이탈리아의 몬테소리, 영국의 니일 등에 대하여 알아보도록 하자.

1) 존 듀이(John Dewey, 1859~1952)

(1) 생애

듀이는 미국 동북부에 위치한 버몬트 주의 벌링톤(Burlington)에서 태어났다. 1879년 버몬트 대학을 졸업하고 고등학교와 초등학교 교직생활을 하다가 1882년 다시 존스 홉킨스 대학원에 입학하여 박사학위를 취득한 후, 미네소타, 미시간대학 철학교수로 역임하고, 1894년 시카고대학의 철학, 심리학, 교육학을 합친 학부장이 되고, 1896년 실험학교 창설, 1905년부터 1930년 은퇴할 때까지 철학과 교육학 강의를 하였으며, 「나의 교육학적 신조」(1897), 「학교와 사회」(1899), 「민주주의와 교육」(1916), 「경험과 교육」(1938) 등 많은 저술을 남겼다.

(2) 교육사상

듀이의 교육학은 변화(change)를 근본사상으로 하는 그의 철학인 프래그머티즘에 기초하고 있다. 개인적 생명은 죽지만 사회적 생명은 영속되는 것이다. 따라서 우리가 사회지속을 위해서는 아동이 사회의 지식, 감정, 행동의 습관을 획득해야 된다. 모든 교육은 개인이 인류의 사회적 의식에 참여함으로써 진전되는 것이다. 우리가 사회의식에 참여하는 것은 경험을 기초로 하게 된다. 경험이란 인간의 환경과의 상호작용에 의한 활동과정이며, 경험개조에 의하여 인간의 생활은 끊임없이 갱신되어 가는 것이다. 따라서 듀이의 교육사상은 생활, 성장, 경험, 사회적 과정이라고 말할 수 있다.

첫째, 교육은 생활이다(Education is life). 교육은 미래에 대한 생활의 준비가 아니라, 생활 그 자체가 되어야 한다는 것이다. 그는 생활을 떠난 교육이란 구체적으로 생각할 수 없다. 오로지 교육은 생활을 위하여 있는 것이다. 그러므로 생활을 통한 교육이야말로 참된 교육이라고 하였다.

둘째, 교육은 성장이다(Education is growth). 듀이는 유기체인 아동이 생명을 가지고 성장 · 발달하는 과정을 교육이라고 보았다. 교육의 목적은 육체적, 정신적, 심리적 성장에 있다. 그러므로 아동의 계속적인 성장을 가져오려면 일생 동안 끊임없이 학습할 수 있는 능력과 의욕을 길러 주어야 한다.

셋째, 교육은 계속적인 경험의 재구성이다(Education is a continuous reconstruction of experience). 교육의 기능은 아동에게 변화를 일으키는데 있다. 그 변화는 외형적으로 나타나는 행동일 수도 있고, 내면적인 사상, 감정, 태도, 의지 등의 변화일 수도 있다. 이 변화를 경험의 개조라고 부른다. 경험의 의미를 증가시킬 뿐만 아니라 , 뒤따르는 경험을 지도하는 힘을 증가시키는 경험의 재구성이다. 따라서 교육이란 아동을 통제하는 것이 아니라 조언하고 원조하는 것이다. 교육받은 사람을 측정하는 척도는 "얼마나 아느냐"에 있는 것이 아니라 "얼마나 유능하게 생활할 수 있느냐"에 있다. 학습이란 후자에 속한다고 하여 듀이가 말한 "행함으로써 배운다"(Learning by doing)는 것도 바로 이런 것을 뜻한다고 지적한다.

넷째, 교육은 사회적 과정이다(Education is a social process). 인간은 나면서부터 사회환경 속에서 생활하고 발달한다. 따라서 교육은 사회적 환경 속에서 영위되어야 한다. 사회는 일정한 정치적, 경제적, 사회적 요소가 있다. 우리는 그 사회의 특유한 사회방식을 배워야 한다. 교육은 사회생활의 유지, 존속의 수단이며 사회 개조의 과정이다.

(3) 아동중심 교육

아동중심 교육이란 지난날의 교사중심 교과서 중심에 의한 전통적인 학교교육에 대신해서 아동의 인격과 흥미나 생활에 따라 그에 적응할 수 있는 교육을 해야 한다는 것이다. 지금까지의 학교는 아동 자신의 직접적인 본능이라든지 생활을 중심으로 하지 않고 교사 및 교과서를 중심으로 하고 있었다. 때문에 교사가 외부로부터 정립한 교육목적이라든지 교육과정에 의하여 아동을 속박하고 있었다. 따라서 오늘날 학교의 임무는 아동중심으로 전환 또는 개조되어야 할 변화에 직면하고 있다. 이에 듀이는 「나의 교육학적 신조」(1897)에서 "아동이 현재 살고있는 사회적 상황의 요구에 의해 아동의 능력을 자극함으로써 진정한 교육이 이루어진다."고 함으로써 아동중심 교육사상의 코페르니쿠스적 전환을 이루었다.

따라서 듀이는 이와 같은 변혁 또는 개조된 새로운 학교는 아동의 생활이 모든 것을 지배하는 최고의 것이어야 한다고 하였다. 또 "교육은 아동의 능력, 흥미 및 습관의 심리적 통찰로부터 시작해야 한다. 교육은 모든 점에서 이러한 고찰을 참조함으로써 통제되어야 한다. 이러한 능력, 흥미, 습관은 부단히 분석되어야 하며 우리는 그것들이 무엇을 의미하는가를 알아야 한다."[1]라고 말한 데서 그의 아동중심적 이상이 드러나고 있다.

그리하여 듀이는 교육의 기초로 다음과 같이 4가지의 흥미를 들고 있다.

① 대화와 의사소통에 대한 흥미
② 사물을 탐구하고 발견하려는 흥미
③ 사물을 제작하고 구성하려는 흥미
④ 예술적 경험에 대한 흥미

여기에서 우리는 듀이 교육학을 아동중심의 교육, 활동중심의 교육, 흥미중심의 교육, 생활중심의 교육이라고 하는 이유를 알 수 있다.

2) 몬테소리(Maria Montessori, 1870~1952)

(1) 생애

그는 이탈리아의 로마 근교 안코나 지방에서 태어나 12세 때 로마로 이주하여 로마대학에서 의학을 전공한 정신과 의사였다. 의과대학을 졸업하고 로마대학

---

1) J. Dewey, My Pedagogic Creed, Article 2, What the School is. 끝부분.

부속병원에서 주로 백치아(白痴兒)에 대한 경험과 연구를 쌓다가 1898년 로마에 설립한 국립이상아학교에서 2년 간 실무에 종사하였다. 그 후 다시 로마대학에 가서 7년간 주로 실험심리학을 연구하는 한편 초등학교에서 교육적 인류학을 실지로 연구하였다. 1900년에는 로마대학의 교수가 되었고 1907년 로마에 "어린이집"을 설립하여 「몬테소리법」에 의한 교육을 실시하여 성과를 거두었다. 그러나 무솔리니 정권의 탄압으로 1936년 네덜란드로 이주하였으며, 1939년에는 인도의 초청을 받고 그 곳으로 가서 활동하다가 2차대전이 일어나 1945년까지 인도에 억류해 있으면서[2] 그 곳에서 "어린이집"을 설립하고 자신의 교육활동을 전개하였다. 전쟁이 끝난 후 1946년 다시 네덜란드로 돌아와 교육활동과 강연을 계속하다가 1952년 82세의 나이로 사망하였다.

(2) 교육사상

몬테소리는 그의 사상을 몸소 "어린이집" 현장에서 실천하여 독특한 교육이론을 확립했다. 그의 교육사상은 아동은 성장하기 위한 적극적인 욕망과 능력을 가지고 있으며 그 생명력에 의해서 자기 발전을 해 나가는 것이기 때문에 교육은 아동의 자기 발전을 조성하는 수단이 되어야 한다는 것이다. 이러한 자기 발전을 위해서 아동에게 좋은 환경을 구비해 주는 것과 능력 있는 교사가 아동을 돕는 일이 필수조건이라고 하였다.

여기에서 말하는 좋은 환경이란 넓게는 "어린이집"을 좁게는 몬테소리 교구를 의미하는 것이다, 또한 좋은 교사란 적게 가르치고 아동을 잘 관찰하는 교사이며 아동을 존경하는 사람이다. 교사는 아동이 작업구상을 시작할 때에만 조금 개입하고, 일단 아동이 자기작업을 선택하고 집중하기 시작하면 수동적인 관찰자가 되어야 한다. 아동은 자유롭게 방해받지 않는 환경에서 독자적인 것을 표현할 수 있기 때문이다. 작업진행 중에 아동이 실수를 하여도 자기 스스로 해결하도록 해야 한다.

몬테소리는 인간이 나면서부터 지니고 있는 성장 가능성, 준비성, 지향적 성격

---

2) 당시 영국의 지배령이던 인도는 몬테소리를 적성국(이탈리아) 사람이라는 이유로 억류하였다. 오늘날 인도에서 몬테소리 교육이 성행하는 이유도 바로 이와 같은 인연 때문으로 여겨진다.

의 실현을 위해서 아동의 발달단계에 따른 교육적 활동이 이루어져야 한다고 했다. 정신은 육체를 떠나서 있을 수 없기 때문에 신체적 활동과 환경과의 상호작용 속에서 성장은 완성되어 가는 것이다. 그는 이러한 활동력에 나타나는 시기를 "민감기"(敏感期 : sensitive period)라고 하여 최적 시기에 최적 활동을 부여해야 하며, 이 시기를 노치는 것은 성장 주체인 아동에게 돌이킬 수 없는 손실을 가져온다고 믿었다. 이 민감기에 아동의 온 정신을 집중시켜서 작업에 열중하는 모습을 볼 수 있는데 이를 집중현상이라고 하였다. 강제적으로 집중현상을 일으키게 하거나 상과 벌을 수반하는 방법은 부적당하다. 아동이 자기 발전을 위해서 집중하여 작업을 할 때 그것을 선택할 수 있는 사람은 바로 아동 자신이다. 따라서 아동에게는 자유가 보장되어야 하는데 이 자유는 방임의 자유가 아니라, 어느 의미에서 제한된 자유였다.

(3) 교육원리와 방법

몬테소리의 오랜 시간에 걸친 교육활동을 통해서 일관적으로 엿볼 수 있는 교육원리와 방법은 자유, 정리된 환경, 감각교육의 중시라고 할 수 있다.

① 자유의 원리는 아동의 자기 발전에 적합한 환경, 즉 "어린이집"의 시설을 전제로 한 것이다.

② 정비된 환경이란 "어린이집"과 같은 자기 발전에 적합한 환경에서 아동은 각자의 흥미와 능력에 따라 여러 가지 작업을 스스로 선택하여 행한다. 이때 강제성은 금하고 있으며, 아동이 과오를 범해도 스스로 수정하게 하며 결코 교사가 간섭하지 않는 것을 원칙으로 삼고 있다. 그러나 교사는 아동을 방치해 두는 것이 아니라 필요에 따라 적절한 시범과 지시를 한다. 교사는 애정과 과학적인 태도와 기술을 지닌 지도자라야 한다. 만약 아동이 작업을 수행하지 못하더라도 이는 아동의 미발달에 기인한 것이므로 더 간단한 준비작업을 시킬 필요가 있다고 본다. 어린이의 자유로운 활동이란 목적적인 것이지 결코 무질서하고 떠들썩한 것이 아니다.

③ 감각교육이란 명료하고 견고한 정신을 기르며, 모든 정신 발달의 기초라고 하여 다음의 5영역을 말한다.

㉮ 촉각(觸覺)- 조골(粗滑)의 판별, 소구형(小矩形) 목판, 직물, 폐파 등

㉯ 촉근각(觸筋覺)- 촉각과 운동감각과의 동시적 연습을 위한 것이며, 벽돌이나 프뢰벨식 입방체를 사용한다. 처음에만 눈을 뜨고 해 본다.

㉰ 청각(聽覺)- 소음, 악기음, 원통 속의 음 판별

㉱ 온각(溫覺)- 온도가 다른 물의 식별

또한 예지(叡智)교육은 감각과 운동의 연습교육의 귀결이라고 할 수 있는데 예지의 교육에 의해서 아동은 단순한 감각이나 운동의 영역으로부터 관념으로 인도되어 간다. 이를 위하여 아동에게 사물의 명칭을 정확하게 알려주고 이어서 정확한 관찰력을 기르고 감각교육에 사용하는 교구를 통해서 식별력을 길러야 한다.

3) 니일(Alexander Sutherland Neill, 1883~1973)

(1) 생애

그는 영국의 스코틀랜드에서 출생하여 에든버러대학 졸업 후 교사가 되었다. 세계 1차대전 중 1917년 비행청소년을 위해 정신분석적 원리에 의한 자유교육학교를 설립한 호머 레인(Homer Rain)을 만나 큰 감화를 받았다. 레인은 당시 불량청소년 교화시설을 운영하고 있었다. 니일은 자신이 오랫동안 생각해 오던 아동의 자유에 의한 교육이 훌륭하게 실현되고 있는 것을 보고 감명을 받았다.

전쟁이 끝나자, 1921년 니일은 독일로 건너가 드레스덴(Dresden)에 국제학교를 설립하고 국제적인 인간애와 어린이의 자유에 의한 자신의 교육이상을 펼치려고 하였다. 이 학교는 후에 오스트리아의 존탁베르크(Sonntagberg)로 옮겼으나 학교 경영에 어려움으로 해산하고 5명의 영국 아동들만 데리고 1924년 고국으로 돌아와 런던 근교에 있는 서퍽(Suffolk) 주 레이스턴(Leiston) 마을에 자신의 실험학교를 설립했다. 이곳이 바로 “아이들을 학교에 맞추는 대신 학교를 아이들에 맞추는” 서머힐 학교(Summerhill School)이다.

(2) 교육사상

「자유로부터의 도피」(The Escape from Freedom)의 저자인 미국의 사회심리학자 에릭 프롬(Erich Fromm)은 「서머힐」 개정판 서문에서 니일의 기본사상과 교육원리를 다음과 같이 서술하고 있다.

① 니일은 “어린이는 선하다”는 확신을 갖고 있다. 보통 아이라면 낳으면서부터 성격이 삐뚤어지거나 겁이 많거나 정신이 없는 자동인형일 수 없고, 아이들은 삶에 흥미를 느낄 충분한 가능성을 지니고 있다.

② 교육의 목적은 즐겁게 일하며 행복을 발견하는 것이다. 니일에 의하면 행복이란 삶에 흥미를 느끼는 것이다.

③ 교육은 지적인 면을 발달시키는 것만으로는 불충분하다. 지적인 면과 감정적인 면을 다같이 발달시켜야 한다. 현대사회에서는 이 두 면이 차츰 분열되어 가고 있다. 오늘날 사람들은 직접 자기의 가슴으로 느끼고 눈으로 보고 귀로 들은 바를 파악하느니 보다는 오히려 사고를 통한 경험을 한다. 이러한 지성과 감성의 분열은 현대인으로 하여금 정신분열증 환자의 심리상태에 가까워지게 하여 그 결과 사고력으로서가 아니고는 아무것도 경험하지 못하게 하는 상태에 이르게 하고 있다.

④ 교육은 어린이의 심리적 요구와 능력에 합치되는 것이어야 한다. 어린이는 어른들처럼 성숙된 의미의 사랑을 할 줄 모른다. 이런 것을 어린이에게 기대하는 것은 잘못이다. 어린이는 위선적인 태도로서만 이런 애정이 보일 수가 있다. 자기 이외의 남을 사랑할 수 있는 애타주의(愛他主義)는 아동기를 지내고 나서야 발달한다.

⑤ 일반적으로 부과된 훈육이나 처벌은 공포심을 자아낸다. 그리고 공로심은 적의를 불러일으킨다. 이런 적의는 의식적인 것이든 무의식적이건 감정의 노력과 진실성을 마비시킨다. 따라서 어린이에 대한 지나친 훈육은 해롭고 건전한 심리적 발달을 저해한다.

⑥ 자유는 결코 방종을 의미하는 것이 아니다. 이 원칙은 매우 중요한 것으로 개인에 대한 존중은 상호적이어야 한다. 교사가 아이들에게 강제력을 사용해서는

안 되는 것과 같이 아이들도 교사에게 강제력을 사용할 권리는 없다.

⑦ 위 원칙과 관련해서 교사의 참다운 성실성이 필요하다.

⑧ 인간의 건전한 발달 단계로서 어린이는 자기 부모와의 최초의 결합에서 차츰 떨어져 나오고, 다음에는 이에 대신하는 사회의 여러 사람들과의 결합에서 차츰 떨어져 나와 마침내 진정한 독립된 인간이 된다. 아이는 누구와의 공생적인 집착관계에서가 아니라 세상을 지적, 감정적, 예술적으로 파악하는 능력으로 자기의 안정을 발견하도록 길러져야 한다.

⑨ 원래 죄악감은 어린이를 권위에 구속시키는 작용을 한다. 죄악감은 독립하는 일을 방해한다. 즉, 죄악감은 반역, 후회, 복종 그리고 또 새로운 반역이라는 식으로 계속해서 동요하는 악순환을 반복하게 한다. 죄악감이란 오늘날 사회에서 대개의 사람들이 믿고 있는 바와 같이 양심의 소리에 대한 단순한 반응이 아니다. 오히려 그것은 본질적으로 권위에 대한 불복의 자각이며, 보복에 대한 두려움이다. 보복으로서의 처벌이 신체적인 것이든 애정의 철회이던 혹은 전혀 남처럼 느끼게 하는 것이건 그것은 문제가 아니다. 이런 모든 죄악감은 공포심을 일으키고, 공포심은 적의와 위선을 낳는다.

⑩ 서머힐학교는 종교교육을 하지 않는다. 하지만 이것이 대개 인도주의적인 기본 가치라고 불리우는 것들에 대해 서머힐이 무관심하다는 뜻은 아니다. 니일은 이를 다음과 같이 설명하고 있다. "싸움은 신학을 믿는 자와 믿지 않는 자와의 싸움이 아니다. 그것은 인간의 자유를 믿는 자와 인간의 자유를 억제하는 자와의 싸움이다. 마침내 언젠가는 오늘날의 진부한 종교와 신화를 받아들이지 않을 새로운 세대가 올 것이다. 새로운 종교가 나타나게 될 때에는 그것은 인간의 원죄를 부인할 것이다. 새로운 종교는 인간을 행복하게 만듦으로써 신을 찬양할 것이다.

(3) 서머힐학교의 교육이념

① **제멋대로의 학교** : 학생들은 어떤 아이는 5세에 이 학교에 오기도 하고 15세가 되어야 오기도 하는데 보통 16세까지 이 학교에 머무른다. 아이들은 연령에 따라 3그룹으로 나누는데, 제일 어린 그룹이 5~7세, 중간 그룹이 8~10세, 맨

윗그룹이 11~15세까지이다. 연령에 따라 각 그룹으로 나뉘어 기거하며, 각 그룹에는 1명씩 보모가 딸려 있다. 아이들은 방 검열을 받는 일이 없고, 치워 주는 사람도 없이 자기네들에게만 자유롭게 맡겨져 있다. 교복도 없으며 어느 때이건 입고 싶은 옷을 마음대로 입는다. 그래서 여러 신문들은 이 학교를 "제멋대로의 학교"라고 부르는데, 그것은 전혀 규칙을 모르고 버릇도 없이 거칠기만한 야만인들의 집단이라는 뜻이 내포되어 있다.

② **아이를 학교에 맞추는 대신 학교를 아이에게 맞추는 학교** : 니일은 어린아이는 태어날 때부터 현명하며 현실적이기 때문에 어른들이 간섭하지 않고 제대로 놓아 두어진다면 자기가 발전할 수 있는 최대한도까지 발전한다는 것이다. 능력을 타고났으면 가만 두어도 그 능력대로 발전한다는 것이다. 서머힐은 수업시간에 들어가고 안 들어가는 것도 자유이며, 시간표가 있지만 그것은 교사들을 위한 시간표일 뿐이다. 연령에 따라 반을 편성하지만 때로는 취미에 따라 편성하기도 한다.

서머힐은 새로운 교수법을 안 쓰고 있다. 그 이유는 교수법 자체를 중요하게 생각하지 않기 때문이다. 예를 들면, 긴 나눗셈 문제를 가르치는데 있어서도 그것을 배우고 싶어하는 사람들 이외에는 전혀 중요하지 않으며, 그것을 배우고 싶어하는 사람들은 그것을 어떠한 방식으로 가르치든 별 상관없이 그것을 배워낼 것이기 때문이다. 따라서 아이를 학교에 맞추려 하지 말고 학교를 아이에게 맞추어야 한다는 것이다.

③ **완전한 자신감을 갖게 해 주는 학교** : 서머힐은 학과 공부보다는 인품이나 성격을 더 중요하게 생각하고 있다. 창의력을 요하는 학습에 주력하고 있다. 학급에서 치루는 시험도 없으며 이따금 장난삼아 시험문제를 내어 아이들에게 재미로 풀어 보는 가운데에서 창의력이 길러진다. 그 시험문제는 다음과 같다.

㉮ 아래 것들은 어디에 있는가?

마드리드, 목요일 섬(Thursday Island), 어제, 사랑, 민주주의, 증오, 나의 휴대용 나사못 돌리기

㉯ 아래 것들의 뜻을 써라(숫자는 한 가지 단어에 대하여 기대하는 뜻의 숫자이다).

핸드(Hand-3) : 세 번째 뜻까지 쓴 아이는 겨우 2명뿐이었다.

보라쓰(Brass-4) : 금속, 철면피, 군최고간부, 오케스트라의 일부

햄릿의 "존재하느냐 존재치 않느냐" (To-be-or-not-to-be)라는 말을 서머힐식으로 바꾸어 써 보자.

이러한 문제들은 별로 진지한 문제가 아니기 때문에 아이들은 재미있어 하면서 문제를 푼다. 새로 들어온 아이들은 서머힐에 익숙한 아이들에 비하여 응답수준에 미치지 못한다. 그 이유는 머리가 나빠서가 아니라 지금까지 진지한 함정에 대한 습관이 되어 왔기 때문에 너무 쉬운 시험이 그들을 오히려 당혹시킨 때문이다.

④ **모든 사람이 동등한 권리를 갖는 학교** : 교사들은 학생들과 함께 똑같은 식사를 하며, 같은 건물에서 기숙하고 교사를 부를 때 경어를 사용하지 않고 그냥 이름을 부른다. 니일의 피아노 위에 누구도 올라갈 수 없는 것처럼 니일도 아이들의 자전거를 타려면 허가를 받아야만 했다. 그리고 1주일에 한번씩 열리는 학교 총회에서 6살짜리 한 표나 교장의 한 표는 똑같았다. 아이들은 어른들로부터 영향을 받지 않고 자기들 뜻대로 투표하며, 때로는 교장의 의견도 부결되는 경우도 있었다.

제 3 절 학습지도법의 발달

제1차 세계대전의 종말과 더불어 대두된 아동중심주의 사상은 아동의 개성과 개인차를 존중하는 여러 형태의 학습지도법과 측정 평가 방법이 연구되어 나왔다.

1. 학습지도법

1) 돌턴 플랜(Dalton Plan)

미국의 교사였던 파아커스트(Helen Parkhurst) 여사가 창안한 학습지도방법으로 1920년 매사추세츠 돌턴 시에서 실시되었다, 이 방법의 형태는 실험실법, 계약법

의 하나이다. 이 방법은 종래의 일제교수법을 폐지하고 학생의 자주적이고 개별적인 학습을 중심으로 학교의 모든 기능을 전개시키려는 것으로써 몬테소리에서 이어받은 것이다.

학습방법에 의하면 이 실험실법은 종래의 학년제에 의한 교실 대신에 학과마다 실험실을 설치하고, 학생들이 필요에 따라 아무 실험실에나 들어가서 자기과업을 공부하는 방법이다. 그 실험실에는 그 학과에 필요한 교재나 도서가 많이 정비되어 있고 지도교사가 있어 학생의 학습활동을 도와 준다. 그리고 학생은 1개월간의 예정으로 학습계획을 세운다. 이 학생의 계획은 교사와의 의논을 통하여 정식으로 결정됨으로써 일종의 계약이 된다. 이 계약이 성립되면 학생은 매일 지도교사와 만나 학습진도를 보고하고 또 의논한다.

이 학습방법 중 가장 중시되는 것은 협동의 원리이다. 그러므로 돌턴 플랜의 원리는 자유와 협동에 있다. 이와 같이 돌턴 플랜은 학급을 단위로 하는 고정적인 일제교수를 폐지하려고 하는 지극히 대담한 개혁이다.

2) 위네트카 플랜(Winnetka Plan)

미국 시카고의 위네트카 교육장인 위시버언(C. W. Washburne)이 교육의 개성화를 위하여 창안한 학습지도 방법이다. 그가 실시한 이 안에서는 모든 교과를 '공통기본과목'과 '집단적 창조적 활동'의 2가지 부분으로 나누었다. 이 2가지 교과에 대하여 거의 같은 정도의 교육시간을 할당하는데 오전, 오후 모두 그 목적에 따라 2분된다.

여기에서 '공통기본과목'은 개인적 진도에 따르도록 고안되었다. 학습방법은 교과서에 정, 오답이 표시되어 있어서 자발적으로 학습할 수 있다. 진도가 끝나면 교사로부터 테스트를 받고 새로운 학습문제를 받게 된다.

다음에 '집단적 창조적 활동'은 공통기본과목과는 달리 학급을 단위로 활동한다. 학습방법은 토론, 극활동, 구성활동, 수공, 음악, 미술, 체육이 이에 포함된다. 이 중에서 개별적인 학습이 가능한 과목들도 있지만 학습 전개에 있어서 학생들의 자기표현을 주로 하고 능력은 부차적인 것으로 다룬다. 학습평가도 없으며, 학급

전체의 자유롭고 협동적인 활동을 장려한다. 위시버언은 교육의 사회화와 개별화를 고통기본과목과 집단적 창조활동의 2가지로 나누어 지도함으로써 그 목표를 거두려 하였다.

이외에도 개성적응의 학습지도법으로 센인트루이스 안(St. Louis Plan), 산타 바아바라 안(Santa Barbara Plen), 그리고 개별적인 지도를 중심으로 하는 학습지도 방법으로는 바타바이아 안(Batavia Plan), 노스 덴버 안(The North Denver Plan), 또 학급의 능력별 편성에 의한 지도법으로서는 워트(William Wirt)에 의하여 창안된 게리 플랜(Gary System or Plan)이 있다.

2. 교육측정과 지능검사법의 발달

1) 교육측정의 발달

독일의 분트(Wundt, 1832~1920)가 심리학 실험실을 창설한 지 수년 후, 영국에서 갤톤(F. Galton, 1822~1911)과 피어슨(K. Pearson, 1857~1936) 등에 의해서 생물학, 유전학, 우생학, 사회학, 심리학 등의 분야에서 조사 측정에 의한 통계적 방법을 발전시키고 있었다.

그들의 조사 측정을 교육조사와 결부시키려는 운동이 19세기 말에 일어나고 있었다. 즉, 영국의 피셔(R. G. Fisher)와 미국의 카텔(J. M. Cattell), 라이스(J. M. Rice), 손다이크(E. L.Thorndike) 등에 의한 교육측정운동이 그것이다.

피셔는 1864년, 당시 사용하고 있던 시험방법의 주관성을 분석하기 위하여 여러 가지 종류의 표준적인 견본척도와 그것을 우열에 따라 배열한 '척도부'(Scale Book)를 만들어 내어 학생들의 답안지나 작품 등을 객관적으로 채점하려고 시도했으나, 이러한 노력은 영국에서는 큰 영향을 미치지 못했다. 교육측정에 대한 이해 부족과 미처 준비가 되어 있지 못했기 때문이다.

영국의 영향을 받아 미국의 카텔은 펜실바니아대학에서 1890년에 「정신검사와 측정」(Mental Tests and Measurement, 1890)을 출판했다. 이것은 그 계통에 관한 학술용어의 최초의 것으로 역사적 의미가 있다. 또 미국의 라이스는 1894년에 3만 명이상의 학생들에게 철자검사(spelling test)를 시행함으로써 철자능력의 비교연구를 시도하였다. 그는 매일 30분씩 철자를 학습시킨 피험자와, 같은 기간 동안 15분씩 학습시킨 피험자와의 학력에 별 차이가 없다는 실험에 대해 철자수업 시간을 줄여야 한다는 과학적 근거를 제시한 것으로 유명하다.[3] 그러나 아동의 철자능력측정에 의해서 철자교수법의 효과를 결정지우는 단계에까지는 이르지 못했었다. 이런 뜻에서 이상에서 말한 피셔, 카텔, 라이스 등은 교육측정의 선각자 혹은 창안자였던 것이다.

그러나 손다이크는 교육측정운동의 아버지라고 할 만큼 교육측정의 이론, 실제, 운동 등에 큰 공헌을 했다. 1902년 손다이크는 처음으로 콜롬비아대학에서 '교육측정' 강좌를 신설했고, 1904년 획기적인 저서인 「정신 및 사회측정 이론에 관한 서설」(An Introduction to the Theory of Mental and Social Measurements, 1904)을 간행하였다. 그는 이 책의 서문에서 "이 책은 학생들에게 지능 측정에 관한 학설을 소개하고 양적 증명과 양적 토의를 비판적으로 취급할 수 있는 것을 도울 수 있는 이론과 실제의 지식을 제공하며, 그들이 그들 자신의 연구를 정확하게 이론적으로 알 수 있게 하려는데 목적이 있다"[4]라고 하였다. 1909년에 손다이크 자신의 최초의 척도인 '손다이크 필자척도'(Thorndike Hand Writing Scale)를 제작했고, 1918년에는 측정운동의 대명제가 될 중대한 논문을 썼다.

그 논문에서 그는 "아무튼 존재하는 것은 무엇이든지 양으로 존재한다. 그 존재를 완전히 안다는 것은 질과 양을 다 함께 안다는 것을 뜻한다.(Whatever exists at all exists in some amount. To know it thoroughly involves knowing its quantity as well as its quality)"[5] 라고 했다.

이 명제는 교육측정운동의 커다란 원동력이 되었던 것이다. 이후 각종 검사의 제작, 시험의 객관성 유지를 위한 연구를 위시해서 교육행재정 분야에까지 이러한 양적 측정의 움직임이 대두하게 되었다. 뿐만 아니라 이러한 움직임은 척도의

---

3) C. C. Roos, Measurement in Today Schools, 1941, p. 44.
4) E. H. Wilds, Ibid, p. 508.
5) E. L. Thorndike. "The Nature, Purpose, Gand General Methods of Measurement of Educational Products," The Measurement of Educational Products : 17th Yearbook of the National Society for the Study of Education. part 2, 1918, pp. 16-42.

정밀화, 각종 척도의 타당도 연구에까지 발달되어 교육측정이 교육평가(educational evaluation)라는 말로 바뀌게 되었다. 우리나라에서도 1945년 이후 각종시험을 객관화시킴과 동시에 여러 가지 표준화 검사가 제작되면서부터 교육측정운동이 활발히 전개되었으며, 이것은 교육의 과학화에 크게 이바지했다.

2) 지능검사법의 발달

지능검사의 출발은 프랑스의 의사이면서 심리학자인 비네(A. Binet)가 시몽(Simon)과 함께 1904년에 제작한 비네-시몽 지능검사(Binet-Simon Scale)이다. 검사의 문항은 30개로 구성되어 있었으며, 이것을 곤란도의 순서대로 나열하는 현대적 개념의 문항배열법을 사용했다. 1908년에 제2차 개정안이 발표되었다. 이 검사는 전 세계에 크게 영향을 미쳤으며, 여러 가지 번역, 윤색판 검사를 낳게 했는데, 그 중에서도 유명한 것은 미국 스탠포드 대학의 톨만(L. M. Terman) 교수가 미국실정에 맞게 개정한 스탠포드-비네 지능검사(Stanford-Binet Intelligence Scale)이다. 그 뒤 제1차 세계대전 때 미육군에서 신병의 정신능력을 검사하기 위해 미국 심리학자들이 동원되어 제작한 것이 집단 지능검사의 효시이며, 유명한 Armyα와 Armyβ이다. Armyα는 영어로 되어 있고, Armyβ는 언어가 아닌 그림 및 기호로 되어 있는 지능검사이다.

그 뒤 지능검사 제작에서 두드러진 현상을 든다면 핀트너-패터슨(Pintner-Paterson)에 의한 동작검사(performance test)가 출현했다는 것이며, 이것은 카텔(R. B. Cattell)로 하여금 문화무관검사(文化無關檢査 : culture-free test)의 제작을 가능하게 했다. 또 한 가지 두드러진 현상은 유아를 위한 지능검사와 성인을 위한 지능검사의 제작이 시작되었다는 것이다. 대표적인 예를 들면 캘리포니아 정신성숙도검사(California Mental Maturity Test)와 웩슬러(Wechsler)의 성인용 웩슬러 지능검사(Wechsler Intelligence Scale for Adult)가 그것이다. 우리나라에서도 1945년 이후 여러 가지 지능검사가 제작되어 활용되고 있다.

교육철학

제 3 부

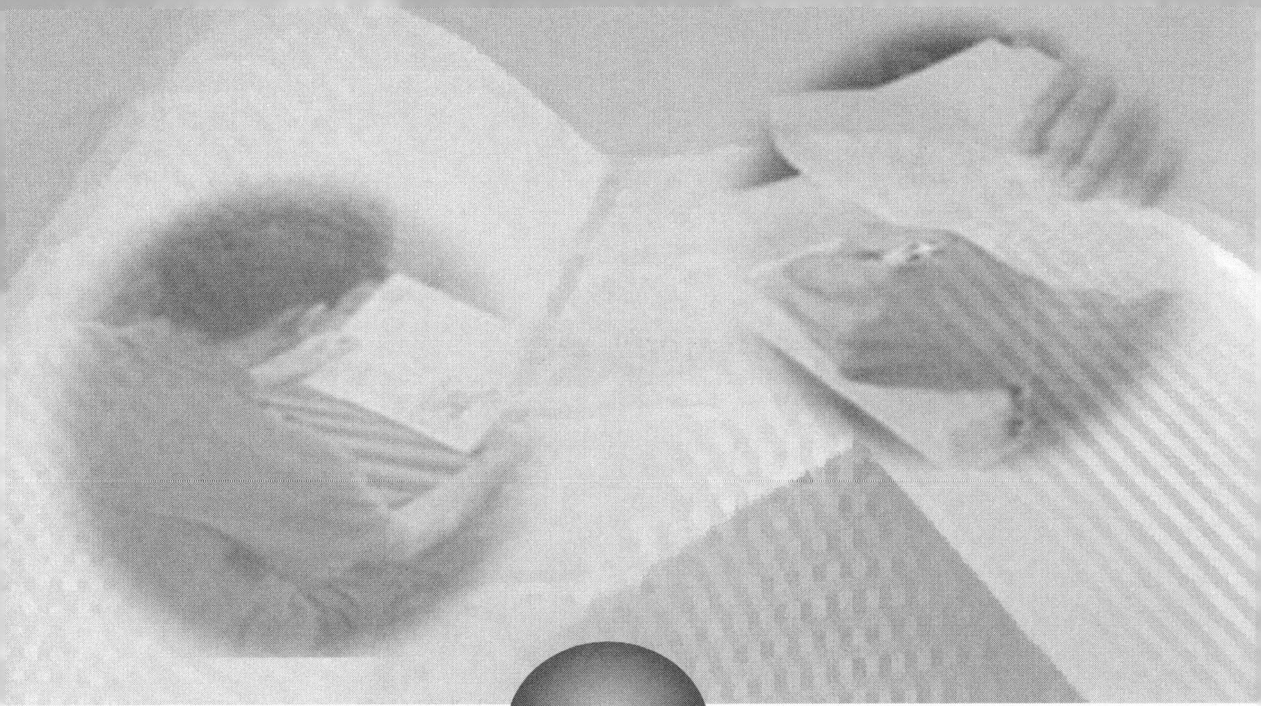

제 1 장

교육철학의 제 문제

제1절 교육철학의 본질

제2절 교육철학의 기능

제1절 교육철학의 본질

1. 교육철학의 개념

1) 철학의 어의

철학은 장구한 역사를 가진 학문이다. 서양에 있어서는 B.C. 600년경 그리스의 탈레스(Thales, B.C. 624~546)로부터 시작되었고, 동양에 있어서는 2,500여 년 전에 인도의 고대 브라만시대 철학(Brahman, B.C. 1,000~800), 그리고 중국의 공자(孔子, B.C. 551~479)로 시작한 도덕철학이 성립되었다. 이처럼 오랜 역사 가운데 철학의 의미는 여러 가지로 변하여 왔다. 이는 무엇보다도 철학을 사고하는 인간의 시대적, 문화적 배경에 의하여 세계관, 인생관, 사상의 견해적 차이가 철학의 일률적인 정의를 내릴 수 없게 만들었기 때문이다.

철학이라는 말은 philosophy(영), philosophie(독)의 번역이다. 서구의 이 말들은 그리스어인 필로소피아(philosophia)에서 유래한다. philosophia는 다시 philos, 또는 philo(사랑)와 sophia(지혜)의 합성어이다. 이 말은 "지혜를 사랑한다(愛智)" 또는 "지혜의 사랑"(love of wisdom)을 의미하고 있다.

참된 지혜를 사랑하고 추구하는 것이 철학의 기능이라면 철학자는 지혜를 가진 사람이기보다는 지혜를 사랑하며 존중하고 이를 추구하는 사람이다. 그런데 헤로투스(Herodotus, B.C. 484~430)의 저서 「역사(Historiac)」에서는 지혜를 사랑한다는 뜻인 philsophia라는 명사가 먼저 사용되지 않고, 필로소페인(philosophein)이라는 동사가 먼저 사용되었다. 이 말보다 앞서 일반적으로 사용되던 "철학하는 사람(philosophos)"이라는 말은 피타고라스(Pythagoras, B.C. 582?~500?)가 처음으로 사용했다고 하지만 확실한 근거는 없다. 그러나 소크라테스가 소피스트(sophist)와 필로소포스(philosophos)를 구별했다는 것은 유명한 이야기이다. 그에 의하면 '소피스트'는 다른 사람에게 가르치거나 자랑하기 위해서 많은 지식을 가지고 있는 사람인 단순한 지자(智者)를 뜻하지만, 철학자인 '필로소포스'는 세계 및 인생에 관한 지혜를 체득하려는 사람인 현자(賢者)를 뜻하였다. 그리고 플라톤에 의하면 '필로소피아'라는 명사도 소크라테스가 먼저 사용했다고 하였다.

이와 같이 '필로소피아'는 지혜(知慧)의 사랑을 뜻한다. 이 때 "지혜"에 중점을 두느냐, 혹은 "사랑"에 중점을 두느냐에 따라서 '필로소피아'의 뜻이 달라질 수 있다. 대체로 보아서 소크라테스나 플라톤에 있어서는 "사랑"이 강조되어 [사랑(eros)으로서의 철학]이라고 볼 수 있다. 자신의 무지를 깨닫고 보다나은 지혜를 향하여 항상 그리워하고 끊임없이 노력하는 것, 이것이 곧 사람의 모습이요, 또한 이것이 철학이다. 이에 대하여 아리스토텔레스는 지혜에 중점을 두었다고 볼 수 있으므로 〔지혜(wisdom)로서의 철학〕이라고 볼 수 있다. 그에 의하면 철학은 지혜의 탐구라기보다 오히려 탐구된 지혜, 즉 객관적 지식체계이다. 여기에서는 철학이 우리가 지금 사용하고 있는 과학이라는 말과 같은 뜻을 가진다. 그러므로 아리스토텔레스는 제일철학이라는 말을 사용하였다.

철학이 일반적으로 과학을 뜻함으로 다른 모든 과학의 근본원리를 탐구하는 참된 철학(존재론)을 제일철학이라고 불렀다. 근세에 와서 새로운 발전을 본 자연과학도 역시 철학이라고 불렀다. 뉴턴이 물리학에 관한 그의 저서에 자연철학(philosopha naturalis)이라는 이름을 붙였다는 것은 너무나 잘 알려진 사실이다. 이와 같은 철학의 2가지 뜻은 철학사에 대하여 지혜로서의 철학이 객관성을 강조하는 경향이 있음은 두 말할 나위가 없다.

끝으로 소피아(sophia, 지혜)라는 말이 아리스토텔레스에 있어서는 지식(episteme, 과학)이라는 말과 같은 뜻이라는 것을 덧붙이고 싶다. 따라서 지혜로서의 철학은 사실상 지식으로서의 철학이다. 그런데 지혜와 지식을 혼동 또는 동일시해서도 안 된다. 왜냐하면 지식은 지혜를 창출하는 자원은 될 수 있을망정 지혜 그 자체는 될 수 없기 때문이다.

철학의 연구 영역, 즉 철학에서 다루는 내용에는 우주를 형성하는 실재의 성격을 규명하는 존재론, 지식의 문제를 중심과제로 삼는 인식론, 가치의 성격과 그 기원을 밝히려는 가치론 등이 포함된다. 이 밖에는 조리 있는 사고의 문제인 논리학도 철학의 연구대상에 들어간다.

2) 교육철학의 의미

교육철학의 의미를 철학의 어의 면에서 적용하여 본다면 "교육에 관한 지혜를 사랑한다"는 뜻이고, 그 연구 영역은 '교육과 존재', '교육과 지식', '교육과 가치'로 집약될 수 있다. 그러나 교육철학은 보는 관점에 따라 일의적으로 규정할 수는 없기 때문에 여기에서는 이에 대한 논의는 잠깐 보류하고 여러 전문가들의 견해를 인용하여 교육철학의 의미를 밝히고자 한다.

페닉스(P. H. Phenix)는 교육철학이란 철학적 방법과 견해를 교육이라고 불리우는 분야에 적용하는 것[1]이라고 하였고, 브로우디(H. S. Broudy)는 교육철학이란 교육문제를 철학적 수준에서 조직적으로 논의하는 것이라[2]고 규정하고, 그 임무는 존재, 지식, 가치와 같은 철학적 기초를 이루는 심층에까지 중요한 교육적 논점을 탐색하는 것으로 보았고, 또 김정환은 철학의 여러 기능을 구사하여 교육현상 일반 및 교육학을 체계적으로 분석, 연구, 구축하는 학문[3]이라고 하였다. 한편 일본의 長田 新은 여러 교육현상을 꿰뚫고 있는 교육의 본질을 추구하는 것이 교육철학의 입장을 취하면서 다음과 같이 말하고 있다.[4] 철학은 본질학이라고도 불리며 또 전체학이라고도 불리워 지듯이 사물의 본질 근본 내지 전체를 파악하는 학문이다. 그렇다면 교육이라는 작용의 본질, 근본 내지는 전체를 파악하는 교육철학은 교육 본질학이며 교육 근본학이다. 그 본질, 근본 내지 전체가 시공적으로 한정되어 특수화되어 가는 구체적인 하나하나의 과정의 탐구, 그것이 과학의 일이며 또는 실천의 일이다.

위에서 보는 바와 같이 교육철학은 철학의 여러 기능을 구사하여(철학적 방법) 교육현상의 여러 가지 기본 문제를 철학적 수준(전체적이며, 보편적 입장)에서 체계적으로 분석·연구하는 학문이라고 정의할 수 있다. 더욱 요약하면 교육철학은 철학적

---

1) P. H. Phenix, Philosophy of Education, New York : Holt & Co., 1958, p. 14.
2) Harry S. Broudy, Bulding a Philosophy of Education, N.J : Prentice-Hall, 1963, p. 19.
3) 김정환, 교육의 철학과 과제, 서울, 박영사, 1980, p. 31.
4) 長田 新, 교육철학, 동경, 岩波書店, 1967, p. 1.

방법으로 철학적 수준에서 교육의 본질을 추구하는 학문이라고 할 수 있다. 이때 철학적 방법이란 교육의 문제를 그 전제와 함께 그가 내포하고 있는 의의(意義)의 분석은 물론 교육문제의 논의에 따른 모순점을 발견하고 또 그 논의에 사용되는 용어의 의미를 명확히 밝힘으로써 어떤 논점의 상이한 견해를 비판하고 비교하는 일을 말한다. 또 철학적 수준에서 교육의 본질을 다룬다는 것은 감정적, 설명적, 사실적, 무비판적 수준에서 탈피하여 보편적, 전체적 입장에서 교육문제의 깊은 곳까지 탐색하는 태도를 뜻한다.

3) 교육철학의 과제와 임무

교육철학에서 다루어야 할 과제는 다음과 같은 3가지 근본문제로 집약될 수 있다.[5)]

첫째는 교육이란 무엇이냐를 다루는 영역이다. 즉, 교육활동 내지 교육작용의 성질을 탐구하는 문제, 여기에서는 이를 교육현상의 본질의 문제라고 불러둔다.

둘째는 교육이란 무엇을 이루고자 하는가에 대한 문제이다. 한 마디로 말하면 교육의 목적이 제기된다. 여기에서는 교육활동의 목표 내지 이유가 추구된다.

셋째는 교육의 목적을 실현하기 위해서는 어떻게 하여야 하는가에 대한 문제이다. 다시 말하면 교육의 방법 또는 목적 실현의 방법이 제기된다.

우리는 이상에서 교육철학에서 추구하여야 할 과제로서 무엇을(what), 왜(why), 어떻게(how) 교육할 것인가를 다루는 교육의 근본 문제를 제기하였다. 여기에서 제기된 교육의 근본 문제는 각 개인이 지닌 교육에 대한 신념이나 가치관에 따라 다르게 해석된다. 그러므로 교육에 대한 철학적 논의는 인류의 역사와 더불어 지금까지 또 앞으로도 계속 논의될 것이다.

이제 위에서 제기된 교육의 근본문제와 관련하여 교육철학의 임무를 정리하여 보면 다음과 같다.

① 교육문제의 전제나 내포된 의의를 분석하는 일

② 교육문제에 관한 논의 속에 모순점을 발견 검토하는 일

---

5) 豊澤 登 外, 體系教育學大辭典, 東京, 岩崎書店, 1961, p. 3.

③ 교육문제 속에 포함된 개념의 정의와 의의를 논의하는 일

④ 여러 학문의 출처에서 주장되는 이론이나 논의를 통합하여 하나의 종합적인 이론으로 체계화하는 일

⑤ 철학적 판단은 사실의 판단이 아니므로 당위적 판단이며 교육의 목적 이론적, 방법론적 이론에 관련되는 일체의 가치판단의 논거를 구하는 일이다.

2. 철학과 교육학의 관계

1) 철학과 과학

(1) 상식과 철학

우리는 인간에게 주어진 지식의 힘을 매개로 하여 문화를 창조하고 도구를 만들어 기술을 획득하고 가치를 의식하여 자기존재를 자각하게 되는 것이다. 그런데 직접적인 본능이나 간접적인 지식은 모두 경험에 의하여 이루어지며, 경험을 경험으로 성립시키는 것이 우리의 행위인 것이다. 이러한 행위로서의 경험은 행위의 정도, 문화의 작용에 의하여 일상적 경험에서 학문적, 예술적, 종교적, 도덕적 경험으로 구별되어질 수 있다. 그 중에서 가장 기본적인 토대로서의 경험이 바로 일상적 경험이라고 할 수 있는데, 이것은 환경에 대한 나의 직접적인 소산인 만큼 어디까지나 주관적인 성질을 지니고 있는 지식이다.

이와 같은 경험적 지식이 사회적으로 축적되어 일반적인 공통성을 띠게 될 때, 여기에 이른바 우리의 상식이 형성된다. 그러므로 상식은 개인적인 소유가 아니라 일정한 사회의 공유지식이요, 그 사회의 유대를 이루는 것이다. 그러나 상식이란 그 원인이나 근거에 대한 비판과 반성이 없이 무조건 승인되는 단편적인 지식이다. 상식에 대한 신뢰가 때로는 배반을 당하는 일이 발생하는 이유도 바로 이 때문이다. 상식이란 시대적으로 변천하는 역사적 성격을 지니고 있으며, 또한 일정한 사회, 일정한 공동체에 통용이 국한되는 지역적 성격을 띠고 있는 것이다. 따라서 상식은 우리가 비일상적인 경험을 하게 되던가 혹은 다른 사회와 유대를

맺음으로써 경험이 확대되던가 할 경우에는 종래의 상식은 동요되고 지식으로서의 가치를 상실하게 된다.

그러나 철학은 바로 상식의 자기부정에서 싹트게 된다. 그러므로 철학은 상식의 직접적인 연장으로 성립되는 것이 아니라 상식이 좌절하고 자기모순을 의식하게 되고 회의하게 될 때, 자기 지식으로서의 한계를 자각하여 그 돌파구로써 철학에 대한 의식이 나타나는 것이다. 즉, 통용해 왔던 상식이 가치를 잃고 위기의식에 부딪치는 개인의 자각에서 철학이 생긴다. 이러한 상식에 대한 위기의 돌파구로서 철학은 무반성적이고 맹목적이며 습관적이고 많은 오류를 갖는 독단적인 지식인 상식에 대하여 자유로운 반성과 비판에 의하여 그것을 선도하고 재생시켜야 한다. 이러한 재생에 철학의 지혜와 고귀성이 있고 인간의 본질을 주체적으로 자각해 가는 철학의 엄숙성이 있는 것이다.

(2) 과학과 철학

과학의 발생기반은 상식에서 볼 수 있는 것처럼 인간생활이라고 할 수 있다. 철학과 마찬가지로 과학 또한 상식의 동요와 좌절 속에서 성립한다고 할 수 있다. 그러나 철학과는 달리 과학은 그 해결을 대상적 지식에 의하여 수행하게 된다. 과학적 지식은 이 일정한 대상에 있어서의 법칙을 일정한 방법에 의하여 탐구하고 발견하려고 하는 것이다. 과학적 지식은 일정한 대상에 관계되는 점에서 경험적이라고 할 수 있겠으나, 그 법칙의 파악에 관한 한 선천적이며 이론적이라고 할 수 있다. 과학은 실험과 이론과의 상호작용에 의하여 대상의 법칙을 발견한다. 그런 만큼 과학적 지식은 학적(學的)이다. 과학은 학적 지식이므로 추상적 지식이라고 할 수 있다. 과학은 추상에 의하여 구체적인 사실에서 보편적인 법칙을 파악하게 된다. 그것은 특수의 보편화, 사실의 합리화를 의미한다.

과학은 개별적 사실에 대한 한낱 주체적인 지식이 아니라 개별적 사실들을 지배하고 있는 보편적 원리에 대한 지식이요, 따라서 역사성과 지역성을 초월한 보편타당성을 가짐을 그 특색으로 한다. 아리스토텔레스에 의하면 경험가는 다만 사물의 "그렇게 있음"(사실) 만을 아는데 대하여 과학적 이론가는 "왜 그렇게 있는가"(원인)를 알고 있는 사람이라고 한다. 이것은 과학이 사실에 대한 경험의 축적에 불과한 상식과는 달리 그 일반적 원인 근거에 대한 보편적인 지식임을 말해 주는 것이라고 하겠다.

과학은 원인의 지식이다. 그러나 철학은 과학이 전제하는 근거를 해명한다. 과학의 법칙은 인과율을 가장 기본적으로 한다. 그러나 인과율과 공간, 시간은 과학의 전제이며, 과학으로서는 그것을 해명할 수 없다. 그리하여 철학은 과학과 같은 차원 위에 성립하는 것이 아니다. 철학은 과학보다 고차적이며 과학을 반성하고 비판한다. 과학도 자기 전제와 한계에 직면하여 동요하고 회의하여 그의 확실성을 요구하는 한 거기에서 철학이 생긴다. 과학은 존재에 대한 각종의 특수부분적인 영역의 연구라고 하겠으나, 철학은 존재를 존재로서 근본적, 전체적, 주체적으로 구명한다. 과학은 존재자를 각종의 영역별로 그 특수부분의 분과의 연구를 일삼고 있다. 그러나 철학은 모든 과학의 단순한 결합이 아니라 과학과 그 차원을 달리한 존재자의 존재를 연구하는 것이다.[6)]

과학은 가치문제에서는 중립적이다. 그러나 철학은 가치자체를 문제로 한다. 과학은 사실의 분석, 기술, 설명에 시종하는 지식이다. 그러나 철학은 가치판단에 관계하여야 한다. 그리하여 과학은 사실을 문제삼고 가치에는 관여하지 않는다고 하더라도 과학도 학문인 이상 다만 진리의 가치에만 관계하게 되고 다른 선, 미, 성 등의 가치에는 관계하지 않는다. 이에 대하여 도덕은 선 가치에, 예술은 미 가치에, 종교는 성 가치에 관계한다. 더욱이 가치일반이란 무엇인가에 대해서는 반성하거나 비판하지 않는다. 그러나 철학은 각자의 가치, 가치일반 그 자체에 관하여 문제삼고 탐구하는 것이다.

2) 교육철학과 교육과학

철학과 과학과의 관계는 바로 교육철학과 교육과학의 관계에 그대로 적용된다. 교육과학은 존재를 문제삼아 현실로서 있음, 그대로의 사태를 기술하고 설명하여 궁극적으로는 교육현상의 법칙을 찾으려 한다. 간단히 말하면 교육과학은 교육사실의 과학적 연구를 하는 학문이다. 이에 대하여 교육철학은 교육의 과정을 통하

---

6) 김학권 외, 철학의 이해, 서울, 창문각, 1991, p. 31.

여 실현하고자 하는 목적 내지는 가치를 구명하고 탐구하는 학문이다. 따라서 교육과학은 교육에 관한 사실을 결정하고 증명하는 것이고, 교육철학은 그 사실을 해석하고 비판하고 평가하여 교육이 마땅히 있어야 할 목적과 이상을 설정하는 것을 목적으로 한다. 그리하여 교육과학은 교육철학이 밝힌 목적이나 이상을 실현시킬 방법과 수단을 구하고, 교육철학은 교육과학을 인도하여 바른 방향으로의 길잡이를 한다. 바꾸어 말하면 교육철학은 교육과학에 의하여 발견된 교육적 사실에 기초하여 비로소 전개되며, 교육과학의 근본 전제를 비판하고, 또 새로운 기초를 교육과학에 제공함으로써 교육사실의 인식을 확대하고 심화할 수 있는 근원을 찾고자 한다. 여기에 교육철학의 임무가 도출되는 것이다. 이상이 교육철학과 교육과학과의 근본적인 관계이다. 그러나 이 양자관계에 있어서 다음과 같은 오해를 발견할 수 있다.

첫째, 교육과학은 구체적이고, 교육철학은 추상적이라는 오해이다. 이것은 교육의 내용면에서 본 오해이다. 교육철학의 제 문제는 구체적인 교육실천의 사태 중에서 포착하여 이에 대한 현실적인 문제점을 밝히고 장애점을 제거하려는 데 있다. 따라서 이러한 주장은 그 문제 사태의 오해에서 비롯되었다고 볼 수 있다.

둘째, 교육과학은 분석적 방법을 이용하고, 교육철학은 종합적 방법을 사용한다는 오해이다. 이것은 교육의 방법면에서 본 오해이다. 이것은 절대적 구별이 못된다. 교육과학이나 교육철학 모두 교육문제의 성질에 따라 2가지 방법을 함께 혼용하고 있기 때문이다.

셋째, 교육과학은 귀납법을, 교육철학은 연역법을 그 연구방법으로 활용한다는 오해이다. 이것도 비교방법으로서 적절하지 못하다. 교육과학도 그 작업가설로부터 출발할 때에는 연역법으로, 가설을 증명하는 단계에서는 귀납법을 사용하게 된다. 교육철학에서 하는 교육적 가치의 평가에서는 이 2가지 논리가 모두 적용되고 있다.

3) 교육철학과 일반철학

교육철학의 개념 또는 성격은 교육철학과 일반철학과의 관계를 비교 · 분석함으로써 더욱 밝혀진다. 교육철학과 일반철학과의 관계가 어떠한 성격의 것인가에 대해서는 아직도 통일된 결론이 없고 논자에 따라서 다르게 규정되고 있다. 이것은 교육철학과 일반철학과의 관계의 성격이 바로 교육철학의 방법론으로 나타나기 때문이다. 즉, 교육철학이 일반철학의 한 분과학문으로서의 응용학이냐, 아니면 독자적 연구대상과 연구영역을 지닌 자주적 학문으로 보느냐에 따라 교육철학의 성격이 뚜렷해지고, 여기에 의하여 교육철학을 연구하는 방법론이 명확해질 수 있기 때문이다. 전자는 교육철학을 철학에 대한 의존학, 즉 철학이론의 연장으로 보는 입장이고, 후자는 자율학, 즉 독자적인 문제의식을 지닌 자주적인 학문의 위치를 차지한다는 입장이다. 이때 두 개념을 굳이 구별하여 본다면, 전자, 즉 의존학으로서의 응용철학으로 보는 교육철학은 "교육에 대한 철학"(philosophy of education)으로, 후자, 즉 자율적으로서의 교육철학은 "교육적 철학"(educational philosophy)으로 구분될 수 있다. 다시 말하면 전자는 교육철학을 철학의 한 종류로 보아 철학이론의 연장으로 보는 데 비하여, 후자는 교육이 철학을 규정하는 것으로 보는 입장이다.

우리가 교육철학을 위에서 본 바와 같이 전자의 입장을 취한다면 교육철학은 일반철학과 같은 순수한 이론학으로 빠져들게 되고, 후자의 입장을 취한다면 교육철학은 교육기술학(educational technology)처럼 완전히 실천적인 의미로서 밖에 남지 않게 된다. 이러한 입장은 교육철학을 순수한 이론학으로서의 철학과 동일시할 수도 없고, 또 그렇다고 단순한 실천학으로서의 의미만으로도 보기에도 문제가 있다는데 원인이 있다. 특히 교육철학과 일반철학은 많은 영역에서 서로 공통성을 지니는 동시에 차이성을 가지면서 상호 관련되어 있다. 다시 말하면 교육 특유의 문제와 성격을 지니고 있기 때문이다. 이러한 교육철학의 특수한 성격 때문에 논자에 따라 교육철학을 'philosophy of education', 또는 'educational philosophy' 등으로 표기하고 있다.

그러나, 우리는 교육철학은 일반철학이 아니고, 또 일반철학의 응용철학도 아님을 분명히 밝힌다. 이런 견해는 물론 일반철학이 교육철학의 기초학이고, 또 일반철학과 밀접히 관련되어 많은 공통성을 지니고 있음을 전제로 하고 있다. 따라서 우리는 'educational philosophy', 즉 교육이 철학을 규정하는 것으로 보는 견해를 받아들임으로써 교육철학이 독자적인 문제의식과 자주적인 학문인 자율학이라는 입장을 취한다. 그러나 이때 자율학으로서의 교육철학이 단순한 교육기술학으로서의 실천학의 범위에서 맴도는 교육철학이 아니고 철학적 방법과 철학적 수준에서 교육현상을 체계적으로 분석, 연구하는 학문으로 받아들여야 한다.

제 2 절 교육철학의 기능

교육이론을 탐구하는 데는 과학적 접근과 철학적 접근을 생각할 수 있다. 과학적 접근은 과학적 탐구에 의한 과학적 이론을 도출하고, 철학적 접근은 철학적 탐구에 의한 철학적 이론을 이끌어 낸다. 과학적 이론은 사물 혹은 현상을 기술하고 설명하며 이 진술에 비추어 예언하고 통제하는 원리를 얻는다. 이에 대하여 철학적 이론은 사물 또는 현상을 분석하고 평가하며 사변하고 통합하는 지적 활동이다. 따라서 과학적 활동은 사물과 현상을 기술, 설명, 예언, 통제하는 기능을 하는데 대하여, 철학적 탐구는 분석, 평가, 사변, 통합의 기능을 지닌다. 철학이 분석, 평가, 사변, 통합의 기능을 지닌다면, 철학을 기초학문으로 하는 교육철학도 이에 준하여 교육철학의 기능으로 분석, 평가, 사변, 통합으로 삼고 이를 고찰할 수 있을 것이다.

1. 분석적 기능

분석철학은 크게 논리적 경험론과 언어분석론으로 나눈다. 논리적 경험론에는 어떤 명제가 검증원리에 의하여 직접적이거나 또는 간접적으로 반드시 검증되어야 한다는 논리적 분석을 강조하는 입장이고, 언어분석론은 우리가 일상 쓰고 있는 말의 의미를 명료하게 함으로써 언어의 애매성과 모호성을 제거, 또는 감소시키는 하나의 철학적 방법을 뜻한다. 즉, 논리적 경험론이 이론의 추구에 있다면,

언어분석론은 의미의 추구에 있다. 따라서 논리적 경험론과 언어분석론은 모두 철학하는 방법에 관한 태도를 밝힌 점에 특색이 있다.

분석기능은 이러한 분석철학의 철학하는 방법을 중시하는 기능이다. 즉, 분석기능은 이론적 혹은 주어진 문장만으로는 개념의 애매성, 모호성, 논리적 모순 또는 동의어 반복 등으로 그 뜻을 명확히 파악하지 못할 때 진술된 개념들의 논리적 모순을 밝혀 그 의미를 명백히 하는 것을 말한다. 따라서 분석적 기능은 무엇을 분해하는 기능이 아니고 이론적 또는 일상적 언어의 의미를 명백히 하는 기능임을 유념하여야 한다.

우리 주변에는 너무나도 많은 분석적 기능의 도움을 구하는 어휘들이 많다. 즉, 애매모호하고 동의어 반복을 나타내는 말들은 모두 그러하다. 가령, 민주주의, 기회균등, 자유화, 인간화, 중년, 사춘기, 도심지 등이 그것이다. 언제부터 중년이며 사춘기인지, 서울의 도심지는 어디인지 모호한 말들이다. 예컨대 "민주주의를 통해서만이 시민의 자유가 실현된다"라는 말은 동의어의 반복이다. 그것은 민주주의라는 개념 속에는 "시민의 자유"라는 개념이 내포되어 있기 때문이다. 또 서로 양립될 수 없는 모순된 표현을 함께 포함하고 있는 이론이나 주장을 볼 수 있다. 가령 "이 장비로는 절대로 움직일 수 없는 그리고 어떤 힘에 의해서도 움직이지 않는 바위를 움직일 수 있다"는 표현은 모순이다. 절대로 움직이지 않는 바위와 움직일 수 있는 바위는 모순이기 때문이다.

위와 같이 애매모호하고 동의어 반복, 논리적 모순 등의 여러 개념들은 분석적 기능을 거쳐야만 비로소 그 의미를 명확하게 할 수 있다. 즉, 이러한 개념의 의미를 명확히 밝히고 이 개념들과 다른 개념들 간에 일어나는 모순을 제거하는 일련의 분석, 검토의 과정은 바로 분석적 기능을 수행하고 있는 셈이 된다.

2. 평가적 기능

우리의 일상생활의 모든 영역에는 이 평가적 기능이 포함되어 있다. 크게는 국가생활, 사회생활은 물론, 작게는 개인생활의 모든 국면에 평가적 기능이 작용하고 있다. 우리는 교육에 관련된 문제들에 대하여 너무나 평가적 기능에 의한 용어를 자주 듣는다. “저 사람은 교육자라고 할 수 없다.” 또는 “이 학교는 학교라고 할 수 없다.”는 등의 말은 바로 교육철학의 평가적 기능에 의해서 나타난 말이다. 따라서 평가적 기능이란 어떤 사상에 대한 가치판단 또는 평가의 행위이다. 즉, 판단 또는 판단의 근거가 되는 기준을 세우고 이를 비판하는 과정을 말한다.

평가적 기능은 글자 그대로 가치판단 또는 가치평가의 행위이기 때문에 있는 사실을 있는 그대로 기술하고 설명하는 과학적 탐구와는 그 개념을 달리 한다. 과학적 탐구에서는 사실을 있는 그대로 기술하고 설명해야지 가치판단을 해서는 안 된다. 즉, 객관적인 기술, 설명으로 끝나야지 주관성이 개입되는 가치판단을 할 수 없다는 뜻이다. 그러나 평가적 기능은 철학적 탐구 또는 이론에서만 가능한 행위이다. 예컨대 “홍길동은 박길동보다 지능지수가 높다.” “그러므로 홍길동은 박길동보다 공부를 잘한다.”라고 했을 때 전자는 과학적 탐구(이론)에 사실의 기술이고, 후자는 철학적 탐구(이론)에 포함시킬 수 있는 가치판단의 행위, 즉 평가적 기능의 행위이다. 따라서 가치판단은 과학적 행위가 아니고 철학적 행위이다. 이때 가치판단, 즉 좋다, 나쁘다, 바람직하다 등의 가치판단을 내릴 때에는 반드시 어떤 주어진 규준, 기준 또는 준거에 근거한 평가이어야 한다. 위의 예문에서 홍길동이 박길동보다 높은 지능지수를 가지고 있는 사실적 준거에 의해 홍길동이 박길동보다 공부를 잘한다는 판단 또는 평가가 가능한 것이다.

따라서 평가적 기능은 주어진 어떤 준거(criterion), 기준(standard), 혹은 규준(norm)에 비추어 어떤 실천, 이론, 주장, 원리의 만족도를 밝히는 행위를 말한다.

3. 사변(思辨)적 기능

어떤 의미에서 보면 철학한다는 것은 사색 또는 사변을 하는 과정이다. 물론 사색과 사변이 철학의 전유물은 아니라 할지라도 어떤 문제의 해결을 위해 골똘히 생각에 잠기는 한, 철학한다고 할 수 있다. 따라서 철학의 최대 기능은 사색과 사변에 있다. 철학하는 사람은 인간의 여러 문제, 우주의 질서에 관해 사변적인 추론을 한다. 이러한 사변적 추론을 하는 행위를 우리는 사변적 기능이라고 한다.

교육철학의 사변적 기능이란 교육이론이나 교육문제에 대하여 제언을 하는 정신적 기능을 말한다. 구체적으로는 교육이론이나 실천에서 문제해결의 새로운 방향이나 가치를 제언하는 사고과정을 뜻한다. 사변철학이라는 학문 자체가 부분적인 사실이나 경험보다는 모든 지식이나 경험에 적용되는 전체성이나 체계성에 대한 탐구, 즉 사고나 경험의 전 영역에서 통일성을 발견하는데 있기 때문에 사변적 기능의 의의는 자명해진다. 따라서 사변적 기능이란 어떤 이론적, 실천적 문제를 해결하기 위하여 새로운 가설, 생각, 제언을 성립시키고 제시하는 행위를 말한다. 다시 말하면 사변적 기능이란 추구하여야 할 새로운 가치를 제언하고 문제해결의 새로운 방향을 모색하기 위한 새로운 아이디어, 즉 생각을 창출하는 사고행위를 뜻하는 것이다.

4. 통합적 기능

통합적 기능이란 분석적 기능과 평가적 기능을 기초로 하여 개별적인 교육사항이나 내용을 하나의 통합적인 지식의 체계로 재구성하고 종합하는 행위를 말한다. 그러므로 통합적 기능으로서의 교육철학은 교육이론이나 교육실천에서 제각기 따로 떨어져 있는 개별적이고 단편적인 여러 부분들을 하나의 유기적인 체계로 조직하고 통합한다는 것을 주된 임무로 한다. 따라서 통합적 기능이란 어느 단편적인 기능만으로 가능한 것이 아니라 분석적, 평가적, 사변적 기능을 기초로 또 이들 기능의 도움을 얻어 비로소 가능한 것이다.

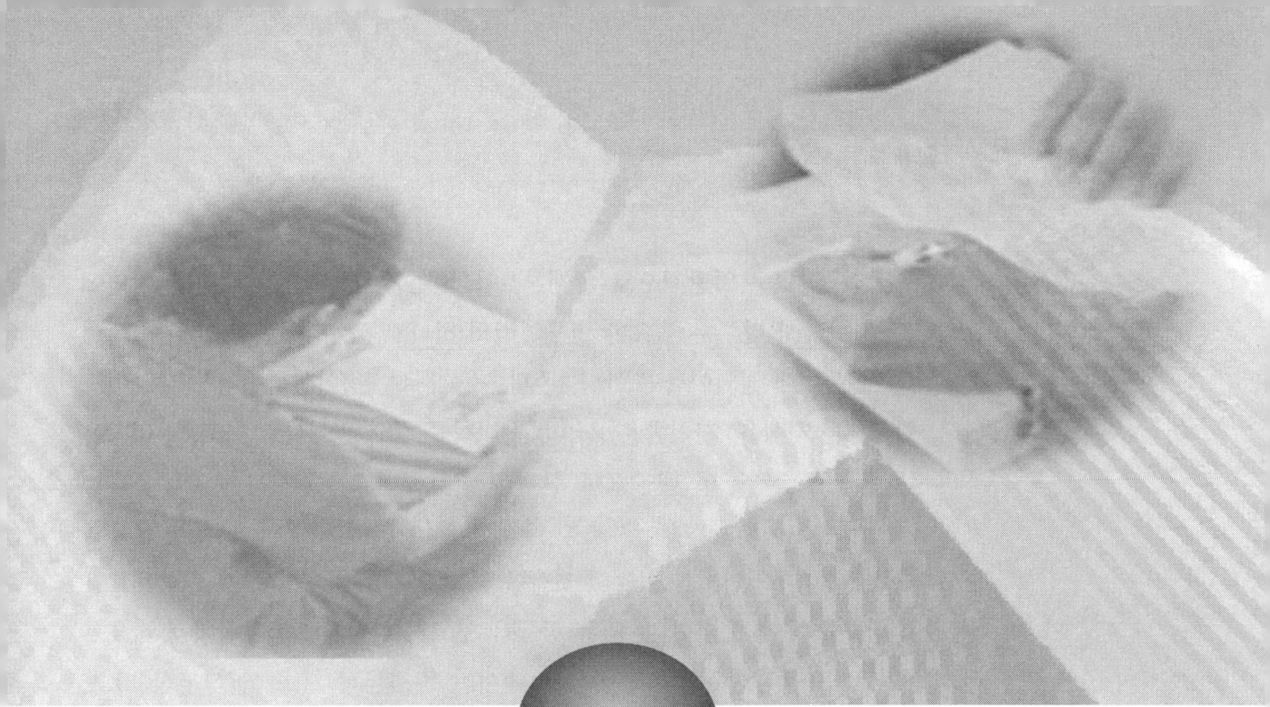

제 2 장

교육의 철학적 기초

철학의 탐구영역은 일반적으로 존재론, 인식론, 가치론의 셋을 든다. 이외에 논리학도 철학에서 다루는 중요한 연구영역의 하나로 삼는다. 이를 흔히 철학의 3대 영역, 또는 4대 영역이라고 한다. 존재론을 때로는 형이상학이라고 부르기도 한다. 인식론은 지식을, 가치론은 윤리학과 미학을 주요 관심사로 하고, 논리학은 조리 있는 사고를 연구의 내용으로 한다.

이 장에서는 교육의 철학적 기초를 다룬다. 철학의 탐구영역에 따라 교육의 중요한 문제들이 무엇인지를 아는데 도움을 줄 뿐만 아니라 교육문제들을 새로운 관점에서 창의적으로 해결할 수 있는 안목을 찾고자 한다. 교육의 철학적 기초로서 여러 영역을 생각할 수 있지만, 여기에서는 존재론적 기초, 인식론적 기초, 가치론적 기초만을 논의 대상으로 삼는다. 그러나 인성론적 기초, 사회 철학적 기초도 중요한 연구 대상임을 밝혀 둔다.

제 1 절 존재론과 교육

우리가 통용하고 있는 형이상학(形而上學)이란 일본의 니시 아마네(西周, 1829~1897)가 번역한 것인데, 주역(周易)의 계사(繫辭)편에 [形而上者 謂之道, 形而下者 謂之器]라고 한데서 따온 것이다. 여기서 말하는 도(道)는 경험적인 형체(形體 : 器, 現象)이상의 궁극적인 원리를 가리킨다. 형이상학(Metaphysik)이란 앞서 말한 존재의 학으로서 존재론(存在論, Ontologie)이라고 부른다.

1. 존재론의 개념

인간의 본성은 현실의 한 부분만 다루는 개별과학을 넘어서서 전세계의 오묘한 본질(Wesen)을 알고 싶어한다. 본질을 탐구할 때, 우리는 먼저 '존재자'(存在者)와 '존재'(存在)를 구별해야 한다. 빨간 꽃, 빨간 우산, 빨간 옷 등의 '빨간 것'은 곧 존재하는 것으로서 개별적이고 특수적이며 다수이지만, '빨강'은 존재로서 공통적이고 하나이다. 이렇게 여러 '존재자'에 걸쳐서 '존재'는 동일한 것이다. 즉 존재는

"존재자로서의 존재자"가 되게끔 하는 것이다.

여기에서 과학은 '여러 존재자'를 대상으로 각각 나뉘어져서 여러 개별과학이 성립되고, 철학은 다만 하나인 존재, 즉 "존재자로서의 존재자"가 되게 하는 것, 여러 존재자의 본질, 전세계의 본질을 다루는 것으로서 그것은 하나로 되어지는 것이다. 그러나 각종 과학들도 특수한 존재자의 존재에 관해서 특수적 존재론을 가질 수 있다. 이에 대하여 철학은 그 특수적 존재론의 토대로 되어 있는 전세계적 존재일반을 다루는 일반적 존재론이 되는 것이다.

철학은 존재자를 넘어서서 그 배후 또는 이면에 있는 '존재자체'를 탐구하는 것으로 이를 형이상학(Metaphysik)이라 불리운다는 것은 이미 언급한 바 있다. 'Metaphysik'의 원어는 「타 메타 타 푸시카」(ta meta ta phusika)에서 유래한 것으로 'meta'(後, 以上, 超越)와 'phusika'(物理學, 自然科學一般)의 합성어로서, 아리스토텔레스의 제자인 안드로니코스가 스승의 유고를 정리할 때, 스승이 물리학을 먼저 가르치고 나중에 제일철학(Proute philosophia)을 가르친 뜻을 이어, 제일철학을 물리학 다음에 편집하여 「물리학 후의 서」라 불렀다. 형이상학이란 전술한 바와 같이 주역의 계사편에서 따온 것이다. 여기에서 말하는 도(道)는 경험적인 형체(器, 現象) 이상의 궁극적인 원리를 가리킨다. 형이상학이란 앞서 말한 존재의 학으로서 '존재론'(存在論)이라고 부른다.

그렇다면 우주와 인간의 궁극적인 실재는 무엇인가? 그것은 정신인가, 물질인가? 눈에 보이는 세계 또는 우주가 그대로 실재하는 것인지, 그대로 실재하는 것이 아니라면 실재를 있게 한 근원이 무엇인지, 인간은 이 우주에서 어떤 의미와 위치를 지니는지 등의 의문이 제기된다. 이러한 의문에 대한 제일원리를 찾는 학문이 존재론이다.

이 때문에 교육철학의 시작은 존재론에서 출발한다. 교육현상은 반드시 우주와 인간의 본질을 밝힘으로써 비로소 이해할 수 있기 때문이다.

우주와 인간의 궁극적 실재는 무엇인가에 대한 해답으로서 혹자는 정신(spirit) 혹은 관념(idea)이다, 혹자는 물질(material)이다, 그리고 또 어떤 이는 정신과 물질 모두라고 한다. 정신 혹은 관념으로 보든, 물질로 보든 여하간 우주의 근원적 실재를 이중의 하나만으로 성립한다고 규정하는 세계관, 인생관을 우리는 일원론

(monism)이라 하고, 정신과 물질 둘로 이루어진다고 보는 사상을 이원론(dualism)이라 하고, 셋 이상의 무수한 실재를 인정하는 사상을 다원론(plurlism)이라고 부른다. 또 우주의 궁극적인 실재로서 정신 또는 관념이라고 믿는 세계관을 관념론(idealism), 이런 사상을 지닌 자를 관념론자(idealist)라 하며, 물질이라고 주장하는 사상을 실재론(realism), 또는 논자를 실재론자(realist)라고 부른다. 관념론을 때로는 이상주의(idealism), 유심론(唯心論, spiritualism)으로, 실재론을 유물론(唯物論, materi-alism)이라고 부르기도 한다. 관념론과 실재론, 유심론과 유물론은 서로 대립되는 반대개념이다. 이상주의는 자연주의(naturalism)의 대어(對語)이나 관념론, 유심론과 혼용하기도 한다. 다만 보는 측면에 따라 조금씩 다르게 사용할 따름이다. 존재론이 문제로 하는 인간과 우주의 궁극적인 실재의 성격에 대해서는 여러 견해가 있으나, 그 중에서도 관념론, 실재론, 그리고 실용주의(pragmatism)가 그 대표적인 학설이다. 다음에 이들의 내용과 교육과의 관계를 살펴본다.

2. 존재론과 교육

1) 관념론과 교육

(1) 관념론의 개념

관념론(觀念論) 또는 관념주의(이상주의, idealism)는 우주의 본질인 궁극적인 실재(reality)가 관념(idea), 정신(spirit), 심의(마음, mind)라고 주장하는 철학설이다. 관념론은 후술하는 실재론(realism)과의 대립 개념으로 때로는 이상주의(idealism), 또는 유심론(spritualism)과 동의어로 혼용하기도 하였다.

관념론은 인식론에 있어서는 관념론으로, 형이상학적 입장에서는 유심론으로, 인생관 세계관에 있어서는 이상주의로 해석한다. 관념론자라고 하는 말은 17세기 말 라이프니쯔(G. W. Leibniz, 1646~1716)가 처음으로 사용하였다. 에피큐로스(Epikuros, 342~271, B.C)를 유물론자(materialist)라고 하는 반면에 플라톤은 이상주의자(idealist)라고 불렀다.[1)]

1) 학원사 편, 철학대사전, 서울, 학원사, 1963, p. 79.

관념론은 플라톤(Platon, 428~347, B.C)을 그 시조로 하여 데카르트(R. Descartes, 1596~1650)와 버클리(G. Berkeley, 1685~1753)를 거쳐 칸트(I. Kant, 1724~1804)와 헤겔(G. W. F. Hegel, 1770~1831)을 통하여 지금에 이르는 철학사상이다. 위의 관념론의 철학 사상가들은 관념론에서 보는 실재, 인식, 가치에 대한 견해는 근본적으로는 같지만 제각기 주장하는 강조점에 따라 조금씩 차이가 있음을 발견할 수 있다. 이러한 관념론자의 견해 차이에 따라 흔히 플라톤의 관념론은 형상적 또는 형식적 관념론(formal idealism), 버클리를 주관적 관념론(subjective idealism), 칸트를 영적 또는 초월적 관념론(spritual idealism), 그리고 헤겔을 절대적 관념론(abisolute idealism)이라고 부르기도 한다. 플라톤에서 시작된 관념론은 17세기 과학의 발달로 과학적 사고방식의 진전과 더불어 과학적 유물론으로부터 중대한 도전을 받기도 하였으나 데카르트와 버클리의 일원론적 관념론, 칸트의 주리론(主理論), 헤겔의 절대자 사상을 거쳐 크게 발전하여 오늘에 이르고 있다. 그 중에서도 18세기의 칸트와 헤겔에 이르는 관념론은 황금기를 맞아 세계 철학계를 풍미하기도 하였다. 여기에 대한 자세한 내용은 보다 전문적인 서적에 미룬다.

관념론의 창시자 플라톤에 의하면 진정한 실재는 이데아(idea), 즉 관념에 있다고 한다. 이데아는 정신 또는 심의(mind)의 소산으로서 물질(matter)에 있는 것이 아니라고 한다. 참된 실재, 궁극적인 실재는 생멸(生滅), 변전(變轉)하는 현상계(경험세계)에 있지 않고 영겁(永劫), 불변하는 이념세계, 즉 이데아 세계에 존재한다. 따라서 진정한 실재는 이데아이며, 이 이데아는 영구불변의 진리이다. 참된 그리고 궁극적인 실재로서의 이데아는 절대적인 존재로서 초경험적인 세계에서만 찾을 수 있고 또 인간의 감각기관이나 경험을 초월하여 존재하는 것이다.

인간의 경험을 초월한 초경험적 세계는 곧 정신적인 세계임으로 이 세계에서만 절대적이고 항구적이며 확고한 그리고 완전무결한 실재를 발견할 수 있다는 것이다. 인간이 짐작할 수 있는 현상세계 곧 경험세계는 이데아세계(이념세계)의 그림자 또는 모방에 지나지 않는다는 것이다. 여기에서 우리는 플라톤의 이원적 세계관(현상세계 와 이데아세계)을 발견하게 된다.

이제까지 우리는 관념론의 실재(實在)에 대한 견해를 플라톤의 사상을 중심으로 개관하였다. 이제 이를 더욱 명확하게 하기 위하여 관념론에서 보는 실재에 대한

견해를 항목으로 간추리면 다음과 같다.[2)]

① 궁극적 존재의 실체는 정신 또는 마음이다.

② 관념은 모든 사물의 본원적(本源的) 요소로 존재한다.

③ 외적 세계는 이 관념의 그림자에 불과하며 신뢰할 만한 것이 못된다.

④ 모든 존재의 뒤에는 절대자로서 군림하는 정신적인 존재가 있다.

⑤ 사람은 유한하고 불안전하며 부분적인 존재로서, 그가 예속되어 있는 무한하고 완전하며 전체적인 정신적 존재 의 형상으로 성장하여 이에 결합하고 동일체가 되어야 한다.

⑥ 사람의 참된 기원은 신격(神格)이며, 그의 본성은 자유요, 그의 운명은 영생이다.

⑦ 우주는 지성과 의지의 외적 표현이며, 세계의 불멸하는 실체는 마음이요, 물질은 오직 정신으로만 설명할 수 있다.

다음에는 관념론의 지식(知識)에 대한 견해(관념론의 인식론)와 가치에 대한 견해(가치론)를 정리하여 본다. 관념론의 인식론은 정합설(整合說, coherence theory)로 대표된다. 여기에 의하면 진리란 감각적 경험에 의하여 입증되거나 검증된다기 보다는 논리적 사유(思惟)에 의하여 지지되기 때문에 한 가지 신념이나 사실이 진리가 되는 준거는 그것들이 다른 신념이나 사람들과 모순되지 않게 관계를 유지하면서 한 세계 속에 논리 정연하게 포함되어 있을 때라고 보는 것이다. 즉, 정합의 정도에 따라 진리의 정도가 정해지는 것이고, 지성의 적극적 작용이나 사색적인 감각적 접촉보다 더 중요시된다.[3)]

관념론의 지식(知識)에 대한 견해를 총괄적으로 정리하면 다음과 같다.[4)]

① 참된 지식은 영구 불변하는 것으로서 정신적 실재에 존속되어 있다.

② 참된 지식, 즉 진리는 새로 발견하는 것이 아니라, 기존하는 것을 깨닫고 해득하는 것이다.

③ 궁극적 지식은 수동적인 외계와의 접촉에서 얻는 것이 아니라 지성의 적극적

---

2) 오천석, 교육철학강의, 서울, 교학연구사, 1983, p. 48.

3) 한명희, 교육철학, 서울, 배영사, 1983, p. 73.

4) 오천석, 전게서, pp. 49-50.

인 작용에 의하여 가능한 것이다.

④ 지식은 우리가 살고 있는 사상(事象)의 세계에 체현(體現)되고 있는 영원하고 정신적인 실재의 사색(thoughts)과 목적을 해득하는 것이다.

⑤ 감각기관을 통하여 얻은 외계의 인상은 지식의 조잡하고 단편적인 자료는 될 수 있어도 지식 자체는 될 수 없다.

다음은 관념론의 가치(價値)에 대한 견해(관념론의 가치론)를 살펴보기로 한다. 관념론의 실재에 대한 견해에서 밝혀졌듯이 관념론자는 정신적 가치를 절대적이고 영원한 가치로 본다. 반면에 물질적 가치는 천한 멸시의 대상으로 삼는다. 그런데 이 정신적 가치는 사람에 의하여 이루어지지 않고 신에 의한 창조로 보고 있다. 소크라테스의 '미덕은 지식'(virtuvirue is knowledge)이라는 말에서 알 수 있듯이 플라톤은 미덕(美德)을 인간의 최상의 가치로 보았다. 결론적으로 관념론자들은 미, 선, 덕과 같은 정신적 가치와 절대적인 것의 추구, 즉 이데아가 반영된 가치를 중시하였다.

18세기 칸트와 헤겔에 이르러 독일을 중심으로 전성기를 맞이한 관념론의 대표적 철학자로서는 지금까지의 설명에서 거론된 플라톤, 데카르트, 버클리, 칸트, 헤겔 이외에 영국에서는 콜로릿지(S. Coleridge, 1772~1834), 칼라일(T. Carlyle, 1795~1881), 프랑스에서는 베르그송(H. Bergson, 1859~1941), 이탈리아에서는 크로체(B. Croce, 866~1952) 등을 들 수 있다. 미국에서는 관념론의 선구자 구실을 한 로이스(J. Royce, 1855~1916), 호온(H. H. Horne), 그리고 울리크(R. Ulich) 등을 손꼽을 수 있다. 그 중에서도 호온은 대표적인 관념론의 교육철학자로서 그 이름이 널리 알려져 있다.

(2) 관념론의 교육관

관념론의 교육에 대한 견해는 관념론의 가치에 대한 견해(관념론의 가치론)에서 이미 밝혀지고 있다. 관념론에서는 가치란 절대적이고 불변이라는 것을 굳게 믿기 때문에 관념론자들은 철저하게 물질적인 가치를 배제하고 정신적인 가치, 절대적인 가치를 추구한다. 그것은 정신적 제 능력을 발전시켜 영혼의 향상을 기도하는 것이다. 즉, 정신적 생활을 충실히 하는 교육을 강조한다. 따라서 관념론의 교육관의 핵심은 아동의 개성을 절대적으로 존중하는 전제 위에 인격교육, 도덕교육, 정신교육을 강조하는데 있다. 한 마디로는 정신적 가치, 절대적 가치의 추구를 교육의 지상목표로 삼는 교육이다. 다시 말하면 관념론자들은 정신, 인격에 최고의 가치를 부여하는 교육관을 생성시켰다. 이러한 교육관은 교과 면에서는 논리학, 형이상학, 미술, 문학 등의 정신적 이성적 교과를 강조하게 되고 그 결과 인간성의 정신적 측면의 교양을 중요시하는 이른바 넓은 의미의 일반 교양교육을 강조하게 되었다. 따라서 교과과정에서는 고전적, 학문적인 교육과정이 성립되고 그 결과 직업적, 실제적 도야보다는 일반교양을 중시하는 교육이 강조되었다. 관념론의 교육관에 대하여 오천석[5)]은 아래와 같이 요약하였다.

① 모든 관념론자는 교육의 주임무는 새 세대에 정신적 가치를 깨닫게 함으로써 도덕적 인격을 도야하는데 있다고 믿는다. 그런데 궁극적인 정신적 가치는 무한하고 절대적이며 완전무결한 신(神) 안에 유숙(留宿)한다.

② 따라서 인간교육에 있어 가장 우위를 차지해야 할 교육은 도덕교육이다. 플라톤의 이상적 인간은 미덕의 인(virtuous man)으로서, 선을 행하고 미에 사는 인간이요, 칸트가 말하는 이성은 "나의 행동이 보편적 행동의 법칙이 될 수 있는 도덕적인 것이 되어야 한다"는 것이다.

③ 관념론의 교육관에 있어서 아동, 즉 학습자는 막중한 직위를 차지한다. 따라서 관념론자들은 아동의 인격이 존중되어야 한다고 주장한다. 그것은 학습과정에 아동의 잠재적 능력과 아동이 수행하는 역할이 크기 때문이다. 그러므로 학습자는 교육을 통해서 유한한 인간으로부터 무한한 인간으로 성장해 가는, 동물적 위치로부터 신격적 지위로 향상해 가는 인격자로 존중되어야 한다.

④ 교육은 주입(注入)하는 과정이 아니라 추출(抽出)하는 작업이라는 것이 관념론의 교육관이다. 이것은 아동은 자체 안에 천부적으로 정신적 잠재능력을 가지고 있다는 이론을 믿는 철학으로서는 당연한 결론일 것이다. 수업의 목적은 여러 가지 지식을 학습자에게 알리는데 있는 것이 아니라 자기의 힘으로 지식의 의미를 발견할 수 있도록 하는데 있는 것이며, 그의 주의는 자기 속에 있는 실재를 스스로 탐색하는 데 있는 것이다.

---

5) 상게서, pp. 51-54.

⑤ 그러나 관념론적 교육은 어떤 면에 있어서는 권위주의와 주입식방법의 필요성을 부인하지 않는다. 관념론에 있어서 가치는 인지되는 것이요, 경험으로부터 발견되는 것이 아닌 만큼, 미성숙한 어린이의 교육에 있어서는 주입식 방법이 요청되는 것은 당연하다. 특히 도덕교육에 있어서는 더욱 그러하다.

또한 김정환도 관념론의 교육관에 대하여 아래와 같이 요약하고[6] 있는데 그 이해를 촉진시키는데 도움이 될 것으로 보여진다.

① 교육은 자연적 생활의 필요에 의해서 뿐만 아니고 정신적 필요에 의해서 존재하는 인간 사회의 기능이다. 인간은 물론 인간 문화의 소산이기도 하다. 그러기에 악이 지배하는 문화 속에 태어난다면 악을 악으로 여기지 않는 인간이 될 것이다. 따라서 문화 속에서 가장 아름다운 것만 골라서 교육을 시켜야 한다. 가장 아름다운 환경에서 어린이를 길러야만 한다.

② 아동 각 개인은 절대적인 가치를 지닌 개성으로 존중되어야 한다. 교육이 그렇게 되기 위해서는 아동은 하나의 개성적 존재로서, 그리고 정신적 존재로 다루어져야 하며 아동 스스로 지니는 힘에 의하여 이 세상의 악을 극복하고 신이 그에게 보여주는 최선의 길을 달리는 윤리적 존재로서 극기수련을 해야 하며, 궁극적으로는 이상적 인격을 형성해야 한다. 관념론에 의하면 악은 일시적인 것이고 진실재(眞實在)가 아니기 때문에 의지적 노력으로 물리칠 수 있다는 것이다.

③ 교육의 목표는 개성을 완성함과 동시에 그로 인하여 사회의 혁신을 이룩하는데 두어야 한다. 관념론은 교육을 정신적인 자아를 완전히 실현하는데 두며, 동시에 이런 개성은 하나의 정신적인 유대에 의하여 전체적으로 통합되어야 한다고 주장한다.

④ 교육의 과정은 이상중심(ideal-centered)이 되어야 한다. 그것은 아동중심, 교과중심, 사회중심이 되어서는 안 된다. 이런 교육의 과정이 이루어지려면, 첫째, 교사는 아동의 교육적 환경을 창조해 주고 그들을 고무해 주어야 하며, 둘째, 교사는 이상적인 인간상을 제시해 주고, 셋째, 아동의 반응이 자극된 흥미에 의해서 촉구되어야 하며, 넷째, 아동이 자아를 인식하고 자율적 학습을 진행할 수 있게 해 주어야 하며, 다섯째, 교육과정은 책과 교과 이상의 체험을 살리는 것이

6) 김정환, 교육의 철학과 과제, 서울, 박영사, 1974, pp. 95-97.

되어야 하며, 여섯째, 교육방법은 아동에게 의문이 생겨 스스로 그것을 풀려는 생각을 자아낼 수 있는 것이 되어야 한다.

요약하면, 교육이란 정신적 작용이며, 아동은 윤리적 존재로 취급되어야 하고, 개성과 전체성은 조화가 이루어져야 하며, 교육의 과정은 이상중심이 되어야 한다는 것이다.

미국에 있어서 관념론 철학자 가운데 대표적인 사람은 이미 지적한 바와 같이 호온(H. H. Horne)이다. 호온은 「관념론적 교육철학」(An Idealistic Philosophy of Education, 1942)이라는 논문을 통해서 관념론의 교육관을 천명하고 있다. 그는 금세기 초엽부터 일관된 관념론을 기초로한 교육철학을 주장함으로써 듀이의 관념론 비판에 대한 재비판을 시도한 관념론적 교육철학자 중의 제일인자이다. 호온은 교육을 "교육은 인간이 인간의 지적, 정서적, 의지적 환경 속에서 나타나는 신을 향하여 적응하여 가는 영원한 과정이다."[7] 라고 정의한다. 이 정의에 기초로 하여 그는 또 프래그머티즘과 관념론을 비교하여 프래그머티즘이 인간경험을 중시하는데 대하여 관념론은 절대자의 경험을 중시한다. 전자가 인간중심(anthropo-centric)인데 대하여, 후자는 신중심(theo-centric)이다 라고 주장한다. 호온의 이러한 견해는 관념론의 교육목적을 "자연인의 이상인으로의 발전" 또는 "이상적 자아의 자기실현"이라는 교육관을 형성하기에 이르렀다

관념론은 절대적 가치와 정신적 가치를 지나치게 추구하는 나머지 그 나름의 교육적 한계를 드러내고 있다. 그것은 산업사회의 요구에 응하는 이른바 직업적 교육, 기술적 교육의 측면을 충족할 수 없고, 또 관념론이 추구하는 이상이 현실사회와 거리가 먼 유토피아적인 이상이어서 현실적 세계를 긍정적으로 받아들이는 태도가 부족하다는 비판을 면할 수 없다.

그러나 관념론은 현실을 초월한 가치를 중시함으로써 자연주의의 한계를 극복하려 하였고, 유일의 궁극적인 가치를 지향하는 점에서 회의주의와 상대주의를 극복하였고, 범신론적인 결정론을 배척하고 신비주의를 극복했고, 또 유물론과

7) George F. Kneller, Introduction to the Philosophy of Education(2nd ed.), New York : John Wiled & Sons, 1971, p. 10.

공리주의를 극복함으로써 교육의 발전에 크게 기여한 바 있다.[8] 관념론은 교육관의 이러한 좋은 측면은 우리의 교육실천에 투사될 수 있도록 모두가 노력해야 할 것이다.

2) 실재론과 교육

(1) 실재론의 개념

실재론(實在論) 또는 실재주의(realism)는 우주의 본질인 궁극적 실재(reality)가 물질(matter, Materie)이라고 보는 철학설이다. 실재론은 우주의 궁극적 실재를 관념, 마음 또는 정신이라고 보는 앞서의 관념론(이상주의, idealism)과 정면으로 대립된다. 플라톤을 관념론의 시조라고 본다면 아리스토텔레스(Aristoteles, 384~322, B.C)는 실재론의 창시자라는 점에서 퍽 대조적이다. 아리스토텔레스를 시조로 하는 실재론은 토마스 아퀴나스(Tomas Aquinas, 1225~1274), 베이컨(F. Bacoin, 1561~626), 홉즈(T. Hobbes, 1588~1679) 그리고 로크(J. Lock, 1632~1704) 등을 거쳐 오늘에까지 서양의 과학적 전통의 기초가 된 철학사상이다.

정신 또는 관념이 아닌 물질(物質)을 궁극적인 실재로 보는 실재론이 물질을 적극적으로 그리고 극단적으로 나타나게 할 때 우리는 이를 유물론(唯物論, materialism)이라고 한다. 즉, 유물론은 실재론의 가장 철저한 형태로 나타난 것이다. 말을 바꾸면 인간은 하나의 복잡한 신경조직으로 된 기계에 지나지 않으므로 인간의 자유의사는 전적으로 부정되고 오직 물질의 세력에 의해서만 그 운명이 결정된다는 이론이다. 이런 뜻의 유물론은 유심론(唯心論, spiritualism)과 대립된다.

실재론은 한 마디로 외적, 객관적 세계는 인간의 의식 또는 관념으로부터 독립하여 실재한다고 주장하는 철학설이다. 외적 세계의 존재는 인간의 정신에 관계없이 또 외적 세계의 여러 속성도 인간의 정신이 그것을 인식하든 안 하든 관계없이 외적 세계는 그 자체로, 또 객관적으로 존립하고 있다고 믿는다. 이 때 외적 세계와 물질만이 유일한 실재이며, 정신이라고 불리는 것은 물질이 만들어 낸 것에 불과하다고 믿는다. 즉, 정신이란 물질운동의 한 형태에 지나지 않는다고 주장한다.

---

8) 김정환 전게서, p. 98.

이런 입장을 유물론이라고 한다.[9] 따라서 실재론은 인식의 대상이 인식작용의 의식이나 주관에서 독립하여 존재한다고 본다. 즉, 인식의 대상은 그것의 객관적 파악에 의해서만 참다운 인식으로 성립한다고 보는 입장이다.

이렇듯 외적, 객관적 세계인 물질은 인간의 인식과는 관계없이 독립적으로 존재한다. 산에 있는 나무, 들에 핀 꽃은 사람이 보거나 말거나 우리의 인식에 관계없이 독립적으로 그 자신의 권리로 존재한다. 이를 독립의 원리(principle of independence)라 한다. 독립의 원리란 물질 또는 진리의 독립적(물리적, 자연적 사물과 현상) 존재를 말한다. 다시 말하면 사물이 인간에게 지각되지 않고도 존재할 수 있다는 원리이다. 실재론은 이 독립의 원리에 근거하고 있다. 이 독립의 원리는 실재론의 기본적 자세이자 다른 철학체계와 명확하게 구별하게 하는 사고체계이다.

관념론의 선구자인 플라톤과 실재론의 창시자인 아리스토텔레스와의 사상적 대립 형상(form)에 대한 견해의 차이에서 나타난다. 이 때문에 흔히 전자의 철학을 "보편적 형상의 철학"으로, 후자를 "개체적 실체의 철학"이라고 이름 붙일 수 있다. 이를 이해하기 위해서는 먼저 아리스토텔레스의 형상(form), 질료(質料, matter)의 가설(form-matter)을 보아야 할 것이다.

우리는 누구나 그 주변에서 나무, 돌, 집 등 여러 사물들을 볼 수 있다. 이 사물들의 공통성은 그 사물들을 만드는 자료이다. 이 자료들을 질료(또는 물질)라고 한다. 그러나 공통의 자료를 사용하였지만 각각 다른 형상을 취하면 서로가 구별된다. 이를 형상의 원리(principle of form)라고 한다. 여기에서 아리스토텔레스의 형상과 질료의 가설이 성립된다. 아리스토텔레스는 우주의 현상을 이 형상과 질료의 가설로써 설명했다. 질료는 가능성의 원리(principle of potentiality)로서 무엇이나 될 수 있다. 그러나 되어진 것은 아니다. 실제로 무엇이 되기 위해서는 형상이 필요해진다. 이 형상은 현실성의 원리(principle of actuality)가 된다. 원시적인 미발달의 사물은 형상을 최소한도로 가지고 있다. 그러나 인간의 이성, 사상, 마음과 같은 것에서는 질료는 줄어들고 형상은 증가한다. 그래서 종국에 가서는 순수마음과 절대적 이성 같은 순수형상(pureform)을 취하게 된다.[10]

---

9) 豊澤 登 외, 전게서, p. 17.

10) V. C. Morris, Philosophy and American School, Boston : Houghton Mifflin Co., 1961, pp. 54-55.

플라톤과 아리스토텔레스의 사상적 대립은 바로 이 형상과 질료(물질)를 보는 견해의 차이에서 기인한다고 지적하였다. 플라톤은 실재는 관념 또는 형상으로 구성되고, 질료는 다만 이 형상의 불완전한 표현이라고 생각하였다. 이에 반하여 아리스토텔레스는 형상이라는 것은 질료를 떠나 독립하여 있는 실체가 아니라 언제나 물질에 개재(介在)하여 질료를 통해서만 그 존재를 나타내는 것이라고 하였다. 질료란 형상 없는 질량이 아니라 반드시 형상을 통해서만 그 모습이 나타나고, 형상이란 언제나 질료를 매개하여서만 존재하는 것이라고 하였다. 다시 말하면 형상이 그 존재를 나타내기 위해서는 질료가 필요하고, 질료는 형상의 모습으로서만 그 존재가 가능하다는 것이다. 따라서 형상과 질료는 형상의 모습으로만 그 존재가 가능하며 형상과 질료는 서로 필요로 하는 불가분의 관계에 있다고 하였다.[11)]

실재론의 기본적 입장은 우주의 궁극적 실재는 물질이라는 것이다. 이 점에 대해서는 여러 차례 언급한 바 있다. 이와 같이 실재론자들이 실재의 본질을 물질로 보는데는 의견을 같이 하나 실재를 보는 관점에 따라 조금씩 견해차가 있다. 이 견해의 차이에 따라 실재론은 몇 개의 유형으로 나눌 수 있다. 닐러는 합리적 실재론(rational)과 자연적 또는 과학적(natural or scientific) 실재론으로, 이 중 합리적 실재론은 다시 고전적 실재론(classical realism)과 종교적 실재론(religious realism)으로 나누고 있다.[12)] 또 철학대사전(학원사 간)에서는 ① 자연적 실재론, ② 과학적 실재론, ③ 관념적 실재론, ④ 신실재론으로, 김정환은 ① 경험적 실재론, ② 자연과학적 실재론, ③ 철학적 실재론으로 나누고 있는 면을 볼 수 있다.

실재론의 인식에 대한 견해(인식론, 즉 지식론)는 실재론의 유형에 따라 다르지만, 그 공통적인 견해를 종합하면 대응설(correspondence theory)로 설명할 수 있다. 실재론에 의하면 외적 세계의 모든 실재는 우리와는 관계없이 객관적 실재로 존재하며, 우리의 감각적 경험을 통하여 접근할 수 있는 것이라고 생각한다. 따라서 어떤 판단이 진리인가 아닌가는 그것이 실세계의 사실과 대응적 관계가 성립하는가 아닌가에 달려 있다는 것이다. 대응설은 관념론의 정합설이 합리론적인 입장인

11) 오천석, 교육철학신강, 서울, 교육과학사, 1983, p. 58.
12) George F. Kneller, op. cit., p. 11.

것에 반하여 경험론적인 입장을 취한다고 할 수 있다.[13]

실재론의 가치에 대한 견해는 실재론의 유형에 따라 다르지만 한 마디로 요약하면 자연의 질서 속에 내재해 있는 것으로 본다는 점이다. 따라서 "자연의 질서를 따라 행동하라"고 하는 것은 그 자체가 가치적인 방향을 말하는 것이며, 부자연스러운 것은 바람직하지 못한 것으로 간주된다. 도덕적 법칙이란 도덕이론 속에 내재하는 자연적 질서이며 도덕률이란 행동의 법칙이고, 아름다움이나 선(善)도 결국 인간을 포함한 자연의 질서 속에 내재한다고 보는 것이다.

(2) 실재론의 교육관

우주의 궁극적인 실재를 물질로 보는 실재론은 인식의 대상인 외적, 객관적 세계가 인식작용의 의식이나 주관에 관계없이 독립적으로 존재한다고 보는 것이 그 특징이다. 즉, 인식주관에 관계없이 외적 세계가 독립적으로 실재한다는 주장이 실재론의 근본적인 특색이다.

인식작용에 대한 실재론의 이러한 특성에 따라 실재론의 교육관도 저절로 규정될 수 있다. 즉, 실재론에서는 외적, 객관적 세계에 대한 올바른 이해를 할 수 있는 과학적 방법과 그 성과로서의 과학적 지식을 가장 중시한다. 다시 말하면 일체의 주관적인 것을 배제하고 독립 자존하는 외적 사실을 있는 그대로 받아들여 이것에 의해 보다 많은 객관적 지식을 획득하고 집적(集積)하는 것을 주요 목적으로 삼는다. 이러한 객관적 세계의 사실에 중점을 두는 입장은 필연적으로 말보다는 사실을 중히 여기는 교육설을 낳게 한다. 이른바 언어주의(verbalism)에 대신하는 사실주의(realism)의 교육설을 생성시켜 고전어, 고대예술 등에 의한 일반적인 교양교육보다는 현대어, 자연과학 등에 눈을 돌리는 사실주의 교육을, 또 교과서 중심의 교육보다는 사물 그 자체에 관한 관찰과 실험을 주로 하는 실험실 중심의 교육을 강조하게 되었다.

실재론의 교육에 대한 견해를 요약하면 다음과 같다.[14]

---

13) 한명희, 교육철학, 서울 배영사, 1983, p. 74.
14) 김정환, 전게서, pp. 102-103.

① 교육이란 주로 이지(理智)를 깨우칠 수 있는 핵심적 지식과 경건한 마음가짐을 갖추게 하는 일이다. 이 우주는 아름답게 합리적으로 존재하는 것이기 때문에 그것을 심정으로 혹은 과학적으로 인식하는 자질을 갖추게 하는 일이 교육의 일차적인 책임이 아닐 수 없다.

② 아동은 고도의 지성을 발로할 수 있는 자질을 충분히 지니고 있는 존재로 인정되어야 한다. 그는 짧은 인생을 유용하게 활용하여 다른 동물에는 갖추지 못한 지성을 충분히 발로시켜 우주의 진리를 깨칠 수 있게 학문적으로 수련을 받아야 한다.

③ 교육의 목표는 이상적 생활을 즐기게 할 수 있는데 있다. 그러면 무엇이 이상적 생활이냐? 그것은 자기결정, 자기실현, 자기통합으로 본다. 자기결정은 주로 불멸적 비물질적이기는 하나, 구원을 받을 수 있고, 저주받을 수도 있는 바로 그 자아를 자각하는 일이고, 자기실현을 주로 현실적으로 존재하고 있는 자아의 가능성으로 도약할 수 있는 나 사이의 긴장관계를 유지하면서 자신의 최선의 것을 발로 하는 일이며, 자아통합은 주로 자아를 실현하기 위하여 정력을 조직화하는 일을 말한다.

④ 교육의 과정은 진리를 알고, 사용하고, 즐거워하는 습관과 경향성을 갖추게 하여 주도록 해야 한다. 이런 뜻에서 학문적 · 기본적 훈련이 중요하며 교사의 권위와 주도권이 인정되어야 하며, 교사는 가장 가치있는 내용을 정선, 체계화해서 학생에게 가르쳐야 하며, 더욱 진리에 대한 예민한 감각을 적극적으로 도야해 주어야 한다.

실재론의 교육관은 이미 드러난 바와 같이 과학적 지식과 과학적 방법을 중시하고 고전보다는 현대어를, 언어주의에서 탈피하여 사물중심으로, 교과서중심에서 실험 관찰을 중시하는 교육관을 낳고 있다. 또 기본적 지식과 현실적인 진리를 사랑하고 자아실현을 추구하며 자연법칙을 교육에 적용시킴으로써 과학적 사고를 신장케 하는 등 교육에 지대한 공헌을 하였다.

그러나 여기에도 실재론 그 나름의 중대한 교육적 한계가 있었다. 그것은 교사중심의 교육, 주입식교육, 보수적 · 전통적 지식의 전달, 개인차의 무시, 변화의 불수용 등, 여러 가지 문제점이 내재하고 있음을 지적하지 않을 수 없다.

미국에 있어서 실재론적인 교육관을 지닌 대표적인 교육철학자는 브로우디(Harry S. Broudy), 애들러(Mortimet. J. Adler), 그리고 브리드(Frederichs Breed) 등이다. 그 중에서도 브로우디의 「교육철학의 수립」(Building a Philosophy of Education, 1961)은 정평있는 저술이다. 우리나라에서도 번역 · 간행되었다.

3) 프래그머티즘과 교육

(1) 프래그머티즘의 개념

프래그머티즘(pragmatism)은 실용주의라고 번역되어 통칭하고 있다. 실용주의라고 불리는 이 말은 관념적 사변(思辨), 즉 사변적 절대주의에 반대하고 경험적 상대주의에 기초한 철학의 체계로서 미국이라는 풍토 속에서 생겨나고 자라난 미국 특유의 철학이다. 프래그머티즘은 재래의 경험론과 공리주의 그리고 진화론과의 결합에서 이루어진 사상체계로서 논리주의와 주지주의에 반격을 가하는 실용주의, 경험주의, 행동주의, 기능주의, 실험주의라는 또 다른 이름을 가진 철학이다. 또 어느 의미에서는 프래그머티즘은 상대주의, 인간중심주의, 주지주의, 그리고 형이상학 부정의 철학이기도 하다.

실용주의라고 불리는 프래그머티즘은 수학자 퍼어스(C. H. Peirce, 1839~1914)의 독창적인 논리학 사상과 제임스(W. James, 1842~1910)의 심리학 연구에 의해 개척되고 다시 듀이(J. Dewey, 1859~1952)에 의해 발전되어 하나의 철학사상으로 집대성된 철학이다. 속칭 미국의 철학으로 불리는 프래그머티즘은 행동과 경험 그리고 실용에 중점을 둔다. 퍼어스는 칸트의 실천이성 우위의 사상에서 영향을 받아 행위의 우월성을 믿고 행위는 사유보다 훨씬 근본적인 것으로 보았다. 퍼어스의 이러한 생각은 결국 행위 제일주의와 경험본위의 결과주의라고 풀이할 수 있다. 우리가 프래그머티즘을 행동과 경험을 중시하는 행동주의(behaviorism) 또는 경험주의(experimentalism)라는 이유도 여기에 있다. 프래그머티즘을 행동주의라고 부르는 근거는 그 말 자체, 즉 그리스어인 pragma에서도 유래된다. pragma 또는 pragmata는 행동, 행위, 실천(behavior, action, practice)의 뜻이다. pragmatism이란 pragmata에 ism을 붙인 말로서 "행동과 행위를 중심으로 하는 철학, 실행과 실천에 중점을 두는 철학, 더욱 실용을 중히 여기는 철학"이라는 뜻이다. 즉, 퍼어스의 지적대로 관념의 의미는 그 관념이 불러일으키는 우리들의 행동양식과 그것에서 생겨나는 결과에 의해서 결정되는 것이다. 이 때문에 모든 진리는 그것이 실제적으로 어떤 효과 또는 유용성, 실용성(utility) 여하에 따라 결정되는, 즉 실제적 효과를 가지지 않으면 안 된다는 것이 프래그머티즘의 입장이다. 프래그머티즘은 실용주의라고 번역하여 널리 사용하는 것도 여기에 근거한다.

프래그머티즘은 위에서 지적한 행동주의, 경험주의, 실용주의 이외에 실험주의(experimentalism), 도구주의(instrumentalism), 그리고 기능주의(functilnalism)라는 말로도 불리워진다. 듀이 자신은 pragmatism을 실험주의라고 불렀지만 프래그머티즘의 도구적, 방법적 성격을 부인할 수는 없다. 프래그머티즘의 철학은 일반적으로 방법철학, 즉 지식의 실험적 탐구의 방법을 근본원리로 하는 도구주의(道具主義) 철학으로서 특정의 세계관을 적극적으로 주장하지 않는 철학으로 이해되고 있다. 사실 듀이 자신도 우리의 경험은 끊임없이 진전되고 변화해 가는 하나의 연속적 과정이므로 우리의 관념 내지 지식은 단지 개개의 구체적 상황에만 관계된다. 따라서 관념 내지 지식은 경험의 진전과 더불어 변용되어 가는 일시적, 가설적, 도구적인 것으로서 진리라고 하는 것은 긍정적, 절대적이 아니고 오히려 개별적, 복수적인 것에 지나지 않는다고 보고 있다.[15)]

프래그머티즘은 또 인간중심주의(humanism)의 철학으로 불리워진다. 프래그머티즘은 인간과 그 행동을 중시함은 물론 그것을 중심으로 세계의 현상을 이해하고 해석하고자 한다. 즉, 프래그머티즘은 인간에게 직접적으로 필요하고 유용한 경험만을 문제삼고자 한다. 바꾸어 말하면 인간주의로 불리는 프래그머티즘은 궁극적 실제의 성격을 규정하려는 철학적 노력을 무의미한 것으로 생각한다. 즉, 궁극의 실제를 정신으로 또는 물질로 보던 그것은 인간의 행위에 아무런 실질적 의미를 주지 않는다. 그러므로 인간과 그 행위에 실질적 의미와 결과를 주는 것만을 골라 이러한 궁극적 실재를 탐구하고자 하는 노력은 가차없이 버리고, 철학은 인간과 그 행위가 현실에 관련되는 것만을 다루어야 한다고 선언한다. 이런 의미에서 프래그머티즘은 일종의 형이상학 부정의 철학이라고 볼 수 있다.

15) 東京教育大學 教育學研究室 編, 教育哲學, 東京, 金子書房, 1962, pp. 93-94.

프래그머티즘의 철학을 인간주의 철학이라고 이름 붙인 사람은 영국의 쉴러(Ferdimaund C. S. Schiller, 1864~1937)이다. 확실히 프래그머티즘은 철학적 사색의 대상을 인간적 경험의 세계에 한정하고 인간 경험의 입장에서 세계를 투시하는 인간중심의 세계관에서는 인간주의 철학임은 자명하다. 더욱이 듀이를 비롯한 프래그머티스트들은 그들 교육관의 기저를 인간적 자연(human nature)에 두고 있었기에 더욱 그러하다.

이상에서 언급된 내용을 전통철학에서 탐구하는 3대 영역, 즉 관념론에서의 실재, 인식(지식), 가치론에 비추어 보면 다음과 같이 정리할 수 있다. 프래그머티즘의 실재에 관한 견해(프래그머티즘의 실재론)는 경험과 변화만이 유일한 실재라고 보는 것이다. 궁극적인 실재가 정신이다, 물질이다와 같이 우리의 현실 세계인 경험을 떠난 실재의 논의는 무의미하다는 것이다(이것이 프래그머티즘이 형이상학 부정의 철학이라고 명명하는 이유이다). 그런데 경험이라는 것은 단순한 감각적 경험(sense experience)만을 단정하는 것이 아니고 우리 인간이 생각하고 느끼고 행동하는 모든 경험을 포함한다는데 주목하여야 한다. 또 프래그머티즘은 "모든 것은 변한다"는 절대적이고 기본적인 신념 위에 서 있다. 그것은 심하게는 모든 것은 변하나 변하지 않는 법칙이 있다면 "모든 것은 변한다"는 법칙뿐이라는 것이다. 이러한 변화에 대한 절대적 신념은 프래그머티즘의 기저에 흐르는, 즉 실재, 인식, 가치에서 모두 그러하다.

다음은 프래그머티즘의 인식에 대한 견해, 즉 인식(지식)론이다. 여기에 대한 해답도 경험과 변화를 유일한 실재로 보는 프래그머티즘의 실재론과 밀접히 관련되어 있다. 프래그머티즘은 전통철학의 실재론에서와 같은 "무엇이 진리냐"가 아니고 "어떻게 알 수 있는가"를 문제삼는다. 따라서 프래그머티즘의 인식에 대한 견해는 "경험을 통해서 아는 것"이 그 핵이 된다. 프래그머티즘에 의하면 '안다'는 것 자체는 무의미하고 또 절대적인 실재가 될 수 없다는 것이다. 오직 우리의 경험과 상호작용에 의해서만, 즉 "경험을 통해서 안다"만이 유의미하고 가치로운 것으로 본다.

다음은 프래그머티즘의 가치에 관한 견해(가치론)이다. 프래그머티즘의 가치론도 이의 실재론, 인식론과 밀접히 관련되어 있다. 즉, 프래그머티즘의 가치에 대한 견해 또한 경험에 의해서 그 실용성과 효용성(utility)이 입증되는 것만을 가치로운 것으로 본다. 즉, 실재적 효과를 불러일으키는 것만을 가치로서 받아들이는 것이다. 프래그머티즘을 실용주의라고 번역한 것도 프래그머티즘의 가치론에서 근거한 것임은 명백한 논리이다.

이제 결론으로 프래그머티즘의 저변에 흐르는 사상의 기저를 몇 개의 논점에서 정리하면, ① 변화의 사실, ② 상대성의 진리, ③ 관념의 실행 실적 또는 결과, ④ 실험의 우수성, ⑤ 경험의 중요성, ⑥ 비판적 지성의 역할, ⑦ 생활 방식으로서의 민주주의, ⑧ 자아실현의 이상, ⑨ 수단 또는 과정의 철학 등으로 요약될 수 있다.

(2) 프래그머티즘의 교육관

프래그머티즘은 프래그머티즘이 지닌 기본적 사상체계에 따라 하나의 교육철학을 성립시켰다. 그것이 바로 진보주의의 교육철학이다. 다시 말하면 진보주의 교육철학은 프래그머티즘을 기본철학으로 하여 성립된 교육사상이다. 따라서 프래그머티즘의 교육관, 또는 교육원리는 바로 진보주의 교육철학의 기초가 됨은 물론, 넓은 의미에서는 진보주의 교육철학 그 자체이기도 하다. 이런 점에서 여기에서는 진보주의 교육의 철학적 기초가 된 프래그머티즘의 교육원리를 정리하여 보도록 한다(진보주의 교육철학에 대해서는 후술할 제3장을 참조하기 바람).

첫째, 교육은 가장 넓은 의미에서 생명을 사회적으로 지속시키는 일이다. 그러기 위해서는 학교가 지역사회의 중심이 되어야 한다. 그리고 교육은 생활을 의미하며 여기에서 말하는 생활은 더욱 엄밀하게는 사회적 생활을 의미하게 된다.

둘째, 아동은 미성숙자이지만 수용력과 잠재력 등을 갖춘 발전적 성장체로 보아야 한다. 아동은 물론 미성숙한 존재이지만 미성숙하다는 것이 성장의 긍정적 조건이다. 우리는 이들에게 능력, 힘으로 구성되는 수용력(capacity)과 효능, 세력으로 구성되는 잠재적 능력(potentiality)이 깃들어 있음을 깊이 인식해야 한다. 그럼으로써 이러한 수용력과 잠재능력이 잘 발로될 수 있는 활동의 무대를 그들의 생활 속에 마련해 주어야 한다.

셋째, 교육목적은 고정돼서는 안 되며, 밖으로부터 주어져서도 안 된다. ① 교육의 목적은 교육을 받을 개인의 내재적 능력을 토대로 하여 세워져야 한다. ② 교육목적은 교육을 받을 아동과 공동으로 협력하여 정해져야 할 것이지, 교사나 밖으로부터 제시하는 것이 돼서는 안 된다. ③ 교육의 목적은 일반적, 종국적이 되어서는 안 된다. 왜냐하면 종국적 목적은 현재의 개개의 활동을 구속하기 때문이다.

넷째, 교육의 과정은 끊임없는 경험의 재구성의 과정이다. 이것은 듀이의 너무나도 유명한 말이다. 그는 "교육은 경험의 끊임없는 재조정과 재구성의 과정"이라고 명쾌하게 정의했다. 이상을 요약하면 교육의 사회성, 교육의 성장성, 교육목적의 유연성, 교육의 경험 조정성이라고 할 것이다.[16)]

다섯째, 행동에 의한 학습이다. 즉, "learning by doing"이다. 배운다는 것은 문자를 통한 배움(학습)이 아니라 실제로 행함으로써 배운다는 사상이다. 전통적 학교에서의 듣는 학습이 아니고 학습자가 직접 행동함으로써 배우는 이른바 행동을 통한 학습이 강조된다. 따라서 모든 학습은 가만히 앉아 받아들이는 학습(learning by sitting), 또는 듣기만 하는 학습(learning by listening)이 아니고 행동을 통한(또는 행동에 의한), 행함으로써 배우는 학습(learning by doing)이어야 한다는 사상이다.

여섯째, 아동의 흥미(interest)를 강조한다. 다시 말하면 흥미중심의 교육을 강조한다. 흥미와 노력 또는 훈련관계에서 프래그머티즘은 노력과 훈련의 중요성도 인정하지만 흥미를 더욱 중요시한다. 흥미와 노력은 서로 상용(相容)할 수 없는 대립, 적대관계에 있는 것이 아니고 상호 공존관계에 있다는 것이다. 진보주의자들에 의하면 어떤 활동을 할 때 외부에서 주어지는 것이 아니고 아동 스스로가 계획을 세우고 그에 대한 의의를 발견한다면 자생적으로 흥미가 발생하고 노력이 뒤따르게 된다는 주장을 한다.

---

16) 김정환, 전게서, pp. 108-110.

제 2 절 인식론과 교육

1. 인식론의 개념

인식론(epistemology)이란 지식에 관한 이론이다. 지식이란 어떠한 성질의 것인가 하는 것인데, 인식은 지식이라는 말과 같다. 따라서 인식론은 지식이 자신을 반성하는 학문이라고 할 수 있다.

우리의 삶이란 현실 속에서 경험을 쌓아 그것의 습관화된 상식을 가지고 공동체에 참여하며 언어나 문자로서 의사소통한다. 상식이란 삶에 있어서 최소한의 필요불가결한 지식이다. 또한 삶을 향상시키기 위해서 높은 지식을 필요로 함은 두말할 나위도 없다. 이 때 지식이란 과연 무엇인가? 언어나 문자는 의사를 교환하는 일종의 기호로서 그것이 바로 의사는 아니다. 그러므로 의사란 지식을 표현한 것이므로 사실은 지식을 전달하는 기호가 언어·문자이며, 이 때에 언어와 문자가 내포하고 있는 의미와 내용 그것이 바로 지식이다. 따라서 지식이란 하나의 의미이며 또한 의미체인 것이다. 그리고 의미 또는 의미체로서의 지식은 주관을 통하여 생긴 것은 사실이지만 주관 그 자체는 아니다. 그렇다고 주관이 객관을 앎으로써 생겨진 의미로서의 지식은 객관을 통하여 얻어진 것이기는 하지만 객관 그 자체도 아니다. 왜냐하면 주관이나 객관의 대상은 변할 수도 있고 또 변하기도 하지만, 일반의미로서 나타난 지식은 객관적 지식으로서 머물러 있어야 하며, 그 독립성을 유지해야 하기 때문이다. 물질불멸의 원칙은 무너졌지만 그 지식은 그대로 남아 있으며, 역사는 변했지만 그 역사적 기록인 의미체, 즉 지식은 영원히 남아 있는 것과 같다.

이러한 의미로서의 지식은 참(眞)일 수도 있고 거짓(僞)일 수도 있다. 천동설이 지동설로 바뀌고 역사를 새로 쓰기도 한다. 철학자들의 진리에 대한 결론도 서로 달랐다. 그러나 인간은 참된 지식을 갈망하여 그 추구를 늦추지 않는다. 그러므로 여기에서 지식의 이론, 다시 말해서 인식론이 철학의 과제로 나타나게 되는 것이다.

인식론의 기원, 즉 넓은 의미의 지식론으로서의 인식론의 역사는 고대 그리스의 플라톤까지 소급할 수 있지만, 철학의 중심적인 과제로 문제삼게 된 것은 로크(John Locke, 1632~1704)에 의한 「인간 오성론」(An Essay Concerning Human Understanding, 1960)을 그 효시로 한다. 이 때문에 영국의 인식론적 경험철학자인 로크는 근대 경험론적 인식론의 시조로 불리운다. 로크 이외에 그와 밀접한 관련이 있는 버클리(G. Berkeley)와 흄(D. Hume)도 인식론에 크게 공헌하였다. 그러나 로크, 버클리, 흄의 인식론은 앎(지식, 인식)의 심리학으로서의 인식론이지 결코 그것이 엄밀한 의미에서 앎의 논리학적 인식론으로서의 철학적 인식론은 아니라고 보는 사람도 있다. 그것은 앎의 심리학과 앎의 논리학은 구별되어야 하고 또 엄밀한 철학적 의미에서는 앎의 논리학만을 인식론으로 보아야 한다는 데 근거한다.

지식의 기원에 관한 문제는 인식론 연구의 첫째 과제이다. 여기에 대한 이론(학설)에는 대체로 3가지를 생각할 수 있다. 경험론(empiricism), 합리론(rationalism), 비판론(criticism)이 그것이다.

1) 경험론(經驗論)

경험론(경험주의)은 지식의 기원을 경험에 두는 학설이다. 경험론의 반대이론은 합리론이다. 경험은 한 마디로 표현하면 감각이 지식의 원천이라는 견해이다. 이것을 풀이하면 한 개체는 그 5관(官, 또는 感)을 통하여 여러 가지의 인상을 받게 된다. 인상을 받은 개체는 그의 생활 환경과 상호작용(interaction)에 의해 차츰차츰 자기에 관한 지식을 획득한다. 즉, 지식은 감각적 경험(sense-experience)으로부터 시작한다는 것이다. 이렇듯 감각적 경험을 지식의 기원으로 하는 이론을 경험론이라고 한다.

경험론의 시조는 영국의 인식론적 경험철학자인 로크이다. 로크의 사상은 버클리, 흄에 의하여 발전되어 이른바 영국의 경험론을 형성하고, 그 영향은 프랑스의 꽁디약(E. B. Condillac), 미국의 제임스(W. James)로 이어진다. 제임스의 프래그머티즘(실용주의, Pragmatism)도 경험론에서 파생된 한 유파라고 할 수 있다.

2) 합리론(合理論)

경험론에 대립되는 이론으로서 합리론이 있다. 합리론(합리주의)은 때로는 이성론이라고도 한다. 합리론은 형이상학적 의미에서는 존재일반의 원리를 이성에 두고 존재 이유를 갖지 않는 것의 존재를 인정하지 않는 학설이다. 그러나 여기에서의 합리론은 인식의 기원을 문제삼는 인식론적 견지에서의 경험론과 대립되는 견해이다. 합리론은 경험론에서 말하는 인간의 감각은 지식의 소재가 되는 것을 제공하는데 지나지 않는다. 지식은 개개사물의 일정한 시간과 장소에 있어서의 특수한 상태의 특수한 상태의 감각적 지각(知覺) 속에서는 구할 수 없다고 본다. 지식은 어디까지나 통일적인 개념 또는 원리이다. 즉, 지식을 통일하는 것은 감각 또는 경험에서 완전히 독립한 인간의 지성 또는 이성인 것이다. 바꾸어 말하면 잡다한 감각적 인상에 통일을 부여하는 것은 감각 또는 경험으로부터 전혀 독립된 인간의 지성 또는 이성인 것이다.

그러므로 진정한 지식은 감각적 경험의 조직 자 또는 체계자로서의 인간에게만 부여된 생득적 능력인 이성에 있다는 것이다. 더욱이 인간의 감각은 때로는 오류를 범하기 쉽다. 환형(幻形), 환상(幻想), 착각(錯覺) 등은 감각경험이 오류를 범하고 있음을 나타난 예이다. 이러한 생각만이라도 벌써 감각경험이 진정한 지식의 원천이 될 수 없음을 일러주고 있다. 그러므로 진정한 지식은 이성 속에서 그 근원을 가진다고 생각하기에 이른다. 즉, 지식의 원천을 감각적 경험이나 인상으로부터 독립한 그것에 합리적 통일을 부여하는 이성 속에서 구하려는 견해를 우리는 합리론이라고 한다.

이 학설을 주장한 사람은 데카르트(R. Descortes), 스피노자(B. D. Spinoza), 라이프니쯔(G. W. Leibniz), 헤겔(G. W. F. Hegel) 등이다. 특히 데카르트는 그의 합리론의 기본 명제인 “나는 생각한다. 고로 존재한다”(Cogito ergo sun)를 주장, 이성의 힘을 믿고 있었다.

3) 비판론(批判論)

지식의 기원을 밝히는 이론에는 경험론과 합리론 이외에 비판론이 있다. 비판론은 어느 의미에서는 두 이론의 절충설이다. 즉, 비판론은 지식의 원천을 감각적 경험에 있다고 주장하는 경험론과 이성 속에 있다고 보는 합리론을 비판하고 이를 고차적인 입장에서 통일한 것이 바로 비판론이기 때문이다.

비판론에 의하면, 지식은 감각적 경험과 인간 이성의 활동의 양자를 그 근원으로 한다. 지식은 모두가 경험과 더불어 시작된다고 보게 된다. 그리고 경험의 범위 내에서만 타당한 것이 된다. 그러나 그것은 경험으로부터 발생하지 않는다. 먼저 감각경험을 통하여 인식의 대상, 즉 직관의 재료가 부여된다. 그런데 사물을 직관한다고 하는 것은 경험론이 주장하는 것처럼 단순히 사물을 외부로부터 수동적으로 수용하는 것이 아니라 거기에는 벌써 이성의 적극적인 활동이 있는 것이다. 즉, 직관의 형식이 작용하고 있는 것이다. 모든 인식의 대상은 공간과 시간에 의해 부여되는 것이다. 공간과 시간은 인식의 대상을 파악하는 이성의 선천적 형식이며 경험과 같이 나타나는 것이다. 경험 이전에 존재하여 경험을 가능하게 하는 조건으로서 이 형식에 의해 파악된 것이 대상인 것이다.

다음에 직관에 의하여 부여된 잡다한 내용을 통일하는 것이 오성(悟性)과 사유(思惟)작용이다. 오성이 잡다한 직관 내용을 통일하는 것은 순수오성 개념, 즉 범주(category)에 의한다. 이 오성의 비량적(比量的) 사고작용에 의하여 직관내용, 즉 감각적 잡다(雜多)는 하나의 조직이 부여되며 여기에 처음으로 인식이 성립된다. 따라서 지식 또는 인식은 ① 경험에 의하여 부여되는 직관내용으로서의 감각 소재와 ② 이것을 구성하는 직관 및 오성의 양자가 공동으로 작용할 때에 한해서 성립된다. 칸트가 지적한 것처럼 내용이 없는 사고는 공허하며, 개념이 없는 지각은 맹목인 것이다. 인식은 경험과 더불어 나타나지만 경험의 가능 근거로서 경험에 선행하여 존재하는 직관 및 오성의 선험적(先驗的, apriori)인 형식의 존재를 주장하는 것이므로 이 설을 선험론(apriorism)이라고도 부른다. 선험론은 칸트에 의하여 제창된 것으로서 비판론의 변형이다.

2. 인식론과 교육

1) 지식교육의 성립조건

인식론은 지식에 관한 이론이다. 지식의 기원, 종류, 구조, 타당성 등을 주요 연구 대상으로 삼는다. 교육은 지식, 정서, 기능의 전파를 통하여 바람직한 인간을 형성하려는데 있다. 그 중에서도 지식은 교육의 주요 대상이다. 특히 오랫동안 학교교육에서 실현코자 하는 이상이 지, 덕, 체의 구상에 있었다고 하면 지식에 관한 올바른 견해는 교육실천에서 더욱 중요하게 부각된다. 여기에 교육의 철학적 기초로서 인식론이 중요한 일익을 담당하고 있는 것이다. 확실히 우리의 교육현실은, 특히 학교교육의 현실은 지식위주의 교육, 즉 지식교육에 집중 또는 열중하고 있다. 그럼에도 불구하고 우리의 교육현실은 지식에 대한 정확한 지식, 또는 올바른 이해도 없이 지식교육만 이루어지고 있다. 어떤 지식이 가치로운 지식인지! 어떤 지식이 나에게 유용한 지식인지! 그리고 그 지식의 획득과정은? 그 지식의 성질은? 그 지식의 종류는? 등에 대한 명확한 규명 없이 지식이라고 하면 무조건 선호하고 또 얻으려는 이른바 지식숭배주의, 지식지상주의 교육관을 낳고 있다. 우리는 이 서글픈 교육현실에 눈을 직시하고 각자 나름의 지식에 대한, 즉 인식론에 대한 교육철학적 기초를 다져야 할 것으로 사료된다.

우리는 앞서 지식의 기원을 밝히는 3가지 이론인 경험론, 합리론, 비판론의 입장을 보았다. 우리는 지식의 습득과정에 대하여 깊은 관심을 기울여야 한다. 즉, 지식의 습득과정이 경험론적, 합리론적, 비판론적 사고 중에서 어느 입장을 취하고 있는가, 아니면 이 모두를 포함하는 입장인가에 대한 정립이 필요하다. 지식에 대한 이러한 인식론적 사고체제를 갖지 않는다면 올바른 교육이 실천될 수 없기 때문이다. 우리 모두는 올바른 지식교육을 위하여 인식론에 대한 교육적 기초를 확립하여야 함은 물론이고 지식 전수에 그치는 어리석음에서 벗어나야 한다.

인식의 기원을 밝히는 3가지 이론은 직접적으로 우리의 교육실천과 직결되어

나온다. 예컨대 인식의 기원을 경험에서 찾는 경험론, 이성에서 찾는 합리론, 경험과 이성의 양쪽에서 찾는 비판론에서는 각각 아동의 경험중심의 교육, 이성계발중심의 교육, 경험을 기초로 한 이성훈련의 교육으로 나타나게 된다. 이것은 교육자의 인식에 대한 사고체계가 경험론자, 합리론자, 비판론자에 따라 각기 다른 교육실천 방향이 설정될 수 있다. 이러한 교육관의 결과물은 커리큘럼의 편성에도 구체적으로 다르게 나타난다. 이른바 경험론에 기초한 교육은 아동의 구체적이고 활동적인 교육으로 이끄는 경험중심 교육과정이 편성되고, 합리론의 교육은 수학, 윤리학, 형이상학 등 사고의 훈련과 합리적 사유에 의한 이성의 계발에 치중하려는 교육과정이 나오게 된다. 경험과 이성을 모두 받아들이는 비판론의 입장에서는 경험중심과 이성중심의 교육과정을 모두 중시하는 절충적 교육과정이 편성될 것임은 자명하다.

또한 지식의 종류에 있어서도 어느 쪽의 지식을 중시하느냐에 따라 인식론에 대한 각자의 사고체제가 부각된다. 지식의 종류에 따른 문장, 즉 종합적 문장, 분석적 문장, 규범적 문장 등은 지식교육의 일부인 문장구성 교육에 직접적인 영향을 미친다. 이 문장에 따른 진술방법에 있어서, 종합적 진술, 분석적 진술, 규범적 진술방법 여하에 따라 문장의 진술방법 교육에 직접, 간접으로 관련된다. 산업사회의 발달로 문장구성이 아닌 기계적 조작의 기능이 강조되고 있는 현대사회에서는 더욱 글로써 자기의사를 진술하는 방법에 대한 교육이 중요하다.

지식과 교육과의 관련, 특히 지식교육에서 문제되는 것은 지식을 성립시키는 조건에 대한 이해와 이의 활용이다. 모든 지식은 모두 지식으로 성립되는 것이 아니라 지식의 성립조건을 만족시켜 주어야 한다. 그것이 명제적 지식에 있어서의 신념조건, 진리조건, 증거조건, 방법조건이다. 우리는 어느 의미에서는 이 지식의 조건을 만족시키기 위하여 우리의 교육적 노력을 쏟고 있는 것이다. 따라서 내가 가르치는 이 지식이 과연 지식의 조건을 만족시키고 있는가에 대한 반성이 있는 곳에 지식교육의 허와 실이 있다. 지식교육이 이러한 성립조건을 조건을 만족시키지 않는 교육을 우리는 주입식(indoctrination) 교육이라고 한다.

2) 지식의 조건과 교육

다음으로 지식론과 교육과의 관계, 더 좁게는 지식의 조건과 교육과의 관계를 종합 정리하여 보고자 한다.

첫째는 인식론적 질문으로 가르치는 지식의 논리적 특징과 지식의 근거와의 확실성에 대한 질문이다. 예컨대 내가 역사를 가르친다면 역사적 지식이 성립되는 기본적 조건은 무엇이며 어떤 근거에서 어느 정도의 확실성을 가진 것인가에 대한 이해를 가지고 있어야 한다.

둘째는 가치론적 문제로서 "어떤 지식이 가장 가치로 운가"를 질문한데 대한 대답을 주는 일이다. 교육과정의 선정과 가장 밀접한 문제가 바로 이 문제이다. 어차피 우리가 모든 지식을 교육의 대상으로 삼지 못하는 한, 또한 모든 앎이 가치롭다고 할 수 없고, 같은 정도로 가치롭다고 할 수 없는 한 지식의 가치문제는 중요하다.

셋째로 발생학적 문제로서 "지식은 어떻게 형성되는가"에 대한 대답이 그것이다. 이것은 지식에 관련된 인간의 능력이 발달하는 과정과 기제를 설명하는 일이며 지식을 얻는 학습과정을 설명하는 일이다. 예를 들면 피아제(J. Piget)나 부르너(J. Bruner)의 인지구조의 발달단계가 모두 이런 질문에 대한 대답의 유형이라고 할 수 있을 것이다.

넷째로 방법적 질문으로, 우리가 지식의 구조에서 논할 근거와 방법에 대한 탐구의 영역이다. 즉, "어떻게 지식을 발견할 수 있는가"의 질문에 답하기 위해서는 지식탐구의 적절한 방법의 기준을 알아야 한다. 물론 증거와 방법론은 정해져 있는 것이 아니며 새로운 방법과 수정된 방법을 생각할 수 있다. 왜냐하면 방법도 변하고 발전 가능하기 때문이다.

다섯째로 교육학적 질문이 있다. 이것은 지식을 어떻게 가르칠 수 있는가에 대한 대답을 요구하지만 교육학적 질문은 앞의 인식론적, 가치론적, 발생학적, 방법론적 질문에 기초하여 대답할 수 있는 문제이다.[17]

---

17) 한명희, 전게서, pp. 159-160.

그러므로 지식교육 이론은 앞의 네 가지 질문을 기초로 해서 가능하지만 이 네 가지 유형의 질문과 관련된 지식들을 종합하여 지도과정을 구성하는 일은 또 다른 작업이며 논리를 요구하는 문제인 것이다.

제 3 절 가치론과 교육

1. 가치론의 개념

가치론(價値論, axiology)은 존재론, 인식론과 더불어 철학연구의 3대 영역 중의 하나다. 교육철학의 기초로서 우주의 궁극적 실재를 찾는 존재론, 지식의 문제를 다루는 인식론도 교육에 대한 중요한 철학적 기초를 제공하지만 보다 더 중요한 것은 가치론적 기초이다. 교육의 모든 행위는 가치형성과 무관한 것이 하나도 없기 때문이다. 모든 교육활동은 종국적으로 가치와 직접 연결된다. 어느 의미에서 교육=가치, 또는 가치교육이라고까지 확대 해석할 수 있다. 모든 교사의 교육활동은 언젠가는 그 활동에 대한 가치판단을 하게 되어 있다. 이것이 바로 교육=가치, 또는 가치교육이라고 규정지울 수 있는 근거이다. 논자에 따라서는 교육을 가치를 다루는 가치기업(value enterprise) 또는 도덕의 기업(moral enterprise)이어야 한다고 주장하는 데서도 더욱 자명해 진다. 여기에 대해서는 「가치론과 교육」에서 다룬다.

가치론은 가치(value)에 관한 이론, 즉 가치이론이다. 또 가치론을 주로 철학에서 가치철학과 거의 같은 의미로 사용한다. 가치철학은 가치로써 근본원리를 삼는 학설이다. 따라서 가치론은 무엇이 가치로 운가(what is valuable?)를 탐구하는 철학설이다. 존재론(형이상학)이 무엇이 실재하는가(what is real?), 인식론이 무엇이 진리인가(what is true?)를 다루는 문제 영역임과 잘 대응된다. 가치이론 또는 가치철학을 뜻하는 가치론은 가치에 대한 일반적 탐구를 목적으로 하는 철학적 술어이다.

가치론의 연구영역에 포함되는 학문으로는 윤리학(ethics)과 미학(esthetics)이 있다. 가치론이 사람의 도덕적 행위에 관한 것일 때 윤리학(倫理學), 가치론이 아름다움(美)이나 예술을 연구 대상으로 삼을 때 미학(美學)이라고 이름 붙인다. 윤리학은 도덕철학(moral philosophy)이라고 불리며 선(善), 악(惡), 정(正), 사(邪) 등 도덕적 가치를 탐구한다. 즉, 인간의 도덕적 가치와 행위에 대하여 철학적 연구를 하는 학문이다. 미학은 미학이론으로서 미(美), 추(醜) 등 미와 예술의 분야에서 미의 가치(미적 가치)에 대한 탐구이다. 미학은 예술의 가장 넓은 의미에서 이론적인 면을 취급한다. 그러므로 미학은 예술론 혹은 예술철학과도 깊은 관계를 가진다.

무엇이 선이며, 무엇이 악이며, 무엇이 정이며, 무엇이 사(부정)인가 등, 인간의 도덕적 가치와 행위를 탐구하는 직관주의(직각설, intuitionism)이고, 다른 하나는 자연주의(자연설, naturalism)[18]이다. 직관주의에 의하면 인간은 직관적으로 선과 악 등의 도덕적 가치를 인지한다는 것이다. 다시 말하면 인간은 생득적, 선천적인 도덕심을 통하여 정(rightness)과 사(wrongness)를 분별한다. 생득적 도덕심에 의하여 직관된 도덕적 가치는 그 자체로서 올바른 것이다. 이러한 도덕적 가치의 정당성은 논리적으로 증명되거나 경험적으로 검증되지 아니하고 직관을 통해서만 그 정당성(正)이 밝혀지는 것이다. 이에 반하여 자연주의 도덕관에 의하면 도덕적 가치는 경험의 소산이라는 것이다. 즉, 정(正, 바른 일)과 사(邪, 사악한 일)는 인간의 생득적, 선천적인 직관에 의하여 인지되는 것(직관주의)이 아니고 실제 경험을 거쳐 비로소 결정된다는 것이다. 다시 말하면 도덕적 가치란 인간의 필요, 흥미, 욕구에 의해서 비롯되고 결정된다는 견해이다. 그러므로 도덕적 가치는 도덕적 가치가 가져온 결과에 대하여 면밀한 검토에 의해서 결정된다는 것이다. 바꾸어 말하면 도덕적 가치는 인간 행위의 실제적 결과에 대한 객관적, 과학적 검토에 기초해야 하는 것이다. 그러므로 인간 행위의 결과는 경험적으로 판정되고 그런 방법으로 도덕적 가치가 정해진다.

가치론이 하나의 학으로 성립된 것은 19세기 후반의 신칸트파(neo-Kantaians), 그 중에서도 특히 남서 독일학파, 즉 바덴(Baden)학파에 의해서이다. 물론 바덴학파 이전에도 가치의 문제가 논의되지 않은 것은 아니다. 이를테면 고대의 아리스

18) George F. Kneller, op. cit., p. 30.

토텔레스는 재물이나 건강 등은 상대적 가치를 가지는 것으로서 다만 칭찬할 만한 것이고, 가장 완전하고 신성한 절대적 가치를 가지는 것은 존경할 만한 것이라고 하여 상대적 가치와 절대적 가치를 구별하였다. 또 칸트도 사실문제와 가치문제를 구별하고 이론의 부문과 가치의 부문을 구별한 이래 가치는 철학상의 중요한 문제로 제기되기도 하였다.

그러나 가치론은 19세기 후반에 들어와 독일과 오스트리아의 학문적 문화권에 다시 제기되어 로체(R. H. Lotze), 빈델반트(W. Windelband) 등에 의하여 학문적 기초가 구축되고 모든 가치의 전환을 주장한 니체(F. W. Nietzsche)로부터 결정적인 자극을 받았다. 이렇듯 가치론이 하나의 학적체계(學籍體系)로, 즉 가치철학으로 이루어낸 것은 빈델반트, 리케르트(H. Rickert), 라스크(E. Lask) 등으로 대표되는 남서 독일학파, 즉 바덴학파이다.[19] 바덴학파는 형상과 질료의 이원론적 입장에서 가치 설을 주장하여 문화일반의 가치비판에 치중하였다. 구체적으로는 자연과학적 유물론에 반대하고 형이상학적 실체개념보다는 관계개념을 중요시하여 가치철학의 근거를 관계개념에 두고 활발한 논의를 전개하였다.

이렇듯 가치철학은 처음에는 주로 독일에서 발전하였으나 차츰 영, 미에서도 중요시되었다. 이를테면 영국에서는 보즌킷(B. Bosanquet)이 비판적 가치철학을 발전시켰고, 소올리(W. R. Sorley)는 도덕적 가치론을 성취하였다. 미국에서는 특히 액시올로지(axilolgy)라는 이름으로 가치철학을 중시하였다. 예컨대 어어번(W. M. Urban)은 형이상학적 입장에서 가치철학을 건설하였고 페리(R.B. Perry)는 흥미의 발생과 변질에 따라 가치도 역사적, 사회적으로 변한다고 보았다. 이러한 페리의 견해는 사실판단과 가치판단의 구별을 배제하는 존 듀이, 그리고 20세기 미국철학의 큰 조류를 이루고 있는 논리적 실증주의(logical positivism)에로 연결되고 있다. 논리적 실증주의는 가치판단이란 무의미한 것으로 받아들이고 있으면서도 프래그머티즘과 보조를 같이 하면서 가치철학의 새로운 길을 모색하려 하고 있다.

---

19) 신칸트학파에는 바덴학파와 마르부르크학파(Marburger Schule)의 두 학파가 있다. 마르부르크학파의 대표적인 학자는 코오헨(H. Cohen), 나토르프(P. Natorp) 등이다. 신칸트학파와 대립되는 학파는 흔히 브렌타노학파(Brentano Schule)라고 불리는 독일-오스트리아학파(deutscheosterreichische Schule)이다. 이 학파에 속하는 철학자는 후설(E. Husserl), 마이농(A. Meinong), 스툼푸(C. Stumpt) 등이다.

가치(價値, value)라는 말은 물품, 상태, 사건, 인간, 행위 등 넓은 의미의 어떤 대상에 갖추어져 있는, 혹은 주어지고 있는 값어치를 말한다. 매매나 교환의 대상이 되고 생활과 직결되는 물품에 대한 가치의 해명은 경제학의 주제이다. 또 자연, 예술작품을 대상으로 하는 감상, 평론 등 미학 등이 관계하는 것도 가치이다.

그러나 가치가 있다는 것은 좋은 것, 독일어로 'Guter, 財'라는 뜻이다. 가치란 선한 것을 행하고 따라서 선한 것을 형성하며 훌륭하다는 뜻이다. 즉, 문화가치는 문화재의 본질이라고 할 수 있다. 그 '선한 것', '좋은 것' 그리고 '훌륭한 것'의 종류와 구조를 규명하는 것이 가치철학의 과제이다.

가치에 대한 일반적 탐구는 가치론의 영역이다. 가치론은 다음과 같은 셋의 근본 문제를 제기한다.

① 가치는 주관적인가, 객관적인가? 즉, 인간적인가, 비인간적인가?

② 가치는 변하는 것인가, 불변하는 것인가?

③ 가치체계, 즉 가치의 위계, 서열이 있는가, 없는가?[20]

가치(價値)의 근본 문제 중 첫째의 문제, 즉 객관적 가치와 주관적 가치에 대하여, 그리고 둘째의 문제, 즉 불변적 가치와 가변적 가치(또는 절대적, 본질적, 항구적 가치와 상대적, 비본질적, 일시적 가치)에 대하여 닐러의 견해를 보기로 한다.[21]

객관적 가치(objective values)의 주장은 인간의 관심과는 관계없이 그 자체로 존재하는 가치가 있다고 주장한다. 진(truth), 선(goodness), 미(beauty)와 같은 가치는 보편적 실재로서 그러한 가치는 사물의 본래적 성질의 일부분이라고 한다. 어떤 사물은 객관적으로 진리이며 어떤 행동이나 성질은 본래적으로 선이라고 한다. 어떤 사물은 그 자체로서 미이다. 객관적 가치를 가지며 교육은 그 자체로서 가치를 갖는다. 주관주의적 가치관에서는 가치는 인간의 관심의 반영이라고 주장한다. 어떤 것이 가치를 갖기 위해서는 어떤 사람에 의하여 가치 있는 것으로 평가되어야 한다. 가치 있는 모든 것은 그 자체가 가치를 갖는 것이 아니고 인간에 의하여 가치를 갖게 된다고 한다. 예를 들면, 교육이 가치 있다고 하는 것은 인간에 의하여 교육이 가치를 갖게 된다는 것이다. 즉, 교육을 가치 있는 것으로 생각하는 이들과

20) George F. Kneller, op. cit., p. 26.
21) Ibid., pp. 26-27.

관계없이 교육을 가치 있는 것으로 주장할 수는 없다는 것이다.

혹자는 가치는 영원 불변의 그리고 절대적인 것이라고 주장한다. 이러한 영원 불변의 가치는 과거와 마찬가지로 현재에도 가치 있는 것이며 종족이나 계급에 관계없이 모든 사람에게 가치 있는 것이라고 한다. 자선(慈善, charity) 같은 것은 어느 때 어느 곳에서나 누구에게도 선이라는 것이다. 여기에 반대하는 이들은 모든 가치는 인간의 욕망과 관계된다고 주장한다. 인간의 욕망이 변함에 따라 욕망을 나타내는 가치도 변하는 것이다. 그러므로 욕망이나 가치는 새로운 역사적 상황, 새로운 과학의 발견, 새로운 기술의 발달, 교육의 발달 등에 대처하여 변한다는 것이다.

가치이론(價値理論)에는 두 가지 대립되는 가치설이 있다. 가치도구설(價値道具說)과 가치본유설(價値本有說)이 그것이다. 이 두 가치설은 위에서 본 가치론의 근본 문제와 직접 또는 간접으로 매우 깊은 관계가 있다. 주관적 가치는 가치도구설과, 그리고 객관적 가치는 가치본유설과 그 근본에 있어서 동질성과 유사성을 지니고 있기 때문이다. 또 가치도구설은 비본질적 가치인 수단적 가치, 상대적 가치, 일시적 가치와 그리고 가치본유성은 본질적 가치, 목적적 가치, 절대적 가치, 항구적 가치와 깊이 관련되어 있는, 즉 어떤 의미에서는 동질의 개념으로 해석할 수 있기 때문이다.

말할 필요도 없이 가치도구설은 그 자체로서 가치를 지니는 것이 아니고 어떤 목적 달성을 위한 유효한 도구, 또는 수단이 되느냐 아니냐에 따라 가치결정의 기준을 두는 입장을 말하고, 이와는 반대로 가치본유설은 사물 그 자체가 그 자체로서 독립적이고 가치를 지니고 있다는 설이다. 즉, 가치본유설은 누구의 평가에 관계없이 독자적으로 사물 그 자체에 가치를 지니고 있다는 입장이다. 그러므로 가치본유설이 가치의 본유(질)성과 절대성, 독립성, 목적성, 내재성을 강조한다면, 가치도구설은 가치의 도구성, 상대성, 의존성, 수단성, 외재성을 강조하는 것으로 볼 수 있다. 여기에서 또 하나의 가치이론인 가치절대주의와 가치상대주의를 만나게 된다.

가치절대주의(價値絶對主義)는 가치본유설에서와 같이 가치의 절대성을 믿고 가치의 원형이나 본질은 변하지 않는다는 이른바 영원 불변한다는 입장인데 반하여,

가치상대주의(價値相對主義)는 가치도구설에서와 같이 어떤 가치가 역사성과 시대성에 따라 상대적으로 변하는 가치를 지칭하고 있다. 전자의 입장에서 절대적 가치를 도출하고 후자의 입장에서 상대적 가치를 인출할 수 있다. 절대적 가치는 보통 진, 선, 미, 성 등을 말한다.

가치의 종류, 즉 가치를 어떻게 분류하는가 하는 문제는 가치의 본질을 규명하는 것만큼 어려운 일이다. 뿐만 아니라 가치의 본질의 구명과도 직결된다. 가치의 분류는 바로 가치의 본질을 밝히는 결과가 되기 때문이다. 가치의 본질은 따지고 보면 정・반의 대립과 대소, 고저의 차이에서 밝힐 수 있다. 이제까지의 종류를 이 정・반의 대립개념으로 크게 나누어 보면 다음과 같다.

① 본질적 가치와 비본질적 가치
② 절대적 가치와 상대적 가치
③ 목적적 가치와 수단적 가치
④ 내재적 가치와 외재적 가치
⑤ 항구적 가치와 일시적 가치
⑥ 정신적 가치와 물질적 가치
⑦ 불변적 가치와 가변적 가치
⑧ 객관적 자치와 주관적 가치
⑨ 적극적 가치와 소극적 가치
⑩ 1차적 가치와 2차적 가치
⑪ 내포적 가치와 외연적 가치

정・반의 대립개념으로 분류한 위의 가치분류는 왼편의 가치는 왼편대로 바른 쪽의 가치는 바른 쪽대로 그 의미에 있어서 유사성과 동질성을 내포하고 있다. 즉, 본질적 가치는 절대적, 목적적, 내재적, 항구적, 정신적, 불변적, 객관적 가치와, 비본질적 가치는 상대적, 수단적, 외재적, 일시적, 물질적, 가변적, 주관적 등의 가치와 일맥 상통한다. 이 들의 가치는 밖으로 표현된 글자만 다를 뿐 안에 들어 있는 의미는 동질성과 유사성이 깃들어 있다. 다시 말하면 본질적 가치는 절대적 가치, 목적적 가치, 항구적 가치이고, 비본질적 가치는 상대적 가치, 수단적 가치, 도구적 가치, 일시적 가치라고 볼 수 있다.

가치의 분류를 위에서와 같은 정・반의 대립개념으로 분류하지 않고 가치의 고・저, 즉 가치에는 위계 서열이 있는 것으로 보고 이 기준에 의해서 분류하는 경우도 많다. 이를테면 실질적 가치윤리학(materiale wertethik)을 세운 독일의 셸러(M. Sdheler)는 가치의 고・저(위계)를 감각적 가치, 생명적 가치, 정신적 가치, 종교적 가치로 서열화하고 있다. 셸러는 우리의 직관에 의하여 가치의 고・저를 우선. 열・우로 감득(感得)할 수 있다고 보고 가치의 실질, 즉 실질적인 사실로서의 가치를 중시하여 쾌(快, 감각적 가치), 생명(생명적 가치), 정신(정신적 가치), 성(聖, 종교적 가치)의 네 단계로 정하고 있다. 또 슈프랑거(E. Spranger)도 「생의 형성」(Lebensformeam, 1914)에서 6가지 가치를 들고 그 중에서 종교적 가치를 최고의 가치로 위치시키고 있다. 또 미국의 윤리학자이며 브라운(Brown)대학의 철학교수인 에버레트(W. G. Everett)도 가치를 경제적 가치(economic values), 지적 가치(intellectual values), 종교적 가치(religious values)로 나누어 가치의 높고 낮음을 서열화한 가치체계를 밝히고 있다.

위 학자들의 가치에 대한 분류에서 나타난 것처럼 모두가 정신적 또는 종교적 가치를 최상위의 가치로 인정하고 있다. 따라서 가치의 위계. 서열, 즉 고・저가 있음을 알 수 있다. 인간이란 원래가 하위의 가치에서 상위의 가치에로 한 단계 높은 가치를 희구하고 있다. 또 주어진 가치에 만족하지 않고 늘 새로운 가치를 추구하는 것이 인간이 지니는 기본적인 속성이다. 그것은 인간이 동물에서는 찾아볼 수 없는 가치, 진리에 대한 감각을 지니고 있기 때문이다. 이렇듯 가치의 분류는 정・반 대립의 개념, 또는 고・저, 즉 가치를 서열화하여 분류할 수는 있지만, 문제는 분류의 기준이다. 즉, 가치기준의 객관적 기준에 대해서는 아직까지도 논자에 따른 이견으로 의견의 일치를 보지 못하고 있는 실정이다.

이에 대하여 브렌타노(F. Brentano)는 다음과 같은 가치의 공리(公理)를 제시하였다. 즉, "적극적 가치의 존재는 그 자체가 적극적 가치이며, 적극적 가치의 비존재는 그 자체 소극적 가치이고, 소극적 가치의 비존재는 그 자체가 적극적 가치이다."[22) 그러므로 동일한 가치를 동시에 적극적이고 소극적이라고는 볼 수 없다.

실질적 가치윤리학을 세운 앞서의 셸러도 가치의 본질 직관에 의하여 다음 5가

---

22) 학원사 편, 철학대사전, 서울 학원사, 1964, p. 5.

지 가치의 고저의 기준을 세웠다. ① 가치는 영속적일수록 높다. ② 가치는 분할되어도 감소됨이 없을수록 높다. ③ 가치는 다른 가치에 지배받지 않을수록 높다. ④ 가치는 감득(感得)에 있어서 만족의 정도가 깊을수록 높다. ⑤ 가치는 현 존재에 국한됨이 적을수록 높다.[23)]

셸러의 위에든 가치기준은 철저히 정신적, 인격적, 항구적, 본질적, 내재적, 불변적, 객관적 위치에 따라 이 가치들을 절대적인 것으로, 즉 절대적인 가치로 받아들이고 있다. 절대적 가치란 일반적으로 진 · 선 · 미를 말한다. 논자에 따라서는 성(聖)을 더하기도 한다. 빈델반트는 그 대표적인 예이다. 이에 반하여 크로체(B. Croce)는 성 대신에 용(用)의 가치를 인증하고 있다.

지금까지 논의된 가치의 서열문제, 즉 위계 · 고저 문제에 대하여 이제 매듭을 지어야 할 것 같다.

먼저 전통적 철학 특히 관념론적 철학자들은 모두 최상위의 가치로서 본질적, 정신적, 지성적, 목적적, 항구적, 내재적, 불변적인 그리고 종교적 가치, 즉 절대적 가치를 높게 평가하고, 비본질적, 즉 수단적, 물질적, 육체적, 가변적 가치, 즉 상대적 가치를 최하위에 위치하는 가치로 본다.

이에 반하여 실재론적 철학자들은 물질적, 경제적, 사회적 가치, 즉 경험론적 가치의 우위성을 주장한다.

그러나 프래그머티즘적 견해에 동조하는 논자들은 가치의 상위, 서열을 정하는 그 자체를 반대 또는 부정한다. 이들에 의하면 가치란 어떤 목적 달성을 위한 수단 또는 수단에 지나지 않는다는 것이다. 따라서 가치판단의 기준은 그 가치가 수단 또는 도구로서의 공과 또는 기능에 따라 가치가 평가되어야 한다는 입장이다. 그러므로 실용주의자들의 가치에 대한 견해는 철저히 가치의 도구설을 믿고 가치의 본유설을 부정한다.

이제까지 우리는 가치론의 개념, 연구대상, 가치론의 근본문제, 가치의 종류, 가치의 위계, 서열, 가치분류의 기준 등에 대하여 살펴보았다. 생각건대 우리는 누구를 막론하고 자기 나름의 가치철학, 즉 가치관을 가지고 있다. 이 가치관에 따라 삼라만상의 가치판단을 내리고 있다. 어떤 이는 재화 등 물질이 지니는 경제

---

23) 학원사 편, 상게서, p. 5.

적 가치를, 어떤 이는 감각적 쾌락에서 얻을 수 있는 정서적 가치를, 또 어떤 이는 지위, 권력, 명성 등 사회적 가치를, 그리고 아름다움에서 느끼는 심미적 가치 등을 희구한다. 그러나 우리는 앞서 여러 학자들에 의한 가치의 위계, 서열의 분류에서 이미 살펴본 것처럼 종교적 가치를 가장 우위에 놓은 면을 보았다. 이 종교적 가치는 헌신, 신념 등 종교의 영적 생활에서 경험하는 성스러움과 신령함을 내면화하는 가치이다.

절대적 가치는 진, 선, 미, 성의 가치를 뜻한다. 그러면 교육은 가치론적 입장에서 어떤 유형의 가치를 추구할 것인가가 우리의 관심이 아닐 수 없다. 다음으로 가치론과 교육을 말하기로 한다.

2. 가치론과 교육

1) 가치교육의 중요성

문화는 인간에 의해 창조된다. 인간이 창조한 문화는 곧 인간이 표현한 가치의 집합체이다. 오랜 역사가 거듭되면서 인간은 현실의 세계에 만족하지 않고 이상적인 가치체계를 동경하였다. 이것은 인간만이 사유를 지닌 동물이고 가치와 진리에 대한 감각을 가지고 있기 때문이다. 인간은 사유작용과 가치감각을 통하여 다른 동물들이 가지지 못하는 문화를 보존하고 또 창출한다. 따라서 인간이 창조한 문화는 인간이 표현한 가치의 결정체이다.

인간은 사회라는 삶의 공동체 속에서 문화를 지니고 그 문화 속에 내재한 복잡한 가치관, 또는 가치체계 속에서 삶을 영위하고 있다. 우리는 이 가치관을 집대성한 사회의 윤리규범 속에서 생활하고 있다. 우리가 살고 있는 삶의 공동체는 어떤 가치체계로 얽혀진 복잡한 정신세계이다. 이 정신세계는 수없이 많은 가치들이 뒤얽혀서 상용(相容), 충돌되는 동안 또 다른 가치체계가 성립된다.

우리 인간은 이처럼 복잡한 가치체계 속에서 어떻게 적응하고 유지해 가느냐를 공부하고 가르치는 것이 교육의 기능이다. 본래 교육은 가치 지향적이다. 교육을 바람직한 인간형성의 작용이라고 말한 것도 가치 지향적이고 가치의 형성을 뜻하는 것이다. 교육은 본질적으로 가치와 불가분의 관계를 지닌 가치판단의 활동이다. 이처럼 교육과 가치의 뗄 수 없는 관계는 교육실천 면에서 더욱 잘 나타난다. 그것은 매일 이루어지는 교육내용이 가치판단, 즉 가치적 의미를 내포하고 있는 것을 보아도 잘 알 수 있다. 이를테면 교육목표를 설정하는 일, 학습단원을 구성하고 조직하는 일, 가르치는 일, 과제물을 내고 처리하는 일, 학급을 운영하고 경영하는 일 등 모두가 어떤 의미로든 가치판단을 내리고 있는 행위인 만큼 교육적 가치와 관련을 맺지 않는 것은 하나도 없다. 여기에 교육의 가치론적 기초가 절실히 요구되는 이유이며, 또 교사의 가치론적 소양을 요구하는 이유 중의 하나이다. 앞에서 교육의 여러 가지 철학적 기초 중에서 가치론적 기초가 가장 중요하다고 강조한 이유를 충분히 인식할 것으로 믿는다.

이런 의미에서 가치관 또는 가치교육은 교육철학에서 핵심적인 위치를 점유하고 있다. 그것은 교육과정 또는 교육실천에서 가치 이론적 탐구의 결과가 적어도 원리상 반영되어야 함은 당연하기 때문이다. 그러나 이론적 원리를 탐구하는 철학적 가치론은 실천적 활동인 교육적 가치판단에 부분적 원리를 제공할 수 있을 뿐이다. 철학적 기치론은 가치의 본질과 가치판단의 기준을 보편적 수준에서 탐구하지만 교육에서의 가치는 사회적 문화적 맥락과 더불어 검토된다. 그러므로 교육적 가치에의 철학적 접근은 순수철학의 이론적 준거를 적용하는 것 이상의 것이어야 한다.

교사의 교육적 가치판단에 부분적 원리를 제공함으로써 가치론적 탐구의 결과가 적어도 원리상 반영되고 있는 교육실천 행위의 가치적인 측면은 교육목표의 설정을 비롯한 교수행위, 평가형태, 학급경영 등 모든 교육활동에 나타난다고 이미 언급하였다. 이러한 교사의 실천행위 자체가 어떤 가치에 의해서 행해지느냐에 따라 학생들의 가치의 내면화가 다르게 나타나므로 더욱 교사의 가치론적 소양이 절실히 요구된다. 교사가 가치문제에 대한 기본적 소양을 지니지 않은 채 교육행위에 임한다면 가치형성을 위한 가치교육은 큰 실현을 거두지 못하고 단순한 지식의 전수에 끝날 것은 자명한 일이다.

가치형성을 위한 교육의 이론적 구조는 관점에 따라 여러 가지로 서술할 수 있겠지만 대략 두 가지로 묶어서 생각할 수 있다. 하나는 도덕적 사고를 위한 교육이고, 다른 하나는 사고내용에 따라 행동하는 교육으로 나눌 수 있다.[24] 전자는 전통적인 주지주의적 가치관에서는 도덕적 사고만 함양시키면 가치형성이 가능하다고 보는 입장이고, 후자는 함양된 사고를 사고로서만 머물게 하지 않고 그것을 행동으로까지 연결시켜야 한다는 입장이다. 전자의 경우, 즉 "덕은 지식이다"라는 명제에서와 같이 도덕적 사고의 함양이 곧 가치형성이라는 주장은 많은 윤리학자들에 의해서, 또 우리의 교육현실에서도 회의를 느끼게 하는 사례가 속출하고 있다. 윤리교과에서 만점을 받은 사람이 반드시 도덕적 행동으로 연결된다는 보장은 없다. 따라서 도덕적 사고는 도덕성의 충분조건에서만 끝나지 않고 행동으로까지 연결되어야 한다. 여기에서 도덕교육의 문제는 단순히 도덕적 사고의 함양에만, 그리고 도덕적 행동에만 있는 것도 아니고 양쪽을 모두 조화하는 곳에 비로소 가능하다는 것을 인식하게 된다.

2) 가치교육의 영역

가치형성을 위한 가치교육에서 다루어야 할 가치의 영역은 일상생활에서 언제나 당면하는 가치경험의 영역과 동일하여야 한다. 교육에서 다루어져야 할 교육경험의 영역을 특히 인간이 추구하는 가치생활로 본다면 다음과 같이 분류할 수 있다.[25]

① **생리적 가치** : 생물학적으로 설명될 수 있는 가치들로서 음식, 음료, 성적 만족, 건강, 생명의 보존과 연장 등이 있다.

② **경제적 가치** : 재화나 용역 등으로 사용되거나 교환되는 물질들이 가지는 가치들로서 화폐, 재산, 기물, 신용 등이 있다.

③ **정서적 가치** : 감각적으로 쾌락을 얻는 경험에서 가질 수 있는 가치들로서 유희, 성적 쾌락, 식도락, 안락, 흥미 등이 있다.

④ **사회적 가치** : 사회관계, 협동, 경쟁에서 경험하게 되는 가치들로서 우정, 권력, 지위, 명성 등이 있다.

---

24) William K. Frankena, "Towards a Philosophy of Moral Education." Moral Education, New York : Teachers College Press, 1974, pp. 148-158.

25) 이돈희, 교육의 철학적 기초, 서울대교육출판부, 1981, p. 96.

⑤ **지적 가치** : 탐구활동과 지력의 활동으로 만족을 얻으려고 할 때 경험하게 되는 가치들로서 지식, 진리, 원리 등이 있다.

⑥ **심미적 가치** : 자연적 혹은 인공적 아름다움을 감상할 때 경험하게 되는 가치들로서 아름다움, 장엄함, 희극, 비극, 취미 등이 있다.

⑦ **도덕적 가치** : 선과 의의 관념에 따라서 사회적 개인적 행위를 할 때 경험하게 되는 가치들로서 인격, 선악, 미덕, 봉사, 친절 등이 있다.

⑧ **종교적 가치** : 종교적 헌신과 의식을 존중하는 생활에서 경험하는 가치들로서 성스러움과 신령함 등이 있다.

물론 위와 같이 분류된 가치들은 부분적으로 중첩되어 정확하게 구분되지도 않는다. 다만 가치의 다양성이 있으며 관계된 범주가 무엇인가를 식별하는데 의미가 있을 뿐이다.

3) 가치론과 교육

가치교육의 중요성은 가치 지향적이고 올바른 가치관을 형성하는데 있다. 가치관의 형성은 가치교육에서 가능하다. 올바른 가치교육을 위해서는 이미 밝혀진 여러 가치이론과 원리들을 교육실천에 반영시켜 그 목적을 달성해야 한다. 더욱이 고도의 산업사회를 지향하고 있는 현대사회에서 삶을 영위하는 현대인들에게는 가치교육 또는 가치관 교육이 더욱 절실히 요구되고 있다. 현대사회는 절대가치나 본질적 가치인 정신적인 면보다도 상대적 가치나 도구적(수단적) 가치, 또는 물질적 가치만을 더욱 소중하게 여기는 경향이 있다. 따라서 현대사회의 젊은이들에게는 이 가치관 교육의 필요성이 더욱 심각하게 요구되고 있다. 가치란 어떠한 일면성만 있는 것이 아니고 언제나 다면성이 요구되는 것이다. 흑백논리에 기초한 양자택일의 가치관에서 탈피하여 가치의 다면성을 필요로 하는 가치관 교육이 절실히 요구된다.

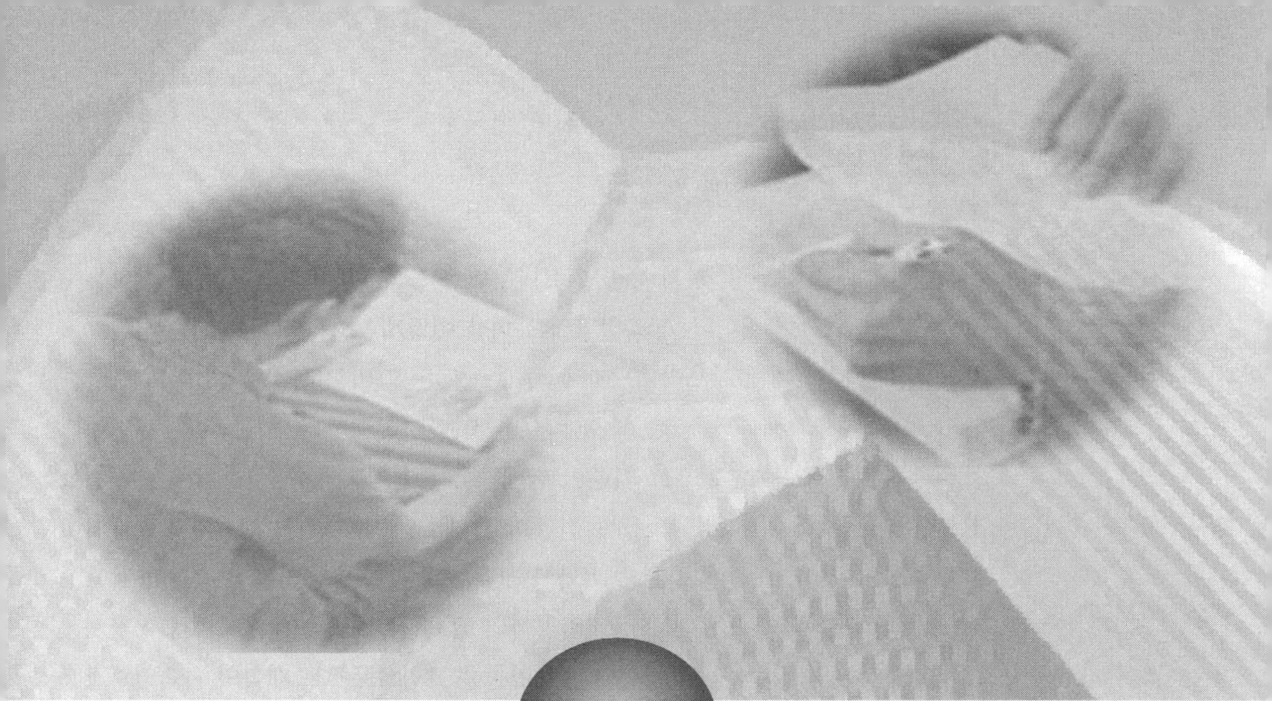

제 3 장

현대의 교육철학

제1절 진보주의 교육
제2절 본질주의 교육
제3절 향존주의 교육
제4절 재건주의 교육
제5절 실존주의 교육
제6절 분석철학과 교육

현대의 교육철학을 몇 가지 유형별로 나누어 그 고유한 이념을 분석, 고찰하는 것은 대단히 중요한 일이다. 교육철학의 유형을 어떻게 나누느냐는 문제는 사람에 따라 다르겠지만 대체로 브라멜드(Theodore Brameld)는 그의 저서 「교육철학의 제유형」(Pattern of Educational Philosophy, 1950)에서 진보주의, 본질주의, 항존주의, 재건주의로 분류하고 있는데 대략 그 기준이 현대의 교육철학으로서 이미 위치를 굳힌 것 같고 실존주의, 분석철학의 교육관은 최근에 크게 부각되어 교육철학으로서 주목을 받고 있다. 또한 최근에 들어와서 교육이론에 힘이 실리는 비판철학(critical philosophy)의 교육관을 들 수 있다. 비판철학의 교육관은 프랑크푸르트학파가 창시한 비판론에서 출발한다. 이 학파의 중심인물은 프랑크푸르트 대학의 사회연구소를 중심으로 한 호르크하이머(M. Horkheimer, 1895~1973), 아도르노(T. W, Adorno, 1903~1969), 그리고 마르쿠제(H. Marcuse, 1898~1979) 등이고 후기에 와서는 하버마스(J. Habermas, 1929~2006)의 사회인식론으로 대표된다.

제1절 진보주의 교육

1. 진보주의 역사

진보주의 교육철학의 뿌리는 고대 교육이론(이오니아 학파에 속하는 자연 철학자인 Herakletus, 그리고 Platon의 사상)과 코메니우스(J. A, Comenius, 1592~1670)의 사상에서도 찾아볼 수 있으나 정확히는 루소(J. J, Rousseau, 1712~1778)의 사상에서 출발하였다고 보아야 할 것이다. 진보주의 교육의 가장 중심 사상인 아동중심주의가 루소의 사상에서 싹텄기 때문이다. 루소는 자연주의적이고 자유주의적인 아동관에 따라 "장래에 아동이 성장하여 반드시 향유하리라는 보장도 없는 가상적인 행복 때문에 아동의 현재생활을 비참하게 하며, 아동의 장래를 위한 준비로서 현재를 희생하는 야만적인 교육을 어떻게 생각하여야 하는가"[1]라고 하여 당시의 엄격한 훈련과

1) R. J. Archer, Rousseau on Education, London, Amold Co., 1932, p. 88.

강압적인 교육방법에 항거하며 잘못된 성인중심의 준비교육을 통박하였다.

루소에서 싹이 튼 아동중심 교육사상은 19세기의 페스탈로치, 프뢰벨 등에 계승되고, 이 사상이 미국으로 도입되면서 19세기 미국 교육사상을 장식하는 두 인물인 만(Horace Mann, 1796~1859)과 바나드(Henry Barnard, 1811~1900) 등에 의하여 차츰 미국의 풍토 속에서 소화되어 움트기 시작하였다. 이들에 의하여 움튼 아동중심 교육사상을 발화하게끔 점화한 사람은 "20세기는 아동의 세기"라고 갈파하여 「아동의 세기」(The Century of Child, 1900)을 저술한 케이(Ellen Key, 1849~1926)여사이다. 이와 때를 같이 하여 진보주의 교육의 아버지라고 불리는 파커(F. W. Parker, 1838~1902)의 자기실현과 자기활동의 원리에 기초한 신교육운동은 진보주의 교육운동의 서장을 장식하고 있었다.

위의 진보주의 교육운동의 선구자 또는 개척자들은 제각기 정도의 차이는 있었지만 이들은 모두 이제까지 억압적이고 성인 중심적이며 지식중심이었던 전통적 교육에 반발하고 그 대신에 아동의 개성과 존엄성을 중시함으로써 아동의 자연스러운 성장을 조성하는 계발주의적, 인격주의적인 아동중심 교육의 기치를 치켜들었다. 이러한 아동중심 사상을 생물학적 진보사상을 기초로 하는 실용주의의 옥토위에 개화시킨 사람이 바로 듀이(John Dewey, 1859~1952)이다.

듀이는 1896년 시카고대학에 실험학교(Dewey's School)를 세우고, 다음에 「나의 교육신조」(My Pedagogic Creed, 1897)를 발간함으로써 진보주의 교육의 효시가 되었다. 1899년에 간행된 듀이의 「학교와 사회」(School and Society)는 이 실험학교의 중간 보고서로서 교육을 생활의 과정으로 보는 사상적 체계를 굳게 하였다. 전통적 학교로서의 "듣는 학교"가 아니라 "일하는 학교", "활동하는 학교"로서의 새 학교인 "실험학교"에서 얻은 경험을 바탕으로 듀이 교육철학의 집성인 「민주주의와 교육」(Democracy and Education, 1916)을 출간하게 하였다. 이 책은 진보주의 교육사상의 집대성인 동시에 진보주의 교육의 지침서가 되었다.

이처럼 진보주의 교육은 18세기 루소에 의하여 싹트고 만, 바나드, 파커 등에 의하여 토대가 형성되면서 듀이에 의하여 꽃을 피우게 되었다. 즉, 진보주의라는 이름 하에 하나의 교육개혁운동으로 전개되었다. 특히 1818년에는 듀이의 선봉자들이 진보주의교육협회(Progressive Education Association)을 결성하여 조직적인 개혁운동을 전개하였다. 이 협회는 듀이 및 킬패트릭(William H. Kilpatrick)의 진보주의 교육사상을 지지하고 이를 보급함으로써 전통적 교육에 대한 하나의 교육개혁운동으로 전개되어 약 30년 동안 국내외로 퍼져 갔다. 그 결과 1920년대에서 1930년대에 걸쳐 이 운동은 교육계의 일대 세력이 되어 미국 교육계를 풍미하였다.

2. 진보주의 교육사상

진보주의 교육의 사상적 배경은 루소의 성선(性善)적 아동관과 실용주의 철학인 실용주의(pragmatism)에서 찾아진다. 실용주의는 미국의 풍토 속에서 생겨난 미국 특유의 철학이다. 실용주의 철학은 수학자 퍼어스(C. S. Peirce, 1839~1914)의 새로운 심리학 연구에 의해서 개척되고 다시 듀이에 의해서 발전, 확충되어 집대성한 미국의 철학이다. 실용주의는 퍼어스와 제임스(W. James, 1842~1910)가 "형이상학 클럽"(Metaphysical Club)을 만들어 철학적 토론을 전개하는 과정에서 자라난 개념이다. 즉, 퍼어스는 1877에서 1878년에 걸쳐 발표한 6편의 논문 중, 제1논문인 「신념을 굳히는 방법」(The Fixation of Belief, 1877)과 제2논문인 「관념을 명확히 하는 방법」(How to make our ideas clear, 1878)에서 처음으로 실용주의 원칙을 발표하였다. 퍼어스로 하여금 실용주의 운동의 고유한 창시자로 지칭하는 것도 여기에 있으며, 그 후 제임스가 이를 이어받아 1907년 「실용주의」(Pragmatism)[2] 라는 저서를 출간함으로써 이를 더욱 발전시켰고, 듀이가 이를 계승하여 대성시켜 오늘날의 실용주의 철학을 완성하였다. 따라서 실용주의의 완성된 사상체계를 듀이에서 찾는다면 퍼어스는 씨를 뿌리고 제임스는 줄기를 가꾸고 듀이에서 그 꽃을 발견할 수 있었던 것이다. 그러나 퍼어스와 제임스 두 사람의 사상은 서로 다른 점도 발견할 수 있다. 즉, 퍼어스의 입장은 객관적 실용주의인데 비하여 제임스의 입장은 주관적 실용주의적인 면이 있다. 또한 퍼어스적 실용주의가 수학적, 논리적인데 대하여

2) 「Pragmatism」(1907)은 1906년 11월과 12월 Boston의 로웰학회(Lowell Lectres)에서, 그리고 1907년 1월 뉴욕의 콜럼비아 대학에서 행한 강연을 책으로 출간한 것인데 오늘날 실용주의 철학을 이해하는데 둘도 없는 고전의 하나이다.

제임스적 실용주의는 심리학적이라고 할 수 있다.

퍼어스는 칸트철학에서 특히 칸트의 실천이성 우위의 사상에서 영향을 많이 받아 행위의 우월성을 믿고 행위는 사유보다 훨씬 근본적인 것으로 보았다. 그가 실용주의를 제창한 것도 칸트철학의 영향임을 알 수 있다. 즉, 칸트는 「실천이성 비판」에서 실천이성의 명령을 실천적이며 정언적(定言的)인 실천적(praktisch)인 것과 경험적이며 가언적(假言的)인 실용적(pragmatisch)인 것을 구별하였다. 여기에서 'praktisch'란 선험적인 도덕법칙에서 사용하였고, 'pragmatisch'란 경험적인 법칙에서 사용하는 말이라고 하였는데 퍼어스는 여기에서 암시를 받았다고 한다.

진보주의 교육사상의 기초철학으로서 그 사상적, 철학적 기초를 제공하고 있는 'pragmatism'이라는 말은 퍼어스에 의하면 'pragma'에서 유래한 것으로 'pragma'에서 영어의 실행(practice), 실천적(practical)이라는 뜻을 찾을 수 있다고 한다. 따라서 'pragma'란 "행동, 행위, 실천"(action, deed, behaviour, practice)이라는 뜻을 찾을 수 있다는 것이다. 그러므로 'pragmatism'이란 행동과 행위를 본위로 하는 철학, 실행과 실천에 중점을 두는 철학, 더 나아가서는 실용을 중히 여기는 철학이라는 뜻이다. 즉, 퍼어스의 지적대로 관념의 의미는 그 관념이 불러일으키는 우리들의 행동양식과 그것에서 생겨나는 결과에 의해서 결정되는 것이며, 또 모든 진리는 그것에서 생겨나는 결과에 의해서 결정되는 것이기 때문에 모든 진리는 실제적인 효과를 가지지 않으면 안 된다는 것이 'pragmatism'의 입장이다. 우리가 흔히 'pragmatism'을 '행동주의', '실용주의'라고 부르는 것도 이 때문이다. 듀이는 'pragmatism'을 스스로 실험주의(實驗主義, experimentalism)라고 불렀지만 학자들 중에는 도구주의(道具主義, instrumentalism), 또는 기능주의(機能主義, functionalism)라고 부르기도 하였다.

먼저 실용주의를 도구주의라고 부르는 이유는 듀이가 지적한 것처럼 특수한 사태에 관계되는 관념은 행위에 대하여 도구적이 된다. 그러나 그 행위도 또한 새로운 뜻과 질서를 가진 사태를 자아내는 도구이며, 더 구체적으로는 지식은 우리의 문제를 푸는데 필요한 도구로 밖에 가치를 부여할 수 없기 때문이다.

다음으로 기능주의라고 부르는 이유는 우리는 어떤 사물에 대한 그 자체나 본질, 원인, 실체 등에 대한 인식이 불가능하기 때문에 그것들이 변해 가는 과정에서 나타나는 현상, 결과, 속성만을 연구대상으로 삼을 수밖에 없기 때문이다. 끝으로 듀이 자신이 실험주의라고 불렀는데, 그 이유는 어떤 사실을 판단하는데 옳고 그름, 좋고 나쁨을 미리 정할 수는 없고, 실험한 결과를 가지고 그것을 판단할 수밖에 없기 때문이다.

진보주의 교육의 기본사상인 '실용주의'는 영국 재래의 경험론과 공리주의 그리고 진화론과의 결합으로 이루어진 철학체계로서 사변적 절대주의에 반대하고 경험적 상대주의에 기초하여 논리주의나 주지설에 반격을 가하는 사상체계이다. 닐러(G. F. Kneller)는 진보주의 교육철학의 기본을 이루고 있는 이론으로서 다음의 6개항을 지적하고 있다.[3)]

① 이 세상에 영원 불변한 것은 없고 변화만이 실재한다.

② 가치는 상대적이다.

③ 인간은 사회적이고 생물학적인 존재이다.

④ 생활방식으로는 민주주의적 방식이 중요시되어야 한다.

⑤ 모든 인간의 행동에 있어서 비판적 지성의 가치가 발동되어야 한다.

진보주의의 근본 사상은 변화(change)에 대한 관념에서 출발한다. 진보주의 교육사상은 그리스의 헤라크리투스(Herakleitus, 535~475, B.C)로부터 출발한다. 그는 "만물은 유전(流轉)한다"고 하는 유수(流水)의 예화(例話)로서도 알 수 있듯이 이 세상에서도 변하지 않고 고정된 것은 없으며, 변화 그 자체가 만물의 속성으로서 변하지 않고 영구적인 것이 있다면 "세상은 변하고 있다"는 변화의 법칙뿐이라는 것이다. 따라서 진보주의는 변화를 우주와 인생의 기본원리로 정립하는, 즉 만물을 변화, 발전으로 포착하려는 관점에서 출발하고 성립한다. 이러한 사고는 금세기에 들어와서 급격하게 발달한 생리학, 심리학, 사회학 등 여러 과학의 연구결과가 잘 뒷받침해 주고 있다. 특히 다윈(C. R. Darwin, 1809~1882)의 생물학적 진화설과 스펜서(H. Spencer, 1820~1903)의 생물학적 진화론철학에 힘입었음은 말할 나위도 없다. 따라서 진보주의가 '변화'라는 사실을 그 철학적 기본개념으로 삼고 있는 것도 쉽게 이해할 수 있다.

---

3) G. F. Kneller(ed), Foundation of Education, New York : John Wiley and Sons, Inc., 1963, p. 86.

진보주의 교육을 뒷받침하고 있는 기본 원리 중의 또 다른 하나는 경험(experience)이라는 개념이다. 듀이가 그의 저서 중 「경험과 자연」, 「경험으로서의 기술」, 「경험과 교육」 등 경험이라는 용어를 즐겨 사용한 것도 이 때문일 것이다. 진보주의 교육사상가들은 실재로서 경험을 내세워 실재로서 경험의 세계를 강조하고 있다. 이것은 형이상학자들이 인간의 실재생활과 관계없는 실재에 대하여 논란을 거듭하고 있는 것과는 대조적인 현상이다. 그래서 진보주의자들은 생활이라는 말과 경험이라는 말을 같은 말로 보고 경험을 통하지 않는 이론은 공허한 것이라고 비난한다. 경험에 의하지 않는 지식, 진리, 가치란 생각할 수 없다고 단정하는 것도 이 때문이다. 퍼어스가 경험에 의해서 검증되지 않은 희망은 엉뚱한 낙관주의와 같다고 한 말은 이것을 뜻한 것이다.

3. 진보주의 교육원리

진보주의 교육사상은 루소의 성선설적인 아동관과 듀이의 'pragmatism'적 경험론에 입각하고 있음은 전장에서 이미 밝혀지고 있지만, 구체적으로는 어떠한 내용을 갖고 있는가에 대하여 알아볼 필요가 있다.

진보주의자들은 이론과 실제 면에서 각각 다양한 의견을 보이기도 하지만 전통적 교육의 형태를 반대한다는 점에서 서로 입장을 같이 한다. 즉, 그들은 ① 권위적 교사, ② 교재중심의 딱딱한 교육방식, ③ 암기위주의 수동적 학습, ④ 교육을 사회로부터 고립시키는 폐쇄적 교육철학, ⑤ 체벌이나 공포분위기에 의한 교육방식 등에 반대하였다.[4)]

진보주의교육협회(P. E. A)는 진보주의 교육을 보급하기 위하여 아래와 같이 7개항의 강령으로 채택하였다.

① 아동은 외적 권위에 의하지 않고 자신의 사회적 필요에 의하여 자연스럽게 발전할 수 있는 자유를 누려야 한다.(자연스러운 아동의 발달)

② 아동의 흥미와 욕구의 충족이 모든 학습활동의 동기가 되어야 한다.(흥미에

---

4) Allan C. Ornstein, An Introduction to the Foundations of Education, Chicago, Rand McNally College Publishing Co., 1977, pp. 204-205.

의한 학습)

③ 교사는 아동의 활동을 고무하고 적절한 정보를 제공하는 안내자가 되어야 한다.(안내자로서의 교사)

④ 아동의 평가는 지적인 면에 대한 평가뿐만 아니라 아동의 신체적, 정신적, 도덕적, 사회적 특징에 대한 평가를 포함하는 것으로서 아동의 발달과 지도에 도움이 되는 것이어야 한다.(아동에 대한 과학적 이해)

⑤ 가장 중시해야 할 것은 아동의 건강이며, 따라서 학교의 시설, 환경, 인적 조건은 명랑해야 한다.(아동의 신체적 건강)

⑥ 학교는 학부모와 긴밀한 협조관계를 유지하면서 아동의 교육에 힘써야 한다.(가정과 학교의 협력)

⑦ 진보적 학교는 좋은 전통 위에다 새 것을 담는 실험학교로서 교육개혁운동의 중핵이 되어야 한다.(선구자로서의 학교)[5]

진보주의 교육자들이 강조하는 교육형태는 아동의 흥미와 욕구와 경험을 존중하는 교육이다. 즉, 아동의 욕구와 흥미를 충족시켜 주는 학습과 경험의 재구성을 통한 성장이 교육의 목적이 되어야 한다고 본다. 그러자면 학교는 아동이 학습하기에 즐거운 곳이 되어야 한다. 따라서 학교는 아동들이 가고 싶어하는 행복한 곳으로 만들어야 한다.

진보주의교육협회가 제시한 7개항의 강령을 바탕으로 진보주의 교육원리를 정리하면 다음과 같다.[6]

① 교육은 활동적이어야 하며, 어린이의 흥미와 관련되어야 한다.

우리는 교육활동에 있어서 어린이의 생활을 무시해서는 안 되며 그들의 흥미와 관심의 소재를 파악해야 한다. 그러기 위해서는 학습과정은 교사 혹은 교과서에 의해서 일방적으로 정해져서는 안 되며 아동의 흥미와 관심이 반영되는 것이어야 하며 아동은 그들의 생활 속에서 배워야 하며 아동의 배워야 할 내용에 준비, 성숙도가 중시되어야 한다.

② 교과를 가르치지 말고 문제해결 방식을 배우도록 해야 한다.

---

5) 김정환, 교육철학, 서울, 박영사, 1988, p. 147.

6) George F. Kneller, op. cit., pp. 96-103(김정환, 교육의 철학과 과제, 서울, 박영사, 1974, pp. 121-123. 재인용),

전통적인 교육에 있어서는 지식은 그 자체로서 가치있는 것이므로 교사를 통해서 체계적으로 배워야 할 것으로 여겨졌다. 그러나 진보주의 교육에 있어서는 지식이란 늘 새롭게 전개되는 사태에 대비하기 위하여 경험을 조정하는 도구에 지나지 않으며, 또 지식이란 사색으로 얻어지는 것이 아니고 능동적인 활동을 통해서 얻어지며 행동으로 옮겨야 하는 것이다. 안다는 것과 행동한다는 것은 일치해야 한다. 이것은 실험적 방법의 원리이다. 배울 내용은 주일마다 학급에서 서로 상의해서 계획해 내야 하며, 또 그것은 문제해결을 위한 것이라야 하는데, 문제해결은 간단하게 끝나서는 안 되고 일관성 있게 지속되는 것이라야 한다.

③ 교육은 현재의 생활 그 자체이며, 미래의 생활을 위한 준비가 아니다.

교육은 경험의 재구성 과정이기 때문에 현명한 생활과 그것에 비롯한 경험은 그대로 학습된다. 교육을 통해서 우리는 아동들에게 비판적, 지성적 사고방식을 길러 주어야 한다. 그러기 위해서는 배우는 장소가 바로 이러한 비판정신과 지성을 발로시킬 수 있는 곳이어야 한다. 학교는 특히 어린이가 장차 부딪칠 생활환경과 비슷한 것을 통해서 교육해야 한다.

④ 교사는 어린이를 지도하는 입장에 서지 말고 도와 주는 입장에 서야 한다.

왜냐하면 아동들은 자신의 흥미에 따라서, 그가 무엇을 배울 것인가에 대한 결정을 할 것이기 때문이다. 교사는 아동들이 그의 발달단계와 능력의 수준에 알맞은 학습계획을 세울 수 있도록 옆에서 도와 주어야 하며 아동이 시행착오를 하면서 자유롭게 학습하도록 놓아 두되, 곤경에 빠져 있을 때는 권위자가 아닌 경험이 풍부한 조력자로서의 태도를 가지고 시사해 주어야 한다.

⑤ 학교는 경쟁을 시키는 곳이 되지 말고 협동을 장려하는 곳이 되어야 한다.

인간이란 사회적 동물이다. 따라서 대인관계가 원만할 때 만족감을 갖는 존재이다. 경쟁심을 길러 주거나 개인적인 성공을 위해 뛰게 하지 말고, 사랑과 동료의식을 갖도록 배려해야 한다. 더욱 문명이 발달할수록 집단지식이나 집단경험이 우리 생활에 중요한 것임을 인식하고 학교에서 공동 운명체적 자각을 촉구해 주어야 한다.

⑥ 민주주의만이 진정한 성장에 필요한 사상의 교류와 인격의 상호작용을 허용한다.

진보주의의 견해에 의하면, 민주주의는 하나의 정치제도 이상의 것이며 사람들이 협력해서 사는 방식이며 경험을 교환하는 방식인 것이다. 따라서 민주주의를 가르치기 위해서는 우선 학교생활 자체가 민주적으로 운영되어야 하며 민주주의에 대한 이해를 깊이 하고 그것을 실천할 수 있는 과외활동이 권장되어야 하며, 기존의 질서규범을 고수하지 말아야 함은 물론이고, 아직 사회에 수용되지 않은 새 규범도 가르쳐서는 안 된다.

위에서 우리는 진보주의 교육원리를 6가지 측면에서 보았는데, 이것을 요약하면 자기활동, 문제해결, 일상생활, 교사의 조성, 협동정신, 민주방식 등을 중요시하고 있다.

4. 진보주의 교육의 비판

헤르바르트(J. F. Herbart, 1776~1841)의 목적상의 주지주의와 방법상의 집단주의가 교사중심, 교재중심, 서적중심이라는 전통적 교육의 형태로 굳어지자 지금까지의 전통적 교육은 실용주의적, 도구주의적, 실험주의적인 사상적 기반 위에서 세워진 진보주의적 교육사상에 의하여 멈춤을 당하고 말았다. 그것은 진보주의 교육을 보급하고 이를 전파하기 위하여 조직된 진보주의교육협회의 탄생에서 비롯된다. 이 협회는 듀이 및 킬패트릭의 진보주의 교육사상을 지지하고 이를 보급함으로써 전통적 교육에 대한 교육개조운동으로 전개되어 그 활동은 약 30년 동안 국내외로 퍼졌다. 그 결과 1920년대부터 1930년대에 걸쳐서 이 운동은 교육계의 일대세력이 되어 미국교육계를 풍미하였다.

이처럼 교육계와 교육사상을 풍미하던 진보주의 교육운동도 제2차 세계대전의 시작과 함께 큰 시련을 겪어야만 했다. 이른바 진보주의 교육의 수난기가 닥쳐온 것이다. 그것은 진보주의 교육이론 속에 내포되어 있는 진보주의 교육의 약점이 드러났기 때문이다. 평화시의 교육이론은 전시체제 하의 교육이론으로 바꾸어져야만 했다. 아동의 자유를 극도로 존중하는 진보주의 교육이 비판의 대상이 되지 않을 수 없었다. 특히 진보주의 교육에 있어서의 아동중심의 한계와 사회전통 무시의 경향이 신랄하게 비판된 것도 무리는 아니었다. 그 결과 1920년대의

"아동중심"의 사상에서 "청소년중심" 또는 "사회중심"의 사상으로 변용되지 않을 수 없었다. 이것이 사회중심적 경향에로의 발전인 "사회중심 교육"의 등장인 것이다.

생각건대, 진보주의 교육은 아동의 자유를 지나치게 강조한 나머지 개인주의적 성향이 짙게 나타나, 사회적 전통을 존중하고 공공의 복지를 위한 희생정신을 등한시하는 경향이 있었다. 이러한 약점을 수정하고 사회적 전통을 중요시하는 교육을 주장하면서 진보주의적 교육운동으로부터 이탈하여 새로운 교육운동을 일으킨 것이 본질주의자들이며, 또 올센(E. G. Olsen)을 중심으로 '지역사회 학교'의 건설을 주장하는 운동도 일어났는데, 이것이 곧 진보주의 교육운동의 새로운 모습이라고 볼 수 있다. 따라서 진보주의 교육의 추진 단체인 진보주의교육협회도 1944년 그 이름을 미국교육동지회(The American Education fellowship)로 고쳐 재출발을 기도하였고, 1955년에는 기관으로서의 사명완수를 선언하고 단체를 해산하고 신교육동지회(New Education Fellowship)에 편입되었다. 신교육동지회는 영국 런던에 본부를 둔 진보주의자들의 국제적 조직기구이다.

김정환에 의하면 진보주의 한계로서 첫째는 가장 기본적인 가치, 지식은 가르쳤어야 했을 텐데 그렇지 못했고, 둘째는 가치, 지식 중에는 영원 불변의 것도 분명히 있는데 그것을 소홀히 하였고, 셋째로 사회는 자신이 지니는 모순으로 급격하게 퇴보 몰락할 수 있는데 점진적으로 발전하는 것으로만 여김으로써 오늘날처럼 급격하게 변하는 사회교육이 능동적으로 대처할 수 있는 힘과 철학을 갖추지 못[7]했다는 것이다. 따라서 진보주의 교육에 대한 비판은 아무래도 진보주의 교육이

① 아동에게 자유를 지나치게 부여한 나머지 사회적 훈련과 전통을 경시하였다.

② 흥미를 지나치게 강조한 나머지 본질적인 지식을 습득할 기회를 잃어 지적으로 무능한 인간을 양산하는 결과가 되었다.

③ 현재생활을 중시한 나머지 어린이가 살아야 할 미래성을 소홀히 하고, 교육과정을 중시한 나머지 고정적인 교육의 목적관을 희박하게 하였다.

④ 생활양식에 있어서 민주방식을 지나치게 과신한 나머지 가치의 절대적 측면

7) 김정환, 전게서, p. 112.

을 보는 시선이 흐려졌다.

⑤ 아동들에게 이기적이며 자기중심적인 인간으로 되게 하여 사회적 복지향상을 위한 희생정신을 외면하는 결과를 자아냈다.

그러나, 이처럼 진보주의 교육이 여러 결점을 가진다 할지라도 우리의 교육에 크게 공헌한 것만은 인정하여야 한다. 이 점에 대해서 새삼스럽게 언급할 필요는 없지만 예컨대, 진보주의 교육사상이 이 땅에 상륙하기 전까지의 우리교육의 권위주의, 지식중심, 훈육주의에 대한 도전, 그리고 교육의 기회 확대, 교육방법의 실용화, 교육의 생활화, 자유의 개념, 개성의 존중, 교사관, 아동관, 인간관의 변화 등 헤아릴 수 없을 만큼 우리의 교육현실을 개선하는데 기여해 왔음을 재인식해야 할 것이다.

제 2 절 본질주의 교육

1. 본질주의 역사

1920년대와 1930년대에 이르러 활발하던 진보주의 교육은 제2차 세계대전의 시작과 함께 본질주의(essentialism)를 신봉하는 본질파(essentialists)로부터 신랄한 비판을 받기 시작하였다. 본질주의 교육이란 우리 인류가 쌓아온 문화적 전통 중에서 가장 본질적이고 정통적인 것을 학습하여야 한다고 주장하는 본질파의 교육을 말한다. 따라서 본질파란 지나치게 아동의 흥미와 자유를 존중하는 이른바 아동중심적인 진보주의 교육을 비판하는 사람들에게 주어진 명칭이다. 다시 말하면 진보주의 교육운동이 진정한 사회적 유산의 뜻을 망각하고 지나친 아동주심주의를 강조한 점을 비판하여 이를 시정하려는 사람들에게 주어진 명칭이다.

이와 같이 본질주의 교육은 진보주의 교육의 비판으로부터 성립된다. 구체적으로는 본질주의자들이 1930년대 미국교육 사상을 지배하였던 진보주의 교육의 약점을 지적하면서 이에 반기를 든 본질파의 지도자 배글리(William Chandler Bagley)

를 중심으로 1936년 2월 26일 「본질주의교육협회」(Essentialist Committee for the Advancement of American Education)를 결성한 데서 시작된다. 배글리에 의하여 입안되어 동년 4월 「교육행정과 관리지」에 “미국 교육향상을 위한 본질과 강령”을 발표하였기 때문이다. 그러나 본질주의라는 말을 처음으로 사용한 사람은 「교육철학입문」(1935)의 저자인 데미아스케비치(Michiael I. Demiashkevich, 1891~1939)로 알려져 있다.

본질주의 교육의 사상적 기초는 멀리 플라톤, 에라스무스, 코메니우스 등에서 찾아볼 수 있다. 그러나 본질주의 교육의 사상적 배경은 단일체제가 아닌 다양한 사상체계로 성립되는 것이 특색이다. 말하자면 전통적 철학인 관념론과 실재론이 모두 직접, 간접으로 영향을 미치고 있다. 이 때문에 철학적인 면에서는 본질주의를 절충적, 선택적이라고 지칭하기도 한다. 따라서 본질주의자들 중에는 관념론자도 있고 실재론자도 있다. 진보주의가 실용주의(pragmatism)라는 단일 체계에 의해서 성립된 교육철학인데 비하여 본질주의는 여러 갈래의 사상체계에 의해서 성립된 교육철학임에 주목하여야 한다. 그들의 주장은 특히 1957년 소련의 스푸트니크 충격(sputnik shock) 이후, 미국의 교육은 본질주의 이념으로 크게 전환하였다. 참고로 본질주의를 주장하는 학자들로서는 배글리를 대표로 하여 앞서의 데미아스케비치를 비롯하여 모리슨(H. C. Morrison), 보비트(Franklin Bobbit), 커어크(Russel Kirk), 몬로(Paul Monroe), 울리크(Robert Ulech) 등이 있다.

2. 본질주의 교육원리

본질주의라는 용어를 처음 사용한 데미아스케비치에 의하면 조직적 교육의 제1차적 목적은 인간문화, 즉 사회전통 중에서 가장 기본적인 요소, 다시 말하면 어떤 종류의 본질적인 것(certain essentials)을 젊은 다음 세대에 전달하는 것이라고 하였다. 말하자면 교육의 기능은 인류가 쌓아 놓은 유산인 문화적 전통 중에서 본질적인 것을 간추려서 차세대에 전달하는 것이라고 보았다.

배글리와 그 동조자들에 의하면 우리 인간은 그의 문화적 전통 가운데 항구적 가치를 지닌 본질적 요소가 있는데, 그것은 우리에게 남겨진 문화유산이라는 것이다. 일시적이며 피상적인 것들은 유동적이지만 이것만은 기본적이며 중핵적으로 남아 있는 전통이다. 교육의 사명은 이것을 차세대에 전달하는 데 있다. 교육에서 이것을 경시한다는 것은 우리 문화의 토대를 무시하는 것이다. 중요한 것은 일시적인 것이 아니라 기본적인 것이다. 그러므로 학교는 항상 변하고 있는 잠정적인 것보다 항구적인 것을, 형상적인 것보다 본질적인 것을, 단편적인 사실보다 원리원칙을, 실체적인 것보다 이론적인 것을 중시하지 않으면 안 된다고 하였다.

따라서 본질주의란 교육의 목표를 인류의 과거 핵심적 경험, 즉 문화유산 중에서 가장 본질적인 것을 골라 조직적인 학교교육을 통해서 다음 세대에 계승시키자는 교육사상을 말한다. 이들이 주장하는 개혁의 초점은 ① 교과서의 내용을 학문적으로 재검토하고, ② 학교교육 프로그램 중에서 본질적인 것과 비본질적인 것을 구분하고, ③ 교사의 권위를 회복하자는 것이다.

따라서 닐러는 본질주의 교육원리를 다음과 같이 제시하고 있다.[8)]

① 학습이란 원래 강한 훈련을 수반하는 것이어야 한다. 따라서 아동이 싫어하는 경우에도 이것을 시켜야 하며, 또 응용도 시켜야 한다. 진보주의에서는 아동의 자유, 직접적인 흥미를 중시하지만, 본질주의는 훈련 자체와 장래의 목적과 노력 자체를 소중히 여긴다. 진보주의는 아동의 필요와 흥미를 학습의 동기로 하려고 하지만, 본질주의는 고차적인 흥미는 처음부터 있는 것이 아니고, 과제나 과목을 완수하는 과정 및 그 결과에서 생기는 것이라는 입장을 취하고 있다.

② 교사는 교육과정에 있어서 주도권을 지녀야 한다. 진보주의는 학습하는 것은 아동이기 때문에, 아동이 교육과정에 있어서 주역을 하여야 한다고 생각하고 있는데, 본질주의는 이런 생각을 전적으로 부정한다. 왜냐하면 아동이 한 인간으로서 잠재력을 충분히 발휘하려면 그것을 객관적으로 잘 알고 있는 교사의 지도와 감독이 필요하기 때문이다. 교사는 뛰어난 기술로 아동의 능력을 개발시켜 주어야 한다.

③ 교육과정의 핵심은 소정의 교과를 철저하게 이수하고 그것에 몰두하는 일이다. 이런 입장은 아동이 흥미를 가지고 배우는 내용에 몰입해야 한다고 주장하는 진보주의와 일치하며 또 교과목으로서 고전을 중시하는 본질주의와도 일치한다.

---

8) George F. Kneller, op. cit., pp. 115-118.

그러나 본질주의자들은 이런 흥미가 직접 유발되어서는 안 되고 논리적 체계와 자신의 도덕적 훈련에 의하여 결과적으로 수반되어야 한다는 점을 강조하였다.

④ 전통적인 학문적 훈련 방식이 회복되어야 한다. 진보주의가 권장하는 문제해결 방식에 이점, 장점도 있다. 그러나 이 방식은 모든 학습과정에 적용될 수는 없다. 사실 어느 과목 어느 지식은 처음부터 추상적 지식이어서 실제적인 문제해결 방식으로는 접근하지 못하는 것도 있다. "활동하면서 배운다"는 진보주의 학습원리는 특정교과 특정의 몇 사람에게만 유익한 것이지, 모든 교과 모든 사람에게 다 유익한 것이 아님을 우리는 명심해야 한다.

이상 우리는 본질주의 교육원리를 4가지 측면에서 개관하였다. 이것을 다시 요약하면 학습의 훈련성, 교사의 주도성, 사회전통과 문화유산의 계승 및 교육내용의 조직성의 중시라고 하겠다. 이렇게 보면 본질주의는 새로운 것이 아니고 전통적 교육방식 중에서 좋은 것을 살리자는 보수적인 것임을 알 수 있다.

3. 본질주의 교육의 비판

본질주의 교육이 미국에서 가장 각광을 받기 시작한 시기는 1957년 소련의 스푸트니크(sputnik) 인공위성의 발사 이후의 일이다. 소련의 인공위성 발사는 미국의 교육, 특히 진보주위 교육에 관한 치명적인 타격을 준 반면에 본질주의 교육에 대한 귀를 기울이게 되었다. 다시 말하면 진보주의의 흥미중심, 아동중심, 현재 생활중심을 지양하고, 사회적 적응보다는 훈련중심, 교사중심, 장래의 생활준비, 학문중심으로 전환하는 기미를 보였기 때문이다.

본질주의 교육운동은 지금에 와서는 처음의 이 운동의 중심 인물들이 모두 사망함으로써 한때 퇴조를 보였으나 관념론자인 울리크 등으로 계승되어 한때 빛을 보기도 하였다. 그러나 울리크 마저 사망함으로써 이 교육운동은 서서히 빛을 잃어 가고 있으나 이들이 남기고 간 본질주의 교육사상은 오늘날까지 미국교육계에 상당한 반성과 수정의 세력으로 남아 계속되고 있다.

이제 본질주의 교육을 비판적 관점에서 살펴보기로 한다. 이를 항목별로 적어보면 다음과 같다.

① 문화적 보수성이다. 본질주의는 항상 변화하는 문화에 대하여 동적이지 못하고 정적인 입장을 취하고 있다. 본질주의는 인류가 오랜 세월 동안 획득하고 축적된 문화유산 중 본질적이고 근본적인 것은 보존해야 한다고 말하지만 이때 전통과 본질적인 것을 구별하기란 그리 쉬운 일이 아니다.

② 참여의식의 결핍이다. 본질주의는 체계적인 지식의 전수와 교사의 주도권을 강조한 나머지 아동의 자발적인 참여의식과 학습동기를 소홀히 다루어 민주사회의 필수요건인 독립심, 비판적 사고, 협동정신 등을 기르는데 소홀히 하였다.

③ 항존주의와 관련에서 본다면, 본질주의는 기본적인 지식과 기술의 전수에만 급급하고 시간, 장소를 초월한 영원한 진리, 가치에 대한 진지한 종교적 수준의 교육을 소홀히 했다.

④ 재건주의와의 관련에서 본다면, 본질주의는 오늘날 우리 인류가 풀어야 할 과제가 무엇이며, 교육이 그것을 위하여 무엇을 공헌해야 할 것인가에 대한 미래 전망과 사회혁신의 자세가 모자랐다.

우리는 지금까지 본질주의 교육의 비판적 시점에서 지적해 보았다. 주로 부정적인 면만 음미한 셈이다. 그러나 본질주의가 지니는 긍정적 측면을 찾아 이를 우리 교육현실에 어떻게 조명해 보느냐 하는 것도 중요한 과제임을 간과해서는 안 된다.

제 3 절 항존주의 교육

1. 항존주의 역사

우리는 1930년대에 이르러 진보주의 교육론의 비판으로부터 나타난 본질주의 교육 이외에 절대적인 것을 추구하는 학자들에 의하여 주장된 또 하나의 교육철학이 있었다. 그것은 진보주의 교육이론의 학적 근거인 프래그머티즘 자체를 전적으로 거부하는 항존주의(恒存主義, perennialism)의 교육이론이다.

페레니알(perennial), 즉 '항구적', '영원한'이라는 어의에서도 짐작될 수 있는 것처럼, 항존주의는 진리의 절대성과 불변성, 영원을 믿고 변하는 것, 일시적인 것을 거부한다. 따라서 항존주의의 이론은 자연법칙의 '통일성'에 기초한다. 자연의 현상을 외부적으로 본다면 천태만상이지만 그 밑에는 외부적인 사상을 규제하는 보이지 않는 법칙이 있다. 이 법칙이 곧 통일성이요 절대성이다. 이 통일성과 절대성은 변하지 않기 때문에 불변성이요 항구적이다.

항존주의 역시 진보주의 교육이념에 정면으로 도전하고 나온 하나의 교육이념이지만, 본질주의는 진보주의와 일맥상통하는 데가 있어도 항존주의는 그런 점이 전혀 없다. 왜냐하면 진보주의와 본질주의는 과학주의, 세속주의, 물질주의인데 반하여, 항존주의는 종교적 세계관 위에 서 있는 철저한 반과학주의, 탈세속주의, 정신주의이기 때문이다.

항존주의를 대표하는 사람은 허친스(Robert Maynard Hutchins)이다. 그는 시카고대학 총장을 지냈으며 포드재단 이사장을 맡았던 사람이다. 허친스는 30세의 젊은 나이에 시카고대학 총장 자리에 오르자 아들러(Mortmer J. Adler)를 예일대학에서 시카고대학으로 초빙하여 항존주의 교육철학을 체계화하도록 하였고 동지들의 협조를 얻어 100종에 달하는 144권의 고전으로 된 '위대한 책들'(The Great Books)을 선정하여 학생들에게 필수로 읽게 하였다. 이것은 '위대한 회화'(The Great Conversation)로도 불리운다. 위대한 책들을 읽고 토론하는 것은 이성을 계발시켜줄 뿐만 아니라 신중하고도 비판적인 사고를 개발해 준다. 그에 의하면 진정한 교육은 과거의 위대한 인물들의 사상에 접하여 때와 장소를 초월하는 위대한 진리를 알게 하는 일이었다.

항존주의의 입장은 "하늘 아래 새로운 것은 하나도 없다"는 것으로부터 출발한다. 따라서 항존주의의 주된 명제는 자연주의자와 진보주의자들의 진화적 방법을 반대한다. 항존주의는 진리의 절대성과 영원성에 있기 때문에 교육과 학문의 임무도 절대적인 것, 시간과 공간을 초월하여 변하지 않는 것, 다시 말하면 언제 어디서나 항구적으로 존재하는 기본적인 원리를 발견하는데 있다고 한다. 교육에서 변하는 것 일시적인 것을 다루는 것은 시간과 노력의 낭비로서 철저히 배격돼야 한다는 것이다. 그들이 추구하는 것이 항구적이라는 이유로 그들을 편의상 항존주의자(perennialist)라고 하고 그들의 사상을 총칭하여 항존주의라고 불렀다.

2. 항존주의 교육원리

항존주의는 플라톤, 아리스토텔레스, 스콜라학파의 항존철학에 기원을 갖는 교육철학으로서 진리와 원리는 변하지 않는다고 믿는다. 이 때문에 항존주의 교육자들은 현대문명이 대표하는 물질주의, 과학숭배주의, 기계주의, 반지성적 경향을 비난하고 저주하는 것으로부터 출발한다. 대표적인 항존주의자는 무종교를 대표하는 허친스, 개신교를 대표하는 아들러, 가톨릭을 대표하는 마리땡(J. Maritain)을 들 수 있다. 이들은 교육의 제1차적 목적은 물질이 아닌 정신과 지성의 신장 또는 훈련이라고 강조한다. 이것은 항존주의 교육철학자인 마리땡의 다음과 같은 말에서도 더욱 명백해진다. "사람은 이성을 가진 동물로서 지성이야말로 그의 최고의 위엄이며 신과 친교를 갖는 자유인이다."[9]

일반적으로 항존주의는 전통과 고전의 원리를 존중하면서 보수적인 입장을 표명한다. 항존주의의 주요한 교육원리를 제시하면 다음과 같다.[10]

(1) 진리는 보편적이며, 장소, 시간, 사람 등과 같은 환경에 의존하지 않는다.

(2) 훌륭한 교육은 진리의 탐구와 이해이다.

(3) 진리는 위대한 고전들 속에서 발견될 수 있다.

(4) 교육은 이성을 계발하는 것이며, 이를 위해 교양교육이 강조되어야 한다.

한편 닐러는 항존주의 교육원리를 보다 구체적으로 다음과 같이 제시하였다.[11]

① 인간성은 변하지 않기 때문에 교육의 본질도 변하지 않는다. 한 인간으로서의 기능은 인간의 본질에서 나오기 때문에 어떤 시대나 사회에서도 같은 것이다. 그러므로 교육은 모든 사람을 위해서 보편적일 뿐만 아니라 동일하여야만 한다.

② 인간의 뛰어난 특징은 이성에 있기 때문에 교육은 이성을 발달시키는데 집중되어야 한다. 이성은 인간이 지닌 가장 고귀한 특징이다. 따라서 그 고귀한

---

9) J. Maritain, Education at the Crossroads, New Haeven, Yale University Press, 1943, p. 7.

10) Allan C. Ornstein, An Introduction to the Foundations of Education, Chicago : Rand McNally College Publishing co., 1977, p. 197.

11) George F. Kneller, op. cit., p. 108.

이성이 신중하게 선택된 목적에 따라 사용되어지기 위해서는 자신의 본능적 본질이 교육되어야 한다.

③ 교육의 과업은 인간을 영원 불변의 진리에 적응시키는 일이다. 현재의 시대는 끊임없이 변하지만 진리는 영원히 불변한다. 항존주의는 현시대에 맞도록 구성된 교육과정을 반대한다. 진리란 어느 곳에서나 동일하기 때문에 진리를 다루는 교육도 동일해야 한다는 것이다. 그러므로 교육의 목적은 진리에 인간을 적응시키는 것이다.

④ 교육은 생활의 모방이 아니라 생활을 위한 준비이다. 항존주의자들는 학교를 현실적인 삶의 상황을 마련하는 곳이라고 보지 않는다. 학교란 인공적인 환경을 조성하여 그 속에서 생활의 모방이 아닌 지능을 계발시키는 곳이다. 결국 생활을 위한 준비교육은 학생들로 하여금 문화적 유산의 가치를 깨닫고, 성취하도록 하며, 가장 좋은 문화유산이 무엇인가를 알게 해 주는 교육을 뜻한다.

⑤ 아동들은 일정한 기본적인 교과를 배움으로써 정신적으로나 과학적으로 우주의 영원성에 접해야 한다. 아동들에게 특정한 시대나 시기에만 중요하게 여겨지거나 관심 갖는 흥미위주의 교육을 해서는 안 된다. 학교교육의 목적은 세상사를 원만히 다룰 수 있는 인간의 교육이 돼야 한다. 그래서 항존주의자들은 교양교육을 강조하였고 교과목으로 국어, 언어학, 역사, 수학, 자연과학, 예술, 철학 등을 중시했다.

⑥ 이러한 영원성은 '위대한 책들'을 통해서 배울 수 있다. 역사라는 기나긴 세월이 담아온 지혜의 그릇이 바로 고전인데, 교육에서 가르치는 진리가 바로 이 고전들 속에 잘 나타나 있기 때문에 고전 독서교육이 강조되는 것이다.

3. 항존주의와 진보주의의 차이점

항존주의 교육이론과 진보주의 교육이론에 대한 차이점은 이제까지의 설명을 통하여 어느 정도 이해되었다. 진보주의의 기본사상이 변화에 있음에 대하여 항존주의는 영원성에 두고 있기 때문에, 진보주의 교육이 항구적 가치가 아닌 일시적 가치를, 기본적 원리가 아닌 피상적 현상을, 정신적인 것이 아닌, 물질적인 것을 중시하였던 것이다.

새로운 교육철학을 모색하여 재건주의 교육철학을 수립한 브라멜드(Theocore Brameld)는 항존주의는 몇천 년의 사상을 부활시킨다(고전으로의 복귀)고 하여 반동적(反動的)이라고 하고, 본질주의는 지나간 전통을 되풀이한다(전통의 고수)고 하여 보수적(保守的)이라고 하고, 진보주의는 현재의 생활에만 집착한다(경험중심)고 하여 현재중심적(現在中心的)이라고 구별하였다. 특히 브라멜드는 항존주의를 "문화로부터 역행"이라고 특정지우기도 하였다. 물론 이러한 구별이 반드시 타당하다고만 할 수는 없지만 진보주의, 본질주의, 항존주의 교육에 대한 단면을 파헤치고 있는 것만은 분명하다. 따라서 세 가지 교육이론에 대한 분명한 차이점이 암시되고 있다. 더욱이 프래그머티즘이 변화의 실재의 본질이라고 생각하는데 반하여 항존주의 철학자들은 영원 불변성을 모든 실재의 기본성격이라고 믿는다. 전자가 과학적 실험방법이 지식에 도달하는 주된 길이라고 생각하는데 반하여, 후자는 이성과 신앙이야말로 가장 믿을 만한 진리획득의 방법이라고 주장한다. 실로 양자는 용납될 수 없는 양극에 서 있는 셈이다. 특히 가톨릭교파가 초자연적인 신의 세계를 강조하는데 대하여 프래그머티즘이 사람의 경험세계를 존중하고 사람의 능력을 중요시하고 있다는 점에 우리는 양파의 견해가 도저히 타협될 수 없는 입장에 서 있음을 발견할 수 있다.

교육의 궁극적인 목적은 항상 불변의 절대적인 것이어야 한다고 주장하는 허친스나 아들러에 반하여, 교육의 목적을 상대적인 것으로 생각하고 이것은 늘 변하고 있는 시대와 사회와 아동의 요구에 응하여 변화된다고 주장하는 듀이의 생각에 비교하면 얼마나 큰 차이가 있는가를 알 수 있다. 이처럼 큰 차이의 인생관, 우주관을 지닌 두 철학사상이 교육에 반영될 때 그 곳에서 극도의 대립적인 학설이 전개될 것은 쉽게 짐작될 수 있다. 다음에 항존주의와 진보주의 교육의 차이점을 정리해본다.

차례	항존주의	진보주의
1	가치의 영구적, 불변적	일시적, 변화적
2	진리의 절대성과 항존성	상대성, 진화성

3	실재의 본질을 영원 불변적	수시 변화적
4	교육의 목적이 장래성의 준비	현재생활의 중심
5	교육의 방법에 있어서 미래중심적	현재중심적
6	고전중심 교육과정	생활중심 교육과정
7	비직업적 교육	직업적 교육
8	주지주의	반주지주의
9	정신주의, 이성주의	물질주의, 과학주의
10	교사중심의 교육	아동중심의 교육
11	초자연적 신의 세계(가톨릭파)	현실적인 인간의 경험세계
12	형식과 내용의 적극주의	자유를 중시하는 소극주의

4. 항존주의 교육의 비판

진리의 절대성과 영속성, 그리고 불변성에 기초하여 아동들의 지적 훈련을 통한 이성의 계발을 강조함으로써 현재의 물질문명의 위기를 극복하고자 하는 항존주의 교육관을 개관하였다. 우리는 그들의 주장에서 오늘날과 같은 극도의 인간소외, 인간상실의 상황을 극복하고 인간의 발견, 인간성의 회복을 기할 수 있는 기대감을 가지게 된다. 이러한 점에서 우리는 항존주의자들의 소리에 귀를 기울려야 한다. 그러나 우리는 항존주의 사상이 우리에게 많은 교훈과 시사점을 주는데도 불구하고 그들의 주장을 전적으로 받아들일 수 없는 몇 가지 요인이 있다.

브라멜드는[12] ① 과거에로의 도피와 ② 민주주의에 대한 위협으로, 닐러는[13] ① 금욕성, ② 비활동성, ③ 귀족성, ④고전의 지나친 중시 등으로 요약하고 있으며, 김정환은[14] 아래와 같이 ① 비민주성, ② 현실의 경시, ③ 귀족성의 넷을 들고 있다.

12) Theodore Brameld, Philosophies of Education in cultural perspective, New York : The Dryden Press, 1955, pp. 380-381.

13) George Kneller, Introduction to the Philosophy of Education, New York : John & Son, 1964, pp. 112-113.

14) 김정환, 교육의 철학과 과제, 서울, 박영사, 1974, pp. 138-139.

첫째, 비민주성이다. 민주주의는 각 사람을 절대적인 존재로 여기며 또 각 개인을 가치의 창출, 조정자로 여긴다. 따라서 평범한 인간들이 지니는 가치일지라도 존중한다. 그런데 항존주의는 종교적 수준에서 유일, 절대적인 가치체제를 숭상한 나머지 민주주의 절대다수의 구성원인 평범한 사람들의 다종, 다양한 가치체계에 회의를 품고 , 결과적으로 생활의 민주방식을 위협한다.

둘째, 현실의 경시이다. 인간은 과거에서 현재로, 현재에서 미래로 흐른다. 우리 인간은 물론 일차적으로는 현재적 존재이다. 과거를 아는 것도 현재를 위함이요, 미래를 설계하는 것도 현재를 충실하게 하기 위함이다. 그런데 항존주의자들은 현재를 순간적인 가상적 과정으로만 여기고 영원성과의 관련에서만 보려는 경향이 있다. 현세적 영위에 대한 한계를 인식시키고자 하는 그들의 주장은 충분히 수긍이 가지만 그것이 바로 현세적 영위의 과소평가를 가져와서는 안 된다.

셋째, 귀족성이다. 만인이 다 하나님 앞에 평등하다는 것은 인격적으로 평등하다는 말이지 능력에 있어서도 평등하다는 말은 아니다. 그런데 항존주의자들은 모든 인간이 다 고전의 위대한 인물들처럼 생각하며 행동할 것을 기대한다. 만일 모든 학교가 다 이런 교육을 한다면 이에 따르지 못하는 절대다수의 평범한 아동들은 낙오자가 되고 말 것이다.

제 4 절 재건주의 교육

1. 재건주의 역사

우리는 흔히 현대문명은 여러 가지 의미에 있어서 위기에 처해 있다고 한다. 정치, 경제, 산업에서 뿐만 아니라 문화 및 교육에서 이 위기를 극복해야 한다고 말한다. 일찍이 스팽글러(Spengler, O.)는 「서양의 몰락」(1918)에서 인류의 역사도 자연의 여러 생명들처럼 발생, 성장, 성숙, 몰락을 거친 일회적인 것일 텐데,

근세의 서양문명을 떠받고 있는 자본주의의 정신이 근래 부패해졌고, 끝없는 전쟁으로 인하여 인류는 얼마 안 가서 몰락할 것으로 예언했다. 그리고 그는 현 사회야말로 대규모의 전쟁, 세계국가 및 선동적 정치가의 출현 등으로 인한 죽어 가는 문명 혹은 고난의 시기라고 하였다.

재건주의는 문화재건주의라고도 한다. 그것은 인류의 이러한 위기의식에서 출발한다. 20세기 교육의 주류였던 진보주의, 본질주의, 항존주의 교육철학으로서는 이 위기를 극복할 수 없다는 것이다. 진보주의 교육철학은 전통적 교육의 결점을 시정하는 데 용감했지만 지나치게 현재생활에 집착하는 경험주의 사상이었고, 본질주의, 항존주의 교육철학은 과거의 전통과 진리의 절대성을 추구하는 면에서 지나치게 보수적이었다. 여기에 내일을 위한 교육철학을 모색하게 되었는데 이것이 곧 재건주의(reconstructionism) 교육철학이다.

재건주의 교육철학은 브라멜드(Thedore Brameld, 1904~)에 의하여 제창된 교육사상으로서 미국에서 1960년대에 체계화된 교육철학이다. 브라멜드에 의하면 우리의 문명이 비상한 위기에 직면하고 있는 오늘날과 같은 시점에 있어서는 과거와 현재의 중간적인 위치를 중시하는 본질주의나, 과거만을 동경하는 항존주의, 그리고 현재만을 중시하는 진보주의와 같은 교육철학으로서는 이 위기를 극복할 수 없다고 단정하고 여기에는 내일을 위한 보다 과감하고 선구적인 교육철학이 요청된다고 주장한다. 이것은 교육이 사회개조의 수단으로서의 역군이 되는 동시에 그것의 선봉이 되어야 함을 역설한 것이다.

브라멜드에 의하여 재건주의 교육철학이 처음으로 조직화되고 체계화된 것은 1950년 그의 저서 「교육철학의 제유형」(Patterns of Educational Philosophy, 1950)에서, 그리고 이 책의 후반부를 개정하여[15] 1956년에 강행된 「재건주의 교육철학을 향하여」(Toward a Reconstructed Philosophy Education, 1956)에서이다. 또 1957년에는 「교육의 문화적 기초에 관한 상호 관련적 접근」(Cultural Foundation of Education, An Interdisciplinary Approach, 1957)이라는 책을 통해서 재건주의 교육철학을 더욱 굳히고 있다. 따라서 재건주의 교육철학의 체계적 구축은 위의 3저작에서 이루어졌다.

---

15) 참고로 「교육철학의 제유형」의 전반부는 1955년에 「문화적 전망에서 본 교육철학」(Philosophies of Education in Cultural Perspective, 1955)으로 간행되었다.

물론 브라멜드에 앞서서 버크손(I. B. Berkson)의 「교육철학 서설」(Preface to an Educational Philosophy, 1940)에서 "사회적 재건주의"(social reconstructionism)라는 말을 사용하고 있다. 따라서 재건주의 선구자는 버크손에서 찾게 되고, 브라멜드 자신이 말하고 있는 것처럼 카운츠(G. S. Counts)도 재건주의 선구자였다. 브라멜드가 카운츠를 재건주의 선구자라고한 것은 진보주의의 반성을 지적한 카운츠의 1930년의 「문화에 대한 미국인의 길」(The American Road to Culture, 1930)과 1932년의 「학교는 감히 새로운 질서를 세울 수 있는 가?」(Dare the School build a New Social Order ?)에서이다. 카운츠는 이들 저서에서 진보주의의 사회중심적인 경향을 특히 주장하고 교육의 문화 사회적인 역할을 새롭게 수립할 것을 제창하였다.

브라멜드에 의하여 체계화된 재건주의 교육철학은 그와 그의 동조자인 많은 학자들에 의하여 1960년대의 새로운 교육철학으로서 등장하였다. 특히 1957년 소련의 인공위성 충격(sputnik shock)은 미국교육이 근본적으로 재검토되고 비판을 받는 과정에서 새로운 교육철학으로서 세계적인 이목을 집중시킨 바 있다. 우리나라에서만 해도 진보주의 교육의 비판에서부터 일어난 교육개혁의 하나로 이 재건주의 교육철학의 연구가 활기를 띤 것도 우연한 일이 아니다. 브라멜드가 미국무성 파견 교육전문가로서 1960년 10월 내한하여 한국교육학회 및 USIS 후원으로 "세계의 위기와 미국의 문명"(world crisis and American civilizations), "현대 미국의 교육문제"(educational problems in contemporary America), 그리고 "미래교사의 도전"(challenge of future teachers)이라는 교육강연을 하게 되고, 또 그 다음 해 다시 내한하여 중앙교육연구소를 비롯한 각지에서 "힘으로서의 교육"(Education as a Power)이라는 강연을 갖게 됨에 따라 우리나라에서 재건주의 교육의 사상적 기틀을 마련하는데 크게 도움을 주었다.

그런데 이 재건주의의 사상적 근원은 이미 듀이의 사상에서도 나타나고 있었음에 주목해야 한다. 즉, 듀이는 그의 여러 저서에서 분명히 교육을 사회개조의 도구로서 또 사회재건의 수단으로 생각하고 있었기 때문이다. 1897년 「나의 교육학 신조」에서 "교육은 사회적 진보와 개량의 기초적 방법이다. 교육은 사회의식에 참가하게 되는 과정의 조정이다. 이 사회의식을 기초로 한 개인적 활동의 과정이야말로 사회개조의 유일하고 확실한 방법이다"라고 하여 그의 교육철학적 기저를 명백히 하고 있었다. 또 듀이는 1920년 「철학의 개조」(Reconstruction in Philosophy, 1920)를 간행하였다. 이 저서의 제목에서 이미 재건주의의 용어를 암시하고 있었다.[16] 또 듀이의 후계자인 킬패트릭에 있어서도 사회개조의 수단으로서의 교육을 내세우고 있는 일면을 보게 된다. 즉, 1932년에 간행된 「교육과 사회적 위기」(Education and the Social Crisis, 1932)에서이다.

그러므로 브라멜드의 재건주의 교육철학은 스스로가 시인하고 있는 것처럼 이미 논급한 세 가지 교육철학의 그 중에서도 특히 진보주의 교육철학의 영향을 많이 받고 있다. 이 때문에 재건주의 교육철학은 어떻게 생각하면 새 교육철학이 아니라, 다시 말해서 진보주의에 역행하는 이론이 아니라 진보주의 교육철학의 발전된 모습이라고 할 수 있다. 이 때문에 브라멜드는 그의 교육철학의 이름은 반드시 "재건주의"가 아니라도 상관없다고 하면서 심지어 "절충주의"(electicism)라는 혹평을 받아도 무방하다고 하였다.

따라서 재건주의를 한 마디로 말하면 기성의 미국교육철학인 진보주의, 본질주의, 항존주의라는 세 가지 입장의 기여를 자기 속에 총합하려는 교육철학이라고 할 수 있다. 브라멜드에 의하면 본질주의에서는 사실분석에 의한 여러 가지 측정을 배우고, 항존주의로부터는 인간성의 문제라던가 세계의 질서와 목적의 개념을 논리적으로 명백히 할 필요를 배웠다. 그러나 재건주의에 큰 영향을 끼친 것은 진보주의이다. 따라서 브라멜드는 재건주의 입장의 특색은 진보주의와의 대비에 의해서 분명해진다고 생각했다. 그러므로 브라멜드는 진보주의, 본질주의, 항존주의 교육이론을 하나하나 비판하고 새로운 교육철학으로서 재건주의 교육철학을 주장하였다.

2. 기존 교육철학의 비판

재건주의 교육철학은 기존의 3대 교육철학의 비판에서부터 시작된다. 진보주의 교육은 여러 학자들에 의하여 비판되었지만, 특히 우드링(Paul Woodring)은 20세

16) George F. Kneller, op. cit., p. 61.

기 전반기 교육의 주류가 되어온 진보주의 교육철학이 전반적으로 재검토되어야 한다.[17]고 역설함으로써 우리들에게 커다란 시사점을 던져 주고 있다.

이것은 진보주의에 대한 비판이거니와 브라멜드도 교육의 3대 조류에 대하여 신랄한 비평을 가하였다. 그는 먼저 진보주의에 대하여 이렇게 말했다.[18]

진보주의는 과학적 방법에 있어서는 강하지만 이 방법의 구체적이요 포괄적인 결과에 있어서는 약하다. 사고하는 방법을 가르치는 데는 강하지만 우리가 무엇을 위하여 생각하는 목표를 가르치는 데는 약하다. 능동적 지성의 특질을 설명하고 장려하는데 있어서는 강하지만 지성의 효율적인 작용을 방해하는 세력과 장애를 평가하고 이에 대비하는데 있어서는 약하다. 개인의 자아표현과 개인의 행동을 고무하는데 있어서는 강하지만 집단적 자아표현과 행동으로서 이들을 성공적으로 또는 강력하게 종합하는데 있어서는 약하다. 서로 다른 신념을 관용하는데 있어서는 강하지만 필요한 적극적인 신념에 대한 확신과 열의에 있어서는 약하다. 진행되는 역동적 경험에 있어서는 강하지만 이러한 경험의 결과에 합하는데 있어서는 약하다. 현재의 중요성과 현실성을 믿는 일에 있어서는 강하지만 장래의 중요성과 현실성을 믿는데 있어서는 약하다. 경험의 복잡성과 다원성을 지적하는데 있어서는 강하지만 포괄적이요 사람의 마음을 움직이게 하고 목적있는 설계를 통일하는데는 약하다. 한 마디로 말하면 진보주의는 자유주의의 모든 장점에 있어서는 강하지만 자유주의의 모든 결점에 있어서는 약하다.

브라멜드는 본질주의에 대해서도 오늘날과 같이 변화되는 시기에 있어서 적합한 교육철학이 될 수 없음을 지적하였다. 그는 본질주의에 대한 공적을 십분 이해하면서도 본질주의는 현재 우리가 직면하고 있는 위기를 극복할 만한 사상이 되지 못한다고 판단하였다. 본질주의는 기성 도덕과 정치 또는 태도와 사고방식을 영속시키려는 의도를 가졌는데, 이것으로 전환기에 발생하는 여러 문제들을 해결하기에는 부족하다고 지적한다. 본질주의는 현재와 같은 급격한 재건의 진행기에 있어서는 매혹적이기는 하지만, 오늘날에는 부합되지 못한다.[19]

---

17) P. Woodring, A Fourth of a Nation, New York : McGraw-Hill Book Co., 1957, p. 27.
18) T. Brameld, Towark a Reconstructed Philosophy of Education, New York : Dryden Press, 1956, pp. 7-8.
19) Ibid., p. 10.

브라멜드는 계속해서 항존주의는 역사를 무시하고 민주주의에 상반되는 사상이라고 하여 다음과 같이 비난했다.[20)]

항존주의는 우리의 문화가 추종하기에는 불합리하고도 위험한 길이다. 이것이 불합리하다는 이유는 다른 여러 가지 이유도 있겠지만 역사의 시계바늘을 돌려놔야 하기 때문이다. 본질주의가 보전하려고 하는 여러 부분의 현대적 유산에는 만족을 느끼지 않고 항존주의는 고대유산의 내용이라면 그 정신을 부활시키고 있다. 항존주의가 중세기의 문화를 광범하게 상찬하고 있는 점으로 보아 이는 결국 역사적 습관과 제도, 어떤 특정한 시간과 공간의 반영인 것이다. 항존주의가 또한 위험한 사상이라고 하였는데 이는 현대 인류가 직면하고 있는 가장 긴급한 과업인 민주주의를 재강화하려는 우리의 주장을 위협하고 있기 때문이다. 비록 때로는 자유주의적 혹은 과격한 이상을 옹호하고 있는 것이 사실이지만 전형적 항존주의는 참된 의미의 민주주의라고는 할 수 없다. 만일 그 철학이 정치에 있어서나 교육에 있어서 널리 채택되는 경우에 민주주의는 종언을 고하게 될 것이다.

3. 재건주의 교육원리

재건주의는 기존의 진보주의, 본질주의, 항존주의 교육철학의 비판으로 시작하여 현대의 문화적 위기를 극복해야 한다고 강조한다. 이 위기의 극복은 급격한 변화와 혁신을 통하여 재건될 수 있는 바, 이 때 교육이 그 선도적 역할을 담당해야 한다. 다시 말하면 교육을 수단으로 하여 현 사회를 개혁하고 새로운 사회질서를 수립해야 한다는 것이다. 재건주의를 문화의 위기의식에서 출발한 교육철학이라고 하여 흔히 문화적 재건주의(cultural reconstructionism)라고 칭하기도 한다. 문화적 재건주의란 우리 인류가 현대사회에서 직면하고 있는 문화적 위기의식에서 출발, 현대의 문화를 재점검하여 미래 전망적인 이상적 문화를 설정하고 이를 교육을 통하여 달성하고자 하는 교육관을 말한다. 다시 말하면 진보주의, 본질주의, 항존주의 교육관이 지니지 못했던 목표중심의, 그리고 미래지향적인 교육관이 필요한

20) Ibid., pp. 12-13.

바, 이를 위하여 현재의 문화와 교육을 뜯어 고쳐 새롭게 재건하는 교육, 즉 재건주의 교육을 브라멜드가 주장했다.

재건주의의 교육원리를 닐러가 요약한 특징에 따라서 검토해 보기로 한다.[21)]

① 교육의 사회개혁성이다. 교육의 주된 목적은 명확하게 짜여진 사회개혁 프로그램을 추진하는데 있다. 재건주의는 진보주의가 교육의 과정만 중시하고 목적을 등한시하는데 반대한다. 이런 점에서 재건주의자는 성장 자체가 교육의 목적이 될 수 없다고 하는 항존주의와 본질주의에 동조한다. 재건주의자는 진보주의가 과정을 중시하면서 건설해 가고 있는 사회의 개념을 거부하고 우리가 달성해야 할 미리 짜여진 사회(planned society)의 개념을 중시한다.

② 교육의 당면과제에 대한 신속한 수행성이다. 인간이 당면한 문명의 위기를 극복하지 못한다면 인간은 소멸되고 말 것이다. 교육은 인간의 마음을 파괴에서 창조로 이끌어 우리문화의 기본적 가치를 완성시킴과 동시에 새로운 질서를 창조하도록 하여야 한다.

③ 새로운 사회질서는 민주적인 것이어야 한다. 민주복지사회를 지향하는 우리들로서는, 부의 고른 분배와 모든 국민이 평등하게 참여하는 민주주의 사회를 이룩할 수 있는 마음의 혁명이 필요한데, 이것은 교육을 통할 수밖에 없다.

④ 교사의 사상적 무장과 설득이다. 교사는 재건주의 사상의 타당성과 긴급성을 민주적 방식으로 학생들에게는 물론 일반인에게도 설득시켜야만 한다. 그러기 위해서는 교사 자신이 구체적인 문제에 대하여 뚜렷한 해결방안을 가지고 공개강연이나 토론 등의 기회를 이용하여 이것을 피력해야 한다.

⑤ 교육의 방법과 목적은 행동과학의 연구성과에 따라야 한다. 현재의 위기에 대처하기 위해서는 교육의 목적과 방법을 변경해야 하는데, 이것은 행동과학적 연구성과에 따라야 한다. 왜냐하면 행동과학은 인간의 목적을 설정하는데 있어서 감상적, 낭만적, 신비적 근거를 배격하고, 각 문화권에 공통적이며 보편 타당한 근거에 의하여 목표를 설정하려 하고 있기 때문이다.

⑥ 아동, 학교, 교육은 크게는 사회적, 문화적 힘에 의하여 형성되어야 한다. 진보주의도 교육의 문화, 사회적 성격, 협동적 성격의 배양을 중시하지만, 근본적

21) George F. Kneller, op. cit., pp. 121-125.

으로는 개인적 입장에서 아동의 자유를 강조하는 면이 강했다. 재건주의는 아동, 학교, 교육이 사회 문화에 의하여 규정되어야 한다고 보고 본질주의자들이 말하는 자기실현을 사회적 자아실현(social self-realization)으로 전환시켜야 한다고 주장하였다.

이와 같이 재건주의자들은 인류가 문화의 위기를 극복하기 위해서는 뚜렷하게 짜여진 사회개혁 프로그램을 가지고 그러한 비전(vision)에 의하여 사회구성원의 마음과 행동을 교육을 통해서 재구성해야 한다는 것이다.

4. 재건주의 교육의 비판

재건주의자들의 문화적 위기를 극복하려는 지사적 기질과 미래지향적인 전망은 높이 평가되어야 한다. 그러나 그것이 좋은 의미로는 여러 교육철학파의 견해의 절충이고 나쁜 의미로는 혼합이기 때문에 우리는 이들의 이론과 가치관에 석연치 않고 서로 모순되는 것을 발견하게 된다.[22)]

첫째, 미래사회를 어떤 가치관에 입각하여 세울 것인가에 대한 논증이 부족하다. 물론 그들은 부를 공평하게 사회에 분배하는 사회복지를 이상으로 들고 있다. 그러나 복지사회는 어떤 가치를 실현하기 위한 것인가에 대한 답변이 없다. 물론 부의 분배는 중요하며 우리는 꼭 이루어야 한다. 그러나 왜 그것이 필요한가를 미리미리 다지고 들어가야만 한다. 그렇지 않으면 "배부른 다음에 오는 진짜 슬픔"에 인간은 견디지 못할 것이다. 복지사회 제도가 가장 잘 실현되고 있다는 북유럽 나라에 자살자가 가장 많다는 부의 역기능을 우리는 미리 막아야 한다.

둘째, 행동과학을 유일한 방법으로 여기는 데서 오는 한계성이다. 인간은 행동적인 존재인 동시에 영혼적인 존재이며, 평균치적인 존재인 동시에 개성적인 존재이며, 합리적인 존재인 동시에 모순적인 존재이며, 사회적인 존재인 동시에 탈속적인 존재이기도 하다. 인간은 원래 이렇게 양면을 지니는 중간적, 모순적 존재이다. 이처럼 인간의 존재를 일원적으로 해석할 수 없는 괴물로 보게 하고

22) 김정환, 전게서, pp. 145-146.

있다. 따라서 하나의 인간관에 의해서 인간을 조정하려는 것은 매우 위험스러운 생각이다.

셋째, 민주방식에 대한 지나친 기대이다. 오늘날의 민주주의는 초창기의 사상에 비하여 많이 전락해 가고 있다. 우리가 이룩한 민주방식이야말로 가장 이상적인 사회 질서이다. 그러나 플라톤의 말대로 민주방식은 잘못되면 중우체제로 타락할 수 있음을 상기하여야 한다. 눈앞에만 보이는 절대다수의 사람들의 의견에 대한 집약방식이 여기에서 말하는 것이라면, 그것은 과거에 뛰어난 한 사람의 의견만도 못할 수도 있기 때문이다.

제 5 절 실존주의 교육

1. 실존주의 역사

실존주의는 오늘날 인류가 누리고 있는 문명에 대한 회의에서 시작되었다. 18세기 이후 기계문명의 발달은 인류에게 산업화에 따른 새로운 형태의 사회를 가져다주었다. 초문화(super-culture)의 등장을 예고한 19세기 후반과 그 후 백년 동안 이룩한 과학기술의 발달은 인간의 관리 능력을 엄청나게 증대시켰다. 이제 21세기 이후 새로운 문명의 시작이란 단순한 생산양식의 변화나 정치체제의 변화만을 뜻하는 것이 아니다. 자연과의 관계나 분배방식은 물론, 인간의 의식이나 가치관, 삶의 형태나 목적 등 생활구조 전체가 바뀌는 새로운 사회적 패러다임(paradigm)의 등장을 의미하는 것이다. 이처럼 질적으로 과거와 전혀 다른 새로운 문명사회의 도래는 인간의 생명에 대한 의의 그 자체와 개성을 상실케 하고 있으며 인간에게 엄청난 소외와 불안을 주고 있다. 이처럼 문화의 병폐를 심정적으로 직관하고 이것을 고백의 형식으로 피력한 사람들이 실존주의 철학자들이다.

실존주의 철학은 제1차 세계대전 이후 약 10년 동안 유럽 특히 독일을 중심으로 일어났던 하나의 철학운동이다. 그러나 실존철학의 선구자적 형태는 덴마크의 키에르케고르(S. Kierkegaard, 1813~1855), 독일의 니체(F. W. Nietsche, 1984~1855)에서 찾아볼 수 있다. 제1차 대전 이후 독일을 중심으로 일어났던 이 실존철학 운동은 바로 이들 사상과 긴밀히 관련되어 있기 때문이다. 일반적으로 키에르케고르나 니체의 사상을 실존사상으로 불러 실존철학과 일단 구별하는 것이 철학사의 일반적 흐름이다. 그러나 이들은 실존철학의 조상임은 분명하다.

실존철학의 본격적인 활동은 1920년대의 후반에서 1930년대의 후반, 즉 2차 세계대전(1939~1945)이 시작되기 전까지 유럽의 불안하고 절망적인 상황에서 독일의 야스퍼스(Karl. Jaspers, 1883~1969)와 하이데거(Martin Heidegger, 1889~1976)를 중심으로 활발히 진행되었다. 그러나 이 철학운동은 나치스정권의 정치적인 박해로 프랑스로 일시 피신하였다.

제2차 세계대전 이후 특히 프랑스의 사르트르(Jean Paul Sartre, 1905~1980)를 중심으로 다시 독일과 프랑스에서 성행하여 마침내 거의 전세계적인 철학적 관심의 중심과제로 등장함으로써 실존철학은 현대철학에 있어서 핵심적인 위치를 갖게 하였다. 그러나 2차 세계대전 후의 어둡고 불안한 부정적인 사회적 분위기가 차차 가셔지고 철학사상이 일어나기에 알맞았던 사회적 상황으로 바뀌어짐에 따라 실존철학에 대한 평가가 일어나기 시작하여 마침내 실존철학의 시대는 이미 끝났다는 극단론까지 펴는 학자들도 있었다. 이처럼 실존철학에 대한 평가가 비록 실존철학의 극복을 논의하게까지 되었고 또, 그 철학 세력은 영, 미를 비롯한 일부 국가에서 약화되었지만 실존철학의 철학사상에 지니는 의의와 공헌은 높이 평가되어야 한다.

실존주의 또는 실존철학에 포함시킬 수 있는 사상가로서는 앞에서 말한 키에르케고르, 니체, 야스퍼스, 하이데거, 사르트르를 비롯하여 메를로-퐁티(Maurice Merleau-Ponty), 마르셀(Gabriel Marcel), 틸리히(Paul Tillich), 카뮈(Alpert Camus), 바아트(Kat Barth), 카푸카(Franz Kafka), 파스칼(Blaise Pascal), 니버(Reinhold Niebuhr), 그리고 부버(Marein Buber)와 볼노브(Otto Friedrich Bollnow) 등을 들 수 있다.

2. 실존주의 교육관

1920년대까지의 교육은 인간의 창조적 능력에 대한 확신으로부터 시작되었다. 그러나 이러한 낙천적 교육관은 현대의 기술문명과 노동조건이 인간의 소질을 조화적으로 발전시키기에는 너무도 부정적인 요인이 많았고, 또 몇 차례의 전쟁이라는 격랑 속에서 인간의 취약성(脆弱性)과 속악성(俗惡性)이 두드러지게 나타나 우리를 불안과 공포 속에 밀어 넣게 되었다. 그러기에 실존주의자들은 실존적 현실과 모순되는 과거의 낙천적 세계관에 입각한 교육의 대전제를 점검하고 실존에 알맞은 교육관을 모색해야 할 필요성을 느끼게 되었다.

실존이란 일반화와 평균화를 거부하는 구체적이며 개성적인 모습 그대로의 삶의 형태를 말한다. 객관적 실재보다는 그것이 나에게 갖는 의미를 더욱 중시하며, 사물의 본질 자체보다는 있는 그대로의 모습을 더욱 중시한다. 즉, ① 집단에 해소되지 않고, ② 공통성에 의하여 통분되지 않으며, ③ 하나하나의 타에 견줄 수 없는 인간존재를 가리키는 말이다.[23]

실존주의 교육철학은 객관적이고 보편적인 인간을 만든다는 교육의 목적과 작용에 대하여 신랄하게 비판한다. 어떠한 인간을 만들 수 있다는데 교육의 목적이 있는 것이 아니라 어떻게 하면 자기의 본질적인 생을 살도록 함으로써 자기존재의 의의와 가치를 찾게 하느냐가 교육의 목적이다.

실존주의는 흔히 인간의 삶을 낙관적인 면보다는 비관적이고 부정적인 면을 강조한 나머지 긍정적으로 극복하려는 전망이 결여되었다는 비난을 받기도 한다. 그러나 실존주의가 지니는 철학적 사고의 발상 자체는 그것이 교육에의 적용 여부와 관계없이 새 인간관, 새 문화관, 새 우주관을 모색하려는 우리의 교육철학에 지대한 영향을 미치게 된다.

종래의 전통적 교육관과 정면으로 대립되는 실존주의 교육관에 대하여, 볼노브는 지금까지의 교육학에서 주장되는 교육에 대한 통념적인 견해(유형)에서 출발한

23) 김정환, 전게서, p. 156.

다.[24]

하나는 공장적(工匠的) 교육관이고, 다른 하나는 유기적(有機的) 교육관이다. 전자는 무엇을 만드는 것과 유추(類推)하는 데서 출발한다. 즉, 공장이 미리 계획을 세워 물건을 만드는 것처럼 교육자는 머릿속에 생각한 목표에 따라 인간을 변화시키는 것으로 본다. 즉, 교육은 일종의 만드는 행위이다.

여기에 대하여 후자인 유기적 교육관은 교육을 유기적인 성장의 성과로 보는 견해이다. 즉, 유기체로서의 인간은 원래 인위적으로 길러지는 것이 아니라 인간의 발달단계에 따라서 안으로부터 계발되어 그 자신의 목표를 지향한다고 보는 입장을 교육의 본질로 삼는다. 예컨대 정원사가 식물을 잘 자랄 수 있도록 돌보는 기술, 자연적 과정을 저해하지 않는 일이라는 의미로, 인간을 "기르는 것"으로 보는 입장이다. 즉, 교육은 일종의 기르는 행위이다.

전자는 교육을 조형미술의 뜻에서 느끼는 바와 같이 적극적 형성작용으로 보았고, 후자는 이것을 동식물의 사육에서 보듯이 자연적 성장과정의 소극적인 보호작용으로 보았다. 그러나 이 둘은 공히 인간의 도야가능성을 자명한 것으로 보는 데는 일치하였다. 그러기에 전자에 있어서는 연속적인 작업, 후자에 있어서는 연속적인 발전으로 인간을 점진적으로 완성시킬 수 있다고 보았던 것이다. 그런데 우리가 여기에서 주목할 것은 이 두 근본 견해는 이념적으로는 극대 극으로 다르지만 방법론적으로는 교육은 꾸준히 지속적 계획적으로 해야 한다는 연속성(steitigkeit) 위에 서 있다는 점이 동일하다.

그러나 볼노브는 교육을 연속성으로 보는 종래의 교육관과 정면으로 대립되는 인간의 삶의 과정을 비연속적인 것으로 본다. 인간이 진정으로 실존적이 되기 위해서는 점진적이며 연속적으로 이루어지는 것보다는 오히려 한순간에 비약적으로 이루어진다는 비연속적 교육관을 주장한다. 교육이란 전통적인 공장적 교육관과 유기적 교육관만 수용할 수는 없다. 왜냐하면 인간이란 어떠한 틀에 짜여진 존재도 아니기 때문이다. 따라서 실존주의자들에 의하면 교육이란 인간의 영혼과 영혼이 맞부딪치며 개성적인 삶으로 서로 영향을 주고받을 때 결과가 되어 나오는 인간의 영적 · 도약적 변화 그 자체를 말한다.

24) 김정환, 상게서, p. 165.

3. 실존주의 교육방법

실존주의적 입장에서 볼노브는 인간교육에 관한 중요한 사항을 위기, 각성, 충고, 해후, 모험과 좌절 등 여섯 가지로 요약하고 각 사항이 갖는 교육적 의의를 논하고 있는데, 다른 교육관보다 훨씬 차원 높게 다루어지고 있는 것이므로, 여기에서는 이것을 교육방법적인 측면에서 요약하기로 한다.

1) 위기(危機)

성장이란 연속적으로만 이루어지는 것이 아니라, 반드시 그 사이 사이에는 비연속적인 도약과 질적인 변화단계를 거친다. 어떤 때는 미래에 대한 꿈이 부풀어 오르는가 하면 금새 좌절하고, 어떤 때는 수준 높은 도덕성을 지향하는가 하면 금새 본능이 발현되는 등, 양적 확대와 질적 변화가 교차하면서 성장 · 발달하는 것이다. 일반적으로 도약단계에 처해 있는 생명체는 위기를 내포하게 마련이기 때문에 도약을 위한 마디마디를 특별히 주목여야 한다. 이러한 과정을 잘 극복하면 질적 도약이 이루어지게 되고, 그렇지 못할 경우에는 좌절한다. 이에 대한 정화, 판별의 능력을 갖추어 불결한 것을 정화하고 사리를 판별하는 태도를 몸에 지니게 해 주어야 한다.

2) 각성(覺醒)

각성이란 원래 자신이 지니고 있었지만 똑바로 인식하지 못하고 있는 것을 남의 도움을 통해서 일깨움을 받는 작용을 말한다. 이 각성의 개념으로 교육작용을 인간영혼의 전향술이라고 규정한 사람은 소크라테스, 플라톤이다. 각성은 더 이상의 희망이나 가능성이 사라진 좌절의 순간에 오히려 정신을 차려 자기의 갈 길을 깨닫는 계기가 될 것이다. 따라서 각성이 지니는 교육적 의의를 다음과 같이 규정할 수 있다.

① 잠재성을 현실화하는 일이다. 졸고 잠자는 상태에서 의식적이고 활동적인

상태로 자신의 본래 모습을 나타내게 하는 일이다. 즉, 비본래적 상태에서 본래적 상태로 깨어남을 말한다.

② 외부로부터 심한 자극을 가하는 일이다. 이런 자극을 통해서 졸고 있는 영혼이 놀라서 깨어나게 된다.

③ 고통을 수반하는 일이다. 각성은 자발적으로 일어나는 것이 아니고 다른 사람에 의하여 타율적으로 일어난다. 따라서 타성적으로 졸고 있는 자에게 심한 고통을 수반한다.

④ 돌발적으로 온 힘을 발동시키는 일이다. 하나의 생명이 다른 하나의 생명에 관심을 갖고 돌발적이고도 단도직입적으로 사랑을 폭발시키는 일이다.

⑤ 회심(回心)을 겪게 하는 일이다. 잠을 깨는데 그치지 않고 옛것을 버리고 새것을 지향하며 마음의 전환을 일으키는 일이다. 그리고 이 마음의 전환은 평생에 한번 밖에 없는 귀중한 것이기 때문에 몸부림치며 겪게 하여야 한다.

3) 충고(忠告)

충고란 남에게 새로운 방향을 제시하는 의도에서 외부로부터 갑작스럽게 가해지는 간섭을 말한다. 그러나 충고에 대한 선행조건으로 교사와 학생 간의 사랑과 관심, 그리고 권위가 있어야 한다. 진정으로 학생에 대한 사랑과 관심, 그리고 권위가 있을진대 충고는 커다란 힘을 발휘하게 된다.

4) 상담(相談)

상담이란 타인이 과감하게 결단을 내릴 수 있도록 헌신적으로 봉사하는 일이다. 교육적 상담이란 학생들의 전체적인 삶과 내면적 핵심에 접근하고 보다 윤리적인 삶의 태도에 관련되는 것이다.

5) 해후(邂逅)

만남이란 예측하지 못했던 일이 운명적으로 일어나, 그 사람을 사로잡아 새로운 방향을 취할 수밖에 없도록 하는 사건의 돌발을 말함이다. 이렇게 보면 만남이란 아주 비연속적 계기에 속하는 것임을 알 수 있다. 이런 뜻에서 예수와 베드로, 소크라테스와 플라톤, 단테와 베아도리체, 공자와 안연, 석가와 아난의 만남은 진정한 실존적 만남이었다. 이러한 만남은 통념적으로 교육의 개념들과 대립된다. 그러나 이러한 만남이 없이는 진정한 사람이 될 수 없다는 것은 아무도 부인하지 못할 것이다. 이런 뜻에서 〔만남은 교육에 선행한다〕는 명제가 나오는 것이고, 진정한 만남만이 진정한 교육의 기반을 다진다는 말이 나오는 것이다.

6) 모험과 좌절(冒險, 挫折)

교육은 학생들에게 도전하게 하여 성공하면 기쁨을 맛보고 실패하면 그 쓰라린 경험을 통해서 다음에 다시 슬기롭게 도전토록 강조하여야만 한다. 이런 뜻에서 모험과 좌절이 같이 필요하다.

4. 실존주의 교육의 비판

오늘날의 교육학이 지나치게 과학화되어 과학적 법칙성을 정형화하는 기계적 인간관을 낳게 함은 물론 '인간성 부재의 과학'으로 전락하려는 경향이 있다. 실존주의는 이러한 기계적 인간관에서 탈피하여 주체적 삶을 영위할 수 있는 인간교육, 즉 '인간성에로의 과학'으로 전환시키는 데 크게 기여할 것이다. 이렇듯, 실존주의는 인간실존을 연구대상으로 삼고 있기 때문에 최근에 와서는 새로운 교육철학으로 각광을 받았다. 그러나 여기에서도 실존주의에 내포된 논리적 모순성, 모호성, 애매성 등 현실적 한계가 드러나고 있다. 다음에 이러한 문제들에 대하여 알아보도록 한다.[25)]

첫째, 실존주의는 인간의 현존재의 기저를 객관적으로 올바르게 파악하는 자세가 모자란다는 점이다. 인간은 자연적인 존재로서 여러 생물학적인 제약 아래 살고 있으며, 사회적 존재로서 사회적 · 체제적 제약 아래 살고 있으며, 또 심리학적 존재로서 매카니즘의 제약 아래 살고 있다. 이처럼 인간은 자연적, 사회적, 심리적

25) 김정환, 상게서, pp. 174-175.

존재이다. 실존주의가 강하게 주장하는 인간의 개성화, 주체화, 내면화가 이러한 객관적인 인간의 현존재의 기저에서의 초월로 이루어진다고 오해할 수 있다.

둘째, 실존주의자들은 〔모험〕이 도약을 위해서 꼭 필요하다고 하는데 그것에 대한 의의와 한계가 동시에 있음을 알아야 한다. 실존주의자들은 자기 자신에 대한 절망으로 신앙을 얻게 되는 것처럼, 교육을 통하여 학생들을 절망으로 몰아넣는 〔모험〕도 해야 한다고 여겼다. 그러나 인간에게는 개인차가 있는 것처럼, 절망에서 신앙으로 도약하는 사람도 있지만, 절망이 더 큰 절망을 낳아 자폭을 부르는 사람도 있다. 절망이 이 둘 중의 어느 경우를 가져올 것인지는 일률적으로는 말할 수 없다. 여기에 모험의 한계가 있다.

셋째, 비연속성의 교육의 원리이다. 실존주의는 진정한 높은 수준의 교육은 의도적, 계획적, 계속적으로 되는 것이 아니라고 주장한다. 그들의 이러한 주장에는 일리가 있지만, 그러나 한계도 있음을 인정해야 할 것이다. 그것은 비연속성의 원리가 적용되는 수준의 교육이 있고, 그렇지 못한 수준의 교육이 있는데, 후자의 경우 어떻게 우리가 대처해야 할 것인가에 대한 이론을 우리는 갖지 못하기 때문이다.

그러나 이미 지적한 바와 같이 종래의 교육학에서 교육원리로 적용되던 교육의 연속성의 원리 외에 비연속성의 원리에 눈을 돌린 것은 실존주의의 획기적인 공이 아닐 수 없다. 예컨대 이 세상을 맑고 아름답게 살게 하는 일, 남을 사랑하는 마음을 기르는 일, 신앙을 갖게 하는 일 등은 연속성의 원리에 의한 교육으로는 불가능하고 비연속성의 원리에 의한 교육에서 보다 효과적으로 바람직한 결과를 가져올 수 있기 때문이다.

제 6 절 분석철학과 교육

1. 분석철학의 역사

분석철학(analysis philosophy)은 실존주의와 더불어 20세기 현대철학의 2대 조류를 이루는 철학이다. 실존주의가 실존적인 인간에 초점을 두어 자아와 주체적 각성을 일깨우는 나의 의미를 밝히는 철학이라고 한다면 분석철학은 우리가 늘 사용하고 있는 일상 언어의 의미를 밝히는 철학이다. 따라서 실존주의는 존재의 철학이고 분석철학은 의미의 철학이라고 할 수 있다. 뿐만 아니라 실존주의는 극히 주관적인데 반하여 분석철학은 객관적이다. 실존주의를 지배하는 기저가 정서와 열정에 있음에 반하여 분석철학은 엄격한 과학정신과 논리의 방법에 의거하고 있기 때문이다. 이와 같이 실존주의와 분석철학은 분명히 20세기 현대철학의 쌍둥이지만 그 성격에 있어서는 극과 극을 달리하는 대조적인 철학이다. 그러나 분석철학은 확실히 20세기 과학의 산물이고 또 전통철학의 형이상학적 사유에 대한 반항아이다. 분석철학은 철저하게 형이상학을 배제하면서 논리나 검증을 철학의 한 방법으로 삼고 있기 때문이다. 그러므로 분석철학은 전통적인 철학과 같이 우주와 인생에 대한 체계적인 내용이나 특정의 사상을 밝히는 철학으로 보지 않는다. 분석철학은 어떤 확고한 이념이나 계통화된 우주와 인생에 대한 신념으로 구성된 철학이 아니고 다만 철학적 방법을 다루는 일종의 방법론이라고 보고 있다.

분석철학은 일반적으로 20세기에 들어와 주로 영국과 독일을 중심으로 하여 일어나 현대 구미 각국에서 크게 논의되고 있는 철학적 경향으로서 종래의 사변적, 경험적, 종합적인 철학방법을 거부하고 모든 과학과 일상적 지식의 개념, 명제의 의미를 분석적 방법을 거쳐서 엄밀하게 밝히는 것을 목적으로 하는 새로운 철학적 입장을 분석철학이라고 한다. 그러나 분석철학이라고 하여도 그 속에는 캠브리지학파, 비인학파의 논리적 실증주의, 베를린학파, 폴란드학파, 옥스퍼드 일상언어학파와 그 밖의 여러 입장의 학설이 있으며, 분석철학은 이들의 전체적 노력에 의해서 성장되어온 학설이다. 따라서 분석철학은 위의 여러 학파들의 주장이 반드시 일치하는 것만은 아닌 까닭으로 그 명칭도 다양하게 불리고 있다. 예컨대 분석철학은 철학적 분석주의, 논리적 실증주의, 논리적 경험주의, 언어분석철학 등 여러 이름으로 알려졌다.

분석철학을 제일먼저 거론한 학파는 오스트리아 비엔나대학의 철학교수 슐리크(Moritz Schlick, 1882~1936)를 중심으로 하는 비엔나 또는 비인학파, 흄(David Hume,

1711~1776)이래의 경험론의 전통을 이어받은 영국의 캠브리지 학파이다. 캠브리지 학파의 중심 인물은 무어(G. E. Moore), 러셀(Bettrand Russel) 그리고 그의 제자 비트겐슈타인(Ludwing Josef Wittgenstein, 1889~1951) 등이다.

비엔나 학파는 1922년 슐리크를 중심으로 수학자, 물리학자들과 더불어 과학론과 인식론의 여러 문제들을 논의하는 연구회, 즉 「비엔나 서클」을 만들어 학술활동을 전개한 데서 비롯된다. 이들은 1828년 마하협회(Der Verein Ernst Mach)를 결성, 자연과학, 사회과학의 정밀한 과학적 분석을 시도하였다. 마하협회는 1928년 독일 베를린대학 교수 라이엔바하(Reichenbach)를 중심으로 과학철학의 수립을 목표로 창립한 경험철학협회를 흡수통합(1929)하여 대규모의 비엔나학파를 조직하였다. 비엔나학파는 그들의 공통되는 주장을 논리적 실증주의(logical Positivism)라고 부르고, 뒤에 논리적 경험주의(logical empiricism)로 재명명되었다. 논리적 실증주의 또는 논리적 경험주의라는 명칭은 이 비엔나학파에 속하는 철학자, 수학자, 물리학자 그 밖의 여러 사회과학 및 자연과학자들의 공통사상을 대표 또는 집약한 철학이다. 이 논리적 실증주의 또는 논리적 경험주의에 의하면 철학의 임무를 철학적 명제(proposition)를 확립하는 데만 있는 것이 아니고 개념과 명제가 갖고 있는 의미를 분석하여 명료하게 밝히고 무의미한 비경험적 형이상학적 요소를 철학에서 배제하는 데 있다고 한다.

논리적 실증주의를 그 대표적 사상으로 하는 비엔나학파에 속하는 학자로서는 앞에 말한 슐리크, 라이헨바하를 비롯하여 신택스(syntax)와 의미론(semantics)으로 유명한 카르납(R. Carnap), 노이라트(O. Neurath), 괴델(K. Gödel), 파이글(H. Feigle) 그리고 크라프트(V. Kraft) 등을 들 수 있다.

캠브리지학파는 비엔나학파의 논리적 실증주의 운동이 일어나기 20~30년 전부터 영국의 캠브리지 대학을 중심으로 이미 분석철학의 싹이 돋아나고 있었다. 논리적 실증주의는 흄의 경험론과 마하의 실증주의에 영향을 받았지만 직접적인 영향을 받은 것은 러셀과 비트겐슈타인이다. 러셀은 논리적 분석의 중요성을 인식하고 그의 철학사상인 논리적 원자주의(logical atomism)를 수립하였다. 그의 제자인 비트겐슈타인도 초기에는 러셀의 논리적 원자주의에 속해 있었지만 후기에는 이에서 탈피하여 언어분석을 통하여 실재의 진리를 추구하고자 하였다. 비트겐슈타인은 언어는 삶의 형식(form of life)이라고 하여 언어의 분석은 곧 인간의 삶에서 추구되는 바를 밝히는 원인이라고 믿었다. 비트겐슈타인은 금세기 최고의 분석철학자이다. 영국의 분석철학은 캠브리지학파와 옥스퍼드의 일상언어학파로 구분된다. 일상언어학파는 간단히 옥스퍼드학파라고 부르기도 한다. 일상언어학파의 주요학자들은 라일(G. Ryle), 오스틴(J. L. Austin), 스트로슨(P. F. Strawson), 바이스만(A. Weismann), 그리고 와노크(G. J. Warnock) 등이다. 이들의 공통적인 관심사는 언어와 문장과 표현의 의의를 명확히 밝히는 데 있다. 즉, 우리가 일상 사용하고 있는 언어의 참뜻을 명료하게 밝히는 것이다.

이상의 설명으로 알 수 있듯이, 분석철학은 넓게는 대체로 다음과 같이 세 가지 흐름을 통칭하는 것으로 이해된다. 즉, ① 슐리크로 대표되는 비엔나학파의 논리적 실증주의, ② 캠브리지학파의 러셀 등에 의한 논리적 원자주의, ③ 비트겐슈타인의 후기사상의 영향을 받은 옥스퍼드학파의 언어분석철학 등이 그것이다. 그러나 일반적으로 분석철학이라고 하면 논리적 실증주의와 언어분석철학을 지칭한다. 이 둘 중에서 언어분석철학이 분석철학의 지배적인 경향이다.

이상에서 밝힌 여러 갈래의 철학자들에 의하여 추진된 분석철학 운동은 라일(Gibett Ryle), 네이글(Ernest Nagel), 호스퍼어스(John Hospers), 위즈돔(John Wisdom), 오스틴(J. L. Austin), 스티븐슨(C. L Stevenson) 그리고 화이트(Morton White) 등에 의하여 지금도 계속 추진되고 있다.

2. 분석철학의 내용

분석철학이란 철학의 본질을 통하여 종래의 사변적, 선험적, 종합적인 철학방법을 거부하고 과학과 일상적 지식의 개념, 명제의 의미를 분석적 방법을 거쳐 엄밀하게 밝히는 것을 목적으로 하는 새로운 철학적 입장을 지칭한다. 따라서 분석철학은 "지식이란 무엇이냐?", "무엇이 덕이냐?"와 같이 일상적인 언어의 의미와 논리를 밝히려 한다. 그러므로 분석철학은 언어의 명료성을 엄격한 논리로 밝히는 행위를 특징으로 한다. 분석철학의 주류는 논리적 실증주의, 또는 논리적 경험주의와 언어분석철학이라고 이미 지적한 바 있다. 논리적 실증주의는 비엔나

학파들이 뒷날 논리적 경험주의로 재명명한 뒤 오늘에 있어서는 논리적 경험주의로 널리 통칭되고 있음으로 여기에서는 논리적 경험주의로 사용한다. 그리고 오늘날 널리 사용되고 있는 분석철학이라는 말은 1929년 비엔나학파의 논리적 실증주의로부터 시작되어 그것이 수년 후 논리적 경험주의로 바뀌어 부르다가 오늘에 와서는 분석철학이라는 말로 그 명칭이 굳어졌다.

그런데 분석철학은 언어철학이라고 불리는 경우가 있다. 그러나 분석철학은 일반철학이며 언어철학은 특수철학이다. 따라서 분석철학은 특수철학인 언어철학과 구별되어야 한다. 또 분석철학과 과학철학을 동의어로 사용하는 경우도 있는데 과학철학도 특수철학이기 때문에 이것도 구별하여야 한다. 과학철학도 언어철학처럼 분석철학이 나타나기 이전부터 있었던 철학이다. 그러나 분석철학은 과학철학을 중시하는 것만은 틀림없다. 이제 다음에서 논리적 경험론과 언어분석론을 살펴보도록 한다.

1) 논리적 경험론

논리적 경험론(logical empiricism)은 논리적 실증론(logical positivism)에서 출발한다. 따라서 논리적 경험론과 논리적 실증론은 동의어로 사용되는 경우가 많다. 논리적 경험론은 반형이상학적이고 논리주의이며 언어분석과 같은 세 가지의 특징을 지닌다.

첫째의 반형이상학적인 원칙에서 논리적 경험론은 형이상학을 불신하고 부정한다. 논리적 경험론에 의하면 형이상학의 여러 명제는 모두 무의미하다. 형이상학의 진리는 경험으로 증명이 안 된다. 그것은 아무것도 주장하는 것이 없다. 참도 거짓도 아니다. 지신의 영역 밖에 있다. 형이상학은 지식의 환상을 불러일으킬 뿐이라는 것이다. 따라서 논리적 경험론은 경험의 기반 위에 서서 우리의 경험을 초월한 존재를 절대로 인정하지 않는다. 비트겐슈타인은 그의 유명한 저서 「논리 철학적 논문」에서 "말할 수 없는 것에 대하여 침묵하라"고 경고한다.

둘째의 논리주의 원칙에서 논리적 경험론은 철학의 고유한 영역은 넓은 의미의 논리학이라 하고 철학의 유일한 과제는 논리적 분석이라고 외친다. 논리적 분석이란 인식의 진위와 명제의 유의미 또는 무의미를 가려 내는 것이다. 철학이 어떤 명제에 대하여 논리적 분석을 하는 목적은 그 명제에 대한 검증의 방법을 발견하는 데 있다. 모든 명제는 어떤 기준에 의해서 검증되어야 한다. 관찰과 실험에 의하여 검증되고 실증되지 않은 지식은 지식으로 받아들여지지 않는다. 여기에서 검증원리 또는 검증가능성의 원리가 제기된다. 따라서 논리적 경험론은 첫째와 둘째의 원칙에 의거하여 경험과 논리를 중시하고 이 경험과 논리를 서로 결합시키려는 것이 그 본질적 태도라고 할 수 있다. 셋째의 원칙인 언어분석은 후술한다.

이상에서와 같이 논리적 경험론은 어떤 명제가 직접적 또는 간접적으로 경험과 논리를 통해서 반드시 검증 또는 실증되어야 한다는 입장이다. 이러한 논리적 경험론을 정립시키는 데 크게 공헌한 자는 에이어(A. J. Ayer)이다. 그는 그의 저서 「언어, 진리, 논리」(Language, Truth & Logic, 1933)에서 형이상학적 모든 것을 철학의 영역에서 추방함은 물론 어떤 명제의 진실성은 반드시 경험과 논리를 통하여, 즉 논리적 분석에 의하여 검증되어야 한다고 주장한다. 이것이 앞서 언급한 논리적 경험론에 있어 논리적 분석에 동원되는 검증의 원리 또는 검증가능성의 원리이다. 실증철학의 핵심적인 사상이기도한 이 원리에 의하면 경험을 통하여 증명될 수 없는 명제는 무의미하다는 것이다. 그러므로 모든 진리는 반드시 과학적 방법에 의하여 실증 또는 검증되거나 논리적 방법에 의하여 명료화되어야 한다는 것이다. 이때 검증이란 어떤 명제의 내용과 사실의 일치여부를 밝히는 방법을 뜻한다. 예컨대 "지금 밖에 비가 내린다."는 명제는 인간의 직접적인 경험세계의 명제인바, 이는 누구라고 사실의 일치여부를 확인하는 것으로 진, 위는 판단된다. 이때 그 명제가 확인되어 진, 위가 판단되면 그 명제는 의미가 있는 것이 된다.

논리적 경험론에서 검증원리에 의하여 어떤 명제를 검증하는 방법은 직접적 검증방법과 간접적 검증방법이 있다. 직접적 검증방법은 아주 간단하다. 지금 위에서 제시되었던 "지금 밖에는 비가 내린다"라는 명제의 예가 바로 그것이다. 이 명제는 우리의 감각기관에 의한 자각으로서 그 진, 위를 판단할 수 있다. 그러나 논리적 경험론에서 주된 관심의 대상이 되는 것은 이 간접적인 검증방법이다. 간접적 검증방법은 카르납(Rudolf Carnap)에 의하면 "직접적으로 검증할 수 없는 명제 p는 p로부터 유도되는 명제나 이미 검증된 다른 명제를 통해서만 직접적으로

검증된다"는 것이다. 간접적인 검증방법의 예를 역시 카르납의 설명에서 찾아본다.[26)]

명제 P1 : [이 책은 종이로 만들어 졌다] 이러한 명제는 직접적으로 검증이 안 된다. 그러나 이것을 증명하기 위하여 우리는 다음과 같은 전제를 설명할 수 있다. -검증될 명제-

P2 : [만일 불이 종이 아래 놓여진다면, 그것은 탄다] 이것은 물리적인 법칙이며 이미 직접적으로 증명되어 있는 바다. -이미 검증된 명제-

P3 : [이 불꽃은 불이다] 이 명제 역시 직접적으로 증명되는 것이다. 즉, 우리는 불꽃을 볼 수 있거나 또는 그것을 느낄 수 있다.

P4 : [불이 책 아래 놓여졌다] 이 명제는 관찰을 통해서 지금 직접적으로 증명할 수 있다. 우리는 이제 우리의 몇 가지 전제에서 결론을 끌어낼 수 있다.

P5 : [그 책은 이제 타게 될 것이다] -관찰에 의해서 검증될 수 있는 예측 또는 가설임-

위에서와 같이 우리는 P1을 P5로 전환시킴으로써 비로소 명제 P1의 진, 위를 확인할 수 있게 된다. 이와 같이 우리주변에 있는 경험적 명제의 진, 위는 그것이 직접적이든 또는 간접적이든 간에 경험에 의한 검증의 원리에 의하여 판단되는 것임을 알 수 있다.

닐러는 논리적 경험론의 입장을 다음과 같이 요약하고 있다.[27)]

① 철학의 기능은 논리적 분석이다. 따라서 철학은 분석적이며 비판적일 뿐이지 사변적이 될 수 없다. 이는 철학의 기능이 새로운 지식을 창조하는데 있지 않고, 이미 존재하는 지식의 용어와 개념들의 개념과 논리적 관련성을 검토함으로써 명료하게 할 뿐이라는 것이다.

② 도덕, 종교, 심미에 관한 대부분의 주장들은 경험적으로 입증할 수 없기 때문에 무의미하다.

---

26) R. Carnap, Philosophy and Logical Syntax, London, Kegan Paul, 1935, p. 11.
27) G. F. Kneller, op. cit., pp. 75-76.

③ 분석적 명제와 종합적 면제들만이 의미 있는 논리가 될 수 있다. 논리학과 수학의 명제는 분석적 명제에 속하고 각종 과학의 명제들은 종합적 명제에 속한다.

④ 종합적 명제란 기본적인 경험을 논리적, 상징적으로 표현한 명제를 말한다. 많은 과학적 진술이 논리적 형식을 갖춘 진술로 표현할 수 있다.

2) 언어적 분석

분석철학의 일파인 논리적 경험론이 경험의 기반 위에 서서 형이상학을 부정하고 철저한 논리주의에 따라 어떤 명제를 검증의 원리에 의하여 논리적으로 분석함으로써 철학을 과학화하는 철학적 방법인데 대하여, 분석철학의 또 다른 일파인 언어분석론은 그 임무를 언어와 문장과 표현의 의미를 명확하게 밝히는데 두고 있다. 다시 말하면 우리가 일상 사용하고 있는 언어의 의미를 논리적인 분석을 통하여 명확히 밝히는 것을 주된 임무로 하는 철학적 경향이다. 이 두 분석철학이 다 같이 전통철학의 사변적, 선험적, 종합적인 철학의 방법을 거부하고 과학적 방법과 언어의 의미와 논리를 명료하게 할 것을 요구하는 점에서 일치한다.

언어분석론자들에 의하면 철학의 목적은 새로운 지식을 창출하는데 있는 것이 아니고 학문이나 일상생활에서 우리가 사용하고 있는 언어의 참뜻을 밝히고 그 언어의 논리적 관계를 분석함으로써 우리의 사고를 정확한 과학적 기초 위에 세우는데 있다고 한다. 다시 말하면 철학의 임무는 실증하는 일보다는 엄격한 논리에 의하여 언어의 명료성을 밝히는데 있다고 보는 것이다. 언어분석론에 의하면 철학은 "있는 것"(what is)이나, "있어야 할 것"(what should be)에 대한 것보다는 "말해진 것"(what is said)에 더욱 관심을 가져야 한다는 것이다.

"말해진 것", 즉 언어에 관심을 가지는 언어분석론자들은 철학의 여러 기능들 중 분석기능(analytic function)을 받아들인다. 철학의 분석적 기능은 개념의 '애매성'을 제거하고 모호성을 감소시켜 의미를 명백하게 하는 것을 뜻한다. 개념의 '애매성'이란 하나의 언어가 여러 가지 뜻을 지니고 있어서 어떤 주어진 문맥에서 그 중 어느 것을 나타내고 있는지가 명백하지 못함을 의미한다. 예컨대 "눈물을 닦는다"라는 문장에서 '눈물'은 애매한 말이며, 또 "왜 닦느냐"라는 글에서도 '왜' 또한 애매한 말이다. 그것이 원인을 묻는 것인지, 동기를 묻는 것인지, 아니면 목적을 묻는 것인지가 분명하지 않다. 만약에 원인을 묻는다면 눈물을 없애려고 닦았다는 답이 있을 것이다. 그러므로 '모호성'은 그 말이 나타내고자 하는 한계가 분명치 않음을 의미한다. 예컨대 '도심지', '중년', '사춘기' 등은 모호한 말이다.

이러한 애매성과 모호성을 지닌 언어는 우리의 일상생활에서는 물론 전문적인 학문 이론에서도 흔히 발견되는 바, 언어분석론자들에게는 딱 질색이다. 애매성을 제거하는 것은 자세한 설명으로 가능하지만, 모호성의 경우에는 그것을 감소시킬 수밖에 없다. 뿐만 아니라 우리는 흔히 양립할 수 없는 이른바 상호 모순된 표현을 하는 이론이나 주장을 흔히 볼 수 있다. 예컨대 "백두산의 돌은 칼을 갈아 모두 없어졌다"라고 하던지, 혹은 "두만강 물은 말이 마셔서 모두 없어졌다"는 따위의 문장들은 모두 모순된 표현이다.

위에서와 같이 언어분석론자들은 언어의 사용으로 나타난 언어의 의미에 관심을 갖는다. 그들은 언어의 사용(use)과 언어의 관습적 사용(usage)을 구별하여, 전자는 언어의 의미를 나타내는 것임에 반하여 후자는 여러 사람들이 사용하는 방법을 뜻한다고 보고 있다. 예컨대 우리가 즐겨 쓰는 '민주주의'나, 교육현장에서 잘 쓰는 '바람직한 인간', '자아실현의 교육' 등 이런 말들의 진술 속에는 복잡하고, 애매한 개념들이 뒤얽혀져 있어서 그 의미에 대한 일치된 견해도 없이 사용되고 있는 경우를 볼 수 있다. 언어분석은 바로 이러한 말 속에 내재하는 의미를 분석하여 그 뜻을 명백히 하고 사용을 정확히 하는 철학인 것이다. 언어분석론은 우리가 이렇게 산만하게 사용하는 언어가 내재한 의미를 명확하게 밝혀 우리의 사고를 명료화시키려는 철학적 방법을 제시하는 학문이다.

그런데 우리는 지금까지 계속적으로 언어분석이라는 용어를 사용했지만 사실 정확한 의미로는 "언어의 철학적 분석"(philosophical analysis of language)이라는 뜻이다. 그러나 언어학에 있어서도 최근 언어분석이라는 용어가 넓게 사용되고 있기 때문에 혼동을 피하기 위해서 때로는 "철학적 분석"이라는 말을 사용한다. 또 철학적 분석과 거의 동의어로서 "논리적 분석"이라는 말을 사용하는 경우가 있다.

3. 분석철학의 교육관

관념적 사변과 독단에 의하여 지배되던 종래의 교육철학은 과학의 발달에 따라 많은 영향을 입게 되었다. 즉, 과학적 방법, 과학적 사고, 과학적 정신과 태도 등은 우리의 교육활동에 있어서 수정과 변화를 가져왔으며 교육의 과학화 운동으로 교육개혁과 혁신에도 많은 공헌을 하였다. 분석철학은 교육의 과학화 운동과 더불어 대두되었다. 철학의 한 방법으로서 나타난 분석철학이 검증의 논리를 도입, 논리적 분석을 시도한 것도 결국은 과학적 사고와 과학적 방법에서 영향을 받은 것으로 볼 수 있다. 그러면 분석철학이 교육에 어떻게 적용되며 또 어떠한 영향을 줄 수 있는가를 살펴보아야 할 것이다.

분석철학이 교육적 영역에 도입되어 교육문제에 적극적인 영향을 준 것은 일반적으로 1950년대 이후의 일로 보고 있다. 그러나 분석철학은 관념론이나 실재론 등의 전통철학에서 보는 바와 같은 인생과 우주의 실재를 다루는 이론적 체계로서의 철학이 아니고 논리와 언어의 문제에만 국한시켜 언어의 의미와 명제의 논리적 분석에만 문제삼기 때문에 분석철학 자체의 뚜렷한 교육철학을 낳고 있지 않다. 즉, 분석철학은 전통적인 철학에서와 같은 방식의 체계 정연한 교육철학을 지니지 못하고 있다. 그것은 분석철학이 이미 지적한 바와 같이 철학적 방법을 다루는 하나의 철학하는 방법론이기 때문이다.

그러나 분석철학은 교육철학에 있어서 전통적 접근, 즉 철학의 연장으로서 교육이론을 추론해 내는 접근이나 사변을 통한 교육관의 체계화 등을 통합하는 식의 접근에 대하여 많은 도전을 했고, 교육철학으로 하여금 교육의 현실과 교육문제에 보다 가까이 접근하게 하는데 영향을 끼쳤다고 할 수 있다.[28] 부연하면 분석철학에 의한 교육철학은 교육이론에 대한 언어와 논리를 밝히는데 일차적 관심을 기울여 왔다. 말하자면 "교육이란 말의 의미는 무엇인가." "배운다는 것은 어떠한 조건이 만족되고 있다는 것을 뜻하는가." 등의 질문에 대하여 '교육', '배움'의 의미를

28) 한명희, 교육철학, 서울, 배영사, 1983, p. 83.

밝힘으로써 교육관과 교육이론에 대한 고정적 편견을 제거하거나 감소시킴으로써 언어적 혼란이 가져오는 악덕을 없애고자 한다. 이러한 언어의 명료성을 기하는 것은 언어 속에 숨겨 있는 편견과 오류를 식별하는데 필요 불가결한 것이기도 하다.

이러한 분석철학에 기초한 교육철학이 처음으로 시도된 것은 하아디(Charls. D. Hardie)로부터 시작되었다. 하아디는 「교육이론의 진실과 오류」(Truth and Fallacy Educational Theory, 1942)에서 오늘날 교육이론이 애매하게 이루어지고 있는 이유가 개념의 불명확성에서 오는 것인지, 감정의 차이에서 오는 것인지를 밝힘으로써 교육적 논리를 명확히 하려고 시도하였기 때문이다. 하아디에 앞서 교육의 문제를 다룬 분석철학자로서는 영국의 헤어(R.M,.Hare), 노엘-스미스(P. H. Nowell-Smith), 그리고 미국의 블랙(M. Black)과 페리(R. B. Perry)이다. 그러나 이들은 전문적으로 교육문제를 다룬 것은 아니다.

분석철학자로서 교육적 문제를 전문적인 교육이론으로 발전시킨 사람은 앞서 말한 하아디이다. 하아디에 의해서 비로소 교육문제를 명백히 하기 위한 방법으로 분석기술을 사용하였기 때문이다. 분석철학의 교육철학자, 즉 분석적 방법을 사용하는 교육철학자로서는 전기한 하아디와 오코너(D. J. O'Connor), 셰플러(Islael Scheffler), 스미스(B. O. Smith), 에니스(R. H. Ennis), 멕크렐란(J. E. Mcclellan), 윌슨(J. Willson), 아트킨슨(R. F. Atkinson), 라일(G. Ryle), 움슨(J. O. Urmson), 칸(S. M. Cahn) 그리고 피터스(Richard S. Peters)와 우리나라에도 온 일이 있는 콜럼비아 대학의 솔티스(Jonas F. Solties) 등이다.

분석철학에 의한 교육철학자들이 관심을 갖는 교육문제의 분석대상은 주로 교육학에서의 여러 개념들을 다루고 있다. 예컨대 셰플러와 아참볼트(R. P. Archambolt)는 그들의 저서 「교육의 의미」, 「교수와 교화」(Instruction and Indoctrination), 「지식」, 「도덕교육」, 「교수와 훈련」 등에 관해서 깊이 있게 분석하고 있다. 분석철학의 교육철학자들은 교육 기회균등의 의미, 필요의 개념, 적응의 개념, 정의의 개념, 교육적 비유의 개념 등을 분석하고 있다. 이제 분석철학이 가지는 교육의 중요성에 대하여 닐러의 말을 빌려 요약하면 다음과 같다.[29)]

29) 오천석, 교육철학신강, 서울, 교육연구사, 1983, pp. 133-134, 재인용.

① 교육자는 명료하게 생각하고 의사를 전달하여야 한다.

② 교육자는 논리학의 공식법칙을 준수하여 일관성 있게 추리하여야 한다.

③ 교육자가 주장하는 지식은 객관적이어야 한다. 개인적 그리고 가능한 한 문화적 편견으로부터 탈피하여야 할 뿐만 아니라 전문가에 의하여 공개적으로 실증되어야 한다.

④ 교육자가 주장하는 지식은 신뢰할 수 있는 것이어야 한다. 증거가 불충분할 경우에는 그 이상의 자료가 발견될 때까지 판정이 보류되어야 한다.

⑤ 교육자는 모든 규범적, 그리고 밖을 나타나지 않은 규범적 명제를 신중히 검토하여 그것이 과연 무엇을 의미하는가를 밝혀야 한다.

⑥ 교육자는 모든 논의와 토의에 사용되는 언사(言辭)와 규율을 명백히 하여야 한다.

⑦ 귀납법 개연성의 원칙이 가설, 개념, 이론을 실증하는 데 적용되어야 한다.

⑧ 특히 교육자는 어떤 특정의 교육이념을 무비판적으로 수락하도록 가면의 역할을 하고 있는 불분명한 정의, 표어, 은유(隱喩) 등을 바로잡기 위하여 분석법을 사용하여야 한다.

이상에서 보는 바와 같이 분석철학은 언어, 기술, 형식적, 비형식적 논리를 강조함으로써 앞에서의 철학자들이 세운 업적 만큼이나 큰 우리시대의 업적을 남겨 놓고 있다. 이 때문에 분석철학은 우리의 교육관 형성을 위한 교육적 사고와 교육연구에 지대한 영향을 미쳤다. 특히 교육학의 학문적 구축과 이론에 있어서 사고의 논리성과 합리성을 추구할 뿐만 아니라 교육행위나 교육이론에 대한 논의를 명백히 하는 데도 크게 기여를 한다. 말하자면 분석철학은 사고의 명확성과 개념의 명료성, 추리의 일관성과 분명성, 지식의 사실적 타당성과 확실성 및 객관성, 그리고 도덕적 합리성의 기초를 마련해 준다는 의미에서 교육행위 자체에 대한 공헌도 지대하다. 이 점에서는 분석철학의 논리적 분석의 시도가 교육이론과 교육행위에 계속 시도돼야 할 것으로 생각한다.

4. 분석철학의 비판

분석철학은 인간활동으로서의 교육행위와 교육철학에 있어서 순수한 분석철학적 방법의 적용은 무엇이 바르고(正), 그름(誤)이냐, 또 진(眞)과 위(僞), 선(善)과 악(惡), 미(美)와 추(醜) 등에 대한 판단의 기준과 활동의 방향을 적극적으로 제시하지 못하는 약점을 지니고 있다. 사실인즉, 레이드(L. A. Leid)[30]는 분석 없는 종합이 공허하고 엉망이라면, 종합 없는 분석은 맹목적이요 초점이 없어 무책임하다고 말했고, 칸(S. M. Cahn)[31]은 분석적 교육철학은 교육목표를 우리에게 제공해 주지 않는다. 따라서 분석철학은 신념이나 이념 등의 가치관으로부터 중립을 취한다는 비판을 받은 지 오래다. 또 솔티스(Jonas F. Solties)[32]도 분석철학은 교육의 중요한 문제인 사회철학과 가치분야의 문제를 철학적 문제로부터 제외시킴으로써 교육철학의 중요한 이론전개를 완성하는데 부적합하다고 지적하고 있다. 또 볼프(M. Wolfe)[33]도 분석철학의 목적은 언제나 철학이 이론의 형태와 논리에 관여할 수 있을 뿐이며 어떤 방향도 제시할 수 없다고 지적함으로 부정적인 입장을 취하고 있다.

이상에서 논급된 분석철학에 대한 비판적 시점을 기초로 이제 분석철학의 교육관을 비판하면 다음과 같이 정리할 수 있다.

첫째, 분석적 방법이 교육학의 개념 혹은 기호와 명제의 애매성을 제거하고 모호성을 감소시켜 의미를 명백히 하며 명제들의 논리적 관계를 밝혀 모순을 제거하고 무의미한 명제들을 검토하는 것을 기능으로 삼는다면 교육의 이념, 교육관, 교육목표를 정립하는 등의 기능이 교육철학의 영역에서 소홀히 되거나 멀어지게 된다.

---

30) L. A. Leid, "Philosophy and the Theory and Practice of Education" R. P. Archambolt(ed), Philosophical Analysis and Education, London, Routledge & Kegan Paul, 1972, p. 24.
31) S. M. Cahn, "Is There an Analytic Philosophy of Education", S. M. Cahn(ed.), Philosophical Foundation of Education, N.Y : Harper & Row, 1970, pp. 371-372.
32) 한명희, 전게서, p. 85, 재인용.
33) M. Wolfe, "Linguistic Analysis and Philosophy of Education", Educational Theory, Vol. 20. No. 4(Summer, 1970) p. 283.

둘째, 철학적 분석은 하나의 순간적인 활동일 뿐 지식의 탐구를 하지 못한다.

셋째, 종합적 기능이 없는 철학적 분석은 맹목적일 뿐만 아니라 무책임하다.

넷째, 분석은 현실적으로 사용되는 현상 속에서 내재하는 뜻만을 밝힐 뿐이지 언제나 개념이 내포한 의미가 어떤 뜻이 되어야 하는가의 문제는 취급하지 않는다. 예컨대 사회적응이라는 개념이 실재로 어떻게 쓰이고 있는가를 분석해 내서 그 속에 내재한 논리나 개념의 혼미성을 제거해서 어떻게 쓰여야 하는가를 말해 줄 뿐이지, 근본적인 의미에서 어떤 뜻이 내포돼야 한다는 대답은 할 수 없고, 또 그러한 대답은 인정하지도 않는다. 그 결과 교육연구에 필연적으로 개입되는 가치와 도덕의 문제들은 지극히 사실적인 차원 이외에는 취급할 수 없다.

다섯째, 분석철학이 추구하는 분석과 비판이 단순히 추리력과 논리만 가지고 이루어질 수 없다. 분석이나 비판이 추리력과 논리를 필요로 하는 것은 사실이지만, 그것 이외에 태도와 성향은 물론, 가설이나 전제를 구성하는 가치적 · 도덕적 사변의 도움 없이는 이루어질 수 없다는 점이다.

우리는 철학의 연구방법 또는 철학을 보는 태도가 하나만 있는 것이 아니고 여러 가지가 있다는 것을 알고 있다. 분석철학의 교육관에서 보는 것처럼 철학을 분석만능론, 또는 분석만능주의로 보는 태도는 지양되어야 할 것이다. 분석철학에서처럼 분석이 해결할 수 있는 것은 극히 일부분이지 결코 전부가 아니라는 사실이다. 바꾸어 말하면 분석철학에서 언어의 문제가 철학문제의 전부가 아니듯이 분석의 문제가 교육철학 문제의 전부를 대답해 주지 못한다는 사실에 주목해야 할 것이다.

참고 문헌

[국내(한국)도서]

고려대학교 민족문화연구소, 한국문화사대계 Ⅰ~Ⅳ, 1964~1971.

교육학사전편찬위원회, 교육학대사전, 서울 : 교육과학사, 1974.

권 근, 양촌집, 서울, 아세아문화사, 1972.

남강문화재단편, 남강 이승훈과 민족운동, 남강문화재단출판부, 1988.

김계숙, 현대철학사조, 서울 : 일조각, 1980.

김병구, 교육철학 및 교육사, 서울 : 재동문화사, 1991.

김영돈 외, 교직, 교양 서양교육사,. 서울 : 교우사, 1961.

김선양, 교육철학, 서울 : 교문사, 1976.

김성진, 철학강의, 서울 : 동화문화사, 1976.

김용기, 서양교육사, 서울 : 문헌사, 1960.

김용섭, 조선후기농업사연구(1)(2), 1980.

김원희, 진보주의 교육의 기본사상에 관한 연구, 논문집 7, 부산대.

김원희, 한국의 개화교육사상, 서울 : 재동문화사, 1979.

김정환, 교육의 철학과 과제, 서울 : 박영사, 1980.

김정환, 교육의 본질과 과제, 서울 : 경지사, 1973.

김종권 역, 고려사, 서울 : 광조출판사, 1974.

김종서, 고려사절요, 서울 : 아세아문화사, 1972.

김준섭, 현대철학, 서울 : 정음사, 1958.

문정창, 백제사, 서울 : 백문당, 1975.

문형만, 한국교육의 비교사적 이해, 서울 : 형설출판사, 1975.
문형만, 서양교육, 서울 : 재동문화사, 1964.
민병하 외, 한국사대계 1-13권, 서울 : 삼진사, 1974.
박봉목, 교육과 철학, 서울 : 문음사, 1983.
박상만, 한국교육사(상)(중)(하), 서울 : 대한교육연합회, 1956~1959.
박의수 외, 교육의 역사와 철학, 서울 : 동문사, 1999.
박종홍, 한국의 사상적 방향, 서울 : 박영사, 1968.
배종호, 한국유학사, 서울 : 연세대출판부, 1978.
백낙준, 한국교육과 민족정신, 서울 : 문교사, 1953.
서 경, 고려도경, 서울 : 아세아문화사, 1972.
성내운 역, 교육철학, 서울 : 배영사, 1980.
성기산 역, 철학과 교육, 서울 : 교육출판사, 1983.
세종대왕기념사업회 편, 조선왕조실록, 서울 : 천풍인쇄, 1980.
손인수, 한국근대교육사(1885-1945), 서울 : 연세대출판부, 1971.
안상원, 교육사철학, 서울 : 재동문화사, 1977.
안호상, 인생과 철학과 교육, 서울 : 어문각, 1964.
오천균, 한국임시정부의 민족교육운동사, 서울 : 집문당, 1992.
오천석, 교육철학신강, 서울 : 교학연구사, 1983.
유인종, 한국교육의 전통과 개혁, 서울 : 도서출판 창, 1992.
유형진, 교육과 주체성, 서울 : 교학사, 1968.
이광수, 도산 안창호, 서울 : 대성문화사, 1947.
이광린, 한국개화사연구, 서울 : 일조각, 1980.
이규호 역, 실존철학과 교육학, 서울 : 배영사, 1976.
이돈희, 교육철학개론, 서울 : 박영사, 1981.
이만규, 조선교육사(상)(하), 서울 : 을유문화사, 1947~1949.
이병도 역, 삼국사기, 서울 : 을유문화사, 1977.
이선근, 화랑도연구, 서울 : 동국문화사, 1954.
이원호, 한국기술교육사, 서울 : 서문당, 1974.
이원호, 개화기교육정책사, 서울 : 문음사, 1983.
이십오년사 편집부 편, 한서, 후한서, 서울 : 경인문화사, 1976.
이현희, 3.1운동사론, 서울 : 동방도서, 1979.
이홍식, 국사대사전(1-5권), 서울 : 백만사. 1973.
임한영, 교육사상의 비교연구, 서울 : 배영사, 1976.
정재철 외, 교육사, 서울 : 교육출판사, 1976.
정세현, 항일학생민족운동사연구, 서울 : 일지사, 1980.

정순목, 한국서원교육제도연구, 영남대 민족문화연구소, 1979.
정순목, 퇴계교육사상연구, 서울 : 정익사, 1978.
조무남, 분석철학과 교육학, 서울 : 세영사, 1981.
조선총독부 편, 한국학생항일투쟁사, 서울 : 성진문화사, 1971.
조용진, 브라멜드의 교육사상, 신교육서(43), 서울 : 배영사, 1978.
차석기, 서양교육사, 서울 : 집문당, 1881.
차석기, 신천식, 한국교육사연구, 서울 : 재동문화사, 1969.
학원사 편, 철학대사전, 서울 : 학원사, 1964.
한국교육사연구회 편, 한국교육사, 서울 : 교육출판사, 1972.
한기언, 교육사, 서울 : 법문사, 1965.
한기언, 한국교육사, 서울 : 박영사, 1963.
한명희, 교육철학, 서울 : 배영사, 1983.
한우근, 한국개항기의 상업연구, 서울 : 일조각, 1980.
현상윤, 조선유학사, 서울 : 민중서관.
홍이섭, 조선과학사, 동경, 삼성당, 1944.
황문수 역, 실존철학, 서울 : 문예출판사, 1976.

[외국도서]
管野芳彦, 教育史講義, 東京, 雄山閣, 1969.
小田省吾, 朝鮮教育制度史, 東京, 朝鮮史學會, 1923.
恒屋盛服, 朝鮮教育史, 東京, 博文館, 1901.
高橋濱吉, 朝鮮教育史考, 京城, 帝國地方行政學會 朝鮮本部, 1927.
大野謙一, 朝鮮教育問題管見, 京城, 日黑書房, 1942.
渡部 學, 近世朝鮮教育史硏究, 東京, 雄山閣, 1969.
幣原 垣, 朝鮮教育論, 東京, 文盟館, 1919.
吉田態次, 西洋教育史概說, 東京, 日黑書房, 昭和7年.
皇至 道, 西洋教育史, 東京, 柳原書店, 昭和29年.
長田 新, 近世西洋教育史, 東京, 岩波書店, 昭和32年.
長田 新, 教育哲學, 東京, 岩波書店, 1967.
大紫 衛, 歐美教育史概說, 東京, 理想社, 昭和33年.
梅根 悟. 西洋教育史, 東京, 誠文堂新光社, 昭和33年.
豊澤 登 外, 體系教育學大辭典, 東京, 岩崎書店, 1961.
Archer, R. J. Rousseau on Education, London, Amold Co., 1932.
Atkinson, C. and Maleska, E. T. The Story of Education, Philadelphia and New York : Chklton Co., 1962.

Bagley, W. C. Education and Emergent Man, New York : Nelson & Co., 1934.

Bollnow, O. F. Existenzphilosophie und Padagogik, Stuttgart, Kohlhammar, 1968.

Boyd, W. & Ding, E. J. History of Western Education, London : Adam & Dharles Black, 1975.

Brameld, T. Patterns of Educational Philosophy, New York : Holt, Rinehart & Winston, 1971.

Brameld, T. Philosophies of Education in Cultural Perspective, New York : The Dryden Press, 1955.

Brameld, T. Toward a Reconstructed Philosophy of Education, New York : Dryden Press, 1956.

Brickman, W. W. The Essentialist Sprit in Education, N.J. : Prentice-Hall, 1963.

Brubacher, J. S. Modern Philosophies of Education, New York : McGraw-Hill Book Company, Inc., 1950.

Bums, H. W. & Branur, C. J.(ed.), Philosophy of Education, New York : The Ronald Press, 1962.

Butts, R. F. A Cultural History of Western Education, Its Social and Intellectual Foundations, New York : McGraw-Hill Book Co., 1955.

Cardasco, F. A. Brief History of Education, N.J. : Littlefield, Adamms & Co., 1976.

Cubberley, E. P. Readings in the History of Education, A collection of sources and reading to illustrate the development of educational practice, theory and organization, Boston : Houghton Mifflin Co., 1920.

Davidson, T. A. A History of Education, McGraw-Hill Book Company, Inc., New York : 1953.

Dewey, J. Democracy and Education, An Introduction to the Philosophy of Education, New York : The Macmillan Co., 1953.

Duggan, S. A Student's Text-Book in the History of Education, Appleton Century Crofts, Inc., New York : 1948.

Frankena, W. K. Towards a Philosophy of Moral Education, Morai Education, New York : Teacher's college Press, 1974.

Good, H. G. A History of Western Education, The Macmillan Co., New York : 1960.

Graves, F. P. A Student's History of Western Education, Our education today in the light of its development, New York : The Macmillan Co., 1960.

Kilpatrick, W. H. "Philosophy of Education from the Experimentalist out Look" in Philosophies of Education. NSSE 41st Year Book, 1942.

Kneller, G. F.(ed), Foundation of Education, New York : John Wiley and Sons, 1963.

Knelly, G. F. Introduction to The Philosophy of Education(2nd ed.), New York : John Willy & Sons, Inc., 1971.

Monroe, P. Brief Course on the History of Education, New York : The Macmilan Co., 1911.

Perry, R. B. Realms of Value, Canbridge, Harard University, Press, 1954.

Ulich, R. Philosophy of Education, New York : American Book Co., 1961.

Ulich, R. History of Educational Ttought, New York : American Book Co., 1945.

Wolfs, M. Linguistic Analysis and Philosophy of Education, Educational Theory, Vol. 20, No. 4(Summer, 1970).

저자 소개

✍ 오천균

· 대전사범학교 졸업
· 고려대학교 및 동 대학원 졸업(교육학 석사)
· 단국대학교 대학원 졸업(교육학 박사)
· 상지대학교 교무처장 및 학생처장 역임
· 상지대학교 교수
· 교육원리(공저)/교육학개론/교육실습지침/교육방법론/한국임시정부의 민족교육운동사/교육사 철학

✍ 이병헌

· 건국대학교 졸업/건국대학교 대학원 수료
· 상지영서대학 유아교육과 교수
· 현대교육학개론/유아교육실습/서원의 태동과 발달(4)/실기교육의 이론과 실제

✍ 이강일

· 전남대학교 사범대학 학사졸
· 홍익대학교 대학원 석사졸
· 전북대학교 대학원 교육학박사 졸
· 미국브리짓포트대학 객원교수및 강사
· 현 : 대불대학교 교육철학 교수
· 박사논문 : 포스트모더니즘을 통해서본 통합의 미술교육 연구

교육철학 및 교육사

초판발행 2010년 2월 25일
3판발행 2019년 8월 25일

저자와의
협의하에
인지생략

저 자 오천균 · 이병헌 · 이강일
발행인 김현태
발행처 태영출판사

주 소 (08371) 서울시 구로구 디지털로31길 90, 115-1601
전 화 02 · 839-3757, 839-3752
팩 스 02 · 837-3754
등 록 2005년 5월 30일 제12-421호
http://www.taeyeongbook.co.kr
E-mail tys2005@hanmail.net
ISBN 978-89-6302-025-9 93370
정 가 19,000원

NAVER
태영출판사

* 잘못 만들어진 책은 교환해 드립니다.